ヒトラーとドラッグ

Der totale Rausch

第三帝国における薬物依存

Drogen im Dritten Reich

ノーマン・オーラー 訳◆須藤正美

Norman Ohler

白水社

ヒトラーとドラッグ

第三帝国における薬物依存

Der totale Rausch : Drogen im Dritten Reich
by Norman Ohler

Originally published in the German language as
„Der totale Rausch. Drogen im Dritten Reich" by Norman Ohler
With an afterword by Hans Mommsen.

Japanese edition published by arrangement through The Sakai Agency

Cover Photo/ullstein bild/Getty Images

ヒトラーとドラッグ
第三帝国における薬物依存

目次

使用説明書
序文に代えて◆9

第1部
国民ドラッグ「メタンフェタミン」
一九三三年～一九三八年◆13
ブレイキング・バッド——帝国首都のドラッグ工房◆16
一九世紀の序曲——原薬物◆20
ドイツ、薬物の国◆24
化学の二〇年代◆26
権力交代とは薬物交代なり◆31
反ユダヤ政策としての反ドラッグ政策◆36
クアフュルステンダムの有名医師◆39
患者Aのための多剤カクテル注射◆44
国民ドラッグを恃《たの》みとする民族体◆47

第2部
ジーク・ハイ——電撃戦はメタンフェタミン戦なり
一九三九年～一九四一年◆61
証拠探し——連邦公文書館軍事記録局（フライブルク）◆65

ドイツの軍隊はドイツの薬物を発見する◆66
グラウブロートからブレインフードへ◆68
ロボット◆75
バーンアウト◆79
モダン・タイムス◆91
時は戦なり◆91
「ちまちませずに派手にやれ」◆96
時はメスなり◆100
クリスタル・フォックス◆102
だがヒトラーは電撃戦を理解せず◆105
ダンケルクの停止命令――薬理学的解釈◆108
国防軍の薬物ディーラー◆113
戦争とビタミン◆120
フライング・ハイ◆123
外国への喜ばしいプレゼント◆131

第3部

ハイ・ヒトラー、患者Aと彼の主治医

一九四一年~一九四四年◆137
現地訪問――アメリカ国立公文書記録管理局(ワシントンD・C)◆142
ブンカー・メンタリティ◆146
東部の陶酔◆156
元衛生将校が語る事実◆159

プラネット・ヴェアヴォルフ◆162
屠畜場ウクライナ◆170
「x」と完全なる現実喪失◆178
オイコダールの服用◆185
薬物集荷場としての諜報機関◆191
患者D◆192
患者B◆196
暗殺未遂とその薬理学的な帰結◆205
ついにコカイン！◆210
スピードボール◆216
医師たちの戦争◆220
自己の抹消◆230
スーパー・ブンカー◆232
線路マーク◆237
責任問題◆242

第4部 その後の濫用——血とドラッグ

一九四四年～一九四五年◆247

現地訪問——連邦軍医科大学校（ミュンヘン）◆251
奇跡の薬物を求めて◆254
ザクセンハウゼンへの業務旅行◆263
錠剤パトロール◆266

正真正銘の没落◆270
洗脳◆274
薬物の黄昏◆277
最終出口　総統地下壕◆282
解雇◆290
最後の毒物◆291
モレルの内面崩壊◆294
千年の愉楽◆298
謝辞◆301
「ナチズムと政治的リアリティの喪失」ハンス・モムゼン◆303
訳者あとがき◆305
図版の出典◆65
文献リスト◆49
註◆10
人名・事項索引◆1

「没落を運命づけられた政治システムは、
本能的にこの没落を早めるようなことを多々行うものである」

ジャン＝ポール・サルトル

使用説明書
序文に代えて

私がこの素材を見つけたのはコブレンツの街でだった。一九八〇年代に建てられたコンクリート打ちっ放しの連邦公文書館の飾り気のない一角。そこに保管されていた、ヒトラーの主治医テオドール(テオ)・モレルの遺品である。私は手から離すことができなくなって、そのモレルの手帳を何度も繰り返しめくってみた。「患者A」についての暗号のような書き込み。ルーペを使って判別し難い手書き文字をなんとか解読しようと試みた。どのページもなぐり書きの文字で埋め尽くされており、《Inj. w. i.》とか、《x》とだけ書かれた箇所が目につく。当時の情景が次第にくっきりと浮かび上がる。連日の注射、驚くべき薬物、次第に増えてゆく投与量。

臨床像

すでに国家社会主義(ナチズム)のあらゆる面に光が隈なく当てられている。我が国の歴史授業は一切隙間を残さず、我が国のメディアは一切空白のままにしておかない。このテーマは枝葉末節に至るまで事細かに論じられてきた。ドイツ国防軍はあらゆる時代を通じて最もよく研究された軍隊である。実際、あの時代について我々が知らないと思うようなことは、何一つない。第三帝国はもうすでに解明し尽くされ、封印されたかのような印象を与える。それについて何か真新しいことを明るみに出そうとする試みは、どれもこれも、どことなく功を焦っているかのように、あるいはほとんど笑止とさえ見える。だがそれにもかかわらず、我々はすべてを摑んでいるわけではないのだ。

診断のために

第三帝国におけるドラッグについて、世間では、いや歴史学者の間でも、驚くほどわずかしか知られていない。学者やジャーナリスト[1]によって部分的に取り上げられたことはあるものの、これまでにその全体像が描き出されたことはない。ナチス国家におけるさまざまな事象、第二次世界大戦の戦場でのさまざまな出来事に対して薬物がどれほど大きな影響を与えたかについては、事実に基づいた包括的な描写というものはないのである。しかし第三帝国におけるドラッグの役割を理解しない者、この点についても当時の人々の意識状況を検証しようとしない者は、何かを捉え損ねることになる。

意識を変容させる薬物がドイツ史上最も暗鬱だったあの時期に及ぼした影響は、従来あまりにも等閑視されてきた。それは「麻薬撲滅」というナチスのコンセプト自体のせいである。それは国家的な薬物取締体制を樹立し、薬物全般をタブーとするものであった。その結果、薬物は大学人の醒めた視線のもとから離れ（大学での大がかりな研究は今日に至るまで行われていない）、経済活動や世間の意識、歴史考察からもまともに相手にされず、闇経済や悪徳業者、犯罪、素人の半可通といった、いかにも怪しげな領分へと押しやられたのである。

しかし我々には、そうした状況を改善し、実際に起きた出来事の解釈を試みることができる。この解釈は構造的な諸関連の解明に取り組むものとならねばならず、職人技を義務付けられたもの、（歴史的現実ならびに覚醒をもたらすべきその恐ろしさに蓋をしてしまうような）大胆なテーゼではな

く、歴史的事実の詳細な研究に貢献するものでなくてはならない。(2)

成分の効能

本書は、熱狂した大量殺人者たちや、異人種の毒(タバコ)をはじめとするあらゆる毒物から浄化されるべき従順なドイツ民族の内実に迫り、動脈や静脈の中を直接覗き込む。血管の中は純粋アーリア的とはいかず、むしろ化学的・ドイツ的であり、かなり毒性も強い。というのも、イデオロギーがもはや十分でない場所では、どんなに禁止されようとも、止めどもなく薬物に手助けが求められるからである。社会の底辺でも上層部においても。ヒトラーはこの点でも模範的だった。そして軍にさえ、侵略戦争での進軍のために興奮剤メタンフェタミン(今日ではクリスタル・メスとして知られる)を大量に支給した。当時の加害者たちはドラッグ使用の点について問われると、決まって偽善的な態度を見せるが、それを暴き立てることは彼らの犯した行為の極めて重要な側面を新たに照らし出す。我々がその存在さえ知らなかった仮面が剥がされることになるのである。

読書上の注意

ドラッグというメガネを通じて見えてくるものに過大な意味を与え、さらなる歴史伝説を作り上げたいという誘惑は、つねに眼の前にある。それゆえ絶えずこう考えることが重要になる。歴史記述は学問であるだけでなく、つねにフィクションでもあるのだと。厳密に言えばこの部門には「ノンフィクション」なるものはない。事実はその配置において文学であるからであり、また少なくとも外部の文化的影響による解釈モデルに左右されてしまうからである。せいぜいのところ歴史記述は文学であるという点を自覚すること。それが、読んで騙される危険を減らしてくれる。本書で描き出される視点は型破りで歪んだものである。しかしそうした歪像においてこそ、より明晰に認識されるものがあるかも知れない。それが希望である。筆者にはドイツ史を書き換えるつもりも、まして新たに書き起こすつもりもない。その各部分において、より正確に語ることができたなら上出来と考えている。

副作用

この薬によって副作用が起きる可能性はある。ただし誰にでも起きるというものではない。よく見られる症状または頻繁に見られる症状——世界像の震撼とそれによる大脳の炎症。吐気または腹痛が伴うこともある。こうした不調はたいてい軽微なものであり、読書を進めるうちに治まるものが多い。場合によって見られる症状——過敏反応が起きることもある。かなりまれに見られる症状——持続する重度の知覚障害。対処法は、何があろうとも最終ページに至るまで読書を途中でやめないこと。それが不安作用・痙攣作用の治癒という目標の達成につながる。

保管方法

子供たちの手の届かない場所に保管すること。使用期限は最新の研究状況によって変動する。

第1部

国民ドラッグ「メタンフェタミン」

一九三三年〜一九三八年

国家社会主義（ナチズム）は有毒であった。それも言葉の最も真正な意味において。ナチズムは今もなお我々に悪影響を及ぼす化学の遺産を世界に遺した。一朝一夕に地上から姿を消すことはないであろうドラッグのことである。ナチ党員は自分たちを高潔なる人士と見せかけ、こけおどしのプロパガンダと重い罰則を用いて、イデオロギーに裏打ちされた厳格なドラッグ撲滅政策を展開した。だがそれにもかかわらず総統ヒトラーのもとで、抜群の効果をもち、きわめて依存性が強く、ことのほか人心を惑わすドラッグが大流行することとなった。それは「ペルビチン」という商標名の錠剤として、まったく合法的に、一九三〇年代にはドイツ帝国の津々浦々に、そしてその後は帝国に占領されたヨーロッパ各国にまで普及し、どこの薬局でも入手可能な、定評ある「国民ドラッグ」となった。こうした状況は、この薬剤が一九三九年にようやく処方箋なしでは買えなくなり、一九四一年にはついに帝国阿片法の適用対象薬物となるまで続いた。

その成分メタンフェタミンは現在、世界中で違法薬物に指定されているか、厳しい規制下にあるのだが、使用者数およそ一億人を数える、現在最もポピュラーなドラッグのひとつであり[3]、この傾向はいよいよ強まってきている。化学の素人たちが隠れ家のような製造施設で、たいてい不純な化合物として合成するこのドラッグは、メディアからは「クリスタル・メス」と呼ばれている。結晶の形をしたこのいわゆる「ホラードラッグ」は、ふつうは鼻腔から、それもしばしば過度の量が吸引される。絶大な人気を博しており、新規使用者の数が増加の一途をたどるドイツでもこの事情は変わらない。危険なほど強烈な作用をもたらすこの覚醒剤は、パーティドラッグとして、あるいは作業現場やオフィスで、果ては議会や大学構内でも使用されている。眠気を払い、空腹を忘れさせ、多幸感をもたらしてくれるが、特に現在流通しているような形*では、健康を損ない、常用者を廃人にしてしまうものであり、たちまち薬物依存を引き起こす危険きわまるものなのだ。ところでこのドラッグがかつてナチス第三帝国で大流行したことを知る者はほとんどいない。

ブレイキング・バッド――帝国首都のドラッグ工房

二一世紀における痕跡探し。ほとんど雲ひとつなく晴れ上がった夏空の下、列車は産業施設の林立する地区を過ぎ、互いにクローンのように似た新興住宅群の中を疾駆する。私は都市近郊鉄道に乗ってベルリン郊外を南東方面に向かっていた。かつてペルビチンを製造していたテムラー製薬工場の名残を見に行くためには、アードラースホーフ駅で下車しなくてはならない。そこは今「ドイツ最先端のテクノロジーパーク」と呼ばれる地区である。私はそうした最新施設の立ち並ぶ場所は避けて、無人地帯と化した界隈や見る影もなく崩れ落ちた工場の続く街区を通り抜け、脆くなった煉瓦と錆びた鋼材が形作る荒寥たる一角を突っ切っていった。

テムラー工場は一九三三年にここに移ってきた。一年後、テンペルホーフ化学工業のユダヤ人共同所有者アルベルト・メンデルが追い出された後、テムラーがその持分を引き受けて急速な事業拡大を行った。ドイツの化学産業には良き時代だった。少なくとも純粋アーリア系の企業にとっては。なかでも一大ブームとなったのが薬品開発の部門であった。人々の痛みを和らげ、不安から意識を逸らせてくれる画期的な新薬を求めて、飽くなき探求が続けられ、実験室ではあらゆるものが試された。そしてそこで、今もなお我々人類がたどりつつある道へと方向転換させることになる、薬学上の一大転機が訪れたのだ。

かつてあれほどの栄華を誇ったベルリン、ヨハニスタールのテムラー製薬工場も今ではただの廃墟である。ここで週に何百万錠ものペルビチンが生産されていたのだが、その輝かしい過去を偲ばせるものは何も残っていない。同社の敷地は野ざらしで、いわば死せる不動産となっている。私は荒れ果てた駐車場を横切って進む。低木や雑草が伸び放題に繁茂する中を掻き分け、石壁を乗り越えねばならなかった。壁の上部には今もなお侵入防止用のガラス片が埋め込まれたままだ。シダと樹木のひこばえの間に創業者テオドール・テムラーの古い木造「魔女工房」が建っている。ここが同社の出発点だった。ハンノキの茂みの奥にそびえ立つ煉瓦造りの屋敷も同様に打ち捨てられたままとなっている。窓ガラスは大きく破れ、そこから私は屋内に入ることができた。暗く長い通路が延びている。四壁と天井には黴《かび》と腐蝕が広がっていた。突き当たりに半開きのドアがあったが、淡緑色の塗装はいたるところで剥げかけていた。その奥では陽光が右手の割れ窓から差し込んでいる。かつて工場でよく使われた鉛枠のガラス窓だ。建物の外ではあらゆるものが青々と繁茂しているのに対し、内部空間は空虚そのものだ。古い鳥の巣が隅に落ちている。丸い配管孔が穿《うが》たれた高い天井までは白いタイル貼りの壁なのだが、そこも所々でタイルが剥がれていた。

＊精神活性薬物であるメタンフェタミンは、純粋な形であれば、闇工場でしばしば素人がベンゼン、希硫酸、凍結防止剤などを添加して製造するクリスタル・メスほどの健康被害をもたらすことはない。

ベルリン、ヨハニスタールのテムラー製薬工場。

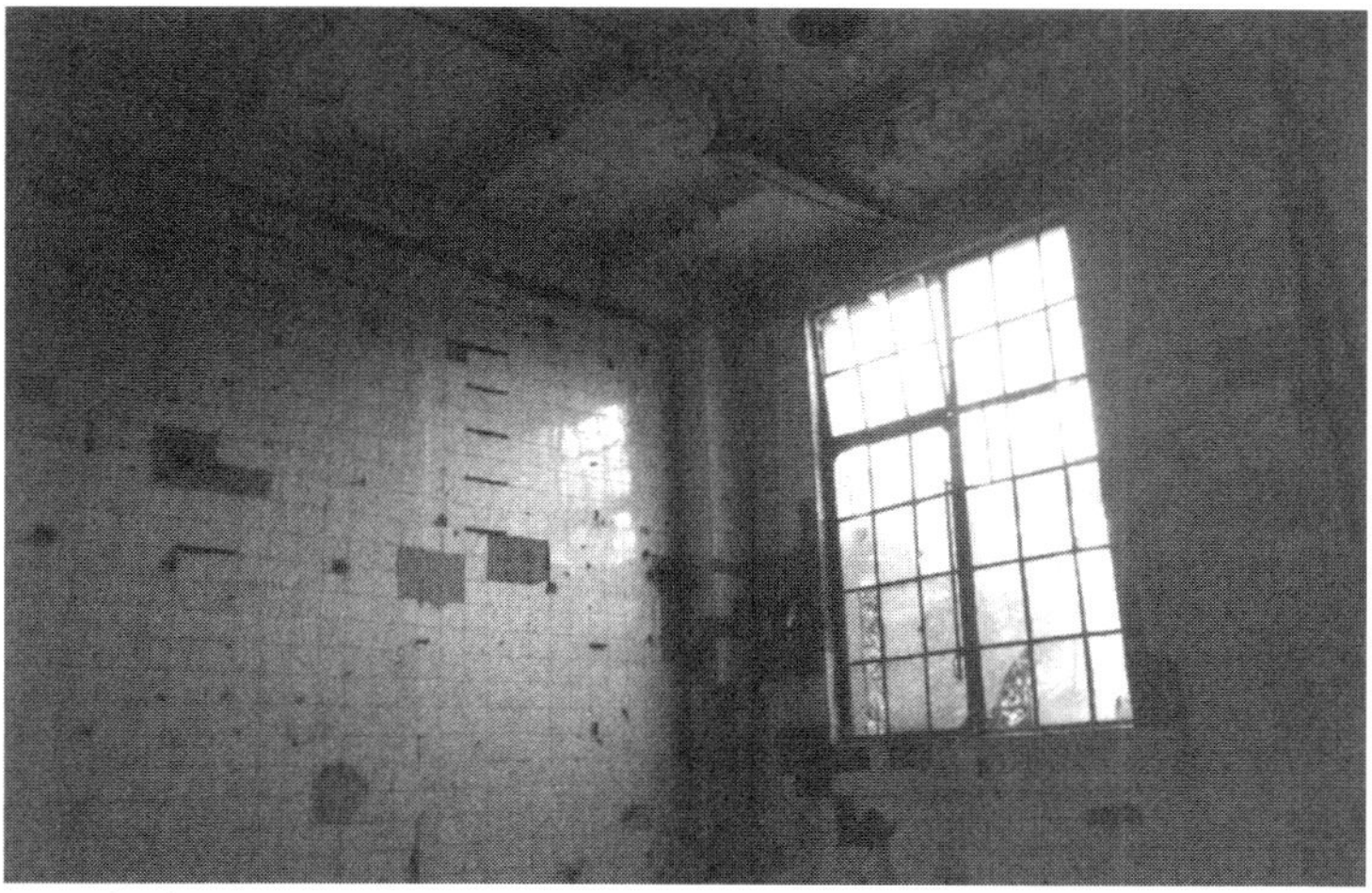

その現在の姿……。

かつてここはフリッツ・ハウシルト博士の実験室だった。彼は一九三七年から一九四一年までテムラー社の製薬部門長を務め、日々新たな薬剤、「人々のパフォーマンスを劇的に向上させる新薬」を求めて研究を重ねていた。まさに第三帝国のドラッグ工房である。ここで化学者たちが陶製のるつぼや入り組んだ管の出ているコンデンサー、ガラス製の冷却器などを用いて、沸騰させたり冷却したりを繰り返し、純粋な成分を作り出そうとして悪戦苦闘していたのだ。ずんぐりとした蒸留フラスコの蓋がカタカタと音を立て、シュッシュッという音とともにオレンジ色をした高温の蒸気を吐き出し、かたや乳濁液がふつふつと沸き、白手袋の指が濾過器の調節を行なっていた。こうしてメタンフェタミンは完成した。その品質たるやすばらしいものだった。アメリカのテレビシリーズ「ブレイキング・バッド」はクリスタル・メスを現代のシンボルへと昇格させた番組だが、劇中のドラッグ製造人ウォルター・ホワイト博士がこの上なく上首尾に作製したときでさえ遠く及ばないような、最高品質のメタンフェタミンだった。

「ブレイキング・バッド」は字義どおりには「態度を豹変させて悪事を働く」という意味である。一九三三年から一九四五年までのナチス時代に冠すべきタイトルとして、これに勝るものはあるまい。

一九世紀の序曲——原薬物

「自発的な依存こそは最もうるわしき状態である」
ヨハン・ヴォルフガング・フォン・ゲーテ

メタンフェタミンをはじめとするドラッグがナチス国家のさまざまな出来事に果たした歴史的役割を理解するためには、過去に遡らねばならない。経済発展と技術革新が切っても切れない関係にあるのと同様、近代社会の発展は麻薬の誕生とその伝播の歴史と分かちがたく結びついていた。その起点となったのはゲーテである。一八〇五年に彼は擬古的なワイマールの街で戯曲『ファウスト』を書き、文学的手段を用いてそのテーゼの一つを定式化した。それによると人類の誕生自体が薬物によって引き起こされたものである。「我、我が脳を変容させる、ゆえに我在り」というわけだ。これと同じ時期に、ワイマールほど艶《あで》やかな街とは言いがたいヴェストファーレン地方のパーダーボルンでは、薬局の助手フリードリヒ・ヴィルヘルム・ゼアトゥルナーが罌粟《けし》を用いた実験に明け暮れていた。その濃縮液であるアヘンには他のどの物質にも増して痛みを麻痺させる働きがあるのだ。ゲーテは詩や戯曲によって、世界をその内奥において統《す》べているものを知ろうとした。それに対しゼアトゥルナーも、種としての人類に少なくとも同じくらい大きな影響を及ぼしてきた、数千年来の問題を解こうとしていた。

この弱冠二十一歳の天才化学者にとって、チャレンジすべき課題ははっきりしていた。罌粟に含まれる作用物質の濃度が罌粟の生長条件によってかなり異なるという問題である。その苦い汁の鎮痛作用が弱くて不十分なこともあれば、逆に思いもよらぬ過剰投与となって中毒を引き起こすこともあったのだ。アヘンチンキを服用したゲーテが独り書斎にこもって傑作を生み出したのと同様に、ゼアトゥルナーも時代を画する大発見を単独で成し遂げた。アヘンの主要アルカロイドであるモルヒネの単離である。これはメフィストの魔法のように痛みを快楽に変えてしまう成分だ。それは化学史のターニングポイントであるばかりでなく、始まりつつあった一九世紀において、いや人類史全体においても、最も重要な出来事のひとつであった。人類の不快な同伴者とも言うべき「痛み」が、今や精確な用量によって鎮められ、消し去られるようになったのだ。それまではヨーロッパ中の薬局で、薬剤師が持てる知識を総動員して、附設の薬草園で育てたり、薬草採りの老女から買い取ったりした原料を用いて、丸薬を一粒一粒捏ね上げていた。そうした薬局が数年のうちに、薬学的な製造基準が確立された正真正銘の近代工場へと脱皮していった。* 人生のあらゆる苦しみを和らげてくれる成分を含有するモルヒネ。そこには、商売上の勝機もたっぷりと含まれていたのである。

　ダルムシュタットでは、エンゲル薬局の店主エマヌエル・メルクがこうした躍進のパイオニアとして名乗りを上げ、一八二七年にはアルカロイドおよびその他の薬剤をつねに同一品質で提供するという社是を掲げた。それは今なお繁栄を続けるメルク社のみならず、ドイツ製薬産業そのものの誕生の刻《とき》であった。一八五〇年には注射器が発明され、モルヒネの勝利の進軍はもはや誰にも阻止できなかった。一八六一〜六五年のアメリカの南北戦争、そして一八七〇〜七一年の普仏戦争では、この痛みを鎮めるドラッグが大量に使用された。アメリカではまもなく常習的なモルヒネ注射が流行する。[4] その影響たるや甚大だった。良きにつけ悪しきにつけ。つまり重傷者の痛みそのものを和らげることができる薬物によって、さらに規模の大きな戦争が初めて可能となったのだ。以前であれば、負傷兵は長期の戦線離脱を余儀なくされた。それが今ではより早く戦力として復帰し、場合によっては再び最前線に送り出されることとなった。

　モルヒウムとも呼ばれたモルヒネによって、痛みの克服と麻痺をもたらす新薬の開発は絶頂期を迎えた。それは軍部と市民社会の双方に等しく多大な影響を及ぼした。万能薬とされたモルヒネは、たちまち労働者階級から貴族の間にまで浸透し、ヨーロッパからアジアを経てアメリカへと渡り、世界制覇を果たすことになる。東海岸と西海岸の間の全米の「ドラッグ」ストアでは当時、なかでも二つの問題薬物が処方箋なしに入手できた。モルヒネを含有するエキスは気分を落ちつかせた。またコカインを含むカクテル（ボルドーワインにコカエキスを加えた初期のマリアーニワインやコカコーラ）** は憂鬱な気分を吹き飛ばす清涼飲料として、もしくは快楽をもたらす媚薬として、さらには局所麻酔用の医薬としても使用された。だがこれはまだ序の口だった。誕生しつつあったこの産業部門はただちに多角的な商品展開を目論む。一八九七年八月一〇日にはバイエル社の化学者フェーリクス・ホフマンがヤナギの有効成分からアセチルサリチル酸を合成した。これはアスピリンとして販売され、やはり世界制覇を果たした。その十一日後に彼はまたもや、その後世界的に有名となる物質を作り出す。それがモルヒネの誘導体ジアセチルモルヒネ、最初のデザイナードラッグ〔既存の薬物に医薬品設計を行った新薬〕である。この薬物は商標名ヘロインとして売り出され、大反響を呼ぶ。「ヘロインは素晴らしい売れ筋の商品です」。バイエル社の幹部たちは誇らしげにそう語り、この薬品を頭痛や不定愁訴、それどころか小児用咳止め薬としても売り出した。激しい腹痛を起こしたり、寝つきが悪かったりしたときには、乳飲み子にさえ投与できると謳ったのだ。(6)

この商売に参入したのはバイエル社だけではなかった。たちまち複数の製薬工場が一九世紀最後の三〇余年の間にライン河沿いに陸続《りくぞく》と建てられた。当時は社会構造的に有利な状況でもあった。長い間の小邦分立のゆえに、ドイツでは銀行資本が貧弱で、大型投資のためのリスク引当金の備蓄も限られていたのだ。だが薬品業界にはそのようなものは不要だった。伝統的な重工業に比べて製造機材も原料も比較的少なくて済んだからだ。少ない投資で多くの利益が約束されていた。とりわけ開発者の直感と専門知識がものを言う部門だが、当時ドイツはまだ世界最良の教育システムを擁しており、人

＊こうした事業の先例はキリスト教修道院であった。修道院は中世の頃からすでに薬を大々的に製造し、布教先の各地域、そしてその外部へも輸出していた。ヴェネツィア（ちなみにここは一六四七年にヨーロッパ初のコーヒーハウスが誕生した町である）でも、一四世紀以来、化学製剤や薬品の製造が行われていた。

＊＊アメリカの薬剤師ペンバートンは一八八五年頃にコカインとカフェインを組み合わせて、コカコーラという名の飲料を、当初は清涼飲料水として、その後まもなく万能薬として売り出した。元祖コークは一九〇三年まで、一リットルあたり最高二五〇ミリグラムのコカインを含有していたという。(5)

材は豊富だった。ほとんど無尽蔵と言っていいほど多くの、専門教育を受けた化学者や技師たちがおり、彼らを総動員することができたのだ。総合大学と技術系の単科大学のネットワークは世界のお手本とされていた。そして産学が密接に協働し、盛んに研究がなされ、数多くの特許が取得されたのだ。こと化学産業に関する限り、ドイツは世紀転換期前にすでに「世界有数の化学工房」となっており、薬物についても「メイド・イン・ジャーマニー」は高品質の代名詞であった。

ドイツ、薬物の国

こうした事情は第一次世界大戦後も差し当たって変化しなかった。フランスとイギリスがコーヒーや紅茶、バニラや胡椒その他の香辛料など、天然の嗜好品を海外植民地から豊富に調達できたのに対し、もともと乏しかった国外の所有地をベルサイユ条約で失ったドイツは、別の方策を探らねばならなかった。つまり人工的に製造するしかなかったのだ。なぜならこの国は人々を奮い立たせてくれるものを必要としていたからだ。敗戦は深い傷痕を遺し、国民の多くが心身ともにさまざまな苦しみを抱えていた。一九二〇年代には、バルト海からアルプスに至る地域に暮らす打ちひしがれた民〔ドイツの人々〕にとって、薬物はつねに重要なものであり続け、しかもその製造ノウハウはすでに彼らの手中にあったのだ。

この国では、近代的な製薬業への舵切りがなされ、我々が今日知る多くの化学物質がきわめて短い期間に開発され、特許取得された。ドイツの製薬企業は世界市場で主導的な地位を占めるに至る。各社はほとんどの薬品を自社生産するだけでなく、基本となる化学物質の製造のためにその主要成分を全世界に供給した。新たな経済特区の誕生だ。オーバーウアゼルとオーデンヴァルトの間に忽然と姿を現したケミカル・ヴァレー。ついこの間まで無名だった零細企業が、一夜にして栄華を極め、影響力のある大企業となった。一九二五年には複数の大手製薬業者が手を組んで、IGファルベン社が誕生した。フランクフルト・アム・マイン市を拠点とする世界最大級の大企業がその姿を現したのだ。なかでもアヘンはあいかわらずドイツの専売特許だった。さらに一九二六年にドイツはモルヒネ生産量でも諸国のトップに躍り出た。ヘロインに関しても輸出量の第一位で、その生産量の九八パーセントが外国向けだった。[7] 一九二五年から一九三〇年までに九一トンものモルヒネが生産された。これは世界全体の四〇パーセントに当たる。[8] もっぱらベルサイユ条約の留保条件と圧力のもと、ドイツは一九二五年にアヘンの流通を制限する国際連盟の国際アヘン協定に調印した。これは一九二九年にベルリンでようやく批准に至るのだが、ドイツのドラッグ産業はその前年、一九二八年の段階でも、なお二〇〇トン強のアヘンを精製していた。[9]

他の薬物に関してもドイツはトップをひた走っていた。メルク、ベーリンガー、クノルの各社がコカインの世界シェアの八〇パーセントを占めていたのだ。なかでもダルムシュタットのメルク社製のコカインは世界の最高級品として知られ、中国の模倣品メーカーによって偽ラベルが何百万枚も印刷されたという。[10] 生コカインペーストに関してはハンブルクがヨーロッパ最大の積替拠点で、この港を経由して毎年おびただしい量が合法的に輸入された。例えばペルーは年間の生コカイン全生産量（毎年五トンを上回っていた）のほとんどすべてを加工用としてドイツに輸出していた。影響力の強かった利益代表団体「アヘン・コカイン専門グループ」にはドイツの薬物メーカーも参加しており、政府と化学産業界の太いコネ作りに明け暮れていた。カルテル協約によると、それぞれ数社からなる二つのカルテルが「地球上の全地域」[11] のきわめて有望な市場をシェアし合っていたのだ。いわゆるコカイン協約およびアヘン協約である。これら二つのケースで主導的な立場に立っていたのがメルク社であった。[12] 要するに新生ワイマール共和国は、意識を変容させ陶酔をもたらす薬物にどっぷりと浸かっていたのだ。ドイツは東西南北の全方位に向けてヘロインとコカインを供給し、世界的な薬物ディーラーの名をほしいままにしていた。

化学の二〇年代

科学と経済のこうした発展は時代精神の中にもそれに見合う流れを作り出した。人工楽園がワイマール共和国において流行となった。人々はバラ色とは言い難い現実としっかり向き合うよりも、仮象世界に逃避したのだ。これはドイツの地に初めて誕生したこの民主主義体制を端的に言い表すことのできる現象であり、政治と文化の両面において見受けられたものである。人々は敗戦の真因を見極めようとはせず、戦争での失態に対して皇帝と国の上層部が負うべき共同責任を意識の裡《うち》から放逐した。「背後からのひと突き」という偽りの伝説が声高に叫ばれた。第一次世界大戦でドイツ軍が勝利を逸したのは、ひとえに自国民、つまり左翼集団からのサボタージュ（妨害工作）のせいだとされたのだ。(13)

こうした現実逃避の傾向は剝き出しの憎悪や文化的放埓さの中で存分に発揮された。ベルリン。この街は、デープリンの小説『アレクサンダー広場』の中だけでなく、実際に、あらゆる都市の中で最も猥雑な裏社会をもつ大淫婦バビロンと呼ばれた。そこで人々は想像しうる最も下劣な放蕩の内に喜びを求めたのであり、麻薬もその一つであった。「ベルリンのナイトライフ、美少年同士のカップル、いまだ世界に例を見ぬ堕落ぶりだ。かつてわが国にはすばらしい軍隊があった。今はそれに代わっておぞましい倒錯しかない！」作家のクラウス・マンはそう嘆いた。(14) シュプレー河畔のこの大都会は道徳的退廃の同義語となり、国家負債の支払いのために大量に出回った貨幣のせいで通貨価値は底なしに暴落した。一九二三年秋、一米ドルがなんと四二億マルクとなったとき、どうやらここでは道徳価値の方も完全に失墜してしまったようである。

すべてが毒物による酩酊の中で、もつれ合い絡まり合った。この時代のアイコンとも言うべき女優でダンサーのアニータ・ベルバーは、朝食用に白薔薇の花びらをクロロホルムとエチルアルコールのカクテルに浮かべて飲んだという。ウェイク・アンド・ベイク（朝一番のドラッグ）である。コカインやモルヒネを描いた映画が映画館にかけられ、街角でそうしたドラッグはすべて処方箋なしで入手できた。ベルリンの医師たちの四〇パーセントがモルヒネ中毒であったともされている。[15] フリードリヒシュタットでは、かつてドイツの租借地であった膠州から来た中国人ディーラーが阿片窟を運営していた。ミッテ地区の裏街には違法のナイトパブがひしめいていた。アンハルター駅では客引きがビラを撒いて、違法パーティや「美女とすごす至福の夕べ」の客を募っていた。ポツダム広場の有名な「祖国館」のような大型クラブ、放埒な乱交で悪名の高かったブルーメン通りのダンスホール「レジ」、「カカドゥ・バー」のような小規模ながら定評のあった店、あるいは客の匿名性を確保するために店の入口で仮面を配っていた「ヴァイセ・マウス」〔「白ネズミ」の意〕といった店々が、大勢の好色家たちを引き寄せた。近隣の西欧諸国や米国からは初期の「セックス＆ドラッグ」ツアーの客が引きも切らずに押し寄せた。ベルリンは何もかもが刺激的で、しかも格安だったのだ。

世界大戦に負け、あらゆる面で箍《たが》が外れたドイツ。この大都市は様々な実験が行われるヨーロッパの「首府」となった。住宅の壁に貼られたポスターは、どぎつい色の表現主義風の書体で警告していた。「ベルリンよ、足を止めて考え直すがよい、お前の踊る相手、それは死神だ！」警察ももはや介入してこなかった。秩序の崩壊は初めのうちは単発的だったが、その後は慢性的となる。この秩序の真空地帯を放蕩文化が存分に埋めていった。当時ヒットした歌がその辺りの消息を明かしている。

かつては酒の精
あの甘美な妖精たちが
つらい日々を癒してくれた
酒はもう高嶺の花
今ベルリンっ子が伸ばす手の先にあるのは
コカインとモルヒネ

外でどれほど雷と稲光が続こうとも
僕らはひたすら吸引する、注射する！（…）

レストランの給仕は嬉しげに
コカインの小瓶を運び
人々は束の間を
より良き星の下に生きる
モルヒネは皮下注射され
たちまち中枢器官に働いて
精神を熱くしてくれる
僕らはひたすら吸引する、注射する！

この薬は禁制品

お上の法律はあるけれど
公式に出回らなくとも
今じゃ何でも横流し
誰でも気楽に酔えるのさ
そしておとなしい家畜のように
敵どもに毟《むし》り取られようとも
僕らはひたすら吸引する、注射する！

注射の挙句に癲狂院《てんきょういん》入り
吸引の挙句にこの世からおさらば
ああ神様、それが何だ
こんな世の中
どのみち欧州自体が癲狂院のようなもの
今は誰でも天国に入りたがる
ひたすら吸引と注射を繰り返して[16]！

一九二八年にはベルリンだけで何と総計七三キログラムものモルヒネとヘロインが、処方箋さえあれば、まったく合法的に薬局のカウンター越しに手渡された[17]。財力のある者はコカインを選んだ。瞬間を濃密なものとしてくれる究極の武器である。人は鼻から嗅いで、感じ入る。瞬間よ止まれ、お前はかくも美しい〔ゲーテの『ファウスト』より〕。コカインは至るところに広まり、野放図な放蕩の時代を象徴するものとなった。その一方でそれは「頽廃毒物」として、路上で覇権を競って殴り合っていた共産党員とナチスの双方から同じように忌避されていた。放埒な時代の風潮に対してはさまざまな対抗措置が採られた。ドイツ民族主義者たちが「道徳の崩壊」に憤激を隠さなかったばかりか、保守陣営からも同じような攻撃がなされた。ベルリンが世界的文化都市へと登り詰める様子は市民階級から誇りをもって受け止められたのだが、一九二〇年代にステータスを喪失した彼らは、娯楽と大衆文化が西洋の頽廃文化として糾弾され、ラディカルな有罪宣告を受けたことに一抹の不安も抱いていた。

　国家社会主義者たちは、ワイマール時代において薬物に癒しが求められた点を特に問題視した。酒場の常連席では非難の言葉が飛び交った。議会制度や軽視された民主主義そのもの、さらには開かれつつあった社会の都市文化に対する彼らのあからさまな反感が、憎悪の対象となった「ユダヤ共和国〔ワイマール共和国を指す〕」の惨憺たるありさまを呪う言葉となって表明された。まるでそれが仲間内の結束を強める符牒であるかのように。

　ナチスは民族健全化のための自分たちの処方箋を実現可能なものとみなし、イデオロギーによる治癒を約束した。ナチスにとっては、合法化された陶酔、すなわち褐色〔ナチスのシンボルカラー〕の陶酔しかありえなかった。というのはナチズムもまた、超越的状態を求めて奮闘していたのであって、つまりナチスがドイツの人々を招き入れようとしたイリュージョンの世界は、当初から国民総動員のために陶酔の技術を利用したのだ。すでにヒトラーの煽動的な書『我が闘争』の中に、世界史的な決断は陶酔的な熱狂状態、場合によってはヒステリー状態が続く間に強制されねばならない、と書かれている。それゆえナチスは、一方ではポピュリスト的な論拠を並べ立て、他方では松明行進や献旗の式典、陶酔させる告知や公式演説など、いずれも集団的なエクスタシー状態を狙いとする手段を活用して、人々の心を捉えた。さらにいわゆる戦時には、アルコールの鯨飲で火に油が注がれて頻発した突撃隊の「暴力による陶酔」も追加された。[*] リアルポリティクスは英雄性に欠ける単なる駆け引きとして退けられた。一種の社会的な陶酔状態を政治の代替物とすることが意図されたのだ[18]。ワイマール共和国を精神史的に抑圧社会と見ることができるとするなら、その共和国に敵対すると自称したナチスたちは、そうした潮流の急先鋒であった。薬物が彼らから憎まれたのは、実は彼ら自身が薬物として機能することを望んだからに他ならない。

権力交代とは薬物交代なり

「……禁欲的な総統が沈黙する間に[19]」
ギュンター・グラス

すでにワイマール時代においてヒトラーの親密なサークルは、「我が」民族のために不眠不休で働き、全身全霊を捧げる男という彼のイメージ作りに成功していた。それは社会のさまざまな矛盾や問題と取り組み、第一次世界大戦敗戦の悪影響を払拭するというヘラクレス的偉業に独り敢然と立ち向かう、侵すべからざるリーダーというものだった。ヒトラーのある同志が一九三〇年にこう伝えている。「彼は一人の人間の身体となって出現した天才性である。だがその身体を彼はとことん痛めつけるので、下々の者は驚嘆を禁じえない。彼は煙草も吸わず、酒も飲まず、ほとんど野菜しか摂らず、

＊ここでは一九二〇年二月二四日、ミュンヘンのビアホール、ホフブロイハウスでの国家社会主義ドイツ労働者党（NSDAP）の立ち上げについても言及したい。早い時期からこの褐色の政党とその突撃隊の男子結社的な儀式においては、アルコールが重要な役割を果たしていた。本書では第三帝国におけるアルコールの役割は軽く触れるにとどめる。このテーマは本書の扱う範囲を超えており、またそこには別個に論じる価値が認められるからである。

女性にうつつを抜かすこともない」[20]。ヒトラーはコーヒーすら飲もうとせず、第一次世界大戦後に最後の煙草の箱をリンツ近郊のドナウ河に投げ捨てたという逸話もある。以来、いかなる毒物も彼の身体に摂取されなかったとされているのだ。

「ついでながら我々禁酒家には、我らが総統閣下に感謝すべき格別な理由がある。なんとなれば閣下は、その個人的な生活態度と陶酔をもたらす毒物への断固たる姿勢を通じ、率先して皆に垂範しておられるからである」。これはある禁酒家連盟が出した声明文の一節である[21]。帝国宰相はあらゆる世俗的享楽を絶ち、私的生活をもたない高潔な人士とされた。「断念」と「絶えざる犠牲」がその身に刻まれた人物、このうえなく健全な生活の規範とされたのだ。自らの欲求を二の次にする薬物の敵、禁酒家ヒトラーという神話はナチスイデオロギーの本質的要素であり、マスメディアによって繰り返し喧伝された。世論の中だけでなく、批判的な考え方をする者たちの間でもその残響が今も続く神話がこのとき完成したのだ。言うまでもなくこれは解体されねばならない神話である。

一九三三年一月三〇日の権力掌握後、国家社会主義者たちは短時日のうちにワイマール共和国の放埒な娯楽文化の息の根を、その開放的で両価的な諸要素もろとも断ち切った。薬物は禁忌とされた。それがナチスの提供する非現実性とは異なる非現実性を体験可能にするから、という理由だった。「誘惑のドラッグ」[22]は、総統のみが誘惑者たるべき体制においては、もはや占めるべき位置をもたなかったのだ。権力者らがその「麻薬撲滅措置」のために採った手段は、ワイマール時代からそのまま引き継がれた阿片法[23]の厳格化ではなく、むしろ「人種衛生」というナチスの主導理念に役立ついくつかの新たな法令の策定であった。「Droge（薬物、ドラッグ）」という用語にはもともと「乾燥植物」ほどの意味しかなかったのだが*、そこにネガティブな含意が追加され、薬物使用は犯罪視され、急造された刑事警察専門担当部によって重罪扱いとされた。

こうした新たな意味づけは一九三三年一一月にはすでに始まっていた。ナチ政権の方針に同調することを余儀なくされた帝国議会が、薬物中毒者を最長二年間、隔離施設に強制入所させることを可能にする法律を成立させたのだ。しかもその入所期間は裁判官の裁量により際限なく延長することができた。[24] さらなる措置では、麻薬を自ら使用した医師らに最高五年間の就業禁止命令を下すことが定められた。また、違法薬物の使用について捜査するためには、医師の秘密を守る必要はないとされた。これを受けてベルリン医師会会長は、患者に三週間を超えて麻酔薬を処方した医師は、誰でも遅滞なく「麻酔薬報告書」を作成しなくてはならない、との指令を出した。その理由として会長が挙げた理由は、「公共の安寧が慢性的な薬物使用によって絶えず脅かされている」[25]という点であった。この報告書が提出された場合、二名の鑑定人が当該患者を徹底的に調べ上げ、当人の遺伝形質が「まっとう」と判断されると、すみやかで過激な禁断療法が施された。ワイマール共和国時代にはゆっくり時間をかけて薬物依存から脱却させるやり方が好まれたのに対し、今や見せしめのために、依存患者の離脱症状の苦しみなどおかまいなしだった。[26] それに対して遺伝形質の評価が芳しくなかった場合には、裁判所は入所の無期限延期を命ずることができた。その後まもなく薬物使用者は強制収容所にも収容されるようになる。[27]

さらにドイツ国民一人一人に、「身内や知り合いに麻薬中毒者がいる場合には、速やかな支援がな

＊これは語源的には「乾いた」を意味するオランダ語droogに由来する言葉である。
オランダの植民地時代にはこの言葉で、海外から運ばれて来る乾燥した嗜好品、例えば香辛料や紅茶を表した。
ドイツではかつて、薬学的に有用なすべての（乾燥）植物および植物部分、茸類、動物、鉱物などが「Drogen」と呼ばれ、
後に原則としてすべての治療手段としての薬物を指すようになった。
例えばDrogerie（薬局）という言葉はこれに由来する。

されるよう、注意を払い、情報提供を行う」[29]ことが要請された。対象者をもれなく把握するためにカード式の登録簿が作成された。つまりナチスはごく早い時期から麻薬撲滅の戦いをも、監視国家確立のためのツールとしたのだ。ヒトラーの独裁制は帝国のすみずみに至るまで、いわゆる「健康面でのリーダーシップ」を発揮した。すべての大管区《ガウ》に「麻薬撲滅のための作業部会」が置かれた。その構成員は医師・薬剤師、社会保険庁や司法、軍、警察ならびに国家社会主義公共福祉〔ナチスのソーシャルワーク組織、本部はベルリン〕の代表たちで、隙間のない反ドラッグネットワークを形成した。このネットワークを織り成す糸はベルリンの帝国保健局にまで走っており、そこの帝国保健委員会の第二中央部局と繋がっていた。「健康になる義務」が公準とされ、それと軌を一にする形で「ドイツ民族にとって異質な毒物の濫用ならびにアルコールと煙草によって生じうる証明可能なあらゆる身体的、精神的、社会的な損失の断固たる阻止」が求められた。煙草のコマーシャルは厳しく制限され、薬物禁止によって「全世界的な偽りの理想生活が我らが民族に入り込む際の、残された最後の侵入口を塞ぐこと」が意図された[30]。

一九三五年秋には婚姻健康保護法（ドイツ民族の遺伝健康保護のための法律）により、婚姻希望者のいずれかが「精神障害」をもつ場合には結婚が禁じられた。麻薬中毒者は自動的にこのカテゴリーに入れられて「精神病者」の烙印が押され、しかも治癒の見込みなしと見なされた。このような婚姻禁止には、「パートナーへの感染および薬物中毒の潜在可能性が遺伝により子供に伝わること」を防止する狙いがあった。その根拠として「薬物中毒者の子孫に高い割合で精神的な異常[31]」が認められた点が挙げられた。そして遺伝病防止法が強制断種という残忍な結果をもたらすこととなる。「それゆえ人種衛生上の理由から、重度の中毒者を生殖の連鎖から排除するよう留意しなくてはならない[32]」

しかし事態はさらに悪化する。プロパガンダとして用いられた「安楽死」という用語のもとに、薬物使用者も含む「犯罪的精神病者」が開戦後の数年間に殺害されたのだ。その正確な数はもはや突き

– Zentralkartei –

Nummernreiter bedeuten:

1 Händler [inländische]	10 Betrüger u. Etikettfälscher	19 Händler [internationale]
2 Verbraucher	11 Suchtgefährdete	20 Dicodidsüchtige
3 Kokainsüchtige	12 Ärzte [allgemein]	21 Kriegsbeschädigte
4 Sonstige Süchtige	13 Apotheker [allgemein]	22 Künstler
5 Rezeptfälscher	14 Apotheker [Verstöße gegen d. VVO]	23 Heil-u. Pflegepersonal
6 Rezeptdiebe	15 Dolantinsüchtige	24
7 Btm.-Diebe u. Einbrecher	16 Pervitinsüchtige	25 Berufsuntersagung
8 Pantoponsüchtige	17 Opiumsüchtige	26 Eukodalsüchtige
9 Ärzte [Vielverschreiber]	18 Morphiumsüchtige	27
		28 Selbstmörder

Farbige Reiter bedeuten:

Lila: Juden
Rot: Zur Entziehungskur Untergebrachte
Gelb: Berliner Täter aus den Jahren 1927–36
Grün: Nach 1931 Süchtiggewordene
Schwarz: In polizeiliche Vorbeugungshaft genommene Täter
Blau:

帝国麻薬犯罪撲滅本部の個人鑑定カードが生死を決めることもありえた(28)。
容疑者は数字（ディーラー、処方箋偽造犯、オイコダール常用者、依存者など）と
色（紫：ユダヤ人、赤：薬抜きのために収容された者など）で分類された。

止めようがない[33]。その際に明暗を分けたのは、そのつど作成された個人鑑定カードの記載だった。プラス（＋）の判定は毒物注射かガス室を意味した。マイナス（－）なら処分猶予だった。殺害方法としてモルヒネの過剰投与が選ばれた場合、そのモルヒネは帝国麻薬犯罪撲滅本部のものが使用されることもあった。そこは麻薬を担当する全国初の警察署として、一九三六年にベルリンの麻薬担当部局から分離独立した組織である。生死を決める鑑定医たちの間には「酔い痴れたような高揚感」[34]が見られたという。かくして反ドラッグ政策は周縁集団やマイノリティの人々を排除し、抑圧し、それどころか抹殺するため

の手段として用いられることとなる。

反ユダヤ政策としての反ドラッグ政策

「ユダヤ人たちは、きわめて洗練された手段を用いて、ドイツ人の精神と魂に毒を盛り、破滅に至ることが必定の非ドイツ的方向へとその思考を逸脱させんと試みてきた。

(…)民族の発病、民族の死をもたらし得るそのようなユダヤの感染病を徹底的に民族体から遠ざけること。これも衛生指導部の義務である」(35)

ニーダーザクセン州の医事新報〔医師向け専門誌〕、一九三九年

ナチズムの人種差別的な用語法は、当初から感染症や毒物といった言語形象、有毒性というトポス(定型表現)をその特徴としていた。ユダヤ人は細菌や病原体と同義とされた。彼らは異物であり、帝国を毒する存在であり、健全な社会組織を病んだものに変える。それゆえユダヤ人の排除もしくは殲滅《せんめつ》が肝要であるとされたのだ。ヒトラーは「もはや妥協の余地はない。なぜなら妥協は我々自身にとって毒となるであろうからである」と宣告した(36)。

実際に言葉の中に毒が盛られていたのだ。その言葉がのちのユダヤ人殺戮につながる前段階として、まずユダヤ人の人間としての尊厳を剥奪した。一九三五年のニュルンベルク人種法の制定およびアーリア人家系図の導入は、血の純粋さへの要求を表したものである。血こそは最も保護を必要とする民族の至高の財産とされ、こうして反ユダヤ的煽動と反ドラッグ政策との間に接点が作り出された。「毒であること」を規定したのは服用量ではなく異質性というカテゴリーであった。当時しばしば基本文献として利用された書物『魔術的毒物』の非科学的ではあるが核心となるテーゼはこうである。「最大の毒性を発揮するのはつねに国家および人種にとって異質な中毒物質(麻薬やアルコール)

である」[37]ユダヤ人とドラッグは同列視されてドイツ国を脅かす有毒なもの、感染の恐れのあるものとされた。「数十年前から我らが民族にマルクス主義・ユダヤ陣営から〈汝の身体は汝のものである〉という謬見《びゅう》が吹き込まれてきた。これは男同士や男女の集いでは、身体の健康を犠牲にしてさえ、大酒を飲むことが容認される、という具合に理解された。こうしたマルクス主義的・ユダヤ的な考え方の対極にあるのが、我々は祖先の永遠なる遺伝財の担い手であり、ゆえに我々の身体は氏族、民族に帰属するというゲルマン的・ドイツ的な考え方なのである」[38]

一九四一年から帝国麻薬犯罪撲滅中央本部の長官であった親衛隊大尉で刑事のエルヴィン・コスメールが、国際的な麻薬取引において「ユダヤ人はきわめて重要な地位を占めている」と主張したとき、それは完全にこの路線に沿ったものであった。自身の任務を彼は「しばしばユダヤ民族にルーツをもつ国際犯罪人たちの無毒化」[39]としている。NSDAP（ナチス）人種政策局は、ユダヤ人の特性自体がそもそも薬物依存的なのだと主張した。つまり大都市のインテリユダヤ人たちは、つねに昂ぶった状態にある神経を鎮め、安らぎの感覚と安心を得るためにコカインやモルヒネを好むというのだ。さらにユダヤ人医師たちに関して「モルヒネ中毒者が突出して多い」という噂が広められた。[40]

反ユダヤ主義の絵本『毒キノコ』[41]の中で、ナチスは自分たちの宿敵であるユダヤ人とドラッグを組み合わせて、ひとつの人種衛生上のプロパガンダとした。この絵本は帝国中の学校図書館や子供部屋に置かれることとなる。そのストーリーは例証的であり、そこに含まれるメッセージはあからさまである。つまり「危険な毒キノコは選別して廃棄すべし」だ。

社会の理想にそぐわないすべての者を排除すべく、ドラッグ撲滅のためのさまざまな選別の戦略が、脅威と見なされた社会の異物に対して講じられた。その点でこの戦略は、ナチズムにおいてはまさに自動的に反ユダヤ性を内包するものであったのだ。ドラッグを使用した者は「外国の疫病」[42]に苦

„Wie die Giftpilze oft schwer von den guten Pilzen zu unterscheiden sind,
so ist es oft sehr schwer, die Juden als Gauner und Verbrecher zu erkennen . . ."

麻薬撲滅とユダヤ人憎悪を同列視する風潮は児童書にまで及んだ。

「毒キノコとおいしいキノコの区別はなかなかむずかしい。同じようにユダヤ人を悪党、犯罪者と見抜くのは至難のわざ」

しむ者となった。ドラッグのディーラーは良心のかけらもない冷血漢、金の亡者、もしくは異民族とされた。ドラッグ使用は「人種的に価値の低い行為」とされ、いわゆるドラッグ犯罪は社会の最も大きな脅威のひとつとされた。

恐るべきことにこうした用語のいくつかには、今日なお、耳に親しい響きがある。私たちは他のおぞましいナチス用語を放逐した一方で、麻薬撲滅に関する用語はとうに私たちの血となり肉となり、心に染み込んでしまっているのだ。今日ではユダヤ対ドイツという図式ではない。危険なディーラーたちは他の文化圏に属する者とされている。そして私たちの身体は私たちのものなのか、それとも福祉・保健政策上の利害からなる法的・社会的ネットワークのものなのか、というきわめて政治的な問いは、あいかわらずその毒性を失ってはいない。

クアフュルステンダムの有名医師

一九三三年のある晩。ベルリン・シャルロッテンブルクのバイロイト通りに建つ医院の看板にペンキで「ユダヤ野郎」と殴り書きがされた。そこの医師は皮膚病と性病の専門医だったが、翌朝にはその看板の医師名も塗りつぶされ、かろうじて診療時間だけが読み取れた。「週日は十一時から一時までと、五時から七時まで、土曜日午後は休診」。でっぷり太った禿頭のテオドール・モレル医師はこの攻撃に対して、かなり情けないが当時はよく見られた対応策を講じた。[43] こうした類の敵対行為を免れるべく、すぐさまナチ党に入党したのだ。というのもモレルはユダヤ人ではなかったからである。その浅黒い肌のせいで突撃隊員が誤って彼をユダヤ人と考えたのだった。

党員として登録されると、じきにモレル医院はかつてない繁盛ぶりとなった。手狭となったため、医院はクアフュルステンダムとファザーネン通りの角に建つグリュンダーツァイト様式の建物の豪奢な一室に移転した。「仲間となる者は利益に与る」。これがモレルにとって終生忘れることのない教訓となる。この太ったヘッセン人は政治そのものにはとんと関心がなかった。彼に生きがいを感じさせてくれる瞬間、それは治療を受けた患者に笑顔が戻り、気前よく治療費を払い、そしてできることなら病気が早く再発してまた戻って来てくれるときだった。これらがすべて確保されるよう、モレルは数年かけてさまざまな戦略を編み出していた。そしてそれが上得意の患者を奪い合っていたクーダム〔クアフュルステンダム〕地区のライバル医師たちから彼を一歩先んじさせた。事実、彼の瀟洒な個人診療所はたちまちベルリン西部で最も繁盛する医院のひとつとなった。そこには最新の高周波レントゲン装置、温熱治療器、電気四槽浴、照射装置が備えられていた。いずれも妻ハニの資産で賄われたものだったが、そのおかげでかつては熱帯地方の一介の船医にすぎなかったモレルの医院に、帝都ベルリンの有名人士がこぞって訪れるようになった。マックス・シュメーリング、ハンス・アルバースの伴侶、女優のマリアンネ・ホッペ、伯爵たち、大使たち、成功したスポーツ選手たち、経済界の大物、学会の大御所、政治家たち、映画界のほぼ半数の人びとが、巡礼者のごとくにモレルのもとを訪れた。彼は最新の診療メソッドに習熟した医師と目されていたのだ。ただし口さがない連中からは、ありもしない病気をでっち上げて「治療」するいかさま師とも言われていた。

　実際そこには、自己中心的で狡知なこの人気医師がパイオニアとみなされる分野があった。それはビタミンだった。当時は、特定の新陳代謝プロセスに不可欠でありながら生体が自ら作り出すことのできない、この目に見えぬ補助物質については、ほとんど知られていなかった。それゆえ栄養不足の症例において血管に直接注射されたときのビタミン剤の薬効はまさしく奇跡的であった。患者の行列を途絶えさせないためのモレルの戦略はまさにそこにあった。ビタミンだけでは不十分とみなすと、躊躇なく注射液に賦活剤を混入した。それは男性患者の場合は筋肉増強と精力増進にタンパク同化作用をもつテストステロン、女性の場合は活力増大と相手を陶然とさせる美しさのためのベラドンナ・エキスだった。憂鬱症の舞台女優がアドミラルパラストでの初演前に舞台恐怖症を克服したいと考えて彼の元を訪れると、モレルはためらうことなくその毛むくじゃらな手を注射器に伸ばした。注射の腕前は誰にも引けを取らないということだった。当時はまだ注射針が巨大だったにもかかわらず、彼に注射されると誰も針が刺されたことに気づかないとまで噂された。

　彼の名声はベルリンの市境を越えて広まった。そして一九三六年春のことだった。診療中は邪魔しないよう助手に口を酸っぱくして言い渡しておいたにもかかわらず、診察室の電話が突然鳴り響いたのだ。これはふつうの電話ではなかった。相手はミュンヘンの党本部、ホワイトハウスならぬ「ブラウンハウス」（褐色館）だったのだ。シャウプなる人物が出て、自分はヒトラーの副官だが、「ＮＳＤＡＰ（ナチス）帝国写真報道官」のハインリヒ・ホフマンがデリケートな病気に罹っている。ついては党の意向で、高名であり口も堅い性感染症専門医のモレル先生に診て頂きたい。機密事項であるので、ミュンヘンの医師にこの件を依頼したくはないというのだ。総統閣下が御自らガトフ空港に専用機を一機待機させておられる。シャウプは有無を言わさぬ口調でそう付け加えた。

　モレルは死ぬほど驚きはしたものの、そのような指名を拒絶することができようはずもなかった。ミュンヘンに着くと彼は瀟洒なレギーナ・パラスト・ホテルに国費で投宿し、ホフマンの腎盂腎炎を淋菌感染症、いわゆる淋病に由来するものと看破して治療を施した。影響力の大きなこの患者は快癒したことに感謝して、モレル夫妻をヴェネツィア旅行に招待した。

　ミュンヘンに戻ると、ホフマン家は一同を招いて山の手のボーゲンハウゼンにあるヴィラ様式の邸宅で晩餐会を開いた。メニューはナツメグを効かせたスパゲティと別皿にトマトソース、グリーンサラダ。これはアドルフ・ヒトラーの好物料理だった。ヒトラーはこの晩のようによくホフマン家に客人として招かれていた。二人は一九二〇年代から昵懇の間柄だったのだ。それはホフマンがカメラマンとしての演出力で、総統の人気作りと国家社会主義の隆盛に大いに貢献した時期だった。またホフマンは独裁者ヒトラーの重要な肖像写真の著作権者で、『誰も知らないヒトラー』『民族は総統閣下を敬愛する』といったタイトルの写真集を刊行し、数百万部を売り上げていた。それとは別に個人的な事情もあって、それが二人を固く結びつけていた。ヒトラーの愛人エーファ・ブラウンが以前、ホフマンの助手を務めていたのだ。そもそもエーファをその写真館でナチス総統に引き合わせたのが、このホフマンだった。

日頃ホフマンから好人物モレル医師の素晴らしさを聞かされていたヒトラーは、晩餐の前に旧友の快癒を医師に感謝し、もっと早くにお会いしたかった、そうしていたら自分の運転手ユリウス・シュレックも死なずに済んだだろうと残念がった。シュレックはその数ヶ月前に髄膜炎で亡くなっていた。モレルはこのお世辞に対して気後れしたようなぎこちない反応を示し、晩餐会の間、ほとんど一言も発しなかった。丸顔で団子鼻に分厚い丸メガネをかけ、いつも汗をかいていたこの医師は、自分が上流社会の一員として認められる人間ではないことを弁《わきま》えていたのだ。他の会食者から感心された唯一の機会は、彼の注射の腕前が話題になったときだった。それで彼はずっと聞き役に回っていたのだが、たまたま会話の流れでヒトラーが、数年来苦しんでいた胃腸の不調を嘆いた。すると待っていたかのようにモレルは、確実な成果が期待できる特別な治療法に言及した。ヒトラーは彼の顔をまじまじと見つめ、詳しく話を聞きたいと言って、彼を夫人ともどもオーバーザルツベルク、ベルヒテスガーデン近郊の山荘に招待した。

数日後、独裁者ヒトラーは山荘での私的な会話の際にモレルに向かって、自分の健康状態はかなり悪くてほとんど何も手につかないほどだと打ち明けた。ヒトラー自身の考えでは、それは食事制限によって患者を飢えさせることしか思いつかない、これまでの担当医たちの誤った見立てのせいだった。というのも、もともとたっぷりとした食事が献立に載ることが多かったのだが、それを食べるとヒトラーはすぐに言いようのない腹部膨満感に襲われ、さらに両脚には痒い湿疹が出て、包帯をして歩かなくてはならず、長靴も履けなくなっていたのだ。

すぐにモレルはヒトラーの不調の原因を見抜き、腸内細菌叢の異状が消化不良を引き起こしていると診断した。彼はムタフロール〔非病原性大腸菌株〕を勧めた。これはフライブルクの医師であり細菌学者でもある友人アルフレート・ニスレ教授が開発したもので、その元になった細菌株は、バルカン戦争の際に戦友の多くが腸の不調に悩まされたにもかかわらず、一人だけ元気だったある下士官の腸内細菌叢から採取されたものだった。それらの細菌は生きたままカプセルに入れられ、患者の腸内に住み着き、増殖し、腸の不調を引き起こす可能性のあるものも含め、他のすべての細菌株に取って代わったのである(44)。どうやらヒトラーにとっては体内でも生存圏を巡る闘いが繰り広げられていたようで、実際に有効性が確認されていたこの治療法に彼は心からの信頼を寄せた。彼はモレルに向かって、もしムタフロールが実際に功を奏したなら邸宅をプレゼントするとまで約束し、この太り肉《じし》のドクターを主治医に任命した。

モレルからこの新たな職位について報告されても、妻のハニはたいして喜ばなかった。言わずもがなではあったが、彼女はクアフュルステンダムの繁盛を続けている診療所のことを夫に指摘した。ひょっとすると彼女はこのときすでに、自分の夫の顔をめったに見られなくなることを予感していたのかもしれない。というのも、ヒトラーとその主治医の間には尋常ではない親密な関係が築かれるのが常だったからである。

患者Aのための多剤カクテル注射

「彼のみが我らが民族の不可解なるもの、謎、そして神話なのだ[45]」
ヨーゼフ・ゲッベルス

独裁者ヒトラーはいつも他人から触れられるのを嫌い、医師たちが体調不良の原因を探ろうとして詳しく検査することも拒否した。彼は自分のことを自分よりも知る専門家を決して信用できなかったのだ。それに対して古き良き家庭医モレルは、初対面のときから人畜無害で愛嬌の良い素振りを見せて、ヒトラーを安心させた。そもそもモレルには健康上のトラブルの背後に潜む理由を探り当てようとして、ヒトラーに迫る気はなかったのだ。モレルには注射針を刺すだけで十分で、それを深刻で堅苦しい医療行為の代わりとした。ヒトラーから、皆の前で意気盛んなところを見せる必要があるので、健康のことよりも目下の症状を抑えることを優先して欲しいと頼まれたときも、モレルはメトロポール劇場の女優を診療するときとほとんど同様に国家元首を扱い、まったく躊躇《ためら》うことなくメルク社の二〇パーセントブドウ糖液の輸液またはビタミン注射の用意に取りかかった。症状の迅速な解消が彼のモットーで、ベルリンのボヘミアンたちと同様に「患者A」（モレルはノートにこの新規患者のことをそう書いた）〔アドルフ Adolfの「A」〕もその恩恵に与った。

ヒトラーは自分の体調がたちまち回復していくことに上機嫌だった。たいていはまだ針が静脈に刺さっている内に効果が現れた。主治医モレルによると、総統は激務が求められる立場であり、エネルギー消費もきわめて大きいため、錠剤を服《の》んでその成分が（そうでなくとも弱っている）消化器系から血管内にたどり着くのを待つのでは遅すぎるのだという。ヒトラーはその説明で納得した。彼はモレルの意図を理解していたのだ。「モレルは今日も太いヨード注射をするつもりだ。その他に心臓と肝臓のための注射とカルシウム注射、ビタミン注射も。薬剤はすべて静脈注射とするということを彼は熱帯地方で学んできたという」(46)

この多忙な統治者は絶えず危惧していた。自分の能力が低下してきて、自分に課せられた任務をやりおおせなくなること、そして仕事を肩代わりできる者が一人もいないので、病気で長期離脱する訳にもいかないことを。それで一九三七年以降は、伝統を覆す新しい治療法が俄然重視されるようになった。毎日何本も注射することはまもなく当たり前の光景となった。ヒトラー自身が何度も注射針を刺されることに慣れ、その後で「霊験あらたかな」成分が血管の中を運ばれていく奇妙な感覚にも慣れた。毎回彼は注射の後で一時的に楽になった。皮膚を貫き「迅速なる復旧」をもたらす特殊鋼製の細い針は、ヒトラーの性分に合っていたのだ。状況はつねに溌剌たる精神と活力漲る身体、そしてすばやい決断力を必要としていた。ボタンを押してオフにするようにノイローゼその他の心的抑制が瞬時に消え去って、鋭気溢れる状態にならねばならなかったのだ。

この新しい主治医はまもなく患者の側を離れることが許されなくなり、モレル医師の妻ハニの不安は的中することとなった。もう夫にはベルリンの診療所を切り盛りする時間がない。クアフュルステンダムには院長代理を置かねばならなかった。後にモレルは誇りと諦めの入り混じった口調で述懐している。自分は一九三六年以降ヒトラーと毎日、いや少なくとも二日に一度は会っていた唯一の人間だったと。

帝国宰相は今では重要な演説のたびに、最高のパフォーマンスを披露すべく、あらかじめ「充電用の注射」を打たせていた。風邪を引きかけて登壇できそうにない場合でも、初期症状をビタミン剤の静脈注射によって抑え込んだ。「ドイツ式敬礼」で腕をできるだけ長く挙手できるようにするために、ヒトラーはエキスパンダーでトレーニングをする一方で、自分の体にブドウ糖とビタミンを補給した。静脈注射されたブドウ糖は二〇秒後には脳にエネルギーをもたらした。また複合ビタミン剤のおかげでヒトラーは、真冬の凍えるような寒さの中でも弱みを見せずに、薄手の突撃隊制服で軍隊を閲兵したり、人々の前で式辞を述べたりすることができた。例えば一九三八年にインスブルックで演説した際、その直前に突然彼は喉が枯れたことがあった。モレルはこのトラブルも注射一本ですばやく解決した。

当初はヒトラーの消化器の不調も改善された。それで以前の約束通り、モレルに土地が与えられた。ベルリンの高級住宅地であるハーフェル河の川中島、シュヴァーネンヴェルダー地区の地所で、すぐ隣は啓蒙宣伝大臣ゲッベルスの邸宅だった。このプレゼントにはそこの瀟洒な屋敷までは含まれていなかったので、モレル家は職人手作りの鉄製フェンスに囲まれたインゼル通り二四～二六番地のその屋敷を、三三万八〇〇〇帝国マルク（RM）を払って自腹で購入しなくてはならなかった。ただし一家はヒトラーから二〇万RM以上にのぼる無利子の融資を受けており、それは後で総統の治療代として相殺されることになる。この新しい住処は、今や上流社会の仲間入りを果たした有名医師にとって、メリットをもたらすだけではなかった。モレルは家事手伝いや庭師を雇わなくてはならなくなり、収入は自動的に増えたわけでもないのに、維持費の支払いだけが急に増えたのだ。だがもう後戻りはできなかった。彼は新たな生活スタイルや権力との近さを心から歓迎していた。

ヒトラーもモレルをたいそう気に入っていた。総統周辺の叩き上げの連中の多くはモレルを快く思っておらず、この太り肉の医師をたびたびこきおろしたが、それを帝国宰相はことごとく退けた。「モレルはお前たちから文句を言われるためにではなく、私の健康を守るためにここにいるのだ。」そうヒトラーは言ってモレルを擁護した。彼は一介の開業医だったモレルに箔をつけるべく、一九三八年、職権を使って彼に名誉教授の称号を与えた。

国民ドラッグを恃《たの》みとする民族体

モレルが診療した最初の数年間、ヒトラーは腸痙攣《けいれん》も癒え、つねにビタミンを大量投与されていたためか、健康そのもので身のこなしも軽やかだった。ヒトラーにとってきわめて成功した時期だった。国民からの支持もうなぎ登りだった。これは特にドイツ経済が躍進を遂げたことと関係している。経済的な自立が政治を評価する際の有力な指標となった。ただしそうした成功によって保証されたのは国民の高い生活水準ばかりではなかった。戦争遂行能力もこのときに確保されたのだ。領土拡大の諸計画はすでに完成し、引出しの奥に仕舞われていた。

第一次世界大戦が浮き彫りにしたのは、近隣諸国と武力をもってやりあうにはドイツには天然資源が乏しすぎるということだった。したがって人工物が作り出されねばならなかった。石炭から合成されたガソリンやブナ（合成ゴム）といった製品がＩＧファルベン社の開発の中心となった。同社はナチス国家においてさらに勢力を強め、化学業界におけるグローバルプレーヤーとしての地位を確立した[47]。そこの監査役は自らを「神々の監査役」と称した。国ではゲーリングの庇護のもと、四カ年計画で経済の舵取りがなされた。ドイツが自国で製造しうるものに関しては外国産に頼らない体制を作るためだった。当然これには薬物も含まれた。というのも、薬物製造に関してドイツはあいかわらず世界の主導権を握っていたからである。確かにナチスの麻薬撲滅政策によってモルヒネとコカインの消費量は激減したが、覚醒剤の開発自体は促進され、化学業界各社は新たな全盛期を迎えつつあったの

＊この不動産は「アーリア化」されていた。元の持ち主はユダヤ人銀行家のゲオルク・ゾルメンだった。戦後ここはアクセル・Ｃ・シュプリンガー〔ドイツの大手メディア、アクセル・シュプリンガー社の創業者〕の所有となった。

だ。ダルムシュタットのメルク社、ラインラントのバイエル社、インゲルハイムのベーリンガー社はどこも従業員が順調に増え、彼らの賃金も右肩上がりだった。

テムラー社でも拡大機運は高まっていた。化学主任のフリッツ・ハウシルト博士*は、一九三六年に開催されたベルリンオリンピックがベンゼドリンという名の薬物による影響を受けていたという話を聞いた。それは米国で作られた評判のアンフェタミン剤で、当時はまだ合法なドーピング薬だった。その後テムラー社ではすべての開発リソースがこれに向けて投入された。あらゆるものが新たな時代の幕開けを告げていた。人々のパフォーマンスを高めてくれるこの薬剤が時代に完璧に調和していることを彼らは確信していた。ハウシルトはそこで日本の研究者たちの論文に着目した。彼らはすでに一八八七年の段階で、きわめて興奮作用の強いN-メチルアンフェタミンという分子を初めて合成し、一九一九年にはその純粋結晶化に成功していた**。この覚醒剤は、気管支を拡張し、心臓に刺激を与え、食欲を抑制する効果をもつ自然物質エフェドリンから開発された。ヨーロッパ、アメリカ、アジアの民間医療でエフェドリンは麻黄《まおう》という植物に含まれる成分としてつとに知られており、いわゆるモルモン茶にも利用されていた。

ハウシルトはこれの製剤化に取り組み、一九三七年秋にメタンフェタミンの新たな合成法を見つけ出した[48]。その直後の一九三七年一〇月三一日にテムラー社は、ドイツ初の自国製メタンフェタミン、性能の点でアメリカのベンゼドリンをはるかに凌駕する賦活剤をベルリン特許庁に特許申請した。商標名は「ペルビチン」であった[49]。

この画期的な物質は分子構造の点ではアドレナリンに似ていて、分子配列もほぼ同一であるため、問題なく血液脳関門を突破する。ただしメタンフェタミンはアドレナリンとは異なり、急激な血圧上昇をもたらさず、その効果はより穏やかで長持ちする。作用機序はこの薬物が脳の神経細胞に働いて伝達物質ドーパミンとノルアドレナリンを出させ、シナプス間隙へと放出させるというものである。これにより脳細胞が互いに活発なコミュニケーションを行うようになり、脳内で一種の連鎖反応が起きる。ニューロンの花火が打ち上がり、生化学的なマシンガンが絶え間なく思考の弾丸を連射する。服用者は突然、頭が冴えわたり、活力がみなぎり、五感が極度に研ぎ澄まされたように感じる。生気に溢れ、髪の先から指先までエネルギーに充ちていると思い込むのだ。ますます自信をもち、思考プロセスが迅速化し、多幸感に包まれ、自分が敏捷で溌剌とした人格になったと錯覚する。突然危険に晒されたときのように、生体がもてるすべての力を結集する。たとえ実際には危険などまったくないにもかかわらず。それは人工的な恍惚感である。

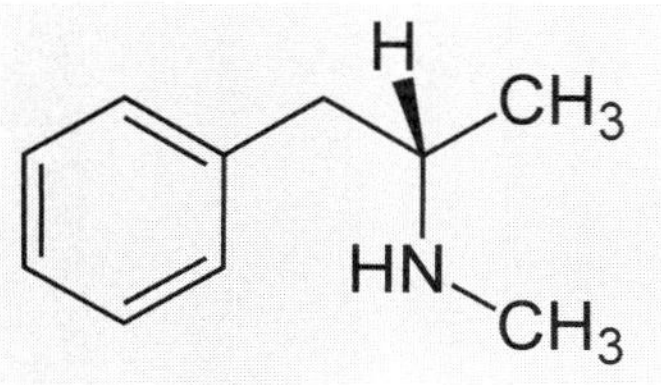

ペルビチンの構造式。

しかしメタンフェタミンは神経伝達物質をシナプス間隙に振り撒くだけでなく、その再吸収をも阻害する。そのため効果が長い間、しばしば十二時間を超えて続くことになり、服用量が多い場合は神経細胞が負担を受け、最悪のケースでは損傷してしまう。それは細胞内のエネルギー供給が巻き添えを食う形となるからである。ニューロンが熱をもち、脳内では雑音がひっきりなしに響き、あたかも壊れたラジオのような様相を呈するに至る。神経細胞は活動をやめて不可逆的に死滅する。記憶と感情、報酬系に関しては発話障害、注意力と集中力の欠如が生じ、全面的な脳萎縮が起きることもある。ドラッグの効果が

*戦後ハウシルトは東独の主導的なスポーツ生理学者の一人となり、一九五〇年代には、ライプツィヒ大学の彼の研究室は、「労働者と農民の国」東ドイツをスポーツ大国へと変貌させるドーピング計画に貢献することとなった。彼はペルビチンの考案者として、一九五七年に東独の国民栄誉賞を授与された。

**日本ではヒロポンという商標名で販売された。その後、戦時中には神風特攻隊のパイロットたちにも服用された。

テムラー社の錠剤糖衣機。

消えて人工的な刺激がなくなると、それはホルモン備蓄が空になったということであり、これが再び満杯になるまで数週間待たねばならない。それまでは利用できる神経伝達物質が不足することになり、往々にして虚脱感や気鬱、不興、知覚障害など、さまざまな症状が生じる。

そうした副作用の可能性は、それまでにも研究されてはいたが、この新製品に鼻高々だったテムラー社の面々は見て見ぬふりをした。同社はむしろ一大商機を嗅ぎ取り、ベルリン有数の広告会社であるマテス&サン社に依頼して、ドイツでそれまで誰も見たことのないような規模の販売キャンペーンを打った。お手本は他でもないコカコーラ社だった。同社も同じような刺激物を商品化し、「氷のように冷たい」というキャッチコピーの広告戦略を展開し、この褐色の炭酸飲料で大きな成果を挙げていたのだ。

ペルビチンが勝利の進撃を開始した一九三八年の最初の数週間、数ヶ月間でベルリン中の広告柱、路面電車の側面、バスや都市近郊鉄道、地下鉄の車内にポスターが貼り出された。そこにはモダンなミニマリズム書体で商標名と医学的な指示が書かれていた。ペルビチン──循環器障害、虚脱感、鬱症状に有効。さらにオレンジ色とブルーのカプセル容器の絵も描かれていた。イタリック書体でペルビチンと書かれた特徴的なパッケージだった。もう一つ、この部門でよく行われた販売戦略があった。ベルリンのすべての医師にテムラー社から封書が送られた。そこには臆面もなくこう書かれていた。「先生方お一人一人を説得することが当社の目的です。ご本人に気に入って頂ければ、他の方にも勧めて頂けますから」と。成分三ミリグラムを含有する無料サンプルと料金別納の返信用ハガキが同封されていた。その文面はこうである。「親愛なるドクター殿　ペルビチンを試用して得られたご経験は、当社に不都合なものも含め、適用症状の確定に役立つ貴重な情報です。ぜひとも同封のハガキでお気付きの点をお知らせください[50]」。試験段階の新薬。昔ながらの商売人の常套手段だ。「初回分に限り無料！」

テムラー社の代表たちは国中の大規模診療所、総合病院、大学クリニックを訪れて説明会を開催して、自信と活力を増強し、注意力を高めるこの新薬をばら撒いた。同社自身の新薬評価によれば、ペルビチンによって落胆した人々に呼び覚まされる生きる歓びこそは、この新薬が患者にもたらす最も価値ある恩恵のひとつであるという。それどころか「婦人の不感症もペルビチン錠で改善されます。治療法はきわめて簡単で、夜間を避けて毎日四錠半を月一〇日のペースで三ヶ月間服用させます。これで女性のリビドーと性的能力は亢進され、最良の成果が得られるのです[51]」。さらに箱の説明書には、同薬がアルコールやコカイン、それどころかアヘンの離脱症状も緩和すると書かれていた。メタンフェタミンはすべての薬物、特に違法薬物の代替品となる一種のカウンタードラッグとして売り出された。この新薬は摂取しても処罰されなかった。逆に一種の万能薬と誤解されたのだ。

この物質は生体システムを安定させる成分も含んでいるとされた。「私たちはエネルギー溢れる緊張の時代に暮らしています。これまでのどの時期よりも高いパフォーマンスが求められ、重い義務が課されるのです」。ある病院の主任医師はそう語った。ラボの工業的な条件下、安定した純粋品質で製造された錠剤は従業員のパフォーマンス不足の改善に役立ち、仮病を使って休む者、働きたがらない者、不平不満をかこつ者を作業工程にうまく組み込む手助けになると喧伝された[52]。テュービンゲンの薬学者フェーリクス・ハフナーなどは、「全体のための最後のひと頑張り」がモノを言う場合にはペルビチンの処方を「至上命令」とすべきであると提案した。これは一種の「ドラッグ服用命令」に他ならない[53]。

しかしドイツの人々には、多幸感をもたらすこのドラッグを服《の》むよう命令する必要はなかった。強力な脳の栄養素を切望する飢餓感がこの国には蔓延していたのだ。ドラッグ消費は上からの命令ではなかった。独裁社会ではさもありなんと誰もが思うようなトップダウン式ではなく、下から上への、いわばボトムアップだったのだ[54]。このいわゆる覚醒剤は爆弾のように的確に命中し、ウィルスのように瞬く間に広まり、食卓の切り分けられたパンや一杯のコーヒーのようにありふれたものとなった。ある心理学者はこう表現している。「ペルビチンはセンセーションとなった。それはあっという間にあらゆる社会集団に浸透した。学習者は試験のストレスに耐えられるようにこの薬剤を服用し、電話交換手や看護婦たちは夜勤をきちんとこなすために、そしてきつい肉体労働や精神労働に携わる者は最高のパフォーマンスを得るべく、ペルビチンに手を伸ばした[55]」

秘書たちはタイピング速度が向上したし、俳優らは公演前にリフレッシュできた。作家たちはメタンフェタミンによる刺激を夜間、頭の冴えた状態で執筆するために利用した。大工場のベルトコンベアで働く従業員たちは生産性を上げるためにこのドラッグを服んだ。ペルビチンはあらゆる階層に広まっていった。家具梱包スタッフはより多くの家具を梱包し、消防士はより迅速に火事を消し止め、

「万能薬」とされたペルビチンの広告。
「本薬は精神と血液循環に刺激を与え、その機序は不明ながら、
意気消沈、低血圧、疲労、ナルコレプシー［嗜眠症］、術後鬱にも有効です」

理髪師はより速やかに髪を切り、夜警はもはや居眠りもせず、機関士は文句も言わずに機関車を走らせ、長距離トラックの運転手は、急造されたアウトバーンを休憩も取らずに記録的なスピードですっ飛ばした。昼食後にうつらうつらする者は一人もいなかった。医師たちも自らこのドラッグを服用し、会議続きで気の休まる暇のないビジネスマンたちもこれで元気を取り戻した。党員たち、そして親衛隊員たちも同様だった[56]。ストレスは減り、性欲は高まった。モチベーションも人工的に高められた。

ある医師は次のように書いている。「私は自分でも服《の》んで観察してみた。心身ともに好ましいエネルギーの増大が感じられた。私にとっては半年ぶりのことだった。ペルビチンは肉体労働、精神労働の別を問わず、我らがすべての労働者同志、とりわけ過度の緊張にさらされる民族同志、例えば（あがり症の）弁士や歌手、受験者に推奨できる。（…）婦人の場合は、パーティ前に服用するのが好まれ（一日二回、二錠ずつ）」、特につらい仕事日に飲んでも効果がある（最高で一日三回、二錠ずつ）」[57]

ペルビチンは発展を続ける能力主義社会を示す徴候となった。市場にはメタンフェタミン入りのプラリネさえ現れた。一個につき一四ミリグラムものメタンフェタミンが含まれており、これはペルビチン一錠の含有量のほぼ五倍の量だった。「もらって嬉しいヒルデブラント・プラリネ」。これがその効果抜群なチョコレート菓子のキャッチコピーだった。疲れたお母さん方の小さな味方といったところか。能書きには、一度に食べて良い量として三個ないし九個と明記されていて、ご丁寧に「カフェインとは異なりまったく安全です」との但し書きまでついていた[58]。これを食べると厄介な家事もあっという間に片づき、さらにこの稀有な菓子で痩身効果も期待できるとされた。ダイエット薬ペルビチンが余分な食欲を抑えてくれるのだというのだ。

定評のある『臨床医療週報』に載ったフリッツ・ハウシルト博士の論考も効果的なキャンペーン手

メタンフェタミン入りプラリネ——毎日の家事がいっそう楽しくなります！

段となった。この論考と三ヵ月後に同誌に掲載された寄稿「期待の新薬[59]」の中で彼は、ペルビチンのきわめて強い興奮・刺激作用について、さらには賦活効果や自信・決断力の増進について報告している。連想思考がすばやく行われ、肉体作業もより容易となるとされた。彼によれば、内科、総合科、外科、精神科など多岐にわたって利用できる点で、ペルビチンは広範な分野に導入可能であり、同時に新たな学術研究をも促すものであるという。

帝国中の大学がこの分野の研究に続々と名乗りを上げた。先陣を切ったのはライプツィヒ外来患者診療所のシェーン教授で、「数時間持続する心的興奮、眠気や疲労感の消失およびそれに代わって出現する活動性、饒舌、多幸感」について報告した[60]。ペルビチンは研究者たちの間で流行のテーマとなったのだが、その理由の一端は、当初、研究者が自らペルビチンを服用し、きわめて大きな満足を得た点にもあった。自身を実験台とすることは作法に適ったやり方だった。「まずは自らを実験台として、ペルビチン三〜五錠（九〜一五ミリグラム）を反復摂取したときの経験を報告させて頂きたい。これに基づいてペルビチンの向精神作用について結論を出すことが可能となったのです*[61]」次々と新たな長所が明るみに出た。生じうる副作用は等閑視された。ケーニヒスベルク大学のレンメル教授とハルトヴィヒ教授は、注意力と集中力が高まったと報告して、「対立と拡大のめまぐるしいこの時代にあって、個々人の能力を維持すること、可能ならばさらに高めることは、医師に課された最大の任務の一つである[62]」と勧告した。

テュービンゲンの二人の脳科学者のある研究論文は、ペルビチンによる思考プロセスの迅速化と全般的な活力の増進作用が証明されたと主張した。優柔不断と全般的な心的抑制、鬱症状も改善され、知性検査でも好結果が得られたという。ミュンヘンのピュレン教授なる人物からも、そうした主張を裏づける「数百人の事例」データが発表された。彼は大脳、循環系、自律神経系に対する広範な刺激作用を報告した。さらに彼は「一度だけ二〇ミリグラムの多量投与を行った際に明らかな恐怖心の低下」が確認されたとした。(63) きわめて当然ながら、テムラー社はそうした肯定的な評価を取りまとめた文書を作成して医師たちに郵送し、その中のデータを定期的に更新した。

ペルビチンは時代精神にぴったりと合っていた。この薬物が市場を席巻したときには実際に、あらゆる鬱症状の終焉を信じる根拠ができたと人々は考えた。少なくともナチス強制支配から経済的に利益を得ていた人々にとってはそうだったし、それがドイツ人の多数派だったのだ。一九三三年にはまだ多くのドイツ人が新首相の天下は短命に終わると信じており、彼を信頼していなかったが、数年後には様相が一変していた。二つの奇跡が起きていた。経済の奇跡と軍事上の奇跡である。それにより一九三〇年代ドイツ社会の二つの喫緊の問題への対応がなされたのだ。ナチスが政権を掌握した時点で六〇〇万人もの失業者がいて、兵士の数はわずか一〇万人、しかもかなりお粗末な装備だった。それが一九三六年には、世界恐慌が続いていたにもかかわらず、完全雇用がほぼ達成され、国防軍はヨーロッパでも一、二を争う強力な軍隊となっていた。(64)

ラインラントの再軍備化、オーストリア併合、「ズデーテンドイツ人たちの帝国への統合」〔ズデーテン地方略奪のこと〕と、外政上の成功も続いた。西欧列強はこうしたベルサイユ条約違反を処罰せず、その反対に譲歩に譲歩を重ねていった。そうすればヨーロッパでの新たな戦火を回避することができると考えたのだ。だがヒトラーはそうした外交上の成果に満足しなかった。「彼はモルヒネと縁の切れないモルヒネ中毒者のごとくに、新たな権力掌握や奇襲攻撃、秘密の出撃命令、晴々しい入城行進といった見果てぬ夢を捨て去ることができなかったのだ」。歴史家で作家のゴーロ・マン〔作家トーマス・マンの息子。『ドイツの青春』その他の著作で知られる〕

＊これは現在のクリスタル・メスの典型的な服用量とほぼ同じ用量である。

は、ブラウナウ出身の「皇帝」ヒトラーをそう評している。[65] 要するに連合国の側は見誤ったのだ。ヒトラーの辞書には「満足」という言葉はなかった。境界とは、たえまなく、かつあらゆる観点において踏み越えられねばならないものであり、国境となればなおさらだった。ドイツ帝国から大ドイツ帝国、さらには彼の想い描くゲルマン世界帝国へ。中毒者の薬物摂取量のように絶えず増量と拡大を求める傾向はナチスの本質的要素となっていたのだが、その筆頭が新たな領土への飢餓感であった。「還れ、帝国へ」や「土地なき民」〔国粋主義的作家、ハンス・グリムの同名の小説より〕といったスローガンがこのことを明示していた。

チェコスロヴァキア征圧には主治医モレルも直接関わった。思わしくない健康状態のチェコスロヴァキア大統領エミール・ハーハが一九三九年三月一五日にかけての深夜、多かれ少なかれ強要された国家訪問で新たな帝国宰相官房を訪れたときのことだ。ドイツ側から渡された文書は事実上、ドイツ国防軍に対する降伏文書で、大統領は署名を望まなかった。そのとき彼はとつぜん心臓発作に見舞われ、話すこともできなくなってしまった。大慌てでヒトラーはモレルを呼び出す。モレルは診療鞄と注射器を持って駆けつけるや、ただちに、意識のない外国からの賓客にきわめて興奮作用の強い薬物を注射した。ハーハは数秒で意識を取り戻し、まるで死者が魔法で蘇ったかのようだった。大統領は文書に署名した。それは彼の国を一時的に地上から消し去ることになる文書だった。その翌朝に早くもヒトラーは交戦なしにプラハ入城を果たしていた。チェコスロヴァキアの一部は縮小されて「ベーメン・メーレン保護領」となり、ハーハはそこの大統領を任じられたのだが、その数年間、彼はモレルの従順な患者であり続けた。これは薬学が政治を別の面からサポートした事例と言えよう。

この一九三九年前半、最後の平和な数か月は、ヒトラー人気が一時的に頂点に達した時期であった。「この男はなんと多くのことをやり遂げたのか!」当時の人々はそう言い合った。そして多くの国民同志も自分たちの能力を証明したいと考えた。努力をすれば報われる。そう思えた時代だった。

またそれは社会的要請の時代でもあった。不信感を抱かれないためだけにも、人はそこに所属し、成功しなくてはならなかった。一方で社会全般の躍進は、そのめまぐるしいテンポについていけないという不安を生み出した。ますます増してゆく労働の単純化も、装置の中で機能する歯車となった個々の人々に新たな要求を突きつけた。そのような状況で人々は高揚させてくれるものなら何でも大歓迎だった。たとえそれが化学的な薬物であろうと。

かくしてペルビチンは、ドイツ民族を巻き込んだ大いなる興奮に、そして盛んに宣伝された「自己治癒」に参画することを容易にした。この強力な薬物はふつうの食品のように扱われた。製造者もペルビチンが医薬品部門に限定されることを望みはしなかった。

「ドイツよ、目醒めよ!」ナチスは要求した。まさにメタンフェタミンによってこの国はそうした覚醒状態に保たれることとなる。プロパガンダと薬理成分からなる宿命的な酩酊カクテルに焚きつけられて、人々はますます依存状態の中へと堕ちていったのだ。

「信念に支えられ社会的に調和した共同体」というユートピア的表象。これはナチズムが好んで喧伝した表象である。しかし現代の能力社会においては、経済的利害をめぐってリアルな競争が成員間で展開されるのであって、この点を考えさえすれば、それが虚像であったことがわかる。メタンフェタミンは社会に生じつつあった間隙を橋渡しするものであり、ドーピングに依存する心的傾向が帝国の津々浦々にまで広まっていった。ペルビチンは国民一人一人が独裁制の中で機能することを可能ならしめた。それは錠剤の形をしたナチズムだったのだ。

第2部

ジーク・ハイ——電撃戦はメタンフェタミン戦なり

一九三九年〜一九四一年

狙撃兵ハインリヒ・ベル〔『汽車は遅れなかった』『カタリーナの失われた名誉』などで知られる作家〕は早い時期からドラッグの価値を知っていた。

「僕にはときに音楽が本当に大きな慰めになります
（ペルビチンも忘れてはなりません。特に空襲警報で眠れぬ夜を過ごした後には絶大な効果を発揮します）[66]」
ハインリヒ・ベル

このとき前線から実家の両親に宛ててそう書いた彼は、のちにノーベル文学賞を授与されることになる人物だが、戦後も机に向かって執筆する際にこのメタンフェタミン剤の「絶大な効果」を手放すことはできなかった。彼は兵士の頃からすでに依存症に陥っていたのだ。それは軍人としての任務を果たし、戦場での過酷な日々を耐え抜くためだった。「次の機会には忘れずに、できたら封筒に入れてペルビチンを送ってください。僕との賭けで負けた父さんがきっとその分を払ってくれるでしょう[67]」。戦地からの別の手紙で彼はそう書いた。

ハインリヒ・ベルはペルビチンの常用を何でもないことのように書いている。そこから推測できるのは、彼がペルビチンの効果については承知していたが、その危険性までは知らなかったのではないかということである。「来週も今週のように瞬く間に過ぎていってくれたら嬉しいです。何かのついでにまたペルビチンを送ってください。歩哨に立つことが多いので、あればとても助かります。それからできたらベーコンも少々お願いします。ジャガイモと炒めて食べたいので[68]」。彼が短期間に何度もこの覚醒剤に言及していることからすると、どうやら彼の家族もこの薬物に馴染んでいて、その使用をまったく問題視していなかったようである。「愛する父さん、母さん、きょうだいのみんな！

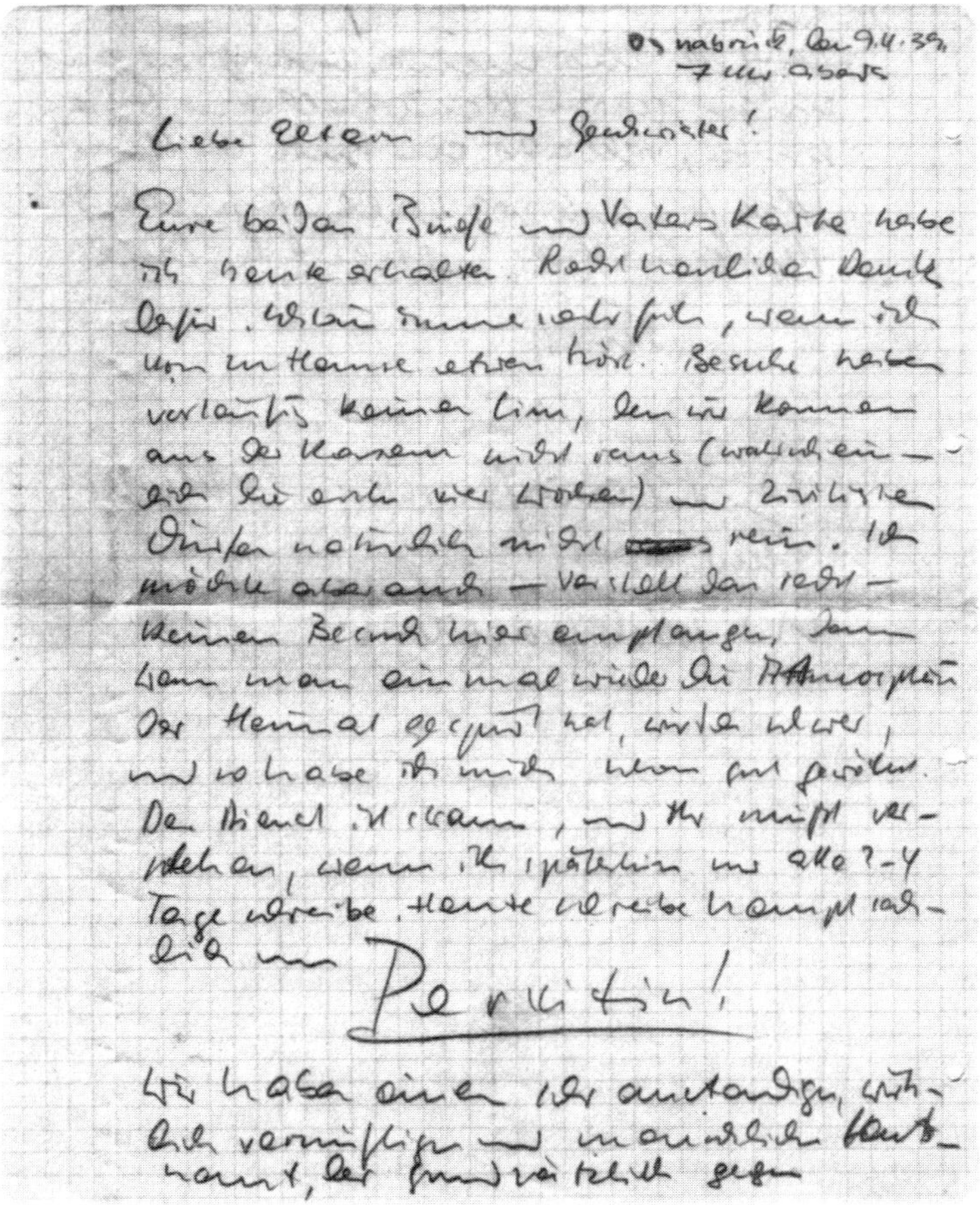
Osnabrück, den 9.11.39,
7 Uhr abends

Liebe Eltern und Geschwister!

Eure beiden Briefe und Vaters Karte habe ich heute erhalten. Recht herzlichen Dank dafür. Ich bin immer sehr froh, wenn ich von zu Hause etwas höre. Besuche haben vorläufig keinen Sinn, denn wir kommen aus der Kaserne nicht raus (wahrscheinlich die ersten vier Wochen) und Zivilisten dürfen natürlich nicht rein. Ich möchte aber auch – versteht das recht – keinen Besuch hier empfangen, denn wenn man einmal wieder die Atmosphäre der Heimat gespürt hat, wird's schwer, und so habe ich mich schon gut gefühlt. Der Dienst ist streng, und Ihr müßt verstehen, wenn ich späterhin nur alle 2–4 Tage schreibe. Heute schreibe ich hauptsächlich um

Pervitin!

Wir haben einen sehr anständigen, wirklich vernünftigen und menschlichen Hauptmann, der grundsätzlich gegen

後のノーベル文学賞受賞者がペルビチンに言及した複数の手紙から。

ようやく手紙を書く時間ができ、心の余裕ももてるようになりました。もちろん疲れ果ててはいるけれど。昨夜は二時間しか眠れず、今晩も三時間以上は無理でしょう。でも今は眠るわけにいきません。まもなくペルビチンも効いてくる頃だし、そうすればこの疲れもなんとかなるでしょう。外は月明かりでいつになく明るく、星も輝いていますが、かなり寒い夜になりました」[69]。ベルにとっては、いつも疲労と眠気こそが最大の敵であるかのように思えたのだ。「僕は死ぬほど疲れていて、もう何もかも放り出したい気分です。ペルビチンとヒルホール煙草かカミール煙草を、なるべく早く送ってください」[70]。また別の手紙ではこうである。「仕事がきついので、今後は二、三日おきにしか手紙を書けませんが、分かってください。どうやら今日の手紙はペルビチンの無心に終始してしまいましたね！」[71]

狙撃兵ベルは例外的な存在だったのだろうか？　それとも民間と同様に軍部でも薬物が濫用されていて、ひょっとすると数十万、数百万のドイツ兵が、侵略戦争の進軍の際にメタンフェタミン剤の影響を受けていたのではないだろうか？　気力体力の増進を謳ったこの依存性の高い薬物は、第二次世界大戦の勝敗の帰趨にも影響を及ぼしたのだろうか？　文書資料館の深奥部への調査旅行が始まる。

証拠探し——連邦公文書館軍事記録局（フライブルク）

連邦公文書館の軍事記録局は、有刺鉄線のフェンスに囲まれ、ザクセン訛りの門衛に守られて、フライブルク・イム・ブライスガウ市に建っている。ここではきちんとした調査目的を証明できた者だけが、光センサーによって開く鋼鉄製の扉を通って、清潔この上ない作業ルームへと招じ入れられる。窓には自動式の日除けブラインドがついていて、外の陽射しが強すぎると室内への光の侵入を抑制する。コンピューターが床から天井まで文書がびっしり詰め込まれた書庫へのアクセスを可能にする。無数の死者たちが遺したおびただしい書類。ここを訪れる者は、ドイツにおける数次の戦争で繰り広げられたドラマの数々を目の当たりにすることができる。

少なくとも理論上は。というのも、たしかにすべてがきちんと管理されてはいるが、大量の文書を効率よく閲覧して、官僚主義的な収集癖に基づいて集められた膨大なビッグデータの中から真に価値のある情報を見つけ出すのは、容易なことではないからだ。コンピューターで調べる際には見出し語が不要な情報を排除する助けとなるのだが、それはある文書のごくわずかな側面しか捉えていない。さらにキーワードが今を遡ること数十年、研究の重点が今とはやや異なっていた頃につけられたものである点も厄介な問題である。例えば戦争直後の数年間、医学史のディテールは現在ほど重視されていなかった。また個人の主観的な印象や漠然としたコメントは、どうしても公式文書の陰に追いやられざるを得なかった。したがって最新テクノロジーにサポートされてはいるが、この施設では過去へのアクセスは時代遅れの歴史理解に基づいて行われることになってしまう。

ドイツの軍隊はドイツの薬物を発見する

国防軍においてメタンフェタミンがたどった華々しい「大出世」は、面長で暗褐色の眼をした、禁欲主義者のような風貌の軍医少佐と分かち難く結びついていた。現存するわずかな写真で見ると、その眼は過度の鋭さを備えていた。このオットー・F・ランケ教授が一般生理学・国防生理学研究所の所長に任じられたのは、彼が三十八歳のときだった。当時はまだ誰も予想すらしなかったが、これは重要な鍵となるポストだった。

生理学は当時の医学界では傍系の分野だった。この学問は細胞、組織、器官の物理的・生化学的なプロセス間の相互作用を扱うものであり、生体の理解に向けて一種の全体像、統一的なアプローチ方法の獲得を目指す。一方、国防生理学は兵士たちが受ける個別的な負荷と取り組む学問である。その目的は、医学の力で部隊のパフォーマンスを最適化し、過度な負荷や外部からの影響による人的損失を最小化するということであった。当時は軍隊が自らを近代組織と捉え始めた時期で、兵士たちは「魂を吹き込まれたエンジン」[72]と呼ばれた。そのような時代の中でランケに与えられた任務は、兵士たちを損耗すなわち投入不能となる事態から守ることであった。彼は軍隊という巨大な機械装置が最適な形で稼働するよう、個々の部品に油を差さねばならなかったのだ。いわばドイツ軍の専属トレーナーであり、さまざまなガジェットの発明家でもあった。数年の間にランケが開発したツールはきわめて多岐に渡っている。人工的な緑色（例えば森林での迷彩服）を検出する装置、オートバイ部隊のための新型防塵メガネ、アフリカ部隊のために開発された熱や汗を通す熱帯仕様の防弾ヘルメット、さらには防御のために音で敵部隊の位置を把捉する方位検知マイクロホン。いずれも彼が開発したものである。

ランケの国防生理学研究所はベルリン、インヴァリーデン通りの軍医科大学校の一部門であり、国王フリードリヒ二世時代のネオバロック様式の広壮な建物を拠点としていた。現在、連邦経済エネルギー省が入っている建物である。正門の上方、マンサード屋根のレリーフには斜体の金文字で*SCIENTIAE HUMANITATI PATRIAE*（科学と人間性と祖国のために）と刻まれている。ここで軍は一九三四年から一九四五年にかけて、軍医の卵たちに専門教育を施していた。このプロイセン式のエリート養成機関、略称MAは欧州最大の医科学図書館を擁しており、最新装備の二階建て研究棟にはすばらしい医療器具コレクションも展示されている。複数の大教室、読書室、講堂、社交室があり、名誉の殿堂にはフィルヒョー〔一八二一～一九〇二、病理学者〕、ヘルムホルツ〔一八二一～一八九四、生理学者、物理学者〕、ベーリング〔一八五四～一九一七、細菌学者〕他の医学者や研究者たちの胸像がずらりと立ち並ぶ。いずれもここで活動し、不滅の学問的な業績を残した人々とされている。最新設備の体育館と水泳プール、そして軍医候補生八〇〇名のための快適な二人部屋の並ぶ五階建の居住棟も、この複合施設の一部をなしていた。彼らはプファイフヘーネ「ピーピー鶏」と呼ばれていたが、それは《Pépinière》（ペピニエール「苗床、育苗所」）に由来する《Pépin》（ペピン）をベルリン風にもじった表現だった。ここはかつての歴代プロイセン王管轄下の軍医養成学校で、一九世紀医学界の精鋭たちを輩出したことで知られる。彼らの後継者であるMAの学生たちは洒落た制服の上に、誇らしげに帝国の鷲と鉤十字のマークをつけていた。さらにここには、馬九〇頭の厩舎と複数の馬場、獣医師と専任の鍛冶職人を擁する軍馬の治療施設まであった。

中庭の突き当たりの大きな建物には研究部門が入っていた。薬学・国防毒物学研究所、血清保存実験室、フベルトゥス・シュトルークホルト教授（戦後、ヴェルンヘル・フォン・ブラウンとともに米国の宇宙飛行を可能にした人物）を長とする航空医学研究所、ならびにオットー・ランケ率いる国防生理学研究所である。一九三八年の時点ではこの国防生理学研究所のスタッフは補助医員一人と三名のインターン、数名の民間事務員のみだった。しかし野心家のランケは自分の研究所を急速に拡大することを画策し、国防軍向けに何か有意義なものを開発できないかと考える。たどり着いたのが、微量でありながら軍で絶大な人気を誇ることになる、ある物質だった。

グラウブロートからブレインフードへ

第三帝国の主導的な国防生理学者ランケは、一番の敵が東部戦線のロシア人でも西部戦線のフランス人やイギリス人でもないことを了解していた。彼が打ち負かそうとした相手、それは「疲労と眠気」だった。定期的に戦士たちを無力化し、床に倒し、休息を余儀なくさせる不気味で捉えどころのない難敵だ。眠る兵士、それは無用で役に立たぬ無防備な存在である。なぜなら同じ瞬間に敵も眠ってくれるとは限らないからだ。疲れた者は照準を定め損ない、むやみに撃ちまくり、自動二輪であれ車両であれ、戦車であれ、うまく操縦できなくなる。ランケはこう表現している。「戦闘の最中での弛緩は勝利の行方を決しかねない。（…）闘いでは最後の十五分を持ちこたえることこそが重要なのだ[73]」

ランケは疲労の克服を最大の課題と宣言していた。そして戦争勃発一年半前の一九三八年春に『臨床医療週報』誌上で、テムラー社の化学者ハウシルトが自ら開発した覚醒剤ペルビチンを自賛する記事を読み、はたと手を打った。彼の眼は、この薬剤には呼吸量を二〇パーセント高めることで酸素の取り込み量を増やす効果があるという主張に釘付けとなった。当時は酸素取り込み量が人間のパフォーマンスの指標とされていたのだ。彼はこの問題を確認しようと考え、最初は九〇名、次は一五〇名の医学生たちに協力を求めて、自由参加のブラインドテストを実施した。被験者はペルビチン錠（P）、カフェイン（C）またはプラシーボ錠剤（S）のいずれかを服用した上で、一晩中（二度目のテストでは夜八時から翌日の午後四時まで）数学その他の問題を解くよう命じられた。結果は歴然としていた。S群は夜が白む頃になると皆、机に突っ伏していたが、ペルビチンを服《の》んだグループは依然として作業に没入しており、「いきいきとした表情で（…）心身ともに活発そのものである」。このときの実験記録にはそう書かれていた。

しかしランケは被験者の答案を採点して、プラス面だけを確認したのではなかった。大脳に大きな抽象能力が要求されるプロセスの処理に関しては、ペルビチンを服用しても成績の向上は見られなかったのだ。計算は確かに速くなったものの、計算ミスも増えた。それに加えて、複雑な問題では集中力、注意力はまったく変わらず、誰でも解ける簡単な問題で、わずかに向上が見られただけだった。ペルビチンは確実に眠気を払うが、人を賢くするわけではない。したがって兵士には打ってつけ

4^{00}Uhr 3.5.39. Müdigkeit der S-Leute.

4^{15} Uhr Krampfhaftes Wachhalten der S-Leute.

Sはプラシーボ、Bはベンゼドリン、Cはカフェイン、Pはペルビチンをそれぞれ示す……。

5^{40} Uhr 26.4.39. Teilnahmslosigkeit der S-Leute.

5^{20} Uhr Schlafen und Teilnahmslosigkeit der S- Leute.

……軍史上初の組織的な薬物実験。

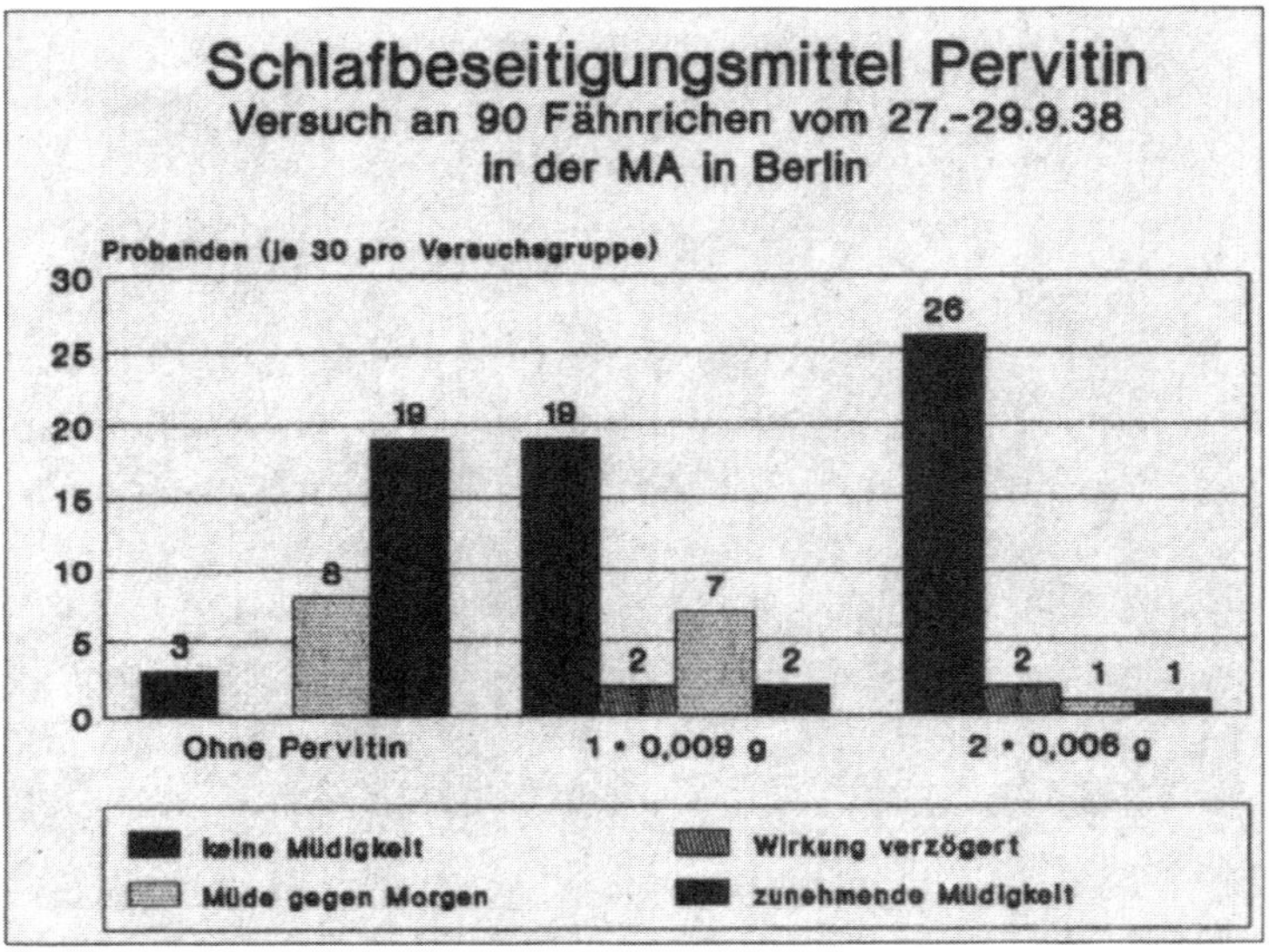

眠気を打破するペルビチンは「軍事的に価値の高い物質である」。10時間以上続いた集中の後でも、彼らはなおも「街に繰り出したい」気分だった[74]。

である、というのがこの軍史上初の組織的な薬物実験の結論だった。もっともランケはそこに皮肉を込めていたわけではない。「これは疲弊した部隊を奮い立たせるのに最適な物質である。（…）ある部隊が戦地に配備される当日に、襲いかかる疲労を医学の力で一時的に解消することができたなら、当然ながらそれはきわめて大きな軍事的意義をもつことになるだろう。（…）これは軍事的に価値の高い薬物なのだ」*

この結果に気を良くしたランケは、正規部隊で、より大がかりな連続実験を行うよう提案した[76]。彼が驚いたことに、この提案はあっさり無視された。一般陸軍局のあったベントラー官庁街（現在は連邦国防省）では、この薬物の威力、その可能性と危険性が理解されなかったのだ。野心家の学者ランケはすでに未来の兵士たちについての構想を立てていた。

当時はまだその作用機序が判明していなかったが、脳の中枢部に働きかけるこの合成アルカロイドを、必携品として兵士の装備リストに加える心積もりだったのだ。[77] これに対して、彼の上司も衛生監督庁の軍部官僚も、まだそこまで考えてはいなかった。お偉方たちはあいかわらず、グラウブロート〔小麦粉とライ麦粉で作る灰色のパン〕とヴァイスブロート〔小麦粉で作る白色のパン〕のどちらが部隊の糧食として優れているかの議論に明け暮れていたのだ。ランケの方は早くからブレインフード〔脳機能改善薬〕に関心を向けていた。つまりまだ皇帝の時代だった頃に軍医科大学校の前身の養成機関で教育を受けたベルリンの医師兼作家ゴットフリート・ベンが数年後、その綱領的な文章の中で書くことになる内容をランケは先取りしていたことになる。ベンの文章では人間はそもそもモダンな存在とされた。「優れた脳はミルクではなくアルカロイドによって強化される。脳は損傷を受けやすい小器官であるが、ピラミッドやガンマ線、ライオンや氷山といった難題に人を立ち向かわせるのみならず、それらを生み出し、イメージさせることができる。そんな脳に対して勿忘草《わすれなぐさ》のように雨水だけを与えて済ますわけにはいかない。腐った水のようなものではだめなのだ」[78]。これはベンのエッセイ「喚起された生」の一節である。彼の言う「喚起」とは、ニューロンの流れにおける変化であり、因習にとらわれないモダンな脳の栄養分によって生み出される新たな思考、斬新な着想なのである。

当然ながらヴェッカミン〔アンフェタミン、メタンフェタミンなど覚醒作用をもつ物質の古名。後のペルビチン〕とその優れた効能は、若い軍医候補生たちの間にたちまち知れ渡った。困難な医学の勉強で大きなプレッシャーに苦しむ彼らは、能力を高めるとされたこの薬物が正真正銘の奇跡をもたらすことを期待して、ますます大量に服用することとなっ

＊価格の点でも安価で有利だった。
ランケの計算では、軍での平均投与量は一日四錠で、薬局での販売価格一六ペニヒであったのに対し、コーヒーは一晩で五〇ペニヒはかかった。「つまり覚醒剤の方が経済的なのです[75]」

た。かくして彼らは今日世界中の大学で見受けられる学生たちの先駆けとなった。今の学生たちの間でも、リタリンやアンフェタミン誘導体といったパフォーマンスを向上する薬物が大流行しているのだ。ランケは自分の実験が引き金となって起きたこの流行を聞き知り、さらにミュンヘン大学には過度の薬物服用で倒れた学友たちを、薬の作用が治まるまで収容する「ペルビチン遺体」の安置室まであると知るに及んで、その危険性をも自覚するに至った。彼は自身の所属する軍医科大学校でも、試験前になると過剰摂取が当たり前となっていることを認めざるを得なかった。だが試験の成績はかなり悪いものだった。関わった同僚の一人はこう書いている。「薬物使用が許容されたケースでの試験成績はきわめて劣悪で、まともな学生なら、決してそんな薬物に手を出そうとはしないだろう」(79)

一九三九年に計画されていたさらなるペルビチン実験をランケはただちに取り止めて、大学校の他の研究所長たちに書簡を認め、依存症の危険がありうる旨を警告し、大学校でもペルビチンを全面禁止とするよう迫った。(80)しかしランケが召喚してしまったこの怪物は、彼本人にも国防軍にも、もはやどうすることもできなかった。メタンフェタミンは燎原の火のごとく猛烈な勢いで広まり、続く数週間、数ヶ月のうちに、重い扉をこじ開けて国中の兵営の中へと侵入していったのだ。

最後の平穏な日々が終わろうとしていた。軍医たちはポーランド侵攻への動員に備えて、薬局の在庫買い占めに走った。ペルビチンは国防軍から公式に配給されていなかった。少なくともこの時点では。ランケは事態を傍観するほかなかった。開戦まであと一週間を切った頃、彼は参謀本部のある軍医少将にこう書いた。「緊急時に限らず使用できる別の安全な薬品を部隊に支給することも可能です。ただしそれは効果の点ではやや劣りますが」(81)。しかしいかなる警告ももはや遅すぎた。前線では制御されざる大規模な「臨床試験」が始まってしまった。用量についての説明もなしにこの覚醒剤を大量に渡された国防軍は、寝耳に水の東の隣国ポーランドを急襲した。そこはドーピングなどとはまったく無縁の国だった。

ロボット

「私は病院列車の運転士で、しばしば大きなストレスに晒されますが、そんなときに貴社の錠剤は私や同僚たちに絶大な効果を発揮します」――「難局も容易に打開可能に思え」――「心身に再び活力が漲《みなぎ》りました[82]」

一九三九年九月一日に始まり、第二次世界大戦の引き金となったポーランド侵攻。その際に使用されたメタンフェタミンに関する医療報告が、フライブルク軍事公文書館で一つの大型ファイルにまとめられている。それは資料としての完全性の問題や集められた事例の資料的価値とは無縁の、このうえなく雑多な述懐の寄せ集めである。だが責任者ランケのもとにもこれほど多くの情報は寄せられなかった。彼は開戦時には陸軍衛生部の顧問国防生理学者に任命されていたのだが。計画的な調査というものは行われなかった。――この薬物使用は、その時点ではいまだ計画的なものではなく、司令官、軍医、兵士たち一人一人の裁量に委ねられていたのだ。

例えばグラウデンツ（現グルジョンツ）でヴァイクセル河（現ヴィスワ河）を渡り、東プロイセン方向に進路を転じ、そこからブレストーリトフスクに向かった第三装甲車部隊は、次のように報告している。「しばしば多幸感が湧き上がり注意力が向上し、ドイツ軍の戦力が増大したことが確認された。どの作業も捗《はかど》り、すばらしい覚醒効果と高揚感が得られた。一日中働き詰めではあったが、つらさは吹き飛び、その後ではいつもの気分に戻った[83]」

果たすべき任務としての戦争。その中で薬物は、戦車部隊の兵士たちに、自分はよその国で何をしているのかといった余計なことをあまり考えさせず、自身の任務を粛々と遂行させる効果をもたらしたようである。たとえその任務が無辜《むこ》の人々の大量殺戮であったとしても。「誰もが元気で陽気で、すばらしい規律のもとに一体となっていた。軽い多幸感と意欲の増大。精神の昂りと激しい興奮。それに加えて事故などは皆無だった。効き目は長続きし、四錠目を服《の》むと、複視が起きたり現実にはない色が見えたりした」[84]。それどころか、国際法に違反した攻撃で早くも勝利に酔い痴れた男たちは軽い幻覚にも襲われたが、それさえ好ましいものと受け止められた。結果的にはこのときの攻撃が、後のポーランドにおける数々のナチス犯罪への道を拓くことになる。「空腹感が消え、とりわけ有効だったのは、溌剌とした労働意欲が掻き立てられた点である。この効果は明白であり、決して思い込みなどではあり得ない」

ある中佐がこの薬物に対して抱いた好印象を語っている。「頭痛や耳鳴りといった悪影響もなく、知性が冴え渡りました」。彼はブレストーリトフスクにおいて三日三晩ぶっ続けで、精力的にロシア側との交渉に当たった。議題は独露によって挟撃されたポーランド国の分割についてだった。帰路でポーランド国防軍と対面したときも、彼はメタンフェタミンのおかげで「絶好調」だった[85]。ただしその際にどれほど多くの人命が失われたかは記録に残されていない。

多くの者にとって薬物は理想的な戦場に欠かせないものと思われた。薬物により心的抑制が取り払われ、戦闘がより容易となったのだ。夜間の進軍の際には「毎回真夜中に指揮官と運転士は、注意力を向上させるべく、全員が」これを服用し、そのおかげで戦車がぬかるみに嵌《はま》ったときの脱出や、敵に遭遇した際の射撃その他の「ルーティーン作業」も、きわめて円滑に行われた[86]。

ドイツ軍の攻撃で一〇万のポーランド兵、そして年末までに六万のポーランド一般市民が命を落とすこととなるのだが、そのあらゆる局面でこの覚醒剤が、「任務完了に至るまで疲れを知らずに」闘うことを兵士たちに可能ならしめたのだった。この薬物はエネルギーを倍加し、すべての作業をやりや

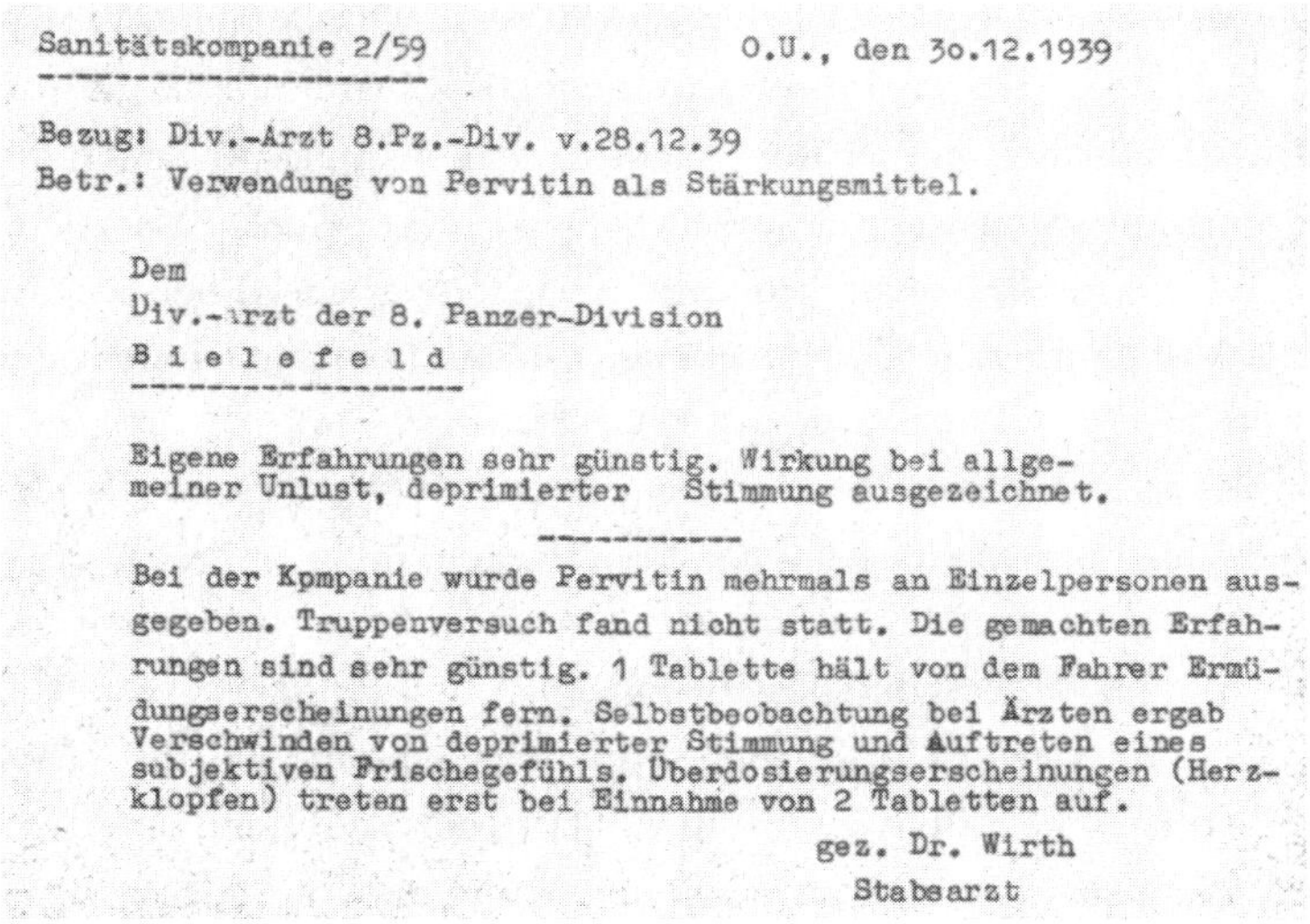

Sanitätskompanie 2/59　　　　　O.U., den 3o.12.1939

Bezug: Div.-Arzt 8.Pz.-Div. v.28.12.39
Betr.: Verwendung von Pervitin als Stärkungsmittel.

Dem
Div.-Arzt der 8. Panzer-Division
B i e l e f e l d

Eigene Erfahrungen sehr günstig. Wirkung bei allgemeiner Unlust, deprimierter Stimmung ausgezeichnet.

Bei der Kmpanie wurde Pervitin mehrmals an Einzelpersonen ausgegeben. Truppenversuch fand nicht statt. Die gemachten Erfahrungen sind sehr günstig. 1 Tablette hält von dem Fahrer Ermüdungserscheinungen fern. Selbstbeobachtung bei Ärzten ergab Verschwinden von deprimierter Stimmung und Auftreten eines subjektiven Frischegefühls. Überdosierungserscheinungen (Herzklopfen) treten erst bei Einnahme von 2 Tabletten auf.

gez. Dr. Wirth
Stabsarzt

「憂鬱な気分に対する効果はすばらしいものがあります」。
興奮剤ペルビチンの効果を伝える第8戦車部隊軍医の報告。

すくしてくれた。第九軍団のある軍医は、興奮を隠しきれずに次のように報告している。「私はその効果を確信した。兵士たちが持てる力をすべて出しきらねばならぬような難局で、ペルビチンを支給された部隊は、支給されなかった部隊をはるかに上回る戦果を挙げたのだ」。署名した軍医は、ペルビチンがすでに医療備品（T．S．A．）の中に常備されていたことも付記している。[87]

　別の報告書にはこうも書かれている。「同様に一九三九年九月一日から四日にかけて続いた戦闘でも戦車操縦士と射撃手のパフォーマンスの向上は顕著だった。偵察部隊でも、負担の多い長時間の夜間走行の際や、偵察活動時の注意力の維持・向上のためにこの薬物を使用して、きわめて大きな成果を得た。特筆すべきは、重責を担う部隊司令部の将校たちに業務遂行能力の著しい改善が見られた点であり、彼らは口を揃えて、ペルビチンのおかげで主観的にも客観的にも自身のパフォーマンスが向上したと証言している」

「注意力の増進」が得られたのは戦車乗りばかりではなかった。ある軍医大佐は次のように書いている。「とりわけオートバイ部隊には、猛暑ともうもうたる土埃、劣悪な路面によって極度の負担がのしかかった。しかも先へ先へと延伸される行軍は、早朝から夜遅くまで続き、シュレージエン地方からボヘミア、モラヴィア、スロヴァキアを経て、ポーランドのレンベルク［現リヴィウ］近郊にまで及んだ。例の錠剤は服用の目的を告げずに配給された。しかしそのあらたかな効験《こうけん》を通じて、まもなく何の薬であるかは隊員たちの間に知れ渡った[88]」。テムラー社のドラッグとランケ社の新式防塵ゴーグルで武装したチュートン族版「イージーライダー」といったところか？

あるときこの興奮剤が切れてしまったことがあって、その際には当然ながら彼らはいっそうの危険にさらされることとなった。ある軍医少佐が死者を悼んで報告している。「運転者の事故はたいてい過労が原因で起きるのですが、その多くはペルビチンのような興奮剤をあらかじめ服用していれば回避できたはずです[89]」。事故防止のためのメタンフェタミン？　今そんなことを交通課の警官に話せば、一笑に付されることだろう。

しかしなかには批判的な声もあった。（のちにスターリングラードで壊滅することになる）ドイツ第六軍の軍医が、配下の衛生将校たちの意見をいくつかまとめてランケに書き送っていたのだ。「さまざまな報告から判るのは、明らかにペルビチンが安易に使用できる類の薬物ではないということです。ですからこれを部隊の勝手な使用に任せることは、決して望ましいことではありません[90]」。この興奮剤の使用に当たって、どうやら人々はまだ必ずしも十分な経験を積んではいなかったようだ。しかし至るところでこの薬物への関心は高まっていた。陸軍第四部隊の報告書の締めくくりの文がそうした状況を明かしている。「実験継続のために（…）さらに大量のペルビチン錠の納品が要請された[91]」

バーンアウト

一九三九年九月三日、ドイツのポーランド侵攻を理由にイギリスとフランスはドイツに宣戦を布告した。しかし当初西部で戦闘は起きなかった。いわゆる「座り込み戦争〔まやかし戦争ともいう〕」で、敵同士が何ヶ月にもわたって身じろぎもせずに対峙していた。闘おうとする者は皆無だった。戦乱が四年間も続いて約一〇〇〇万の兵士たちが斃《たお》れねばならなかった第一次世界大戦の衝撃が、なおも人々の骨身に染みていたのだ。横断幕には「諸君が先に撃たぬ限り我が方が撃つことはない(92)」と書かれていた。戦闘意欲や民族主義的な誇りが語られることはなく、一九一四年とはまったく様相が異なっていた。ゴーロ・マンはこう書いている。「ドイツ人は戦争を始めはしたが、それを望む者はいなかった。市民も兵士も、とりわけ将軍たちですら(93)」

だが別の見方をしている者が一人だけいた。ヒトラーだ。彼はできるだけ速やかに、できれば一九三九年秋のうちにフランスを叩きたいと考えていた。ただし問題が一つあった。連合国側が装備および兵員の数でドイツ軍を明らかに上回っていたのだ。ナチスのプロパカンダが外に向けて喧伝していたのとは異なり、ドイツには優勢な軍事力など存在しなかったのである。その反対にポーランド侵攻後は装備の革新が急務となった。ほとんどの軍団は劣悪な装備のままで、しかも実戦配備可能なのは全軍団の半数にすぎなかった(94)。それに対してフランス軍は世界最強の軍隊とされており、イギリスも大英帝国のネットワークを通じて、戦争遂行のために無尽蔵とも言える資源を調達することができたのだ。

数字がそれを物語っている。ドイツ側が擁する兵員はわずか三〇〇万人、連合国側はそれより一〇〇万人以上多い。ドイツ国防軍の一三五個師団に対するは西側の一五一個師団だった。砲兵隊の七三七八門の大砲が敵側のおよそ一万四〇〇〇門と向かいあっていた。戦車の数の差も歴然で、ドイツ二四三九輌対連合国四二〇四輌だった。さらに敵の戦車は少なくともドイツの二倍も分厚い装甲板で防御されていた。国防軍の戦車がわずか三〇ミリ厚でしかなかったのにフランス軍では六〇ミリ、イギリス軍に至っては八〇ミリの鋼板を使っていたのだ。さらにドイツ空軍が投入できる戦闘機は三五七八機、対して連合国側は四四六九機も持っていた。[95]

軍略上の鉄則は、侵攻を成功させるためには攻撃側が相手の三倍の戦力を有していなくてはならないというものである。国防軍最高司令部が成功確実な計画を立てられなかったのも当然であった。しかしヒトラーはそうした厳しい現実から目を背け、自信たっぷりに、アーリア人の戦闘魂がどんなに不利な状況をも撥ね返すのだと断言した。ポーランド侵攻の際には兵士たちはドーピングのおかげで戦果を挙げたのだが、彼はそれを誤解して「ドイツ軍人の勇敢さによる奇跡」にたびたび言及した。[96]

だが実は独裁者も途方に暮れていた。イギリスとフランスの宣戦布告はヒトラーにとって寝耳に水だったのだ。彼は最後まで西側諸国が、前回のチェコスロヴァキア解体のときのようにポーランド侵略にも及び腰の対応しかしないことを期待していた。ところが今回は違った。いきなりドイツは、軍備も不十分なまま、単独で西ヨーロッパ全体を相手に戦争をする羽目に陥った。ヒトラーは帝国を出口なき状況へと追い込み、今やドイツは背水の陣だった。彼の参謀総長フランツ・ハルダーは「我々が時を最大限うまく利用しない限り、時は我々に不利な形で働くことでしょう。敵方の経済力は我が国を上回っているのです」と諫言《かんげん》した。[97]ではどうするべきか？　ヒトラーは追い詰められた状態で、分別などかなぐり捨てて反撃することしか思いつかなかった。数値に基づいて冷静に計画する国防軍総司令部はヒトラーからの強要に愕然とした。そうでなくともこのボヘミア出身の伍長〔ヒトラー〕は、その常軌を逸した思いつきや飛躍の多い直観で、プロイセン参謀本部の将校たちからはあまり高く評価されておらず、むしろ軍事面ではまったくの素人とさえ考えられていた。準備不足のまま攻撃に出れば、第一次世界大戦の二の舞で、またもや手痛い敗北を喫することになりかねない。それでこのとき密かに独裁者に対するクーデターさえ準備された。フォン・ブラウヒッチュ〔国防軍の第二代陸軍総司令官〕と彼の参謀総長ハルダーが、万一ヒトラーが攻撃命令を出した場合には彼を拘禁するという計画を立てたのだ。しかし一九三九年一一月八日にミュンヘンのビュルガーブロイケラー〔ビアレストラン〕でゲオルク・エルザーによるヒトラー暗殺未遂事件が起き、警備体制が強化されたこともあって、彼らのこの計画は中止された。

一九三九年の秋、コブレンツで二人の高級将校が決定的な出会いを果たす。二人は協力して大胆なコンセプトを編み出すことになる。激しやすい赤ら顔のベルリン出身の将帥エーリヒ・フォン・マンシュタイン（五二歳）と一歳年下の東プロイセンの装甲師団師団長ハインツ・グデーリアンだ。彼らはドイツ国防軍にとっての唯一の勝機は、電光石火の早業で装甲軍団に通行不能とされていたベルギー、アルデンヌの森を越えさせ、数日中にフランス国境の街セダンを陥落、さらに大西洋岸まで一気に進撃することだと考えた。連合国の側はそのはるか北方が攻撃されるものと想定して、そこに部隊を展開していたので、そのような「鎌の一撃」〔イギリス首相チャーチルの戦後の言葉〕によって敵側守備隊の大半が裏をかかれ、孤立することになると踏んだのだ。それにより第一次世界大戦のような、ドイツ帝国にとって勝ち目のない陣地戦・消耗戦は避けられ、数的に優位な連合国側は背後からの奇襲によって分断され、降伏を余儀なくされるはずであると。いわば窮余の奇策である。

ドイツ参謀本部はこの大胆きわまる提案に冷たく首を振るだけだった。本部では戦車はまだ鈍重なモンスター扱いをされていて、他の兵力の掩護《えんご》役としてならいざ知らず、単独行動の装甲部隊として、とりわけほとんど走行不能な山がちの難所を通ってすばやく攻撃することなど、できるはずがないと思われていたのだ。進撃計画の概略を紹介したときも、周りからあっさり狂気の沙汰と片付けられ、「山師」フォン・マンシュタインは、その影響力を排除するために、将来の戦地から遠く離れたバルト海の港湾都市シュテッティンに左遷されてしまった。引き続き参謀本部の将帥たちは、攻撃開始をせがむヒトラーに対して、さまざまな口実を持ち出した。攻撃を思いとどまらせるために、「悪天候」だけでも数十回は使われた。それは「国防軍が所有する兵器は荒天時には投入できない」とか「空軍にとっては雲ひとつない快晴が絶対条件となる」という類の口実だった。

　こうして西部戦線は当面の間、メルヘンのいばら姫のように、いつ醒めるとも知れぬ深い眠りに入った。ランケは一九三九年一〇月にロートリンゲンと境を接するプファルツ地方のツヴァイブリュッケンを訪れた。バロック建築で知られるこの小邑では、対戦車バリケードが空高く聳え立っているのは見えたが、若い兵士たちはほとんどの時間をスカートやシャーフス、ドッペルコップ〔いずれもカードゲーム〕をして過ごし、配給されたタバコ（一日七本）をくゆらせ、草サッカーに興じ、ジャガイモの収穫を手伝っていた。わずか数キロ先のフランス兵たちも、敵陣のそうした平穏な様子を察知して、同じようにのんびり構えていた。

　しかしドイツの兵士たちは、すばやく別のモードに移行する準備を怠っていたわけではなかった。すぐに服用できるよう、各自のズボンのポケットには覚醒剤の錠剤が入っていた。ランケはすぐにこの事実を確認した。「将校たちの大部分はペルビチンを携行している。（…）その好ましい効果は、自動車化部隊であれ、その他の部隊であれ、私が聞き取りをしたすべての兵士が異口同音に語っていた」[98]。墓地のような静けさにもかかわらず、いつ激戦が始まってもおかしくないことを誰もが覚悟していたのだ。いざ戦闘となれば、眠気を振り払い、全力を傾けねばならない。彼らはそのためにすでに一度、ペルビチン服用の訓練まで行っていた。

そうした予行演習的な薬物使用にランケは警鐘を鳴らした。「問題はペルビチン導入の可否ではなく、いかにしてこの薬物の使用をきちんとコントロールするかである。というのも現在ペルビチンは医師の指示もなく、いわば野放しの状態で大量消費されているからである」。彼はガイドラインと使用上の手引きを導入する必要を切に訴えた。それはこの薬物の使用をコントロールして、「東部［ポーランド侵攻］で得られた経験を西部戦線に活かす」ためである。[99] とは言えこの点については、まだまったく手つかずの状態であった。

いかにペルビチンが当たり前のように急速かつ広範に普及したかを示す事実がある。それはランケ自身が今では定期的にペルビチンを服《の》み、それについて従軍日誌および書簡の中で、何ら隠し立てすることなく報告している点である。彼はテムラー社の錠剤を二錠服んで毎日のルーティーンワークをより容易なものにした。薬の力を借りて勤務中のストレスを軽減し、気分を高揚させたのだ。ペルビチン専門家を自認する彼は、当然薬物依存の危険についても知っていたが、それに対して採るべき措置を採らなかった。彼にとってその薬物はあいかわらず良薬であり続け、自らに適正と思う分量を処方した。好ましくない症状が現れても、それを副作用と認めようとはせず、自分に都合のいい方向に解釈した。「ペルビチンを服んだにもかかわらず、一一時から頭痛と消化不良がひどくなってきました」。彼は同僚に宛てて本心からそう書いている。「この薬剤は（…）集中力を大幅に高め、困難な課題に取り組む際の不安感を取り除きます。したがってペルビチンは覚醒剤であるだけでなく、強力な精神安定剤でもあるのです。後まで残る副作用は過剰服用した場合にも観察されませんでした。（…）ペルビチンを使いさえすれば、三六時間ないし四〇時間、さほどの疲れも感じることなく動き続けることができるのです[100]」

二昼夜におよぶ不眠不休の活動を可能にすること。それがこの国防生理学者に課されたノルマであった。開戦後の数ヶ月間、彼は働き詰めだった。前線を訪れてはペルビチン礼讃の講演をし、帝国の首都ベルリンでは自分の研究所の立ち上げと規模拡大に努めた。前線と帝都の往復で彼にはほとんど休む暇もなかったのだ。過大な要求に喘ぎながらも業績を上げ続けねばならず、ますます薬物に頼るようになってゆく。ランケがバーンアウト〔燃え尽き症候群〕状態に陥るまで、さほど時間はかからなかった。もっとも当時この言葉はまだなかったのだが。彼は日誌の中で強気の姿勢を崩さなかった。「個人的なことだが、私の鬱《うつ》はすでに克服済みだ。十一月八日正午から元どおり働けるようになった」[101]。だが彼はしばしば夜更けにようやくベッドに入って「ろくに眠れない夜」を過ごし、翌日こう嘆くのだった。「ほとんど立っているのもやっとだ」。彼はいつしか依存症になっていた。彼の事例は例証的である。もうそれ以上は無理だったにもかかわらず、彼は薬物の助けを借りて自分の能力の限界をさらに広げようとしていた。ただしそれがいつもうまくいくとは限らなかった。「三九年一一月一九日。間近に迫る発表と査察の緊張で何も手につかない」[102]。戦争の辛さとペルビチン使用の間で身をすり減らしていたのはランケだけでなかった。この時期の彼の通信文には、ますます多くの将兵が自分の任務を全うすべく、この薬物に手を出した経緯が詳しく書かれている。

軍の外でも薬物依存は蔓延していた。一九三九年、第三帝国を熱狂的なペルビチンブームが襲う。更年期の女性たちはこの錠剤を、「ボンボン菓子をつまむように気楽に呑み込んだ」[103]。若い母親たちは出産後、授乳開始までの期間にベビーブルー（産後うつ）対策としてメタンフェタミン剤を服用した。結婚相談所でエリート男性を手に入れたい寡婦たちも、薬物をしこたま服《の》んで初対面の相手に感じる気後れを克服しようとした。この薬物の適応症は果てしなく増えていった。出産時の痛みの軽減、酔い止め、高所恐怖症、花粉症、統合失調症、ノイローゼ、鬱、意欲減退、脳障害……。ドイツ人は、自分が抱える不調がどんなものであれ、とりあえず青・白・赤のロール状のパッケージ（ペルビチン容器）に手を伸ばす。そんなことがますます常態化していった[104]。

開戦以来コーヒー豆がなかなか手に入らなくなったので、しばしば朝からメタンフェタミンが、代用コーヒーの不味さをごまかすための材料として使われた。ゴットフリート・ベンは、化学の面でも例外的だったこの時期についてこう書いている。「ペルビチンは、爆撃機のパイロットたちや防空壕の先発工兵たちに服用させる代わりに、高等教育機関で意図的に脳内の神経振動（オシレーション）のために使用することができよう」。「これは多くの人にとって奇異に響くかも知れないが、人類の理念の自然な継続に過ぎない。リズムであれ、薬物であれ、現代の自律訓練法であれ、いずれも耐えがたいものとなった緊張を克服したいという人類の太古からの欲求なのだ[105]」

一九三九年晩秋になると、帝国保健局が際限なく広がる流行への対処に乗り出した。「帝国保健指導者」〔一種の保健大臣〕の肩書きをもつ国務長官レーオ・コンティは、やや遅きに失した感もあるが、国民全体が薬物漬けになる事態を阻止しようとした[106]。彼は「服用によって得られるメリットはその後に続く悪影響によって完全に相殺されてしまう」と指摘したのだ。薬物関連の法状況を厳格化するべく、彼は法務省に出向き、「このままペルビチンを寛大に扱うことを続ければ、国民全体が麻痺させられてしまう、と自らの憂慮を表明」した。「（…）ペルビチンで疲労を吹き飛ばしたいと思う者は、それによってもともと心身に備わる力を徐々に奪われ、ついには破綻せざるを得なくなる」

彼はいかにもナチス的な語調の個人的な声明文で、麻薬撲滅に携わる名誉職会員たちにこうアピールした。「ドイツ国民一人一人が、時局の深刻さを重く受け止め、問題薬物に惑溺することを思いとどまってくれるよう願うばかりです。薬物使用を峻拒《しゅんきょ》する個々人の例を挙げることは今日、以前に増して必要であり、かつ適切なことなのです。（…）薬物によって脅かされているドイツの家庭生活を守り、より強固なものとするに当たって、諸賢にもぜひご協力頂きたい。それにより我らが民族の内的抵抗力が高められることにつながるのです[107]」

一九三九年一一月に彼はペルビチンを「購入時に処方箋が必要な[108]」薬剤に指定した。その数週間後にはベルリン市庁舎に現れて、国家社会主義ドイツ医師連盟の会員たちを前に演説し、「依存症に特有のさまざまな付随現象を伴って我々に迫りつつある新たな大きな脅威[109]」に対して警鐘を鳴らした。だが彼の熱弁もさほど深刻に受け止められることはなかった。ペルビチンの消費量はどんどん増えていった。多くの薬局はこの新たな規定を守ろうとせず、処方箋を持たない客に、あろうことか医療機関向けの大箱ごと売る場合さえあったという。薬局で複数回注射できる量のペルビチンアンプルを同じ日の内に入手したり、一度に数百錠のペルビチンを購入したりしても、当時はまだまったく問題視されなかったのだ[110]。

事情は兵士たちの間でも同じだった。そもそも処方箋義務は民間人に限定されていて、兵士は適用外だったのだ。しかしコンティも負けてはいなかった。実際に行われていた戦争を背景として、薬物をめぐる戦いも本格化した。それは帝国保健指導者コンティが「薬物の使用と濫用、およびそれによって生じうる健康被害」に関して旗幟《きし》を鮮明にするよう、国防軍に要求したときのことであった。彼がそうしたのは「我々の若き兵士たちがひどくやつれて見える。蒼ざめて病人のような様子の者も少なくない」ことを目の当たりにしていたからである。しかしコンティの帝国保健局は軍関連の役所ではなかった。すぐに軍部はこれを要らぬ干渉だとして突っぱねた。「国防軍としては、薬物の助けを借りてでも（…）、一時的に戦力が増強され、兵士たちの疲労が打破されるという恩恵を手放すことはできない」。陸軍軍医総監ヴァルトマンは、冷たくきっぱりとした調子で彼に返信してきた[111]。

一九四〇年二月一七日、奇しくもコンティが陸軍軍医総監に抗議文を書き送ったその日に、総統官邸では重大な結果をもたらすことになる会談が行われた。ヒトラーのもとに二人の将帥が訪れたのだ。エーリヒ・フォン・マンシュタインと、戦車師団の指揮官に叙任されたばかりのエルヴィン・ロンメルであった。いつものように両手を深くポケットの中に入れていたフォン・マンシュタイン将軍は、自ら考案した攻撃計画の仔細を説明することを許された。総司令部ではリスクゆえに誰からも相手にされなかった計画である。将校たちの話の腰を折るのを常としていたヒトラーだったが、フォン・マンシュタインが、自分の考えはほとんど通行不能とされている山岳地帯を走破してフランス、イギリス両軍の裏をかくことだと述べると、まるで呪縛されたかのようにその話に聞き入った。[112] ヒトラーには、軍事的な分析を傲岸きわまる態度で開陳するこの将軍は鼻持ちならなかった。「たしかに彼は作戦面では非凡な才能に恵まれたとても賢い男だが、私は信用しない」[113]。しかしヒトラーは、奇襲にすべてを賭けるこの戦略の正しさを即座に確信した。将軍の話では成功の鍵を握るのは時間であり、迅速さと着想の妙である。装備の規模だけがものを言うのではない。となるとドイツ軍の物量面での劣勢が攻撃開始の障害ではなくなる。溺れかけていたヒトラーは躊躇せず、窮地からドイツを救ってくれるように見えたこの「藁」をつかんだ。「総統閣下はこの説明に賛意を表明し、その直後に新たな最終進軍命令が発せられた」[114]。フォン・マンシュタインの会談メモは誇らしげにそう結ばれている。

しかしそのような短期間でのアルデンヌ走破がそもそも可能なのかという問題は残っていた。部隊が道なき道を進むうちに進退窮まってしまう可能性、そしてたとえ小規模とはいえそこに配備されている敵軍によって足止めを食らう恐れは十分に考えられた。そうなってしまったら連合国側に、増援部隊を北と南から急派してドイツ軍を挟撃する十分な時間が与えられることになる。「鎌の一撃」に成功の見込みが生まれるのは、昼夜を問わず、そしてなかんずく兵士が一睡もせずに走り続けることができた場合に限られる。ヒトラーは疑念をことごとく振り払った。彼はこう考えたのだ。戦況が求めるならば、ドイツ兵たる者、意志の力を発揮して、何昼夜かぶっ続けで戦闘態勢を維持してくれるはずだ。この自分だって第一次世界大戦の伝令兵として、当時フランドルの防空壕でやり抜くことができたのだから。

実際のところ、兵士たちに鉄のごとき意志を発揮させる必要はないだろう。何のためにペルビチンがあるというのか？　陸軍総司令部ではこの新たな進軍命令を受けて、さまざまな準備に大わらわだった。その一つが軍の医事計画で、その際には軍医アカデミーで行われたランケのペルビチン実験も考慮された。攻撃開始の三週間ほど前の一九四〇年四月一三日に、陸軍軍医総監ヴァルトマンは陸軍総司令官であるフォン・ブラウヒッチュ上級大将に文書を送付した。表題は「ペルビチン問題。慎重であるべき、しかし特殊な状況下では必須となる薬物の使用に関する指令」[115]であった。ランケは会議への参加を求められ、インヴァリーデン通りの軍医科大学校とラントヴェーア運河に面したベンドラー官庁街の間を何度か往復した。彼は参謀本部で行う講演の原稿を大急ぎで書き上げなくてはならなかった。さらに国防軍用パッケージに同梱するペルビチン使用説明書の作成も彼に一任された[116]。

四月十五日にランケは、アルデンヌ山地の進軍を先導することになっているクライスト装甲集団の軍医から一通の書簡を受け取った。この集団ではすでに薬物使用の訓練が盛んに行われていた。「ペルビチンは覚醒剤として、心身を酷使した後の疲労感を軽減し、眠気を抑えるのに適しているように思われます。特に精神の活力、受容能力、集中力ならびに判断力に高い要求が課される頭脳労働者や兵士たちにも（…）うってつけの薬物です。この判定のもととなった観察は（…）一部はポーランド遠征時に、一部は兵員の行進演習や車両走行演習の際に行われたものであり、多数の軍医や部隊将校が自ら服用して得た知見も含まれています[117]」。どうやらカウントダウンが始まったようだ。ランケはテムラー社に直ちに増産体制に入るよう要請した。その二日後の一九四〇年四月一七日、国防軍内で軍史上に例のなかった文書が回覧された。

いわゆる「覚醒剤指令」である。これは一〇〇〇名の部隊付医官、数百名の軍団付医官その他の主導的な軍医たち、およびこれらに準ずる武装親衛隊の担当官らに配布された。最初の段落では事務的ながら論議を呼ぶ調子でこう書かれていた。「ポーランド遠征時の経験によれば、特定の状況で軍事的な成果を挙げることができるか否かは、過酷な任務を果たした部隊の疲労回復の度合いに大きく作用される。特別な状況下で、睡眠によって軍事的な成果が脅かされる場合には、眠気を克服することの方が、例えばそれとの関連で生じうる後遺障害へのいかなる配慮よりも重要となる。そして眠気の打破には(…)覚醒剤が利用できる。ペルビチンは計画通り衛生装備品に加えられた[118]」

この文章の書き手はランケだが、陸軍総司令官ヴァルター・フォン・ブラウヒッチュの署名が付されている。用量として一日一錠が定められていたが、夜間には「予防的に短い間隔で二錠、さらに必要に応じて三、四時間後にもう一、二錠」服用してもよいとされた。例外的な事例では、睡眠は「二四時間以上取らなくてよい」とも書かれていたが、この度の侵攻こそ例外的事例の最たるものではなかったか? 起こりうる中毒症状として、この指令は「攻撃的な気分」を挙げている。これは警告と効能のいずれに解するべきなのだろうか? さらにそこには、こうも書かれていた。「正しい用量を守れば、明らかに自信が増し、困難な業務も怯《ひる》まずに引き受けることができるようになる。この薬物によって心的抑制が取り払われるが、アルコール摂取時のように、それによって知覚能力が鈍らされることもない[119]」

これによりドイツ国防軍は、薬物に自らの命運を賭けた世界初の軍隊となった。そしてペルビチン中毒の陸軍付生理学者ランケがこの薬物の秩序立った使用の責任者だった。かくしてまったく新しい

Anlage 1

Anweisung für den Sanitätsoffizier über das Weckmittel Pervitin

1. Wirkungsweise.

Pervitin ist ein Arzneimittel, das durch zentrale Erregung das Schlafbedürfnis beseitigt. Eine Leistungssteigerung über die Wachleistung hinaus kann nicht erzielt werden. Bei richtiger Dosierung ist das Selbstgefühl deutlich gehoben, die Scheu vor Inangriffnahme auch schwieriger Arbeit gesenkt; damit sind Hemmungen beseitigt, ohne daß eine Herabsetzung der Sinnesleistungen wie bei Alkohol eintritt. Bei Überdosierung tritt hinzu Schwindelgefühl und Kopfschmerz sowie gesteigerter Blutdruck. Rund in $^1/_{10}$ der Fälle versagen die Weckmittel auch bei richtiger Dosierung.

2. Dosierung.

Zur Überwindung der Müdigkeit nach eingenommener Mahlzeit genügt gewöhnlich 1 Tablette mit 0,003 g Pervitin. Bei starkem Schlafbedürfnis nach Anstrengung besonders in der Zeit zwischen 0 Uhr und dem Morgengrauen sind vorbeugend 2 Tabletten kurz nacheinander und nötigenfalls weitere 1—2 Tabletten nach 3—4 Stunden einzunehmen. Weckmittel sind überflüssig, solange die Kampferregung anhält.

Werden 0,04 g = etwa 12 Tabletten und mehr auf einmal einverleibt, ist mit Vergiftung zu rechnen.

3. Anwendungsbereich.

Die Weckmittel dürfen nicht eingenommen werden, solange unvorhergesehene Rasten zum Schlaf ausgenutzt werden können. Die Anwendung verspricht in erster Linie Erfolg beim Kolonnenmarsch mot. Verbände bei Nacht sowie bei übermüdeten Personen nach Wegfall der Kampferregung. Nur in zwingenden Ausnahmefällen darf mehr als 24 Stunden lang der Schlaf durch Weckmittel verhindert werden.

4. Ausgabe.

Nur auf Anweisung eines San. Offiziers wird durch das San. Personal nur je eine Tagesmenge ausgegeben. Der Verbrauch ist zu kontrollieren.

5. Wirkungszeit.

Die volle Wirkung tritt bei leerem Magen 15 Minuten nach der Einnahme, bei vollem Magen nach etwa ½—1 Stunde ein. Die schnelle Aufnahme bei leerem Magen führt gelegentlich zu rasch vorübergehenden Überdosierungserscheinungen.

6. Darreichung.

Zweckmäßig in einem Schluck nicht zu heißen Getränkes gelöst, notfalls auch als trockene fast geschmacklose Tablette.

7. Wirkungsdauer.

Einmal 2 Tabletten beseitigen das Schlafbedürfnis für 3—8 Stunden, zweimal 2 Tabletten gewöhnlich für etwa 24 Stunden. Bei starker Übermüdung ist die Wirkung verkürzt und vermindert.

8. Gegenanzeige.

Bei Nervösen und Vagotonikern (langsamer Ruhepuls) können die Weckmittel zu harmlosen aber leistungsmindernden Erregungszuständen mit Kopfschmerzen und Herzklopfen führen. Wer einmal so auf diese Weckmittel anspricht, soll keine Weckmittel mehr nehmen. Bei Anlage zu Nierenkrankheiten, Herzkrankheiten und schweren Blutgefäßkrankheiten sowie bei allen fieberhaften Erkrankungen sind Weckmittel verboten. Im Alkoholrausch sind sie unwirksam.

1940年4月17日付の「覚醒剤指令」。国防軍の薬物使用に関する使用説明書。

形の戦争が幕を開けた。

モダン・タイムス

テムラー社の製造部門では、数十人の女子作業員たちが白衣をまとい、ラウンドケーキを思わせる円形の機械の前に座って作業に勤しんでいた。鋼鉄製のスライダーができあがった錠剤を数千、数万と絶え間なくベルトコンベアに押し出す。錠剤はそこで突然踊りだし、揺り動かされ、人の手による検査の用意が整う。明るい色の手袋をはめた女性たちの指がまるで蜂の触角のように動いて、壮麗な雪面を思わせる大量の錠剤の中を滑って、選別してゆく。粗悪なものは弾かれ、優良品は背嚢に入れて持ち運ぶ国防軍専用パッケージに収められ、さらにそのパッケージは帝国の鷲のマークがついた木箱に詰め込まれる。彼女たちはみな残業を余儀なくされた。軍医科大学校からの圧力だった。それらは可能な限り速やかに顧客である兵士たちの元に届けられねばならなかったのだ。

一日に八三万三〇〇〇錠の生産が可能だった。それはどうしても必要な量だった。国防軍が陸空軍のために計三五〇〇万回もの服用量の薬剤を注文していたのだ[120]。いかにドラッグ好きのハインリヒ・ベル〔六二頁参照〕といえども、もはや郷里の両親に追加の錠剤を送るようせがむ必要はなかっただろう。

時は戦なり

「スピードこそ成功の鍵なり。何度も繰り返し相手守備陣営の度肝を抜くことが大切なのだ[121]」
フォン・クライスト装甲軍団の出撃命令より

樫の若木に結ばれた蛍光ストリップが、藪を切り開いて作られたばかりの小道を示していた。その

テムラー社の受注品の山……。

……メタンフェタミン錠3500万回分が陸空軍用に発注された。

道は森の奥の小高い場所に通じていて、そこに両腕を広げたほどの間口の地図保管用の木造小屋が建っていた。その中には簡素な机が一台と座面に樹皮を編み込んだ椅子が一脚しかなかった。フランドル地方の起伏量図が壁に掛かっていた。窓から外のアイフェル丘陵とその後方のアルデンヌ高地を眺めやると、その地図はいっそうリアルなものに見えた。モレル医師の古馴染みの友人であった帝国報道写真家ホフマンが小屋の外に立って、憑かれたかのように一心不乱に室内を撮影していた。

バート・ミュンスターアイフェル近郊の砂地サーキットとファッハベルク〔木骨造〕の建築で知られる小邑ローデルト。その近くに総統大本営フェルゼンネスト〔ドイツ西部のバート・ミュンスターアイフェルの「岩山の巣」〕がある。一九四〇年五月一〇日の早朝七時。ヨードル少将が戦況を説明していた。ベルギー北部では夜間、ケルンを出発したドイツの降下猟兵部隊が戦略的に重要なエバン・エマール要塞を制圧した。しかしこれは、連合国側にドイツ軍がベルギー北部に侵攻すると見せかけるための襲撃にすぎなかった。実際には国防軍の主力はまったく別の場所、つまりはるか南のルクセンブルク国境付近に集結して出撃命令を待っていたのだ。そこでは途切れることのない装甲車の車列が、轟音を響かせながら所定の位置へと移動していた。やや前方には、周囲に目立つ無線アンテナを立てたグデーリアン将軍の乗る中型の無線装甲車が見える。部隊の雰囲気は戦意満々とは言いがたかった。「行く先々で、意気消沈とまでは言わずとも、実に重苦しい静けさが支配していた」。ある将校はそのように報告している。[122]

侵略者であるドイツ陣営に猜疑と困惑が広がっていた様子を示す事実がある。きわめて周到に準備されてきたドイツの進軍が初日の朝から渋滞に巻き込まれたのだ。しかもその渋滞たるや、果てしのない長さだった。迅速に出撃して敵の度肝を抜く、それこそが特に重視されていたはずなのに、しかもまだドイツ国内にいるうちから、手の施しようのない大混乱と交通の完全な停滞に立ち至ったのだ。その理由はさもありなんというものだった。そもそも戦車に必要とされていた道幅の広い道路に、歩兵部隊の荷馬車が大量に流れ込んだのだ。道路はたちまち通行不能に陥った。軍史上かつて投入された最大の車両部隊であるフォン・クライスト装甲車部隊の各車両は、互いにバンパーをくっつけんばかりにして犇《ひしめ》いていた。総計四万一一四〇台の車両の内、戦車が一二二二輛を占めていた。鋼鉄とブリキからなるこの「雪崩」は全長二五〇キロに及び、ライン河にまで届くきわめて長い車列となった。今日に至るまで、ヨーロッパ史上最長の交通渋滞である。連合国側はその地点で二進《にっち》も三進《さっち》も行かず、いわば俎板《まないた》の上の鯉となっていたドイツ軍を、難なく爆撃部隊の餌食にすることもできただろう。ドイツの進撃をまだ芽のうちに潰すこともできたはずである。だが通行困難なこの隘路《あいろ》からドイツ軍が攻撃してくることは、彼らには完全に想定外で、そのため装甲車両が大量に集結したこの巨大「駐車場」は気づかれないままだった。フランスの監視部隊は何が始まったか見ておらず、ドイツ国防軍がこの数時間陥っていた大混乱を自軍に有利な形で活用することはできなかった。

ドイツ側の混乱の原因は、侵攻を先導すべき戦車の能力を国防軍総司令部があいかわらず信頼していなかった点にあった。そのため戦車部隊には、必要な道路も専用の作戦区域も割り当てられなかったのだ。当時はまだ「電撃戦」がアピールされることはなかった。この考え方を理解して自在に使いこなす者はいなかった。例外はごくわずかの将校たちで、その筆頭がグデーリアンだった。彼は無線を使って歩兵部隊に道を譲るよう必死に求めた。しかしあろうことか歩兵部隊は戦車部隊をライバル視して、これまで通り先陣は自分たちが切ると言って譲らなかった。荷台付貨物車と馬車、それから行進する歩兵らが引き続き道を塞いでいた。しかも彼らの多くは、あいかわらず自分たちの父親世代が第一次世界大戦の頃に担いでいたのと同じ銃を担っていた。それでもついに戦車部隊は、永遠に続くかと思われた行きつ戻りつの繰り返しを脱することができた。戦車は深くえぐられた谷を突っ切り、正面に立ちふさがる山並みの曲がりくねった上り坂をものともせずにひた走る。無駄にした時間をなんとか取り戻すためだった。ここに至って、ようやく装甲車部隊は自分たちの力量をまざまざと見せつけた。もはや英仏海峡に到着するまで、何も彼らを押し止めることはできまい。「ほとんど」何ひとつとして。

「ちまちませずに派手にやれ」[123]

「もしかするとフランスはすでに一九四〇年に滅びてしまったのもしれない。ドイツ人たちとの戦いにわずか一一日間で敗北し、その痛手からこの国は二度と立ち直ることがなかった」[124]

フレデリック・ベグベデ〔フランスの著述家、映像作家〕

陸軍参謀総長ハルダー将軍は日誌にこう書いている。「ドイツ陸軍に与えられた課題はかなり難しいものだ。所与の地形［マース河］、所与の戦力差（特に砲門数）を克服してこの課題を果たすことはほとんど不可能だ。（…）我々は尋常ならざる手段に手を伸ばし、それと結びついているリスクをも引き受けねばならない」[125]。メタンフェタミンはそうした尋常ならざる手段の一つだった。そしてグデーリアン将軍がこう命じたとき、兵士たちにとってこの薬物は欠かせないものとなった。「諸君に要求する、必要とあらば、少なくとも三日間、昼夜一睡もせずに奮闘せよ」[126]。それはまさに必要だった。なぜなら三日間でフランス国境の町セダンに到達し、両国の間を流れるマース河を渡らない限り、ドイツ軍は大半のフランス軍よりも先に北フランスに到着できないからだ。今のところフランス軍はベルギー北部、ならびにそこから前進してマジノ線〔フランスがドイツ国境の近辺に構築した要塞線〕南部にいた。

物資の補給に関して国防軍の準備は万端だった。需品担当将官はあらかじめ錠剤を注文していたのだ。例えば将軍のフォン・キールマンゼク伯爵（一九七〇年代にNATO中部欧州地上軍総司令官となった人物）は、配下の第一装甲車部隊のために二万回服用できる量のペルビチンを発注していた。[127]この薬物[128]は五月一〇日から翌一一日にかけての夜に大量摂取された。数千数万の兵士たちが彼らの野戦帽の折返しから取り出したり、あるいは衛生将校から手渡されたりした錠剤を、舌の上に乗せて飲み込み、水で流し込んだ。

　効果は二〇分後に現れた。脳の神経細胞が盛んに神経伝達物質を放出し、ドーパミンとノルアドレナリンが一挙に感覚知覚を研ぎ澄ませ、生体は完全な臨戦体制となった。夜が更けても眠る者は一人もいない。サーチライトが前方を照らし、国防軍の巨大なリントヴルム〔伝説上の有翼の竜〕は休むことなくベルギーに向かって前進を続ける。それまで数時間続いた無気力やフラストレーションに代わって、別の驚くべき感覚が現れた。後でしばらく誰も説明できなかった事態が起きたのだ。不気味な悪寒が頭皮を這うように登ってきて、誰もが体の芯から灼熱の冷感とでも言うべきものが広がるのを感じた。第一次世界大戦のときのような「鋼鉄の嵐」はまだ起きていなかったが、代わりに「薬物の嵐」が吹き荒れたのだ。悦《よろこば》しいひらめきが次々に訪れ、活動レベルは臨戦モードに入った。運転手たちは車を操り、無線通信士たちは未来のタイプライターを思わせる暗号装置で通信を行った。黒の野戦ズボンと暗灰色のシャツを着た狙撃兵たちは、射撃用意を整えて照準器の前に蹲《うずくま》っていた。もはや休憩が取られることはなかった。大脳内では薬物による絶え間ない爆撃がすでに始まっていた。生体は栄養素を大量に放出し、糖を盛んに生成したので、人体機構は性能限界に至るまでフル稼働し、ピストン部はますます迅速に上下運動を繰り返した。平均血圧は最高で二五パーセントも上昇し、胸のシリンダー室では心臓が暴れ太鼓のように早打ちしていた。

　朝になり最初の戦闘が起きた。ベルギー国防軍は国境沿いの小邑マルトランジュにほど近い丘陵の防空壕で待ち構えていた。その前方には緩斜面が広がり、何一つ遮る物のない空間が数百メートル続く。正面突破しか手段はなさそうだったが、それはまったくの自殺行為に見えた。にもかかわらずドイツ国防軍歩兵部隊は、薬物による高揚感に支えられて、この正面突破を試み、死のゾーンを疾駆した。恐れを知らぬ敵の行動に衝撃を受けたベルギー軍はひとまず撤退すべきと判断した。しかし完全に勢いづいたドイツの攻撃陣は、戦史上の鉄則とされていた自陣の死守をも放棄して、直ちに敵軍を追撃し、最終的に敗走させた。すでにこの最初の戦闘行為に薬物の症候が現れていた。

三日後、部隊長は自分たちが本当にフランス国境に到達したことを報告した。セダンはドイツ軍の目の前にあった。多くの者は行軍が始まってから一睡もしていなかった。そしてなおも急がねばならなかった。きっかり一六時にドイツ砲兵隊の砲撃が計画されていたのだ。そのときには同時に雲霞《うんか》のごとき爆撃機の大群が空から近づいていた。空軍の操縦士たちは急降下を行い、地上すれすれで機首を上げてフランス陣営に攻撃を加えたのだが、その際にはいつもけたたましいサイレン音、いわゆるエリコの角笛が鳴り響き、凄まじい爆発音がその後に続いた。爆風で一帯の窓ガラスがカタカタ音を立て、国境の街の家々は激しく揺れた。脳内ではメス〔メタンフェタミン〕が次々に弾薬に点火し、遊離した神経伝達物質がシナプス間隙に放出され、そこで拡散して、爆発的な興奮刺激を伝達した。神経索に沿ってピクピク痙攣するような動きが伝わり、ニューロン神経細胞の接合部がギラギラと光り、低く唸るような音と轟音にすべてが支配された。地上では敵の守備兵が体を伏せ、地下壕が小刻みに揺れた。急降下する戦闘機のサイレン音が耳をつんざき、むき出しとなった神経を逆撫でした[129]。

それに続く数時間の内に六万人の兵士、二万二〇〇〇台のトラック、八五〇輌の戦車が渡河した。「我々はある種の高揚感に満たされ、尋常ならざる状態に陥った」。参戦した者はそう報告した[130]。「埃まみれになり、疲弊し切って車両に座っていたが、それでいて誰もが躁状態だった」。これまで一度も味わったことのない陶酔感の中で、ドイツ軍はフランス国境の町を占領した。「正々堂々と敵を打ち破るまで、我らの戦闘意欲が消え失せることはないであろう」と国防軍の公式報告書には書かれている。[131]だが実際のところ、兵士たちをあのような戦闘の熱狂へと駆り立てるに当たっては、薬物の力が大きかった。第一次世界大戦当時、人々が主に民族主義的な動機から熱狂したのとは大いに異なっていたのだ。

フランス側は増援隊の到着がこの決定的な数時間に間に合わず、深刻なパニックに陥った。その頃ドイツ軍はすでにマース河を渡っていた。ダムの決壊だ。フランス軍はもはやこの溢流《いつりゅう》を押しとどめることができず、ついに降伏にいたる。彼らはいつも反応が遅すぎた。驚かされ、打ち破られての連続で、一度も主導権を握ることができなかったのだ。国防軍のある報告書にはこう書かれている。「フランス側はわが軍戦車の突然の出現に慌てふためき、果敢に防御するどころではなかった」[132]

一九四〇年の五月、六月に国のために動員されていたフランス人歴史学者マルク・ブロックはこの敗北を「精神的敗北」と呼んでいる。「我々の兵士は負けた。あまりに簡単に負けたと言っても良いだろう。それは我々の考えが追いついていかなかったからだ」。フランス人の脳は相手と同じような歓喜に彩られた例外的状況に支配されてはいなかった。「いたるところドイツ兵だらけだった。彼らはこの地域を思いのままに駆けめぐった」。攻撃側によってもたらされた恐るべき混乱について、ブロックはこう書いている。「彼らは作戦の正しさと予測不能性を信じていた。一方我々は不動なるもの、既知なるものを恃《たの》みとしていたのだ。この進撃の間じゅう、ドイツ兵は、よもやこんなところには現れまいという場所に毎回姿を現した。彼らはそういうえげつなさを最後まで貫いた。要するに彼らはそれまでの戦いのルールに固執しなかったということだ。(…)見方を変えると我々には否定しがたいある種の弱点があって、それは主として我々の脳があまりにものんびりとしたリズムに慣らされてきたせいなのだ[133]」

爆撃によるフランス側の犠牲は初日のセダンで五七名と、損害としては比較的少なかった。むしろ鎖を解かれた獣のようなドイツ軍の攻撃による心理的影響の方が深刻だった。この侵攻の勝敗はすでに気持ちの上で決していた。あるフランスの調査報告書は、ドイツ軍の迅速なマース渡河とフランス守備隊の機能不全について、「集団的な幻覚のような現象[134]」だったと結論づけている。

時はメス〔メタンフェタミン〕なり

「電撃戦については、メタンフェタミンによってもたらされたとまでは言えないが、明らかにメタンフェタミンによって支えられたのである[135]」
ペーター・シュタインカンプ博士（医学史家）

侵略戦争という点では、興奮剤を携行するメリットは大きい。この戦いは空間と時間において展開されるものであり、そこでは迅速さがものを言う。例外は第一次世界大戦のみで、あのときは丸四年間もの戦いでほんのわずかな領土が獲得されただけだった。しかし例えばナポレオンがワーテルローの戦いで自軍を二時間早く戦場に導くことができたなら、結果はおそらく違っていただろう。

国防軍の報告書では、メタンフェタミン漬けの状態で行われたグデーリアンの進撃はこう記されている。「すばやく決断した将軍は独り軍用車両に乗り込むと、マース河南岸を後にしてドンシェリー方向に向かった。（…）エンジンをフルに吹かし、昼も夜もぶっ続けに、燃料の続く限り遠くまで走らせた[136]」。字面だけ読むとさほど危険ではなかったように見えるが、実際はそうではなかった[137]。なんと言ってもこのフランス侵略戦で無数の人々が犠牲となったのであり、しかもこの戦いは後の進軍の「青写真」とされた。それが革新的な、まさしく前代未聞の方法で行われたからである。灰色の口髭をたくわえ、首にトレードマークの双眼鏡をかけたグデーリアンは、奇跡が起きたのだと語ったが、実際にはこれらの日々、なかんずくこれらの夜々に電撃戦を考案したのは彼自身だった。一〇〇時間足らずでドイツ軍は、第一次世界大戦で四年以上かけて獲得したよりも広い領土を手に入れた。作戦立案の際には、グデーリアンもその一員であったフォン・クライスト装甲車集団に行動の自由が認められた。ただしそれは装甲車集団が迅速に移動でき、前線を敵陣の奥に押し込むことが可能な限りである。戦車群が動けなくなったら、その時点でフォン・クライスト部隊は全体の指揮下に戻ることになっていた。この作戦は現在、きわめて賢明な策であったとされている。つまり装甲車集団に、何があっても前進を続けたい、他の配下に置かれたくないという野心が芽生えたのだ。彼らは自軍に追いつかれまいとして、一本の槍の先端部のように先へ先へと突き進んだ。

グデーリアンはセダンの街からは無線搭載の装甲車に乗り替えた。サイドカーに乗った将官付副官たちによって脇を固められ、いわば自給自足状態で走り続けた。マニュアルに書かれているような陣地の保全や本格的な橋頭堡の築営は彼の関心事ではなかった。彼は国境の街セダンの陥落後も、厳しい停止命令を受けていたにもかかわらず、そこに留まらなかった。進撃中の高揚のまま、命令違反を犯すことも厭わなかったのだ。側面掩護《えんご》？　そんなものは昔の話だ。今は側面から攻撃してくる敵よりも早く走ることが重要である。補給物資の確保？　何のために？　部隊に必要なものはすべて携行している。綿密に構築された補給システムが、最前列でもつねに十分な燃料が供給されることを可能にした。ペルビチンについては、国防軍の大型薬局と言うべき「中央医局」が担当した[138]。

四日経っても連合国軍は、ドイツ軍によって度肝を抜かれた状態を脱していなかった。彼らはこの予測不能な攻撃者たちに対処できなかった。なにしろドイツ軍は従来の方法論に従うのではなく、できるだけ速く大西洋岸にたどり着いて敵の囲い込みを完璧なものとすることのみを唯一の目標としていたのだ。そこまでの道筋は一種の場当たり《アドホック》的な作戦立案の中で定められ、その際にペルビチンが中心的な役割を果たすこととなった。

「我々は車両による進軍に可能な最高速度で突き進んだ。将軍は部下たちに指示して円滑な作戦遂行に当たらせた。今日一日でかなりの距離が走破された。フランス増援部隊の将校が二人、グデーリアン将軍の前に引き出された。『なんとドイツ軍は速いのだろう。速い、実に速い』。いきなり敵の手に落ちてしまった彼らは途方に暮れていた。フランス軍にはいつどこからドイツ軍がやって来るのかまったく見当がつかなかったのだ。（…）進軍はさらにモンコルネの街に至る。この区間のすべての車両が全速力で疾駆していた。将軍は急遽、新たな進軍ルートを指示しなくてはならなかった。それほどまでに何もかもが前代未聞のスピードで進んだのだ」[139]。グデーリアンの進撃を伝える報告書にはそう書かれている。さらにこうも伝えられている。「市場でちょうど何人かのフランス人が車から降りてきた。ひと区画をわが軍の装甲車列と並走していた車だ。この街がどんな街か、だれにも気に留める暇がなかった。将軍は教会の前に車を停めて、副官とともに交通整理を始めた。こっちの師団は右だ、そっちは左に行け。まるでカーレースのように二人の前を各車両が猛然と走り抜けて行った[140]」

ここで「電撃戦」は解き放たれた獣のように自在な動きを開始し、この一九四〇年五月の慌ただしい日々に、あらゆる軛《くびき》を断ち切り、あらゆる限界を超越する新たな現代性《モデルネ》を体現する言葉となる。そしてこれ以後、覚醒剤はもはや欠かすことのできないものとなった。

クリスタル・フォックス（「フォックス」はロンメルの異名「砂漠の狐」から）

エルヴィン・ロンメル、のちにドイツのあらゆる将軍の中で抜群の知名度を誇ることになる人物だが、彼は戦車のエキスパートではなく、陸軍歩兵部隊の出身であった。だがまさに鋼鉄の戦車軍団とその扱い方に関する知識の欠如がこのシュヴァーベン人を助けて、今回の進撃でまったく因襲にとらわれない方法を彼に採らせることとなる。直観的にロンメルは配下の第七戦車部隊を機動力のある偵察隊のごとくに指揮した。突撃工兵たちが仮設の橋を架けるのを待たず、重さ何トンもの装甲車をフェリーに載せてフランスの河川を渡河させると言い出し、それをまんまと成し遂げてしまったのだ。ドイツ軍の侵攻開始の日にイギリス首相の座に就いたウィンストン・チャーチルは、彼には珍しくとんでもない考え違いをしていた。フランスのご同役であるレノー首相を安堵させようとして、こう助言したのだ。「経験則からして、攻撃は一定期間ののちに必ずや中断します。(…)物資補給の問題があるので、五、六日もすればこの快進撃も停止を余儀なくされるでしょう。そのときこそが反撃のチャンスです[141]」

ところがロンメルは停止しなかった。敵に反撃する隙を一切与えず、彼は絶え間ない進撃を続けていった。彼はグデーリアンと同様に、ドイツの見事な兵站体制の恩恵を受けながら、敵に死をもたらすジョーカーとして、総員を投入して突き進んだ。想定も制御も不能となった軍団はもはや誰にも阻止できなかった。大本営からは驚嘆の声が上がった。「一度ロンメル将軍のように最前線に出てみたいものだ。彼は途方もなく大胆な奴だ。いつでも戦車部隊の先頭に陣取っている![142]」上官のホート将軍でさえ、もはや彼に命令を送ることはなかった。なにしろ命令文書が戦地に届くころには、ロンメルはとっくに山を越え谷を渡り、無線電波も届かない場所に移動しているのだ。彼は危険を感知する能力がすっかり麻痺していた。メタンフェタミン過剰摂取の典型的な症状である。真夜中でも彼は進撃を続け、堅い守りの敵に走行車両から攻撃を仕掛け、ベルセルク〔北欧神話に登場する異能の戦士たち〕のごとくに全砲門から一斉射撃し、つねに敵に不意打ちを喰らわせた。いましめを解かれた猛獣のように砲門めがけて全速力で突進してくる軍勢を前にして、フランス軍は絶望の色を隠せなかった。こんな相手とどう戦えというのか? 防御上の指示など一切なかった。予行演習でもこのような状況は想定されていなかった。

西部への進撃が始まった最初の週が終わるころ、鬼気迫るシーンが出来《しゅったい》し、ドイツ軍の進撃の異様さを浮き彫りにした。すでに久しく上官命令に従う義務を免れていたロンメルが、一九四〇年五月一六日の夜間、フランスのかなり北部に位置するソール・ル・シャトーの道路を通ってアヴェーヌ方面に向かったのだ。偶然の巡り合わせか、そこにはたまたまフランス軍の第五歩兵部隊と第一八歩兵部隊、さらには第一戦車部隊の一部も野営していた。少将ロンメルは一瞬たりとも躊躇せず、敵陣に突っ込み、人も物も区別なく押し潰し、一斉射撃を加え、死者や負傷者をぶら下げたまま一〇キロ先まで車両と戦車を突進させ、左右の堀を越えさせた。敵兵の血に塗れた車両が休みなく轟音を立てて進む。司令塔となる戦車の中、二人の将校の間で直立姿勢をとり、軍帽がうなじに滑りかけるのも意に介せず、ロンメルは攻撃の指揮を執り続けた[143]。

もはや眠る必要のないドイツ兵たちによる電撃戦が始まった。将来起きる暴力の狂宴《オルギア》の種がこのとき蒔《ま》かれたのだ。何をもってしても、誰の力によっても、もはや自分たちを止めることはできない。兵士たちはそう思い込み、ドイツ人はどの敵国人より優れているというナチスのプロパガンダを徐々に信じ始めた。気力体力を充実させるメタンフェタミンがこうした誤った自己評価を下支えしていたのだ。「無敵のドイツ国防軍」という最初の噂が流布する。エリゼ宮のフランス首相ダラディエは、配下の総司令官ガムラン〔Maurice Gustave Gamelin（一八七二年九月二〇日～一九五八年四月一八日）〕から、すでに五月一五日の二〇時三〇分に電話で敗北の知らせを受けていたのだが、そのとき彼はまったく信じようとせず、受話器に向かってこう怒鳴りつけた。「嘘をつけ！　そんなことはありえない！　お前の考え違いだ。本当のはずがない[144]」。「ドイツ野郎たち」はすでにパリの一三〇キロメートル手前まで近づいていた。だが首都を防衛する予備兵は一人も残っていなかった。事態はあまりにも急速に展開した。「我らがフランス軍が打ち負かされたというのか？」ダラディエは打ちひしがれ、その顔はこわばった。チャーチルは回顧録にこう記している。「まるで全身が麻痺したような感覚だった。あれは我が人生最大の衝撃の一つと言えよう[145]」

ドイツ人はヨーロッパを舞台とする戦争に、わずか数日で（ほぼ）勝利したのだ。

だがヒトラーは電撃戦を理解せず

「これまでのところ、どうやら史上最大の軍事的破局のようだ[146]」

連合国側の状況についてイギリスの参謀本部総長エドムンド・アイアンサイド将軍が語った言葉（一九四〇年五月一七日）

「きわめて不愉快な一日だった。総統閣下はひどく神経質だ。自らの成功が不安で、どんなリスクも犯したがらず、それで我々に待ったをかけたいのだ」

参謀総長フランツ・ハルダー（同じく一九四〇年五月一七日）

「総統は荒れ狂い、吼《ほ》えまくる。作戦をことごとく台無しにして、我と我が身を敗北の危険に晒しかねない[147]」

ハルダー（その翌日）

出来事のめまぐるしい展開がドイツの参謀本部の面々を驚愕させた。軍部は昼も夜も働きづめだった。さまざまな局面を伝える無線報告が集められ、前線の状況が絶えず修正された。昼と晩にヨードル少将が総統大本営のフェルゼンネストで戦況報告を行なった。だが短気で落ち着きのない夢遊病者ヒトラーは、真夜中でも司令塔の寝椅子からむっくり身を起こすと、厚さ一・五メートルの鉄筋コンクリート製の壁で守られた総統防空壕を後にして、蛍光ストリップの仄《ほの》明りを頼りに、真っ暗な楢林を手探りで進み、地図保管所へと向かった。そこではすでにヨードルの副官が、地図上でさらに西部深くに移動した戦線をピンで示していた。その後ヒトラーは、夜が明けるまで靭皮《じんぴ》の編み椅子に座っていた。ひっきりなしに動くその顎からは、彼の内心の高揚が、そしてそれとは裏腹な不機嫌さがともにうかがえた。

というのも、総統はこの作戦を主導していたわけではなく、むしろ戦車に乗って勝手なふるまいを続けるあの将軍たちをずっと馬鹿にしていたからである。彼らが成果を挙げたからといって素直に喜べなかった。独裁者の彼は、主導権が自分の手から奪われたという思いを振り払うことができなかったのだ。そもそもこれはまだ「自分の」戦争なのだろうか？　あれほど長い間攻撃に反対していた陸軍の高官たちが今、急に主導権を奪い取って、作戦室の机上の計画ではとうてい許されない猛烈な速度で勝手に進撃した。それが本当のところではないか？　高度に専門化された軍人たちに対するヒトラーの不安感は大きかった。その誰もが、ただの一等兵にすぎなかった自分より高い教育を受けている。今この不安が大いに発揮された。ヒトラーは実際には何も問題のないところに「問題」を嗅ぎつけて、将軍たちを叱責した。曰く、お前らは勝利に酔いすぎている、両翼の警護が足りない、敵に攻撃の隙を見せている、連合国軍がベルギーと南方からやってきて、伸びすぎた前線に両面攻撃をしかけたら一体どうなる？　実際のところは、敵陣営には収拾のつかない混乱が広がっていたため、そのような恐れは無用だったのだ。だがヒトラーは現状を理解せず、ただいたずらに自分の例の恐怖、密かにくすぶり続ける劣等感に身を焦がすばかりだった。

こうして絶望的なまでに疲弊した最高司令官は、一九四〇年の春にアイフェルの森で決定的なミスを犯した。鞭を加えられて大車輪の働きを続ける国防軍に冷水を浴びせる決断をしたのだ。ヒトラーの決断が暗に意味したのは、彼がいかなる代償を払おうとも、司令中枢としての軍指導部から権限を奪うつもりであるということだった。ただそれを可能にする方法を彼はまだ知らなかった。手綱を握るのは誰か？　誰がここで主導しているのか？　それを全員に分からせるのだ。そうでなくとも彼は固く信じていた。頑健な身体こそが、彼自ら言う「天才肌の男」に敵を打ち破る力を授けてくれると。全員が神経をやられたとき、最後まで持ちこたえる者がいるとしたら、それはこの私だ。私しかいない。彼は自分の身体に駿馬《しゅんめ》のような強靭さを感じており、全世界とも伍《ご》して戦えると思っていた。そうであるなら自国の軍指導部など物の数ではないだろう。

　ヒトラーの主治医モレルも華々しい成果が続いたこの時期を、逆説的ながら個人的な一歩後退、一種の敗北と受け止めていた。準備を整えて待機していたのだが、彼の出番はほとんどなかった。妻に宛てて彼はこう書いている。「先日総統閣下に具合の悪いところはないかお訊きしたが、問題ないとのことだった。実際に閣下の体調は良好で、見るからに溌剌としておられる。ここには医師として私のやるべきことはほとんどないように見える」(148)。役に立たない文民モレルは、二四時間交替勤務で動きまわる軍司令部の中では、明らかに異分子だった。この太った男は誰にとっても道塞ぎで、多くの者は彼の容姿と役柄に本能的な嫌悪を感じていた。そうした白眼視の中を民間人の恰好でうろつきたくないモレルは、自らデザインして淡い灰緑色の襟章の上に金のアスクレピオスの杖〔ギリシャ神話の名医アスクレピオスが持っていた蛇が巻きついた杖。医療・医術の象徴〕を縫い込んだ、奇抜な制服を仕立てさせたが、それも無駄な努力に終わった。彼の笑止ないでたちは将校たちの間では冷笑の的でしかなかったのだ。これを挽回しようとして彼が黒のベルトに親衛隊のバックルを付けたときは、たちまち叱責を受けて取り外さざるを得なかった。彼は親衛隊員ではなかったからだ。途方に暮れた彼は、その代わりにオペレッタ歌手のようなゴールドのバックルを選んだ。彼は羨ましそうにライバルであったヒトラーの外科医ブラントを眺めやった。こちらの人物は正式な国防軍の階級を得ていたのだ。「ブラント博士は本日から（陸軍）中佐の肩章を付けている」(149)。そこでモレルは自分も同様に他分野からの編入組であるので、軍医として正規の階級を頂きたいと懇願したが、これは認められなかった。ヒトラーも彼の願いを支持してくれなかった。実はまさにその点にこそ、ヒトラーが自分の主治医を高く買っていた理由があったのだ。つまり党や国防軍その他の大きな組織に帰属しない部外者にとどまる場合に限り、この医師は組織内の誰かに操られたり、陰謀に利用されたりすることなく、総統である自分だけの存在であり続けるというわけだ。

装甲車軍団が敵を蹴散らして進む間、フェルゼンネストの中で孤立していたモレルは、次第に生計の危機にも晒されるようになった。例えば写真家ホフマンのようにヒトラーに近しい他の者たちは、第三帝国の成功から多大な利益を受けていて、現代に現れた一種の盗賊騎士〔中世後期に窮乏して追い剝ぎを働いていた騎士〕のように、指導集団の中で幅を利かせていた。だがモレルは総統の治療代として、副官たちの診療費も含めて毎月三〇〇〇帝国マルクしか貰っていなかった。「お偉方はみんな忙しくしているので、自分はいつも独りぼっちなんだ。（…）総統閣下の仕事でなければ、いいかげん家に帰りたくなることもある。だって私はもう五四歳になるんだよ」。彼は手紙で奥さんに愚痴をこぼし、こう付け加えた。「シュヴァーネンヴェルダーの別荘だって毎月の高い収入なしには維持できないし、だから（もう無理の利かない年齢ではあるけれど）医者の仕事をさらにがんばるか、化学製剤でひと山当てるかのどちらかだね*」。結果的に彼は後者を選び、それが彼の患者だけでなく、広範囲に多大な影響を及ぼすこととなる。

ダンケルクの停止命令——薬理学的解釈

「今後数日のうちに我々は有能な兵士をすべて失うことになるだろう、奇跡でも起きて我々を助けてくれない限り[150]」

英国陸軍参謀総長エドムンド・アイアンサイド大将

一九四〇年五月二〇日の火曜日に啓蒙宣伝省からの特別機がフェルゼンネストに着陸し、ゲッベルスの監督下で編集されたばかりのヴォッヘンシャウ〔週刊ニュース映像〕をもたらした。ヒトラーは麓の村の居酒屋ハックまで坂道を徒歩で下っていった。店の個室に陣取った総統はこのニュース映画を立て続けに三回観て、修正すべき箇所を口述筆記させた。それから彼は向かいの浴場でシャワーを浴び、車で総司令部まで送らせた。[151] 翌朝この映像はベルリンに運ばれ、木曜日の午前一〇時からクアフュルステンダムの主要なすべての映画館で上映された。むろんこの一九四〇年五月二二日版のヴォッヘンシャウは、覚醒剤には一切触れていなかった。その代わりに喧伝されたのは、「新たな歴史の一ページを切り開いたドイツの大剣」とか「アーリア人の不屈の敢闘精神」といった言葉であった。[152]

そうこうするうちにグデーリアンはドーバー海峡にも近いソンム河沿いの重要な港湾都市アブヴィルを占領した。「鎌の一撃」の北側にいたフランス、イギリス、ベルギーの全部隊がこれによって南部に駐留していた連合国軍から分断され、今なお利用できる大西洋の港は一つだけとなった。最後に残された逃げ道、それがダンケルクだった。今回もグデーリアンの対応は敵よりも敏速で、その後の五日間でこのベルギー国境近くの街に到達した。最後の逃走経路を遮断し、およそ一〇〇万の連合国軍の兵士たちを囲い込んで孤立させるのに、彼なら数時間しかかからないだろう。連合国軍はまだ優に一〇〇キロメートルも離れた場所で第六軍、第一八軍と戦っていて、背後から迫る致命的な危険に、なすすべもなく晒されていたのだ。大英帝国は一〇日間の戦闘で国家滅亡の淵に立たされていた。

その朝、ゲーリングはフェルゼンネストにヒトラーを訪《おとな》った。一九二三年にミュンヘンのフェルトヘルンハレ〔将軍廟〕を襲撃した際に腹部に銃創を負っていた国家ナンバー2のゲーリングは、数年前

＊モレルの給与はのちに年間六万帝国マルクに増額された。またその業務に対して課税面でも特別待遇が認められていた。

から重度のモルヒネ中毒に罹っていた。[153] 陰で「メーリング〔ゲーリングとモルヒネからの造語か〕」と呼ばれていた彼は、寝室を出る前に慣れた手つきで淡褐色の鹿革製ケースから金環のついた職人手作りの注射器を取り出すと、羽織っていた緑のベルベットガウンの袖をいつものようにめくり上げ、ゴム管で腕を縛り、目を眇《すが》めて正しい注射位置を探ってから、中身をたっぷり注入した。わずか数秒後にモルヒネは彼の血管を経由して効果を現す。その胸につけられた大きすぎるルビーのブローチが国家元帥にふさわしい見事な輝きを発していた。今やゲーリングの眼は見開かれ、輝きを増し、その反対に瞳孔は縮小した。そのためにいくらか射るような眼差しにも見えた。世界が彼の足元にひれ伏していた。それは動かぬ事実だ。そしてアヘンによって多幸感に満たされた頭の中で、彼は連合国軍に対する栄光の勝利を傲慢な陸軍指導者たちに譲り渡そうとは決して考えなかった。ゲーリングが危惧したのは、ドイツの将校たちが国民の声望を集めて、自分の、ひいてはヒトラーの地位をも脅かすことになるのではないかということだった。それだけでなく、敵部隊を空から叩くというのは、空軍にとってやりがいのある任務に思えた。空軍パイロットたちには遮る物のない標的さえあればよかった。その場合、国防軍の装甲師団は空爆に巻き込まれる危険エリアを避けて、いくらか後退しなくてはならない。ゲーリングは妙案と思えたこの考えに満足して頷くと、爪先が上がった赤いスリッパを黒のハイブーツに履き替え、モルヒネによる名状しがたい高揚感にますます捉えられて、森の小道に足を踏み出した。

　ヒトラーは花咲く楓の木々の下で、オートミール粥とミューズリーとアップルティーの朝食を摂りながら、自身の代理人ゲーリングの考えに耳を傾けた。二人の戦友は互いを盲目的に信頼していた。少なくともまだ今のところは。薬物がいつものように二人の波長を合わせたのだ。ヒトラーは、ペルビチンを服《の》んでいた将校たちとは違って、この「メーリング」とはウマが合った。ヒトラーにとって「国家社会主義の（ナチス）空軍」は「プロイセン陸軍」よりもしっかりとした世界観をもつ立派な軍隊だったのだ。そこで彼は国家元帥ゲーリングの思いつきに同意した。計画通り陸軍総司令部を蚊帳の外に置き、自身の「総統原理」を貫徹するための機会として、彼の提案を利用することにしたのだ。その日の午前のうちにヒトラーは、国防軍A軍集団司令本部のあるシャルルヴィルに飛んだ。一時一五分前にそこからある命令が発せられた。理解しがたい例の奇っ怪なるダンケルク「停止命令」である。爾来《じらい》これは軍事史家たちの頭を悩ますことになる。

イギリス軍はドイツの戦車が突然進撃を停止したのに気づいて、自分たちの僥倖《ぎょうこう》をほとんど信じられなかった。ただちに彼らは未曾有の緊急撤退を開始し、誰もがダンケルク方面に殺到した。あっという間に一万隻の救助艇が集められ、この港に着岸した。英国海軍の駆逐艦その他の軍艦、大型艦載艇、それどころか民間の定期汽船や徴発された個人のヨット、テムズ川のはしけといった雑多でカラフルな船団が投入されてフル稼働したのだ。トラックと船の間に厚板を渡した即席の舷梯《げんてい》を連合国側の兵士たちが続々と登っていった。ダンケルクという最後の抜け道を通って「ノアの箱舟」の中へと。

グデーリアンとしては、イギリスとフランスの兵士たちが途絶えることのない大波となって押し寄せる様を、手をこまねいて眺めるほかなかった。彼はこの港湾都市の状況を双眼鏡越しに観ていた。空から勝利を勝ち取るというゲーリングご自慢の作戦計画は初っ端からうまく機能しなかった。それにもかかわらずグデーリアンには自部隊を前進させる許可が下りなかった。空軍の物量面、とりわけ戦術面の弱点がたちまち露呈した形だった。国家元帥ゲーリングはモルヒネで陶然となった頭の中で、自身の能力を過大評価していたようである。彼の急降下爆撃機は一〇〇〇隻以上のイギリス救助艇を沈めはしたが、ちょうど五月末の時候で、空には厚い雲がかかり、視界が遮られてしまった。さらにドイツ側空軍基地よりも近い距離にあった英国基地から出撃した英国空軍が勝利の切り札となった。突如スピットファイアの群が上空に姿を現して制空権を奪ったのだ。フェルゼンネストの作戦室では陸軍総司令官フォン・ブラウヒッチュが神経を病む寸前だった。彼は攻撃を再開させて敵の進撃を終わらせるよう、ヒトラーに何度も上申した。だが独裁者は首を縦に振らなかった。自分は陸軍に見せつけてやるのだ。戦争を指揮しているのは他でもないこの自分であることを。総統はそう考えていた。

　こうして三四万を超えるイギリス、フランス、ベルギーの兵士たちがイギリス本土に難を逃れた。連合国軍は最後の瞬間に完全なる敗北を免れることとなった。「鎌の一撃」作戦の考案者フォン・マンシュタインは後に、これをドイツ軍にとっての「失われた勝利」と呼んでいる。グデーリアンが六月四日の九時四〇分、彼にとって理解不能だった一〇日間の待機の後でようやくダンケルク入城を許されたとき、そこで眼にしたのはイギリス兵たちが放棄していった大量の武器や装具類だった。六万三〇〇〇台の車両、二万二〇〇〇台の自動二輪、四七五両の装甲車、二四〇〇〇丁の銃器、無数の弾薬と手榴弾、それから八万人のフランス兵たち。彼らはイギリスの船舶に乗り切れず、港に取り残されたのだ。爆弾によって焼き尽くされ、なおも燻《くすぶ》っている街並みや黒く炭化した梁や柱が、グデーリアンには自分を嘲笑するかに見えた。かくして英国人は窮地を脱したのだ。

　フランドル地方をめぐる戦いは終わり、「黄計画」〔立案者に因んで「マンシュタイン計画」とも呼ばれる〕は完了した。後世の記述とは異なるが、この計画は電撃戦として最後まで首尾一貫した形で構想されたものでは決してなかった。セダン突破以降の経過は、ドイツ側でのペルビチンの大量使用にも助けられて、それ自体の力学に従ったのである。スピードを理解しなかったヒトラーのみがこの力学に逆らった。その点を無視して彼はこの勝利を自分一人の手柄だと見なした。その後もヒトラーは、このとき出した停止命令には一切触れずに自分を無謬《むびゅう》なる存在と考え、取り巻き連中もこの茶番劇に付き合った。ある者は熱狂に駆られて、またある者は怖気づいて。ドイツメディアはこの進撃を、「実現不能と見なす根拠が十分にあったいくつかのことが実際に可能になったという点で、軍史上最も驚嘆に値する出来事である」[154]と表現した。国防軍最高司令部長官のヴィルヘルム・カイテルは、この「あらゆる時代を通じて最大の軍事的勝利」の後でヒトラーを「あらゆる時代を通じて最高の軍師（größter Feldherr aller Zeiten）」[155]と讃えた。しかし後にヒトラーが最高司令官としての無能さを露呈するようになると、この讃辞をもじったグレーファーツ（Gröfaz）という言葉が、陰で彼を嘲笑して囁かれることとなる。

国防軍の薬物ディーラー

「私は諸君に要請した。丸四八時間、眠らぬことを。諸君は一七日間にわたってよく持ちこたえてくれた」[156]
ハインツ・グデーリアン

ベルリン、一九四〇年六月六日。どんよりと曇った空からは無数の白い筋をなして驟雨《しゅうう》が降り注いでいる。雨は自動車やバスの車体、乗合馬車や通行人たちの雨具に打ちつけ、雫が帽子や傘から滴り落ちた。新品のカーラジオ（テレフンケンT655）のスピーカーからはリポーターの興奮した声が延々と響き、我らがドイツ部隊はパリに迫っていると報じていた。黒のホルヒ〔かつてのドイツ有数の高級車〕の運転士が別のチャンネルに切り替えると、今度はアルネ・ヒュルプファーと彼のオーケストラの『あるがままの私』が公用車の車内に響き渡り、外ではライトグリーンのネオンサインで「パージル〔洗濯洗剤の商標〕はさすがにパージル」と書かれたキャッチコピーが雨粒の踊る水たまりに反射していた。

二二時五二分にランケの乗った列車はアンハルター駅を出発して西方を目指した。彼はペルビチン使用の実態について調査し、ついでにその補充分を配給するために前線を訪れようと決心したのだ。その後数週間の彼の従軍日誌がフライブルク軍事公文書館に保管されていて、その中で彼は進撃第二

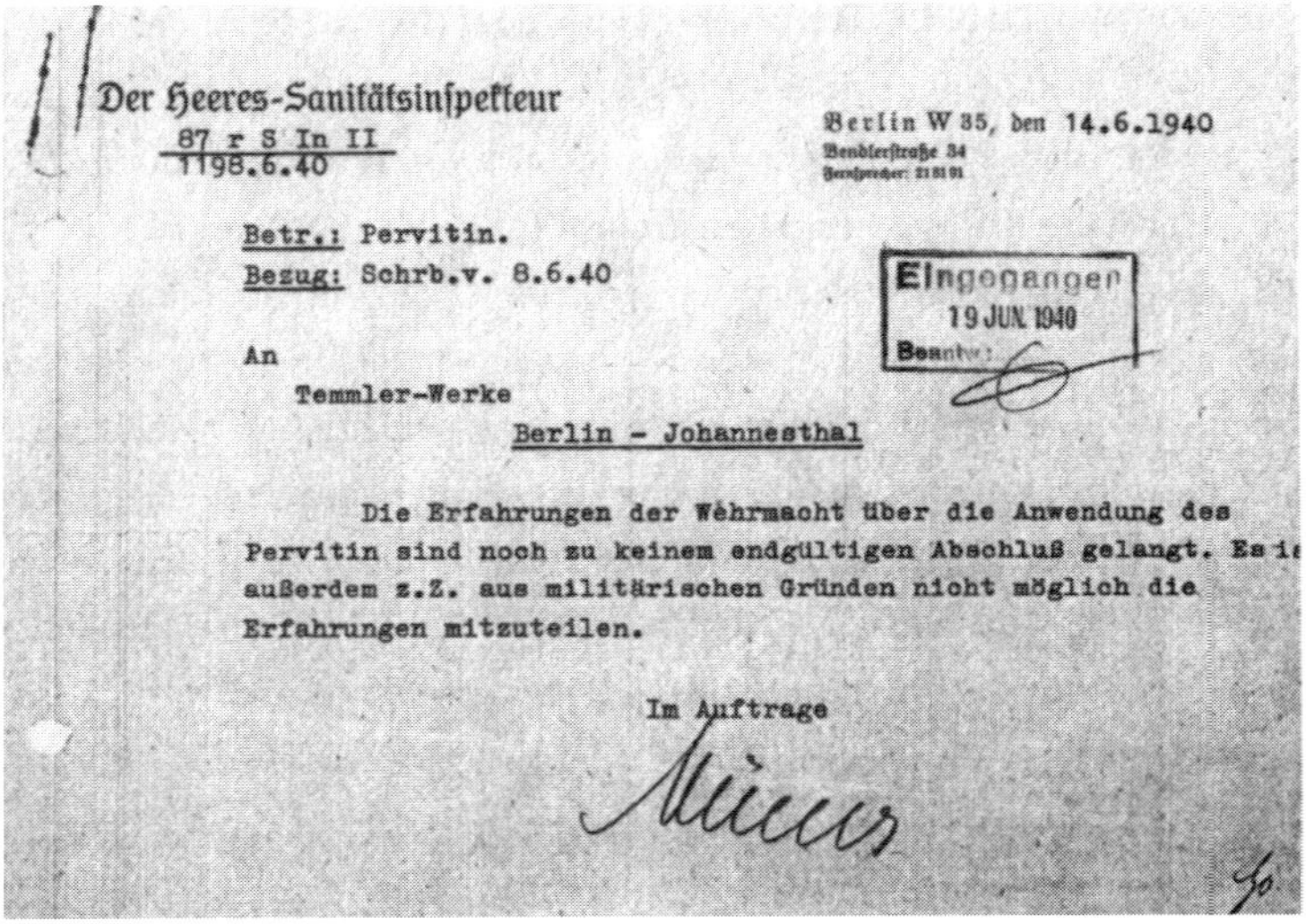

Der Heeres-Sanitätsinspekteur
87 r S In II
1198.6.40

Berlin W 35, den 14.6.1940
Bendlerstraße 34
Fernsprecher: 218191

Betr.: Pervitin.
Bezug: Schrb.v. 8.6.40

Eingegangen
19 JUN. 1940
Beantw.:

An
Temmler-Werke
Berlin - Johannesthal

Die Erfahrungen der Wehrmacht über die Anwendung des Pervitin sind noch zu keinem endgültigen Abschluß gelangt. Es is[t] außerdem z.Z. aus militärischen Gründen nicht möglich die Erfahrungen mitzuteilen.

Im Auftrage

国防軍の極秘文書。大規模ドーピングには言及なし。
〔テムラー社に宛てた書簡。「ペルビチン使用に関して国防省が得た知見からは最終的な結論はまだ出ておりません。現在、軍事上の理由からそれらの知見をお伝えすることはできません」とある〕

段階の偽らざる真実を描き出している。これはフランス中央部の占領を眼目とするもので、「赤作戦」と呼ばれた。ランケの文章はしばしば断片的で、記述は大急ぎで書き上げたような省略の多いものだが、何度もメタンフェタミンへの言及がある。「四〇年六月一四日金曜九時。クレッチュマー中佐と会い、軍事情勢について話す。かなりの事情通。自分でも一日おきに二錠服《の》むという。素晴らしい薬で、服むと元気になり、事後の虚脱感もない。ペルビチンによって作業に差し障りが出ることもない。私の質問に彼はそう断言した[157]」

ランケは海岸伝いに数々の街を駆け抜けて、フランス国内を四〇〇〇キロ以上も走破した。彼のこの個人的な「ツール・ド・フランス」では、ドーピング薬物が決定的な役割を演じた。特記すべき点は、陸軍で「槍の穂先」を務めたクライスト装甲車集団による電撃戦を発案した人たち、すなわちグデーリアンと破天荒なロンメルにランケが同行したという点である。最も多量のメタンフェタミンが服用される場所、全員が陶然とした眼差しでその姿を追い求める先には、常にランケの姿があった。というのも彼はこのハードドラッグを大量に携行しており、それを皆に椀飯《おうばん》振る舞いしたからである。

「四〇年六月一六日の日曜日。計画されていた出発の直前、一〇時に私の乗る車と運転士のホルトが現れた。夜の間私たちを見つけられなかったのだ。やれやれ。大急ぎで四万錠のペルビチンを詰め込む。一一時に第一四軍団に向けて出発。最初のチョコレート（私が運転）。ロルムの中央広場での一杯のコーヒー。さらにモンゾシュに向かう。この日私はあとビスケット一箱しか食べなかった」[158]

調査の際にしばしばランケはカメラを携帯し、いつでも撮影できるようにしていた。一番多かった被写体は、当初周りの者を当惑させた。何と、正体もなく眠りこけている人々だったのだ。ジープの横の草叢に大の字になって眠る兵士たち、車の中でまどろむ運転士たち、長椅子でうつらうつらする将校たち、木陰のデッキチェアで休む上級曹長。これらの写真でランケは証明したかったのだ。その宿敵モルペウス〔ギリシャ神話の夢の神。眠りの神ヒュプノスの息子〕がいまだ打倒されておらず、今後とも焦点とすべき、もしくは照準を当てねばならない強敵であることを。この相手を倒す武器、それは言うまでもなくペルビチンである。

むしろ本物の敵を倒す方が容易だった。六月半ばにパリがドイツ軍の手に陥ちたとき、フランス軍による抵抗はほとんどなかったのだ。これらの日々にフランスが呈していた様相は壊滅的なものだった。「無数の廃墟、大きな広場には炭化した車両や馬の死骸が山をなし、周りの立木も焼け焦げていた。燃やされた戦車や家並。英仏軍の撤退ルートには色とりどりの装具類が打ち捨てられていた。それから放置された火砲や壊れて使い物にならなくなった戦車を含む車両。通りの両側を避難民たち

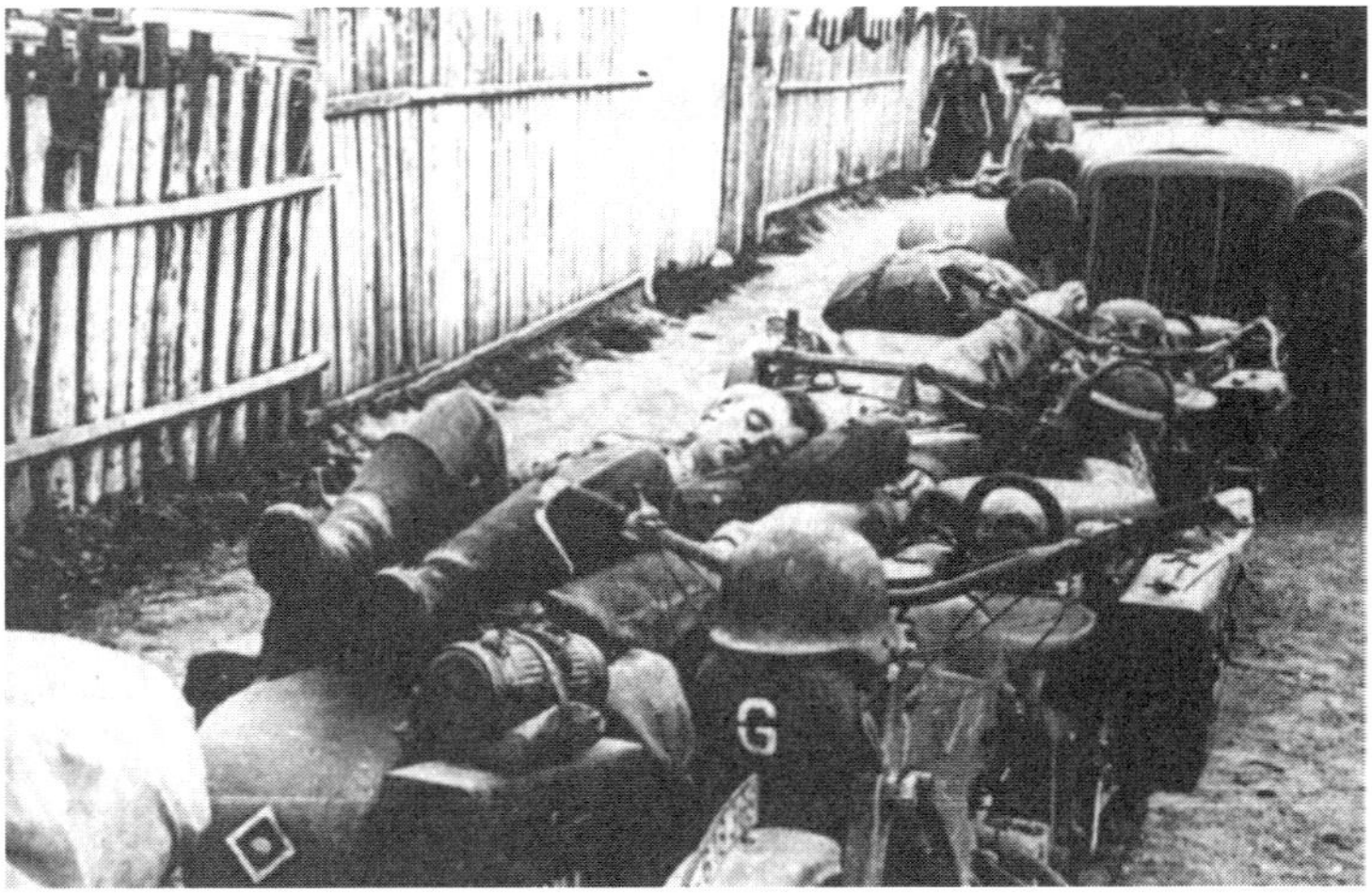

17日間の眠れぬ日々の後で――電撃戦の後で眠りこける兵士たち。

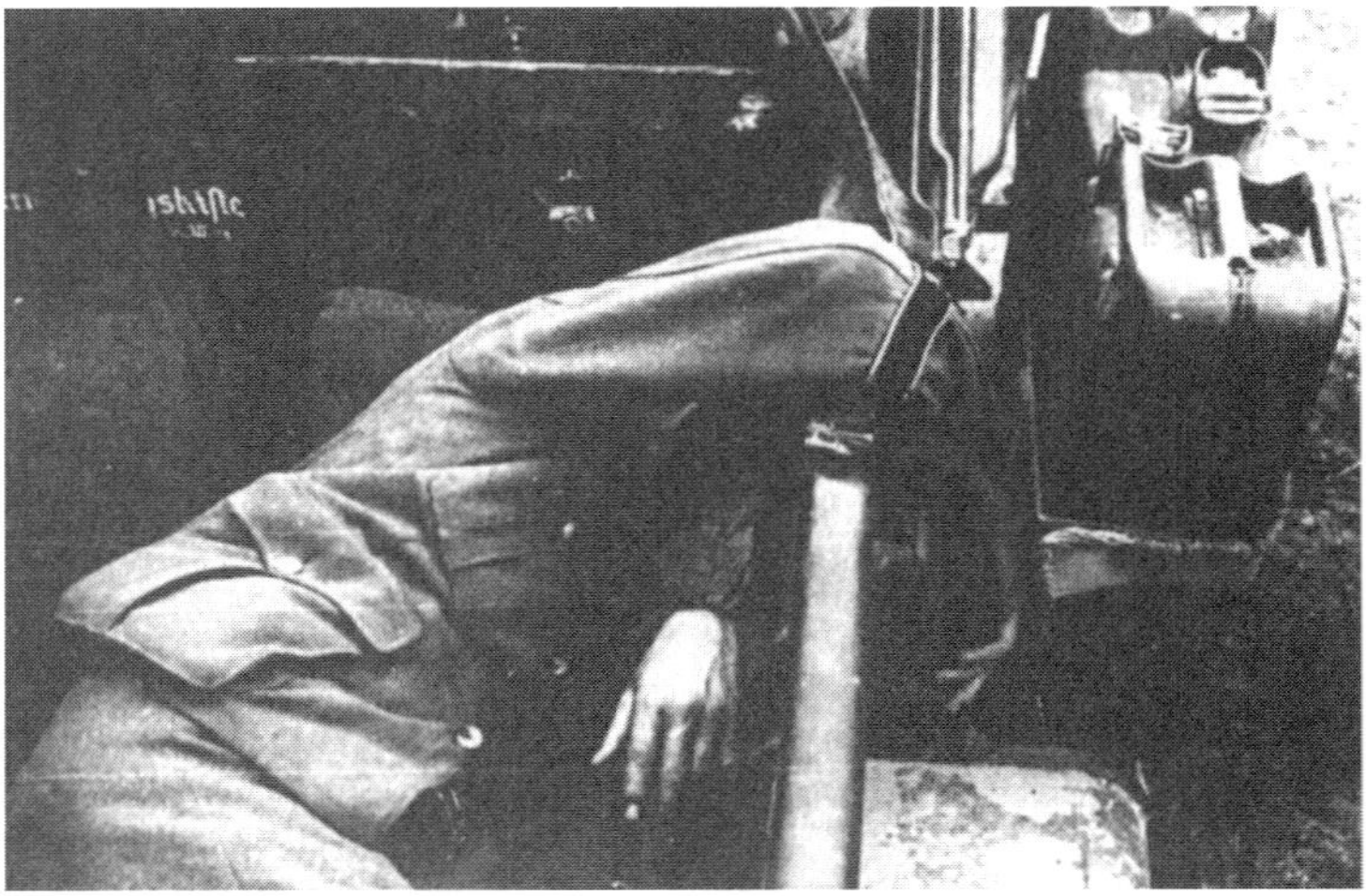

が、たいていは自転車にまたがって移動していた。必要最小限の持ち物をリュックに詰め込んで[159]」

ランケの上司である陸軍軍医総監ヴァルトマンもこの時期に戦闘地域を訪れ、最高位の立場から、直接ペルビチンの名を挙げることこそなかったものの、これを称えてこう言った。「マジノ線の突破。類まれなる行軍だ、六〇キロメートル、いや八〇キロメートルも！　補充もうまくいき、兵員の能力を高めて敵を蹴散らした。何もかも一九一八年〔第一次世界大戦ドイツ降伏の年〕をはるかに凌駕している[160]」。今回の戦争でドイツ軍はまったく停滞を見せず、未曾有のスピードで初夏の田園地帯を駆け抜けた。途中フランス側の最後の防衛拠点を迂回するために、しばしば道路を避けて野原を横切って行軍したロンメルは、一九四〇年六月一七日に二四〇キロメートルを走破して、一種の「軍事的な世界新記録」を達成した。空軍指揮幕僚監部の長官はこう記している。「彼の行軍能力は驚嘆に値する[161]」

六月半ばにグデーリアンはポンタルリエでスイスとの国境に達した。マジノ線上に残されたフランス兵五〇万人も今や同様に包囲された形となり、隣国に対するドイツ帝国の勝利が決した。ただあいかわらずヒトラーだけが、あらゆる事態の進行スピードを理解していなかった。彼は配下の将軍に電報を打った。「貴君の報告は間違っている。ポンタルリエではなくポンタイエ＝シュル＝ソーヌのことだろう」。グデーリアンは念を押さねばならなかった。「思い違いではございません。自分は自らポンタルリエでスイスとの国境地点に立っておりました[162]」。あるドイツ人従軍記者のリポートが進撃の迅速さをまざまざと示している。彼は典型的な軍部関係者らしい文体でこう書いている。「途絶えることなく戦車、野戦砲、移動式高射砲、補充部隊が地響きとともに通り過ぎてゆく。間断なき前進だ。夜間も我々は手探り状態で国道を突き進む。誰も眠ろうなどとは考えない。ひと欠片のチョコレートが昼食の代わりだ。前進あるのみ！　隊列を組んですでに三〇〇キロメートルは進んだ。あるときは穀物畑や草原、耕地を横切って。それがどれほどの困難を伴ったかは、実際にハンドルを握った者たちにしか分かるまい。本当に我々の運転士たちはここ数日、獅子奮迅の働きを見せて不可能を可能にした。我々のあまりにも素早い進撃にフランス国民は逃げる暇もなかった。ひとりの民間人はこう表現した。『あなた方ドイツ人はつむじ風のようにこの国を走り抜けて行った。数日前はまだカレー市だったのに、今はもうフランス南部に姿を現している』。この民間人は首をかしげるほかなかったのだ(163)」

『ベルリーナー・ロカール・アンツァイガー』紙はチョコレートが昼食代わりになったと報道したが、実はそれだけではなかった。テムラー社製の丸くて小さな錠剤もあったのだ。これも空腹感を紛らわせるのに貢献した。グデーリアンとともにほぼ三日間で五〇〇キロメートル以上の距離を走破したランケは、装甲車部隊のひとりの衛生将校から、自分たちは作戦に投入された運転士に一人当たり一日二錠ないし五錠のペルビチン錠を服用させたとの証言を得た。ドイツのプロパガンダは、驚くべき迅速さで勝ち取られたこの勝利を「国家社会主義（ナチズム）に適った軍人のモラル」の成果と説明しようとしたが、それは真実とは言いがたい。ランケの軍医日誌はそこに別の力、つまり化学的な力が働いていたことを証している。「クルムマッハー三等軍医正はペルビチン服用の経験があり、私をシュトックハウゼン大佐に紹介してくれた。（…）後でクレッチュマー中佐に辞去を告げにいくと、そこでも詳細な質問を受け、ペルビチンを所望された。（…）進軍が始まってから中佐は三〇錠入りの円筒容器を携行し、もう六錠しか残っていないというのだ(164)」

ランケはクライスト戦車集団の調達係の上級兵站監クレッチュマーについてこう書いている。「ペルビチンのおかげで疲れを感じることなく作業を継続できたことが一再ならずあったという。彼は服用によって気分が高揚したことを強調し、さらに高度の集中を要する作業も難なくこなすことができたと断言した」

その他にも特に「ペルビチンのことを知っていた参謀本部の将校たちは（…）高く評価してくれて、さらにペルビチンを欲しがった」。ランケはロンメルの首席軍医を務めたバウマイスター大佐と「ペルビチンや科学全般について詳しく語り合って楽しいときを過ご」した。好んでその戦闘能力を自慢した武装親衛隊も、この薬剤を手放したがらなかった。「一〇時出発、第一〇装甲師団の行軍ルートを経由する。そこで長時間の走行にもかかわらず規律正しい親衛隊員らの写真撮影。そこの軍医にペルビチン二〇〇〇錠を引き渡す」

しかしそれには副作用もあった。薬物大量投与のネガティブな影響である。もっともランケはこれに注意を払おうとせず、日誌の中でもだんまりを決め込んだ。四〇歳以上の中年将校たちは、強いられたメタンフェタミン服用により、ときおり自分の心臓に過度の負担がかかるのを感じていたのだが。第一二装甲師団のある大佐は「大量のペルビチンを常用する」[165]ことで知られていたが、大西洋で遊泳中に心臓発作で亡くなった。別のある大尉も男子だけの会合でペルビチンを服用した直後に心筋梗塞を起こした。またある中将は戦闘中に異常な疲労を訴えてペルビチンを服用したあと、軍医の忠告に逆らって前線の歩兵部隊に向かったが、そこで卒倒してしまった。戦闘が続いた「四週間、ペルビチンを毎日二回、二錠ずつ服《の》んでいた」[166]第一予備装甲師団のある中佐は心臓の不調を訴え、調書で自分の「血液循環はペルビチンを服用するようになる前はまったく正常」だったと強調した。彼は指定された用量に批判的だった。「ペルビチンは作戦の一環として、部隊配備の前に将校から中隊長までに手渡されました。それは本人用および自部隊への配布用でしたが、その際に〈覚醒状態の維持のため部隊投入の直前に必ず服用せよ〉という明確な指示が与えられました。つまり装甲部隊の隊員はペルビチンを服用しなくてはならないという明らかな命令があったのです」

また別の将校は一ヶ月半の内、戦闘のあった三三日間、毎日ペルビチン四錠を服んだという。その後彼は「赤ら顔の（慢性）高血圧」により服務不能となった[167]。依存性も明らかになった。身体を蝕むこの薬物の後遺症と闘い、気力低下や鬱症状に苦しむ男たちがますます増えていった。彼らは薬物の効果が消えるとたちまち不安に襲われ、気分が悪くなった。メス（メタンフェタミン）の摂取期間が長引けば長引くほど、脳内で放出されるドーパミンとセロトニンは減少し、そのため当人は気分が優れず、それをなんとかしようとしてますます薬物に手を伸ばす。まさに依存症特有の負のスパイラルである。

こうしたすべてをランケは、「戦争は戦争」、「メスはメス」というモットーに則って無視した。自分の軍医科大学校附属研究所では非の打ち所のない学者と見なされていた彼は、ベルリンに提出する覚醒剤の現地調査の内容を糊塗したのだ。そこに彼自身のきわめて個人的な弱点が表れている。彼は陸軍の誰よりもこの薬物について、そしてその危険性について知っていた。しかし彼自身がそれに依存していて、その否定的な影響を自他双方に対して、ことさら低く見積もったのだ。「ミイラ取りがミイラになる」ように「薬物ディーラー自身が中毒になる」という古典的な事例である。ランケの薬物乱用がふつうと違っていたのは、それが無数の兵士たちや一般市民の運命にまで少なからぬ影響を及ぼした点である。

戦争とビタミン

人々が勝利の進撃に沸く中で、モレルはビタミンのパイオニアとしての自分の役割を思い出して「ビタムルチン」という名の栄養剤の製造とヨーロッパ全土への販売に取り組んだ。彼の販売戦略はシンプルでありながら的を射たものだった。自分の患者であるあの偉大な総統に、この商品を絶賛させるのだ。そうすればきっと他の者はみな彼の意見に倣《なら》うだろう。ヒトラーにさらに気に入ってもらえるよう、彼は自身が五〇パーセント株主でもあったハンブルクのノルトマルク社に、いわゆる特上ビタムルチンを生産させた。これはただ一人だけのために作られた栄養剤で、黄金色に輝く包紙に包まれ、本体にはＳＦ（＝Sonderanfertigung Führer「総統閣下専用品」）の文字が刻まれていた。残念ながら中身は外装ほどゴージャスではなく、粉末ローズヒップ、乾燥レモン、酵母エキス、脱脂粉乳および精製糖だった(168)。

　ほとんど果物、野菜、サラダ菜しか食べなかったヒトラーは、ビタミン欠乏症などではなかった。にもかかわらず彼は、まるでそれがヘスペリデス〔ギリシャ神話の美しいニンフたち〕に守られた黄金の林檎でもあるかのように、ビタムルチンに手を伸ばした。いくらか余分にビタミンを摂ったところで害にはならなかったのだ。じきに彼はこの黄金色のプレゼントを一日に何錠も服《の》むようになり、モレルは総統官邸にほど近い宮廷薬舗ともいうべきエンゲル薬局に急いで指示を出した。「ビタムルチンＦについては、合計五〇〇箱ないし一〇〇〇箱の在庫を常時確保し、（…）くれぐれも品切れとならぬよう留意すること(169)」。彼は製法レシピを金庫に保管し、薬剤師には、この製品は専用品につきヒトラー総統ご本人もしくはその側用人にのみ手渡すよう言いつけた。

　このあとモレルの販売戦略の第二段階が続いた。この抜け目のない主治医は、国防軍トップや幕僚の主要人物らには、金紙ではなく銀紙に包み、ＳＲＫ（Sonderanfertigung Reichskanzlei「総統官邸向け特製品」）と刻印された品物を作ったのだ。さほど美味しくはなかったが、まもなくこの甘い錠剤は高位の将官たちの間で飛ぶように売れ始め、戦況会議の机にもこれ見よがしに置かれるようになった。満足そうにモレルは総統大本営〔ヴォルフスシャンツェ（狼の砦）〕から妻に宛てて書いている。「ここでのビタムルチンの評判は絶大だ。お偉方からは例外なくお褒めの言葉をもらい、皆が家族にも勧めてくれている(170)」

　この成功が第三帝国のさまざまな巨大組織との大がかりな商売の足がかりとなった。モレルは総統の主治医という自らの立場を臆面もなく活用して、ドイツ労働戦線（ＤＡＦ）を味方に引き入れ、何度かの「ビタムルチン作戦」を展開した。大量の注文が舞い込む。二億六〇〇〇万錠のときもあれば三億九〇〇〇万錠に達したこともあった。ＤＡＦだけで合計およそ一〇億錠のビタムルチンが納品された。目標は軍需工場で働く労働者のパフォーマンスを高め、感染症に対する彼らの抵抗力を強めることだった。モレル医師は親衛隊（ＳＳ）にも接近した。まず手始めにビタムルチン栄養剤一〇万箱が親衛隊に無償供与された。「愛情のこもったプレゼント」として。これでノルウェーに展開する山岳軍団を籠絡して、その虜とする狙いだった。親衛隊全国指導者ヒムラーとの個人的な会話の折にモレルは、スカンジナビアでビタムルチンを投入することはきわめて有効であるとアピールした。ビタミンＣの摂取を増やすことで夜間視力が改善されることは証明済みの事実であり、しかも極北の国々ではしばしば昼間でも暗いと言うのだ。[171] 親衛隊はどうやら効果に満足したようで、追加注文を重ね、総計数百万箱ものビタムルチンを購入することになる。この製品には専用の刻印が施され、「ＳＳビタムルチン」というラベルが貼られた。[172]

この商魂たくましい医師は次に地上部隊に照準を定めた。ある手紙の中で彼は「今度は陸軍にもビタムルチンの売り込みをかけた方がいいのではないでしょうか？」と書いている。[173] だが主治医モレルの前に国防軍の取引相手オットー・ランケが立ちはだかった。以前からもっと強い成分になじんでいたこの顧問国防生理学者は、ビタミン製剤などには見向きもせず、これを軍装品に加えることを拒絶した。

しかしビタムルチン・ビジネスは陸軍なしでもうまくいった。空軍から断られてもモレルは挫けなかった。ただし彼はそれを個人攻撃と受け止め、空軍救護業務部門トップの軍医大佐エーリヒ・ヒプケ博士を陥れようとした。「軍医大佐のヒプケ博士は虚言を弄して、価値の高い製剤を否定し、私を貶める怪文書をばら撒いております」。そうモレルはヒプケの上官である帝国空軍大臣ゲーリングに訴えたのだ。「私は業務上のそのようなやり口を黙って見過ごすわけには参りません。それが個人生活で起きたものであれば、私は迷わず告訴していたことでしょう。ですから国家元帥である閣下に、公正なお立場から判定を下されるよう、お願い申し上げる次第です。尊敬措《お》くあたわざる国家元帥殿、ハイル・ヒトラー」[174]。ゲーリングが動いてヒプケは辞職せざるを得なかった。主治医モレルにとってはこれも一つの勝利であった。ヨーロッパ規模で活躍する医薬品実業家への栄達がここに始まる。

フライング・ハイ

自分の責任で起きたダンケルクの失策の後で、この「肥満児」〔その巨体からゲーリングはこう呼ばれた〕は、再び輝かしい支配人種〔Herrenmensch、ナチス時代の人種プロパガンダで多用された用語〕の一員としての再起を図った。モルヒネによる陶酔の中で彼は自分を大物と考えていたのだ。地上軍によるイギリス本土上陸作戦である「アシカ作戦」が計画された。一〇万人規模のドイツ兵を船舶に乗せてイギリス海峡を渡らせるというこのきわめて困難な作戦のためには、事前に制空権を確保してこの大部隊をリスクに晒さないようにする必要があった。これはゲーリングの仕事であり、ヒトラーに自分を印象付け、絶大な権限ならびにそれによってもたらされる豪勢な生活を今後も正当化する絶好のチャンスだった[175]。

イギリスを空から叩くためにゲーリングはまず、英国空軍の拠点を爆撃した。ターゲットは空港、格納庫、滑走路そして航空機だった。「バトル・オブ・ブリテン」の始まりだ。しかし幸先の良いスタートを切ったこの戦略も、イギリス空軍による一九四〇年八月二五日夜間のベルリン、クロイツベルクおよびヴェディング両地区への空爆によって、変更を余儀なくされた。ヒトラーは九月四日のロンドン攻撃を命じた。ロンドン市民の士気を挫くためだった。これは軍事的には重大なミスであった。敵の飛行場が第一目標ではなくなり、その間にイギリス軍は防御を固めることができたからである。

英国の首都ロンドンその他の街々に爆弾が降り注いだ。年末までに四万人を超える民間人が犠牲となった。これはこの戦争の最初の組織的テロ攻撃だった。しかし英国本土の論調は断固たるものだった。「ロンドンは負けない！」[176] 英国空軍は猛然と反撃した。無数のドイツ機がイギリス上空で撃墜され、逆に英国機はドイツ本土にまで飛来して各都市に報復攻撃を加えた。対戦はエスカレートする。まもなくドイツ空軍にとって昼間の作戦遂行はあまりにも危険が大きくなった。ある爆撃機のパイロットは当時の状況を次のように書いている。「夜中の一〇時、一一時の出撃がかなり増え、そうするとロンドンその他のイギリス都市の上空に至るのは深夜一時、二時になって、当然乗員は強い眠気に襲われます。それはあってはならないことなので、ペルビチンを一錠ないし二錠服《の》むわけです。それですぐに元気が戻りました。（…）自分も夜間出撃に何度も駆り出されました。当然ですが隊長たる者、つねに目を光らせていなくてはなりませんから、予防手段として予めペルビチンを服んでおきました。考えてもみてください、隊長が戦闘の最中に眠くてたまらない。そんな失態は絶対に許されませんからね。（…）多少健康に害があるかもしれないからといって、ペルビチンの使用を控える者などいません。どのみち私たちは明日をも知れぬ運命なのですから！」[177]

これは例外的なコメントではなかった。空軍でのペルビチン使用に関する統計調査は行われておらず、航空兵の間でのヴェッカミン〔七三頁参照〕の広範な使用を裏付ける証拠も、史料編纂基準に合致するレベルのものはない。ただしランケの初回注文は陸空軍合わせて三五〇〇万回も服用できる量であった。

空を制する者が結局は戦いを制する。これは事実である。そのためには正しいリソース、すなわち鉄でできた武器および血と肉からなる兵士が必要となる。この双方が申し分なく機能し、敵よりも長く持ちこたえねばならないのだ。メッサーシュミットが技術的にスピットファイアより劣っていたのに対し、こと薬物に関してドイツ空軍は英国空軍よりも進んでいた。ペルビチンにはすぐにそれぞれの使用状況を暗示するようなニックネームがつけられた。例えば「パイロットソルト」、「急降下爆撃錠」、「ゲーリング錠」などである。ある司令官は地中海から次のように報告している。「私は膝ポケットの中に、セロファンカバーのついた掌大のリネン製の細長い布ケースを携帯していました。そのケースには乳白色の錠剤が五、六錠入っていて、全体はちょうどチョコレートバーほどの大きさでした。ペルビチンです。疲れや眠気を吹き飛ばしてくれる錠剤だとシュペアリング医師からは言われていました。私はポケットを開けて、この布ケースから最初の内は二錠、その後は三錠、手に取り、顔から酸素マスクをさっと外して錠剤を口に入れ、噛み砕きました。とんでもなく苦くて粉っぽい薬ですが、呑み下すための飲料は何も持っていませんでした」(178)

しばらくすると効果が現れ始めた。「エンジン音は静かで順調でした。頭が冴えわたり、心臓の鼓動が耳の中で轟いていました。どうして空が急にこんなに明るくなったのだろう? 眩《まばゆ》い光に眼が痛むほどでした。その明るさはほとんど耐えがたいレベルで、せめて手が自由に使えて眼にかざすことができたら良かったのに、と私は考えました。エンジンはずっと規則的な低音を奏で、ほんのわずかなものを除いて振動もありません。地上から遠く離れて、この上空はほぼ沈黙の世界と言っても良い状況でした。すべてが実体のない抽象的なものに変わりました。現実から遊離して、まるで自分自身が空を飛びながら自機を見下ろしているような感覚でした」

着陸後、薬物の影響を脱していなかったこの飛行士には現実世界が異様なものに変貌したかに見えた。「私は歓喜に満ちて些事にこだわらず、いわば無重力世界に遊ぶような状態であったにもかかわらず、航路を正しく維持しました。着陸の際に私は飛行場が完全な静止状態にあることに気づきました。何一つ動くものがなく、人っ子ひとり見えませんでした。爆弾でできた漏斗孔の間には（…）格納庫の瓦礫が堆《うずたか》く山をなしていました。航空団本部中隊の格納庫への移動中、不意に自機の右タイヤが破裂しました。おそらく爆弾の破片を踏んでしまったのでしょう。後でシュペアリング博士に会ったとき、ついでに訊いてみました。このペルビチンというのはとんでもない『失敗作』ですね、飛行士たちに予め警告しておいた方がよくはありませんか、と。飛行中一度にペルビチンを三錠服《の》んだことを伝えると、博士は卒倒しそうになるほど驚いて、その日が終わるまで飛行どころか、機体に触れることもならないと私にきつく言い渡しました」

ドイツ軍兵士たちがいかに薬物で戦意を掻き立てられようとも、見事に指揮された英国空軍に対する劣勢は覆うべくもなかった。かくして「バトル・オブ・ブリテン」はドイツの敗北に終わった。この戦争におけるドイツの最初の敗北である。ヒトラーは「アシカ作戦」と英国本土侵略を中止せざるを得なかった。そして自らの戦争のための新たな舞台を探すこととなる。

ゲーリングが再度の失敗の責任を取らされることはなかった。彼は引き続きヴィルヘルム通りの明るい色の角石で建てられた広壮な帝国航空省の建物に住んだ。この建物の上方には中央にハーケンクロイツをあしらった赤い帝国旗が威風堂々と翻り、まるで吹く風さえ、いや、天上の不可視の軍勢でさえ、この政府の権勢、とりわけこの国家元帥ゲーリングの権力を前にして平伏せざるを得ないことを見せつけるかのようだった。しかし鋳鉄製の大きな門扉をくぐり、高い鉄製フェンスに囲まれた前庭を横切る者は、カオスの圏域、節操なきアルコールとドラッグ乱用の、そして奸計と乱脈経営の帝国に足を踏み入れることとなった。奇異の念を抱くのは最初だけである。部屋数三〇〇〇を誇る「ゲーリング城」（ここには現在、連邦財務省が入っている）の状況は、政権の政治的な現実喪失とドイツ国が足を踏み入れてしまった迷路とを象徴的に示していた。

ある将校は国家元帥ゲーリングのいでたちについてこう書いている。「私たちは懸命に笑いをこらえねばなりませんでした。彼は袖のたっぷりとしたブラウスのような形の白いシルクシャツを着て、その上に毛皮製ライナーのついた袖なしの黄色いスウェードジャケットを羽織っていたのです。おまけに昔の歩兵のような長いパンタロンを穿き、腰には金鋲を打った幅広の革ベルトを締め、それにつけられたケルトの短剣が歩くたびにカチャカチャ音を立てていました。おまけに仕上げとしてシルクの長靴下と黄金色のサフィアーノ・レザーのサンダルで足元を決めていたのです[179]」

この絶大な権力をもつ大臣の顔には化粧が施され、指の爪には赤くマニキュアが塗られていることもあった。よく討論の際に、血中アヘン濃度が低下したゲーリングが取り乱して、何の説明もなしにいきなり部屋を出て行き、数分後にようやく、明らかに前よりも溌剌とした様子で戻ってくるということがあった。そうした驚くべき変化について、ある将軍はこう表現している。「ゲーリングはまるで生まれ変わったかのように堂々たる様子で、その輝きを放つ碧眼で我々を睨みつけた。討論の前半と後半で彼が見せた立ち居振る舞いの落差は驚くべきものだった。私は彼が覚醒剤の類を服用したに違いないと考えた[180]」

こうした頻繁な現実逃避はゲーリングの職務には不利となった。そのうち高い地位への人材登用条件が変えられた。候補者の資格より、むしろその社交能力が重視されるようになったのだ[181]。ゲーリング自身、配下の中で最も怠惰な将軍と呼んでいた親友ブルーノ・レルツァーが周りから批判されたりすると、こう言ってそれを一蹴した。「私にとっては晩にひと瓶のロートシュポン〔リューベックの名産ワイン〕を飲める相手がいさえすればいいいんだ[182]」。エルンスト・ウーデットがいわゆる航空機総監、つまり第三帝国で最も影響力があった男たちの一人に登用されたときにも、同様の経緯があったかもしれない。たし

大量のアルコールとそれを上回る摂取量のペルビチン。航空機総監エルンスト・ウーデット（中央）。

かにウーデットに、敵味方を問わず、第一次世界大戦で華々しい活躍をして今なお存命する戦闘機乗りとして、フランス人のルネ・フォンクに次いでドイツ人の間で絶大な人気を博していた。しかしレニ・リーフェンシュタール監督の複数の映画にカメオ出演したことのある趣味人でもあったこの才能あるパイロットにとって、総司令部でのデスクワークは悪戦苦闘の連続だった。もっともそんなことはゲーリングにはどうでもいいことで、それは彼が省の運営をいかに恣意的に行なっていたかを示す証拠でもある。彼の省は行政上の監督が行き届いていたとはお世辞にも言えない場所だった。

帝国航空大臣とその航空機総監が歓談するとき、最も好んで話題にしたのは古き良き時代、すなわち二人が第一次世界大戦でコカインによる興奮状態[183]の中で、ともに空中戦を戦い抜いた頃の話だった。一方、現在の軍装備に関する諸問題や新型戦闘機の開発といった複雑なプロセス、その他の同様に込み入った案件について、この二人はあまり語りたがらなかった。同省での就任演説の際にウーデットは、ひどい二日酔いの冴えない顔つきで、自分にあまり多くの事務処理能力を期待してもらっては困る、と本音を漏らした。ただ問題は、この大臣がときに二ダースもの部署を統括する立場であったことで、それらの部署はたちまちどうしようもない大混乱に見舞われることとなった。一日のどの時間帯であろうが来訪者をコニャックでもてなし、アルコールの作用を相殺するためにメタンフェタミンを大量に呑むことで有名だったウーデット自身が、非効率な帝国航空省内でさえ、ずば抜けて無能な指揮官とされていた。

のちにゲーリングが次のように述懐したとき、暗にウーデットのことを指していたということは十分にあり得る話だ。「そこには自分のまったく与り知らぬ部署がいくつもあって、そういう部署がいきなり目の前に出現したかと思うと、はやくも大混乱になっているのだ。(…)そこではある部署が何年も前から活動しているが、誰一人そのことを知らなかったということに思い当たる。冗談などではない。これは何度か実際に起きたことである。そこにいるのは、もう三度も追い出されたのに、別の部署にまた姿を現し、その度にどんどん大物になっていくような連中なのだ[184]」

仕事日にウーデットが最も好んだのは風刺画を描いて過ごすことだった。自分の姿を滑稽に描くことも珍しくなかった。事情が許しさえすれば、いつもこっそり家に帰った。家で彼はささやかな個人バーを経営していたのだ。世界を転戦して手に入れた数々のトロフィーが飾られたこのバーで、彼はいつも友人たちに囲まれていた。一人でいることに耐えられなかったからだ。本当は操縦席に座って、また飛行の名人芸を披露したかったのだろうが、彼にはそんな時間は残っていなかった。ますます増えてゆく仕事の重圧で自壊寸前だったウーデットは、一九四一年に入ると、職務遂行能力を維持するべく、危険な量のペルビチンを口中に放り込んだ。そのようにして彼は、無理を重ねて現実との接点をとうに失っていたドイツの戦争指導部の傲慢さを自ら体現していたのである。よりによってヒトラー自身が後にこう主張している。「ドイツの没落はウーデットのせいだ。あいつは空軍史上最大の間の抜けたミスをやってのけた」[185]。この言い分にも一理あったことが後々明らかとなる。

劇作家のカール・ツックマイヤーは、戦後最も多く上演されたドイツ戯曲『悪魔の将軍（*Des Teufels General*）』の中で、この旧知のエルンスト・ウーデットをモデルにして悲劇の英雄、冷静沈着な歴戦の将であるハラス将軍なる人物を造形した。いささか美化しすぎたきらいはあるがそれを友ウーデットのための記念碑としたのだ。クルト・ユルゲンスも同名の映画化作品の中で情念たっぷりの重々しい演技を通じて、みすぼらしく魅力に乏しかった実物を粉飾することとなった。そもそもウーデットはヒーローの器などではなかった。せいぜい彼がその無能さと薬物中毒を通じてナチス体制に多大なるダメージをもたらしたという点では、評価していいのかもしれない。だがそれとて彼が意図したものではなかった。そういうわけでウーデットは道化役というか、歴史に現れた変わり者以上でも以下でもなく、歴史学者たちが手を出したがらない亜流でしかなかったのだ[186]。

一九四一年一一月一七日にドイツ情報局からある電信文が配信された。「航空機総監のウーデット大将は（…）新型兵器の試操作の際に重傷を負い、搬送中に死亡した。総統閣下は職務の遂行中にかくも悲劇的な形で斃《たお》れた大将のために、国葬を執り行う旨を下令された」[187]。ところが実際はそうではなかった。ウーデットはベルリンの高級住宅街であるヴェストエント、シュタルペーナー大通りに建つ豪奢な官邸で、自分の頭に銃弾を撃ち込んだのだ。山積していた空軍の技術面、組織面の諸問題がこれにより急遽、前世界大戦からの彼の戦友ゲーリングの双肩に委ねられることとなった。ウーデットは自分の酩酊人生に銃弾で終止符を打ち、永遠に就業不能となる直前、死のベッドの傍にゲーリングに宛てた最期の挨拶を書き遺した。「鉄人よ、私はあなたに見捨てられた」うぬぼれの強かったウーデットの自殺は第三帝国の没落を先取りしていた。国葬の際にゲーリングがモルヒネ漬けの、どことなく金属を思わせる冷たく固い表情で棺の後を歩き、聴き取りづらいボソボソとした声で「彼はドイツ史上最も偉大な英雄の一人でした」と追悼の言葉を述べたとき、ちょうどロシアではドイツ国防軍が足止め状態となっていた。オットー・ランケが国防軍のためにペルビチンの実験を繰り返していた軍医科大学校のすぐ裏手、傷痍軍人の墓に今もウーデットは眠っている[188]。

外国への喜ばしいプレゼント

一九四〇年九月一三日にミラノの日刊『コッリエーレ・デッラ・セーラ』紙は、次のように報じた。「ドイツ軍のピローラ・ディ・コラッジョ（意欲増進剤）がそもそもの医学的な意義から今では軍事面の重要性をもつに至った、そしてその軍事的有用性は、急降下爆撃機の爆弾には及ばないもののの、ドイツ参謀本部に自軍兵士の連続投入を可能ならしめるものである」

ペルビチンよりも弱いが副作用も少ないベンゼドリンの大量使用を続けていた[189]イギリスにとって、この記事は願ってもないものだった。これにより一部で憂慮されていたドイツ軍の戦闘能力が、イデオロギーによるものではなく薬物に助けられたものであることが見事に説明されたのだ。ただちにBBCは、ドイツ人パイロットへのペルビチン配給をテーマとする番組を制作した。ベルリンではこれを受けて首脳部で激論が交わされた。

ペルビチンに批判的だった帝国保健指導者レーオ・コンティは、陸軍軍医総監に宛てて、次のような書簡を書き送っている。「いかなる規模でペルビチンが実際に空軍構成員に手渡され、それによっていかなる成果が得られたのかをご教示頂けましたら、たいへんありがたく存じます。できますればこの問題についての貴職のお考えも、ぜひお聞かせ頂きたい（…）ペルビチンの処方を（私としては）決して是認できません。これまでの見解表明の中で私はこの薬物の有害性を再三指摘しております。またすでに私は、例えば〈これは麻薬である〉と公式に表明するなどして、ペルビチンに関してより厳格な処方箋義務を導入すべきではないかということも考えております。ハイル・ヒトラー！」[190]

陸軍ではこの書簡はほとんど注目されなかった。一ヶ月後にようやく新任の陸軍軍医総監ジークフリート・ハントローザー教授からの返信が届いた。「イギリスのプロパガンダは、ドイツ国防軍があれだけの成果を挙げ得たのは、ひとえに麻薬のおかげだったと繰り返し主張しております。ロンドンラジオのその報道が誤りであることは、ドイツ装甲師団も麻薬の影響下でフランス進撃を行ったとしている点からして明白です。実際には当時、ペルビチンは少数の人間が極めてわずかな量を服用したに過ぎなかったのです」[191]。これは明らかなデタラメである。というのもハントローザーは、西部進撃中の部隊からの三五〇〇万錠という注文数も、フランスからのランケの報告書も、当然知りうる立場にあったからである。

コンティはそのまま黙ってはいなかった。彼はあらゆる毒物の誘惑に打ち勝つアーリア人という自らのイデオロギー的見解のために断固戦った。その際にコンティは、第二次世界大戦においてはパフォーマンスを巡る競争が巻き起こり、敵味方を問わずに薬物使用（ドーピング）が切望されたという事実を見誤っている。窮余の策として彼は知人の学者に依頼して、ドイツ人の愛する薬物に関する最初の大がかりな批判的論考「ペルビチン問題」を『ドイツ医師報』〔一八七二年創刊の医学専門誌〕誌上に発表させた。この論考は覚醒剤の危険性、すなわち強力な依存性に警鐘を鳴らすものであって、典型的なナチス用語を並べてペルビチンを「どこでも見つけ次第、根絶やしにする」よう求め、依存者となった者を「頽廃的人物」と断じている[192]。

実際にこの論考は学者たちの間で反響を呼び、ペルビチン依存症の症例についてますます頻繁に議論がなされるようになった。一日に何度も服用した医師たちや同じように何錠も服んだ医学生たちが、その後で何昼夜も眠ることができなかったり、毒虫が這《は》っていると妄想して自分の皮膚を血の出るまで掻きむしったりしていたのだ。[193]

そうこうする内にドイツでのこの薬物の消費量は、一ヶ月あたり延べ一〇〇万回分を超えていた。* 一九四一年二月に入るとコンティは、今回は内覧文書の中で、再び党に警告を発した。「私はますます深まる懸念を抱きながら、国民の幅広い層に蔓延する恐るべき薬物乱用を追跡し続けております。（…）これは我らが民族の健康と未来にとって直接的な危険であります[195]」

ついに帝国保健指導者コンティは断固たる措置に打って出る。あるいは少なくとも打って出ようとした。一九四一年六月一二日にペルビチンを帝国阿片法の対象薬物に指定したのだ。これにより彼はこの国民ドラッグが麻薬であることを公式に宣言したことになる。[196] しかしそれがこの薬物の使用制限につながっただろうか？　実際それはコンティおよび反ドラックのナチスイデオロギーに駆り立てられた官僚たちにとって、うわべの勝利でしかなかった。かつてナチス国家で最も強大な権力をほしいままにした男たちの一人であったこの帝国保健指導者は孤軍奮闘を続けたが、その影響力はますます低下していった。というのも国民は、人種衛生上の理念に基づく麻薬撲滅政策に従うよりも、薬物に対してますます昂まる飢餓感とそれに伴う依存を選んだからである。戦争による負担が日増しに増大する中で、それこそが人工的な支援を約束したのだ。厳しい禁止はドイツの人々から受け入れられず、ましてや遵守されるはずもなかった。それどころか民間消費量は毎年一五〇万ユニットも増え続

＊これは控えめな見積もりである。というのも、公式な数値としてしばしば「ユニット」数が採用されているからである。この数値が錠剤の個数ではなく、例えばよく知られていた円柱形のペルビチン容器（三〇錠入り）の数であった場合、消費量はさらに跳ね上がる。

さらに（より高い投与量の）注射用アンプル剤の追加消費については、もはや正確に跡付けることはできない。[194]

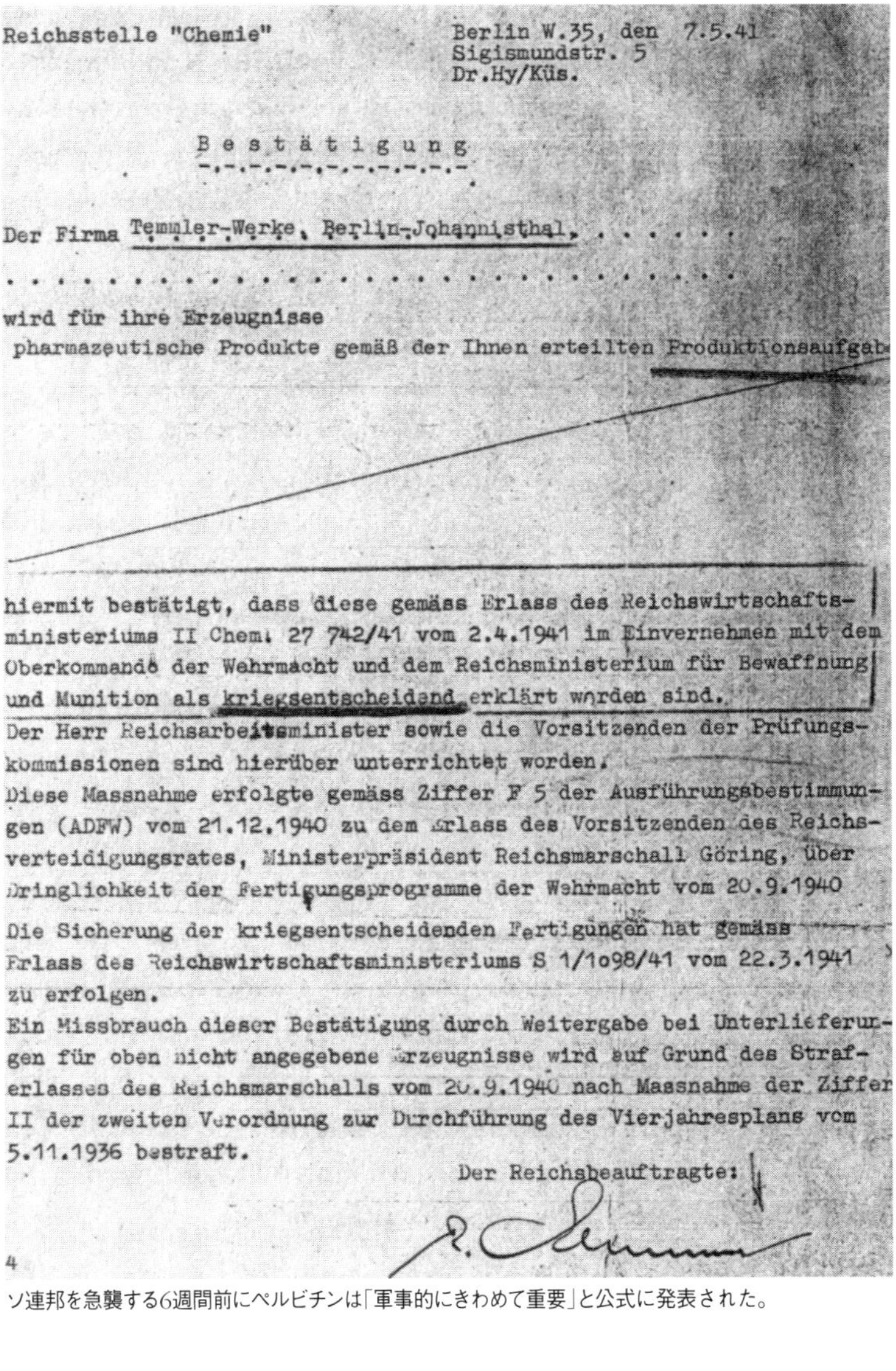
Reichsstelle "Chemie"

Berlin W.35, den 7.5.41
Sigismundstr. 5
Dr.Hy/Küs.

Bestätigung
-.-.-.-.-.-.-.-.-.-

Der Firma Temmler-Werke, Berlin-Johannisthal. . . . . . .

. . . .

wird für ihre Erzeugnisse
pharmazeutische Produkte gemäß der Ihnen erteilten Produktionsaufgab

hiermit bestätigt, dass diese gemäss Erlass des Reichswirtschaftsministeriums II Chem. 27 742/41 vom 2.4.1941 im Einvernehmen mit dem Oberkommando der Wehrmacht und dem Reichsministerium für Bewaffnung und Munition als kriegsentscheidend erklärt worden sind.
Der Herr Reichsarbeitsminister sowie die Vorsitzenden der Prüfungskommissionen sind hierüber unterrichtet worden.
Diese Massnahme erfolgte gemäss Ziffer F 5 der Ausführungsbestimmungen (ADFW) vom 21.12.1940 zu dem Erlass des Vorsitzenden des Reichsverteidigungsrates, Ministerpräsident Reichsmarschall Göring, über Dringlichkeit der Fertigungsprogramme der Wehrmacht vom 20.9.1940

Die Sicherung der kriegsentscheidenden Fertigungen hat gemäss Erlass des Reichswirtschaftsministeriums S 1/1o98/41 vom 22.3.1941 zu erfolgen.
Ein Missbrauch dieser Bestätigung durch Weitergabe bei Unterlieferungen für oben nicht angegebene Erzeugnisse wird auf Grund des Straferlasses des Reichsmarschalls vom 20.9.1940 nach Massnahme der Ziffer II der zweiten Verordnung zur Durchführung des Vierjahresplans vom 5.11.1936 bestraft.

Der Reichsbeauftragte:

4

ソ連邦を急襲する6週間前にペルビチンは「軍事的にきわめて重要」と公式に発表された。

けたのだ。[197] 薬物はこのようにしてナチス国家の内的矛盾の数々を暴き出し、その緩やかな自己崩壊プロセスの一端を担うこととなった。まもなく一億回分を超える量のペルビチンがドイツ人たちの胃や血管に到達した。

軍部に関しては、ペルビチンを以後禁止とする日付の設定はきわめて困難だった。というのも、一〇日後にドイツのソ連攻撃が開始されることになっていて、兵士たちはすでにこの薬物にどっぷりと浸かっていたからだ。ゲーリングの音頭取りで、国防軍総司令部は帝国軍需省とともに、ペルビチンを今や「軍事的にきわめて重要」と位置づけていた。[198] ペルビチン消費量が減少したなどという話はどこにも見当たらない。事実、一九四一年の夏以降、箍《たが》が外れた状態となったのは薬物消費に限らなかった。

第3部

ハイ・ヒトラー、患者Aと彼の主治医

一九四一年〜一九四四年

「医師の仕事とは、もしそれが正しく行われるとするならば、
平時であろうが戦時であろうが、言葉の最も正しい意味で指導的なものなのです。（…）
医師と患者の信頼関係は、医師が自分は患者の上位にいるのだという感覚をつねに、
そしていかなる状況下でももち続けるようでなくてはなりません。（…）
医師であるということは二人の間でより強い者であるということなのです[199]」

テオ・モレルの講演原稿より

ヒトラー研究者たちからなる職掌集団は、そのうちの何人かは蒙昧ぶりを発揮して本道から逸脱してしまってはいるが、ひとつの共通点をもっている。それは彼らが、独裁のエニグマ〔謎に包まれた存在〕、あらゆる時代でおそらく最悪の犯罪者でありサイコパス、人間の形をした悪そのものが身にまとう謎を何とかして解こうとする点である。その際にこの研究者集団は明らかにある地点においては足踏みをし続けている。外面的なできごとは数十年前から評伝作家たちによって細部まで把握されており、さまざまな色合いの膨大な文献がある。この人物に関しては、世界の誰よりも多くのことが昔も今も書き継がれており、また〈アドルフ・ヒトラーの精神病理学〉という精神医学上の専門分野さえあって、もっぱらあのブラウナウ出身者の精神の病を証明しようと懸命に取り組んでいる。しかしそれにもかかわらずこの謎は手つかずのように見え、疑わしい神話がなおもくすぶり続けている。

ヒトラー文献は今ではかなり細分化されてきているのだが、それにもかかわらずそこには盲点があって、これまで見過ごされてきたなどということがあるのだろうか？　ここで要請されるのは、歴史的な出来事を実際に起きたままに正確に記述することではない。例えるならばこの私は、実際に学者たちが七〇年以上も解決できずに悔しい思いをしてきた裁判、しかも判断材料が状況証拠しかない

裁判に介入したようなものである。そこではひどいイカサマが繰り返され、雑誌『シュテルン』誌上で公表されて有名となった、いわゆる「ヒトラーの日記」のような文書偽造まで起きている。いくつかの出典については不信の念を禁じ得ない。そうした中で本書が提供するのは、謎の解明ではなく、ある種の読み方なのである。

ヒトラーの実像に迫りたいと思う者は、主治医モレルという回り道を通らねばならない。ライトブラウンのギャバジンコートに身を包んだあの太り肉《じし》の医師である。歴史学はこれまでモレルを風変わりな端役として描くのを常としてきたが、ヒトラー自身の気力・体力の低下が顕著となった一九四一年の秋、すべてのヒトラー本がそれについて十分な説明ができずに空白のままとしているこの時期に、モレルは急遽、大役を割り振られたのだ。ヨアヒム・フェストの一二〇〇ページになんなんとする浩瀚《こうかん》な評伝の決定版『ヒトラー』の人名索引を見ると、モレルに触れているのはわずかに七箇所で、最初の言及はようやく後半七三七ページになってからのものだ。しかも著者はこの点を一度も深く掘り下げていない。ヒトラーのダイナミズムは「薬物による陶酔状態」[200]であるという、それ自体としては妥当な彼の記述は、残念ながら根拠を欠いたままである。フェストは「宿命的な薬物依存」[201]と述べているが、その依存の程度と影響には触れず、その負のスパイラルを検証せず、まさにモレルの注射のおかげでヒトラーが彼独自の世界に飛翔した点を語らないのでは、ほとんど何の役にも立たないだろう。フェストは一九七三年にこの大著を世に問うた際に、この本の刊行後はヒトラーに関する新情報はもう出てくるまい、なぜなら「今後あの時代とそこに生きた人物たちの像を変えうる史料、いやそれどころか、それを修正しうる材料さえ見つかることはないからだ」[202]と主張したが、この断言はいささか時期尚早であったと言わざるを得ない。

歴史学は今では、ヒトラーの伝記的な特殊性から離れて、頂点への栄達を可能にし、ヒトラーをヒトラーならしめた社会過程にフォーカスを当てようと試みているのだが、そういう有意義な試みの傍には、埋めねばならない空白地帯があいかわらず残ったままなのである。話ついでに当たり障りのない調子で「モレル医師のカラフルな錠剤[203]」に言及するだけでは不十分なのだ。またやはり有名なヒトラーの評伝作家であるイギリス人イアン・カーショーは、「モレル医師が毎日用意した錠剤と注射はどんどん数が増え、戦争中使用された薬物は合計九〇種類、毎日の錠剤は二八種にものぼったが、それでも総統の身体状況の悪化は食い止められなかった[204]」と主張している。これはおそらく原因と結果を混同しているのだ。

ドイツの歴史学者ヘンリク・エーベルレ博士にとって、ことはより単純である。彼はもうすでに故人となったベルリンのハンス＝ヨアヒム・ノイマン教授と協力して、事細かな調査に基づく著書『ヒトラーは病気だったのか――最終所見』の中で、このドイツの国家元首は決して薬物中毒ではなく、モレル医師は「責任感に溢れた」行動をしたのだとの結論に至っている。「彼は薬物に定められた一日当たりの最大用量を尊重し、（…）それを滅多に超えなかった。（…）さらにモレルは一九四五年以降は、ヒトラーに長年にわたって誤った治療を施し、その健康を徐々に損なったという非難に晒されねばならなかった。しかしこれは正しくない。さまざまな資料、中でも良心的な主治医モレルが手書きで残した一九四一年から一九四五年までのきわめて克明な手記がそれを証している[205]」。この主張は本当に正しいのだろうか？　私には主治医モレル自身がこうした見解に異を唱えているように見える。その手記で彼は患者とのある会話を次のように紹介しているのだ。「私はいつも短い診療時間で許容限度ギリギリの大量の薬剤を処方しなくてはなりませんでした。同僚の多くから咎められる恐れはありますが、私には責任があり、同時にその責任を我が身に担う覚悟はできています。というのも今の状況で閣下が長時間、座して診療を受けねばならないとしたら、ドイツ国の瓦解は避けられなくなるでしょうか」[206]

ではこの独裁者は実際に何を処方されたのか？　そしてそれに何らかの意味はあったのか？　歴史上の出来事と薬物の処方との間に関連はあるのか？　モレルは、患者を万全な状態に維持するためにみずから処方した薬剤を、何年にもわたって几帳面に記録していた。彼はそうするよう強いられていたのだ。なぜなら主治医である彼は、ヒトラーに何か起きたときには、ゲシュタポに詳細な報告書を提出しなくてはならなかったからである。こうして医学史上、他に類を見ない膨大な手書き文書が成立した。その膨大さは詳細な記述のゆえである。ただし、この文書の謎を解明したいと思う者は複数の保管場所を訪ね歩かねばならない。というのも、主治医モレルの遺稿は分散管理されているからだ。一部はコブレンツの連邦公文書館にあり、別の一部はミュンヘンの現代史研究所、そして残りの中心部分は米国の首都ワシントンに保管されている。

現地訪問――アメリカ国立公文書記録管理局（ワシントンD・C）

第二次世界大戦の戦勝国の最も奥まった行政管区。そのペンシルヴァニア通りに面して、古代寺院を思わせる堂々とした公文書館が建っている。同じ通りの目と鼻の先にホワイトハウスがある。公文書館の正門に立つ石像の明るい色の台座には、「過去はプロローグである（What is past is prologue）」〔シェイクスピア『テンペスト』の科白から〕という銘文が刻まれている。

建物の内部、文書保管の殿堂に足を踏み入れる。利用規定はきちんと定められているが、そこでまず圧倒されるのは文書の膨大さである。お目当ての文書を見つけ出すのは簡単ではない。要するに文書が多すぎるのだ。合衆国の軍部および情報機関は、打ち負かした相手であるドイツ帝国の天文学的な量の文書を巨大掃除機のように吸い込み、ここワシントンD・Cと近隣のメリーランド州カレッジパークにある国立公文書記録管理局新館（「アーカイブス・ツー」）、建物としては世界最大の公文書館）に山積みにしたのだ。それらの文書を選り分けて目標にたどり着くために、目録やパソコンコーナー、そして特に公文書保管スタッフらのマンパワーが用意されている。彼らは「国家保安本部（Reichssicherheitshauptamt）」のような複雑なドイツ語の専門用語を、難なく適切な米語に置き換えることができるのだ。

私のモレル関連文書探しをサポートしてくれたポール・ブラウンという職員は、ここでヒトラーの主治医についての全情報を見つけ出したいという私の意気込みには、最初からやや悲観的だった。私の調査は平らな小石を水面に水平に投げるようなもので、石は何度か水面に弾かれて跳ねるのがふつうで、一発で水中に潜むお目当ての資料に当たることはない、そう彼は言うのだ。国立公文書記録管理局、大量の文書を呑み込んだこの巨鯨の腹の中をすっかり調べ上げるのは不可能だ、とも言った。ブラウン氏の結論は、歴史とはできるだけ重要な事実を探し出し、それをもとにして組み立てた推論であり続けるしかない、というものだった。要するに、私に提供できる歴史的真実を彼は持ち合わせていないというのだ。

すぐに判明したのは、戦後間もなくテオ・モレルがアメリカの諜報部による詳細な調査の対象だったということである。調査結果のいくつかは、ナチス戦争犯罪情報公開法（Nazi War Crimes Disclosure Act）のおかげで数年前にようやくアクセスが許可された[207]。アメリカの人々が突き止めようとしたのは、ヒトラーの主治医がいかなる役割を演じたのか、彼は一九四一年秋から目に見えて急激に進んだヒトラーの健康状態悪化に関与したのか、いやそれどころかヒトラーを毒殺しようとしたのではないかということであった。依存性の薬物をめぐる問いがその中心にあった。かなり理解しがたい問題だが、ひょっとして簡単な答えがあるのだろうか？　患者ヒトラーを人為的な高揚状態としたことで、主治医は罪を犯すことになったのだろうか？

一九四五年の夏以降、モレルは二年間もの間尋問された。彼自身の申し立てによれば拷問も受け、真偽のほどは定かでないが、秘密を白状させるために足の爪を剝がされたという。しかし米軍は拘束されたモレルから大したことを聞き出せなかった。極秘文書の行間からは尋問者たちのフラストレーションが窺われる。彼らは矛盾する内容を報告しているのだ。モレルの医療評価ファイルにはこう書かれている。「たいそう協力的だが、供述の際に意味のない細部にこだわって脱線することも多く、また記憶の欠落をどうやら作り話で補おうとするため、しばしば話のつじつまが合わなくなる。（…）この患者の精神状態は時期によりまったく異なった様相を見せる。（…）明らかにモレル教授は軽度の外因性精神疾患であり、その原因としては彼が囚われの身であるという事実が考えられる。これによって彼の説明責任が減免されるわけではないが、その反面、彼は記憶の欠落部分をいいかげんな作り話で橋渡ししようとするので、その話の信憑性については一定の留保を付けざるを得ない」[208]。このファイルによれば、モレルには自分の活動の重要性を説明するつもりもなければ、その能力もなかったということだ。

終戦直後に専門家として意見を求められた三名のドイツ人薬剤師、医師たちが語った内容[209]もあまり役に立たなかった。それでモレルに関する調査結果のひとつである「噂されたヒトラー暗殺（The Rumored Poisoning of Hitler）」と題された特別報告書第五三号は、この主治医が患者ヒトラーに毒を盛ったこともなければ、彼にその健康を害するに足る量の麻酔剤を渡したこともなかったと結論づけている。ヒトラーの驚くべき心身耗弱は、もっぱら多大なストレスと彼の偏った菜食主義に起因するとされた。

しかしこの評価ははたして正しいのだろうか？　あるいは、眼を曇らせる可能性のある数々のできごととの距離が近すぎていたため、しかも判断材料がまだ出揃っていなかったため、この評価は慎重に受け止める必要があるのではないか？　アメリカ当局の目標は、ヒトラーを取り巻く無数の神話を脱神話化するための情報を入手することだった。[210]　このアメリカ側の意図はモレルに関しては失敗に終わったことになる。少なくともうわべ上は。

　だが詳細に吟味するならば、やはり答えは遺されたモレルの手書き記録の中にあるのだ。たとえ隠され、一義的な解釈が必ずしも可能でない形であったとしても。モレルの遺稿は、走り書きでびっしり埋まった処方箋用紙や暗号めいた略号が頻出する検索カード、読みづらい手書きのメモ帳、予定でいっぱいのスケジュール帳、注記やコメントの書かれた紙片類、大量のビジネスレターと個人的な手紙といったものの寄せ集めであり、密生する菌糸体を思わせる。いくらか表現を変えてはいるがほぼ同一内容の書き込みが、ノートや封筒、電話メモ帳で繰り返されている。

　一九四一年八月から一九四五年四月にかけて、この主治医はほぼ連日、患者の診療に当たった。その一三四九日間のうちの八八五日については記述が残っている。薬物への言及は一一〇〇回で、注射が約八〇〇回、ほぼ一日に一回、注射していた計算になる。時々、使用した注射針がきれいに洗われてメモ帳に貼付してある。第三者に向けて透明性と誠実な記録であることをアピールするかのように。なぜならモレルはゲシュタポが怖かったからだ。彼は主治医が昔も今も危険な立場であることを知っていたのだ。

　その結果、一種のカオスが後に遺されることとなった。部外者にとって、とりわけドイツ語を自在に操れない者にとっては、見通しのきかないジャングルのようなものである。細部にこだわる性格という評価にもかかわらず、多くの記述は断片のままで、注意深く読むと分かるが、何度かの往診は記録されていない。ふだん業務上の文書作成で几帳面すぎるほどだったモレルは、この混乱した、不完全な、それでいて完全性を装うような記述を通して、何かを隠そうとしたのだろうか？　彼だけが知り、ひょっとすると彼の患者ヒトラーですら知らなかった秘密を守ろうとしたのだろうか？　戦局が第三帝国にとって宿命的な転換を迎えたとき、ヒトラーと彼の主治医の間にいったい何が起きたのか？

ブンカー・メンタリティ

「昨年は総統大本営に閣下を訪うことをたびたびお許しいただき、閣下のお考えになる以上に私には身に余る光栄でございました。私はあらゆる手立てを講じて、閣下から頂いた溢れんばかりの力を可能な限り多くの人々に分かち与えたい所存です[211]」

ヨーゼフ・ゲッベルス

「従来の概念や倫理的範疇をもってしては、この完全に唯一無二なできごとは理解できない[212]」
パーシー・エルンスト・シュラム

ヒトラーの薬物使用の真相に迫るには、彼が一九四一年夏から一九四四年秋にかけてのほとんどの時期を過ごした場所を思い起こすといいだろう。東ポーランドでの痕跡探しである。着地に失敗して無様な姿を晒すコンクリート製の宇宙船のごとくに、ブンカー（掩体壕）の大量の残骸がマズールィ地方の光溢れる森に横たわっていた。苔がすべてを覆い、波打つ屋根の上に白樺の樹が聳えていた。ブンカーはいたるところに間隙ができていて、そこからなんとか中に入ることができた。周縁部が風化したコンクリート塊から鋼鉄の補強材が突き出て、ねじ曲がっている。どのコーナーにも黄色い標識が立ててあり、ポーランド語、ドイツ語、英語で「注意」を呼びかけている。UWAGA!!! ACHTUNG!!! DANGER!!!　倒壊の危険があるのだ。しかしヨーロッパ中からやって来る大勢の、た

痕跡探し——かつての総統大本営ヴォルフスシャンツェ。

いていは若いツーリスト（一日一〇〇〇人ほどが訪れるという）は、怯《ひる》むことなく瓦礫の山によじ登って黒々と空いた穴をくぐったり、裂け目に自分の体を押し込だりして、動画の撮影や自撮りに余念がない。まるで何かを探すかのように。

一九四一年夏のヴォルフスシャンツェは今とはまったく異なる様相だった。東プロイセンの小都市ラステンブルク〔現在はポーランドのケントシン市〕にほど近い場所に、周囲を幅五〇メートルないし一五〇メートルの地雷原に守られて建つこの要塞は、ちょうど建設が終わり、利用が始まったばかりだった。この要塞の中心は当初、一〇基のブンカーで、それぞれの後部は厚さ二メートルのコンクリート天井に覆われていて、そこが寝室だった。ブンカーの前部はより薄い天井で、作業スペースが設けられていた。居心地の悪い将校用食堂が陣営の中央部にあり、見すぼらしい田舎の居酒屋を思わせた。しばらくすると、二〇人掛けの不恰好な木製大テーブルの奥の壁に革命の赤い星が釘で打ち付けられた。戦利品の赤軍旗である。ヒトラー自身はドイツ軍がソ連邦に進軍を開始した翌日、一九四一年六月二三日の晩にここに到着した。ヴォルフスシャンツェから「バルバロッサ作戦」の指揮を執ることになっていたのだ。最終的な勝利まで三ヶ月もかかるまいと考えられていて、兵士たちは厚手の冬用制服さえ持参していなかった。

こうした自信過剰な思惑に基づいて、ロシア戦のための総統大本営の立地も深い考えなしに選ばれた。フェルゼンネスト〔九四頁参照〕と同様に、どうせここも長逗留する場所ではないと考えられたのだ。この過度の自信はその後、手痛いしっぺ返しを喰らうこととなる。ヴォルフスシャンツェに関してはすでに最初の数日で、散在する湖や苔むした沼沢地に囲まれたこの湿原ほど滞在に不向きな場所は、ヨーロッパのどこを探しても見つけられないだろう、と非難される有様だった。まもなくこの総統大本営は、霧にすっぽり包まれることの多い、空気と陽光に乏しいヴァルトラーガー（森の陣営）と呼ばれるようになる。そのうえ地面は石油で汚染されていた。蚊の大群による堪えがたい攻撃に対抗して、石油を大量に噴霧しなくてはならなかったのだ。ある下士官は自分の妻にこう書き送っている。

「ここより馬鹿げた場所はなかなかないよ。寒くて湿ったブンカーの中で毎晩凍えているんだ。泣けてくるよ。おまけに電気式の換気装置がずっと大きな音を立てていて、嫌な隙間風を引き込んでくる。ゆっくりなんて寝ていられないし、朝は頭痛で目が醒める始末さ。下着も制服も四六時中、冷たく湿っているんだ[213]」

「ブンカーは湿気が多く、不健康だ」。モレルも到着の直後にそうコメントしている。彼は内部が狭く区割りされた第九ブンカーに入居した。制御できない天井の換気扇が回りっぱなしだったが、新鮮な外気を採り入れるのではなく室内の黴《かび》臭い空気を攪拌するだけだった。「茸の生長には理想的な室温だ。[214]私の長靴は白黴だらけで服まで黴臭い。胸が締めつけられ、貧血の症状。ブンカー特有の精神症もある」

ヒトラーは一切気にならないようだった。すでにフェルゼンネストで穴蔵生活を味わっていたのだ。しかしここヴォルフスシャンツェに来て初めて、彼は理想の目的地を見出した。そこは最前線の軍務のみに全身全霊を傾けることのできる僻遠の隠れ家である。その後三年でヴォルフスシャンツェは彼の生活拠点となる。そこには百棟を超える居住棟、商業施設や管理施設、ならびに大型で軽量の鉄筋コンクリート製ブンカーなどが林立し、鉄道の引き込み線と飛行場まで備えるようになった。二〇〇〇名以上の将校や兵士、民間人らがここに長期逗留した。ヴォルフスシャンツェを気に入った者は誰もいなかった。ただ一人、彼らの間でチーフと呼ばれていた総統を除いては。彼は自分のブンカーはいつもすばらしく冷涼で、室温が一定に保たれており、ポンプで新鮮な空気も十分に供給されるので、このうえなく快適だと語ったのだ。さらにモレルは酸素ボンベも用意させた。「それは吸入用であり、場合によっては寝室に酸素を供給するためのものだ。総統閣下はたいへん満足しておられた。感激されたと言っても言い過ぎではない」[215]

人工的な酸素補給と防護するブンカーの分厚い壁。外から見れば、ドイツの最高司令官が前線に近い新設の大本営に陣取ったかに見えるが、実のところ、彼は戦争の現場からかつてないほど遠く離れていたのだ。独裁者たちにとっては珍しいことではないが、それは破局的な結末をもたらすことになった。ここ数年、世界はつねにヒトラーの意志に屈して彼の信じがたい勝利を助け、それによって彼の権力の座をたえず確固たるものとしてきた。しかし、簡単にねじ伏せることのできないロシア人たちの本物の抵抗に突き当たると、このグレーファーツ〔一一三頁参照〕は自分の仮想世界の奥へ奥へと引きこもっていった。ヴォルフスシャンツェのミクロコスモス、鉄筋コンクリート製のあの密室空間も、そうした仮想世界を具現していた。

すでに一九四一年七月には明らかとなったように、ソ連邦はヒトラーの誇大妄想に激しい抵抗を見せた。ドイツ軍は進撃の最初の数週間こそ、膨大な陣地を獲得し、数一〇万の赤軍兵士を捕虜に取ったのだが、ドイツ国防軍の前にはなおも果てしない空間が広がり、多くのロシア人予備兵たちが続々と動員された。確かにヒトラーの軍隊は計画した通りに戦闘で勝利を重ね、すばやく敵陣深く切り込み、敵を窮地に追い込み、大きな混沌をもたらしはしたが、赤軍はまるでこうした後退に頓着しないかのようにふるまった。「吹けば崩れるトランプの家」と見られていたロシアは、ドイツ側の思惑に反して簡単には崩れなかった。双方ともに最初から激しい戦闘を交わす。今次の大戦でドイツ軍は初めて、短期間の内に多大な損失を被ることとなった。

　フランス進軍のときと同様、この大規模な電撃的進軍でも最初から、特に将校たちの間で薬物が使用されたのだが、それもほとんど役に立たなかった。この薬物は侵攻前の段階に公式ルートで装甲部隊に渡され、各部隊が数ヶ月でほぼ三〇〇〇万錠を調達した。[*216] しかしペルビチンが迅速な勝利をもたらすことはなく、服用によって得られた活動時間は、その後必要となった休息によって、かえって高くつくこととなった。一方赤軍は、次々に新しい師団を広大なヒンターラント（後背地）からさし向けることができたのだ。

　よりによって、この一九四一年八月という重要な初期局面にヒトラーは病気になった。数年ぶりのことだった。ブンカー暮らしのせいですでにだいぶ前から蒼白い顔になっていた侍従のハインツ・リンゲが、午前一一時、いつものようにブンカー第一三号のドアをノックした。しかしヒトラーはベッドから起きなかった。発熱、下痢、悪寒、四肢の強い痛み。おそらく赤痢だ。

「電話が鳴って、すぐに総統のもとに来てくれ、とのことだった。突然の目眩《めまい》に襲われたそうで、今はご自身のブンカーにおられるという」[217]。患者がダウンしたとの一報が一九〇番通話でモレルにもたらされたとき、彼はいわゆる「騒音バラック」の、閉所恐怖を覚えそうなほど狭く、ほとんど光のない作業室にいた。そこを彼は帝国写真報道官ホフマンの息子と共有しなくてはならなかった。主治医は撮影機材と医薬品で足の踏み場もない部屋の中、大慌てで自分の黒い診療鞄を探し、外に飛び出すと、ヒトラーのもとに急いだ。ヒトラーはベッドでぐったりとしていて、まるで操り手を失ったマリオネットのようだった。しかし彼は、これから戦況会議に出て重大な決定を行わねばならないので、すぐにこの痛みから解放してくれとモレルに要求した。

だが今回は数年前とは違って、ビタミンもブドウ糖もあまり効かなかった。モレルは緊張した様子で急いでビタムルチン・カルシウム混合剤を調合し、それを手製のホルモン剤であるステロイド・グルコノームと組み合わせた。このホルモン剤はブタその他の家畜の心筋エキス、副腎皮質、膵臓から作られたもので、一種のドーピング剤である。注射はいつものようにはスムーズにいかなかった。「刺すと注射針が折れてしまった[218]」。感染に起因する刺し込む痛みに対してヒトラーは、ドランチン二〇滴を処方された。作用機序がモルヒネに似ている麻薬である。** しかし赤痢による下痢は治らなかった。患者Aはベッドを離れることができず、一二時からブンカーで行われたカイテルとヨードルの大規模な戦況会議に姿を表すことはなかった。執務不能の独裁者。それは大本営で一大センセーションを呼んだ。

*これは公式の数字である。しかし統計を取ろうとした帝国保健局（RGA）には内密に、テムラー社が直接国防軍に納品してもいたことも考えなくてはならない。そうすれば、RGA麻薬局の公式の数値とテムラー社の一九四三年度販売統計の数値との間のペルビチン成分二二・六キログラム分の差は説明がゆくだろう。

**アヘンは罌粟《けし》から得られる天然アルカロイドである。それに対していわゆるオピオイドとはそこから合成される誘導体のことである。

「総統閣下は大変お怒りだ」。モレルはその晩、自分の失敗を書きつけた。「私に対してあのような不機嫌さを見せつけたことはこれまで一度もなかった」[219]。主治医はこれに気落ちすることなく、いつも通り薬剤による患者の活力増進に努めた。まもなく注射が奏功してヒトラーの赤痢は克服された。翌日になると、ヒトラーはもうまた将校たちとの会談に参加し、一日の遅れを取り戻すのに躍起だった。総統の不在を利用して自分たちの思い通りにさっさとことを運ぼうとしていた参謀本部と総統との間で、昔ながらの対立がまたもや火花を散らした。問題となったのはさらなる進撃の方向だった。総統とは異なり、将校たちはモスクワを優先目標と考えていた。彼らは決戦によりロシアの首都を陥落させ、それによって進撃の成功を決定づける計画だった。しかし、病み上がりのヒトラーは別の戦略だった。彼が固執した考えは、部隊を分割して、北部ではレニングラードを征服してソ連邦のバルト海へのアクセスを遮断し、それと同時に南部部隊がウクライナ経由で、戦争経済にとって重要な油田のあるコーカサスに駒を進めるというものだった。

　この危機は、主治医とその「迅速な治癒」のコンセプトにも影響を及ぼさずにはいなかった。患者Aがまたもや病床に伏している間に不利な立場とならないように、今やますます予防的な注射が増えていった。モレルは乱診乱療の典型例となり、連続して多くの成分をさまざまな濃度で処方するようになり、今回はこれ、次回はあれ*という具合にあらゆるものを試し、もはや正確な診断などそっちのけで、その「基本投与量」をたえず増やしていった**。まもなくさまざまな薬品がそこに加えられた。例えばヘキスト社〔かつての世界有数の製薬会社〕の新陳代謝促進剤トノフォスファン、これは現在、特に獣医学で使用されるものである。また子宮の血液から得られたホルモンと免疫体を多く含む筋肉増強剤ホモセラン[221]、リビドーと活力の減退に効く男性ホルモンのテストビロン、あるいは雄牛の睾丸から作られたオルチクリン、これは鬱症状に有効とされた。これら以外に、若い未去勢の雄牛の精嚢と前立腺から作られたプロスタクリヌムという薬剤もあった。

あいかわらず肉料理は食べなかったが、ヒトラーはもう厳密な意味でのベジタリアンではなくなっていた。一九四一年秋以降、ますます多くの高度に濃縮された動物由来成分が彼の血管内を循環していたのだから。つねに重視されたのは、心身の疲弊を回復させ、または事前に阻止し、抵抗力を高めるということだった。しかし実際に起きたのは、適用する薬物を取っ替え引っ替えし、すぐその用量を増やしたことで、ヒトラーがもともと持っていた免疫システムが機能しなくなり、人為的な防御システムと入れ替わってしまったということだった。これがモレルをいよいよ不可欠な存在とすることとなる。

独裁者の健康に関しては、赤痢によるダウン以来、大砲でスズメを撃つかのごとき過剰な対応が、ほとんどひっきりなしに最後まで続けられた。ヴォルフスシャンツェの閉鎖区域1は新鮮な空気で満たされていたのだが、それでもこのグレーファーツが外に散策に出ることもあった。そんなときは必ず主治医が同伴し、数歩下がって助手が注射鞄を抱えて続いた。こうした長期医療がどれほど徹底し

＊モレルは吸血ヒルさえ使った。血液凝固を阻みささやかな瀉血効果があるといわれる昔からの民間療法である。ヒトラー自らがガラス瓶を叩いてヒルを出し、モレルがそれを指で掴んで総統の耳の下に当てがった。ピンセットではいつも滑って挟めないのだ。彼は几帳面にこう記録している。

「手前のヤツは血を吸うのが速く、後ろのヤツはやたらと時間がかかった。最初に手前が満腹して服の上にぽとりと落ちた。後ろはさらに三〇分吸い続けて、結局落ちないので私が引き剥がさなくてはならなかった。その後も二時間ほど出血が続いた。総統閣下は首筋の二枚の絆創膏のために夕食を欠席された」[220]

＊＊例えばモスクワではまったく事情が違っていた。スターリンは、クレムリンに最良の専門医たちを揃えた専用クリニックを持っていた。もちろん彼らには一つのミスも許されなかった。

て行われたかを、一九四一年八月末の列車行が示している。ヒトラーとムッソリーニが前線を訪問したのだ。いたるところで大量殺戮が行われていたヨーロッパ東部を走り抜ける旅は二四時間かかった。一行が車窓から眺めた西ウクライナのカメネツ・ポドルスク〔現在のカームヤネツィ＝ポジーリシクィイ〕は、まさに二万三六〇〇人を超えるユダヤ人がSSやドイツ警察大隊によって射殺された街である。これはある地域のユダヤ人がことごとく殺戮《りく》された最初の例である。

車中でもいつも通り患者Aの注射ができるように、時間になると総統の特別列車は駅でもない地点で停止した。走行中は揺れてしまって注射が打てないのだ。ただちに二門の高射砲を備えた防空仕様の特別装甲列車の警戒態勢が整えられた。モレルは大急ぎでヒトラー専用車両に赴き、中身で膨れ上がった診療鞄を開け、黒革ケースからアンプルセットを取り出し、いくつかのアンプルの片面にマット仕上げの小さな金属プレートで傷をつけ、注射器の入った容器のファスナーを開けると、最初のアンプルを手でパキンと折り、針を差し込んで中身を吸い上げた。慣れた手つきで紙のように白くほとんど毛のないヒトラーの腕をゴムバンドで結索し、自分の額に浮かんだ汗を拭ってから、針を刺した。最初は静脈注射で二本目は筋肉注射だった。モレルはこの珍しい「ピットイン」について誇らしげに書いている。「走行中の列車が停止した。総統閣下にブドウ糖（静注）および特効性トノフォスファンとビタムルチン・カルシウム（筋注）を補給するためだ。八分ですべてが完了した[222]」

こうしたできごとは突発的なものではなく、標準的な対処であった。注射がその日一日のなりゆきを決定づけるということがますます増えてゆく。時の経過とともに八〇種を超える、しばしば慣例を無視したホルモン調合剤、ステロイドその他の有効成分、医薬品などが、総統御用達の混合注射液のバラエティを豊かにしていった。* 毎日注射液の中身を少し変えたことには、重要な心理学上の意味があった。そうすることでヒトラーは、自分が特定薬物の依存症かも知れないという危惧を一度も抱かなかったのだ。これらすべてがモレルの商売道具とも言えるものであり、それなしではこの主治医はやっていけなかった。ヒトラーは自分の主治医を薬物の自己投与と自己制御のための万能ツールとみなし、このツールをますます乱用していく。

一九四一年後半に特に顕著な、こうしたポリトキシコマニア（複数ドラッグの併用）は、実に異様なものだった。たとえ当時はステロイドやホルモンの研究がまだ未発達で、強い効果をもつ成分同士が人間の生体にどれほど複雑な相乗作用をもたらすかが分かっていない時代であったにしても。ヒトラーはそのとき自分の身体で起きていることをまったく理解していなかった。彼は生涯にわたって薬

＊アルファベット順にリストアップしてみると、狂気にまみれた治療の様子がよく分かる

（傍線は向精神薬、つまり意識を変化させる薬物である）——アシドール・ペプシン、消炎剤、アルゲンタム・ニトリクム、ベラドンナ・オブスチノール、ベネルヴァ・フォルテ、ベータビオン、ビスモゲノール、ブロム・ネルバチート、ブロバロトン・バート、カファスピン、カルシウム・サンドス、カロメル、カンタン、カルディアゾール、カルディアゾール・エフェドリン、キネウリン、コカイン、コデイン、コラミン、コルチロン、ジギラニド・サンドス、ドランチン、エンテロファゴス、エンツィノーム、エスデサン、オイバシン、オイフラート、オイコダール、オイパベリン、消毒用アルコール、ガレストール、グリコノーム、ジコバリン、ハンマビート、ハルミン、ホンブルク680、ホモセラン、インテラン、ヨウ素・ヨウ化カリウム・グリセリン、カルツァン、カールスバート炭酸塩、キッシンガー錠、ケスター消泡剤、ハンマ社製肝臓薬、レオ錠、ルゴール液、ルイチーム、ルミナール、ミチラックス、ムタフロール、ナテイーナ、ネオ・ピコキアナーゼ、ニトログリセリン、オプスチノール、オムナジン、オプタリドン、オルチクリン、ハンマ社製ペニシリン、ペルバルサム、ペルビチン、プロフンドール、プロギノン、プロスタクリン、プロストファンタ、ピレノール、クワドロ・ノックス、レラクソール、ひまし油、サンゴ・ストップ（止血）、スコフェダール、セプトヨード、スパスモプーリン、ストロファンチン、ストロファントーゼ、スプラレンチン（アドレナリン）、シンパトール、タルゲシン、テンピドルム座薬、テストビロン、トロンボ・ベトレン、チバチン、トノフォスファン、トンシロパン、ブドウ糖、ハンマ社製乾燥大腸菌製剤、トゥサマーク、ウルトラセプチル、ビタムルチン、ヤトレン[223]」

品に関心を抱いてはいたのだが、医学の知識を我がものとしたことは一度もなかったのだ。薬物の消費者としての彼は、軍師としてと同様に、永遠のディレッタントであり続け、基本的な原理を理解しないまま、恣意的な提案に従ってしまった。それが結局、災いを招くこととなる。主治医に用意させた注射によって総統の身体がいよいよカオス状態に陥ったまさにそのとき、バルバロッサ作戦開始時まではしばしばうまく機能した生来の直観までが彼から失われた。薬物の集中使用で耐性が生まれたのは理の当然である。身体が薬物に慣れてしまい、用量を増やさなくてはならなかった。そうしないと効果が薄れ、薄れた効果にこの独裁者は我慢がならなかったのだ。

この点で、モレルが自分に信頼を寄せる患者に助けを与えることはなかった。問題のある相乗効果に関して、この主治医は深く考えることがなかったようである。医師の責任からすればまったくの見当違いだ。その他大勢の者と同様、彼が恐る恐る実践した唯一のことは、いついかなるときでも総統を満足させるということだった。それは自分の立場を不利にせず、これまで通り自分の地位から利益を得るためだった。一九四一年秋の数ヶ月、ユダヤ人の組織的な殺戮が軌道に乗り、ロシア内でドイツ国防軍が早くも数百万人の死者を伴う犯罪的な絶滅戦を戦っていた間、ナチズムの恐怖体制は自らに毒を盛っていたのだ。それも内側から。

東部の陶酔

「総統閣下がご健在であると確認して、私はきわめて深い感銘を覚えた[224]」

ヨーゼフ・ゲッベルス

一九四一年一〇月二日付の国防軍総司令官の戦争日誌にはこう書かれている。「中部軍は明け方から秋の好天のもと、全軍による攻勢に打って出た[225]」。つまりこのとき、遅ればせながらロシアの首都への攻撃が開始されたのだ。そしてスモレンスクとモスクワの中間に位置するヴャジマでの大がかりな両面戦争では、六七万人の赤軍兵士たちを捕虜とした。ヴォルフスシャンツェではすでに早期決着を主張する気の早い者もいた。しかしドイツ側は貴重な時間を浪費し、他の戦場にあまりにも多く注力したため、迅速な作戦を通じてスターリンの権力中枢を叩けなかった。天候が悪化したとき進撃は立ち往生してしまった。「いつ果てるともなく続く雨と霧。路面状態がひどく悪化して、すべての行動と後方からの補給が著しく困難となった」[226]。一〇月末にドイツの軍幹部はそう記している。このとき初めて敗北の可能性がほのかに見えてきた。

ヒトラーは危機的状況に対して平然と反応した。早い冬の到来の最中に、赤軍が活きのいいシベリアエリート師団で反撃に転じ、ドイツ国防軍に深刻な損失をもたらしたときに、総統はさらなる敗北を回避すべく部隊の撤収を求めた将校たちの訴えをことごとく無視した。そしてその代わりに一九四一年一二月一六日、「何があろうとも前線を維持せよ」という宿命的な命令を発した。それは最初の内こそ、事態のさらなる悪化を防ぎはしたが、長期的に見れば壊滅的な結果をもたらすことになるものだった。それ以後、総統の明確な許可なくして、いかなる撤退も禁じられた。かつては予見しがたいダイナミックな動きで恐れられたドイツ軍はこれにより、もはや流動的な戦局にうまく対応できなくなった。たしかに、ついこの間までドイツの敵たちは国防軍の戦闘能力に対する怖れを持ち続けていた。これはいわゆる訓令戦術〔部隊指揮官の行動の自由を増すための命令方式〕とも関連していた。これは他のどの国の軍隊よりも徹底して適用された方式で、与えられた命令を遂行するための大きな自由を将校たちに保証するものであった。しかし世界を震撼させた当初の陽動戦はすでに過去のものとなっていた。グデーリアンは、一九四〇年春には命令による強制を無視した斬新な行動を通じて、西部戦線での勝利に貢献した一人であったのだが、なんとこの装甲部隊の将軍でさえ、モスクワに近い前線からの撤退をヒトラーに進言しようとしたとき、出しゃばった真似をするなとヒトラーから釘を刺される始末だった。

ヒトラーが提示した唯一の処方、それは損失を顧みずに、もっぱら「死に物狂いの抵抗」をせよというものだった。これは「前線の実情を顧みずに」と言い換えることもできよう。それゆえ開戦後初めて迎えたこの冬に、早くも国防軍は壊滅的な打撃を受けた。モスクワでは勝利を確信して盛んに教会の鐘が鳴らされた。正教会の司祭たちは正装し、十字架を高く掲げて家から家へ、小屋から小屋へ急ぎ廻った。老若男女の別を問わず、聖なるロシアの地を守るためにその身を捧げて動員に応じるよう、人々を鼓舞するためだった。ソ連邦のいたるところで映像がスクリーンに映し出された。それは、赤軍兵士たちがキルティングの防寒着に身を包みフェルト製の靴を履いているのに対し、捕らえられたドイツ兵たちは外套も手袋もなく、裸足で凍結した地面の上で死のダンスを踊る様子だった。そうしないと凍死してしまうのだ。

侵略者にとって出口なき状況が幾重にも積み重なっていた。そんなとき助けとなったのはペルビチンだけだった。一例を挙げよう。モスクワとレニングラードの間に横たわるイリメニ湖の南岸の漁村フスヴァド。ここでドイツ軍は孤立し、その宿営は次々に焼き払われ、糧食は散発的に空路、冷え切った空から落とされるのみだった。最後の小さな脱出口が開き、疲弊しきった五〇〇名の兵士、重い荷物を背負い機関銃を肩に担いだ男たちが、腰まで雪の積もった原野を越えて、徒歩による一四時間の夜間行軍を始めた。国防軍の公式報告によると、たちまち多くの兵士が「極度の疲労状態に陥った。(…)深夜を過ぎたころに雪が止み、空は満天の星となったが、男たちは雪の中に倒れ込んだまま、まったく動こうとしなかった。もういくら焚きつけられても、彼らの強靭な意志が呼び覚まされることはなかったのだ。そのような人々に各自二錠ずつのペルビチンが手渡された。半時間すると最初の一団が元気を取り戻した。彼らは列を乱さずきちんと行軍を再開したのだ」(227)。このできごとが示しているのは、今やこの覚醒剤はもっぱら突撃や占領のために服用されるのではなく、忍耐と生存のために使われるようになったということである。[228] 明らかに潮目が変わったのだ。

元衛生将校が語る事実

「私はいつもその錠剤を大量に持っていました」。一九四〇年から一九四二年まで軍医科大学校で教育を受けたオットハインツ・シュルテシュタインベルクは、軍医候補生としてロシア戦線に配属されたときのことをこう書き残している。「当たり前のように配布されていました。その際のモットーは〈さあ、受け取れ〉でした」。今はミュンヘン近郊シュタルンベルク湖のほとりに住む彼は、九四歳になるが、彼をスターリングラードまで連れて行った戦争を、まるで昨日のことのように鮮明に覚えている。私たちはフェルダフィングのクロアチア料理のレストランのテラス席で落ち合った。「私自身はペルビチンを服《の》まなかった、正確に言うと一度だけ試してみたことはある。自分が兵士に渡すものがどんなものなのか、知るためだった」。そう彼は語る。「一度で分かったよ。あれは効く。容赦ないくらいに眠気を吹き飛ばす。でも何度も試したいとは思わなかった。依存性があり副作用も伴うことを私たちは知っていたから。精神疾患、神経過敏、虚脱感だ。それにロシアは完全な消耗戦、陣地戦だった。そこではペルビチンはもう役に立たなかった。余計に消耗させるだけだ。薬で休みなしに活動したツケはいつか払わねばならなかったから。いくら眠気を抑えても、そこに戦略上のメリットなんてなかったんだよ[229]」

これはベルリンでは周知の問題だったが、帝国保健指導者のレーオ・コンティはあいかわらず傘下の「帝国常習薬物撲滅センター」の助けを借りて、薬物依存の兵士たち全員に関して可能な限り漏れのないよう把握することに努めていた。彼は国防軍と親衛隊に対して、除隊処分を受けた兵士全員を、薬物依存の有無とその程度に関して等級付けし、場合によっては強制治療の対象者もしくは「手っ取り早く更生不能者または不治者に区分」[230]するよう、指令を発した。このやり方は過激で威圧的なものと受け止められ、国防軍の反応は乏しかった。そうした事例をほとんど、あるいはまったく報告しなかったのだ。激化する戦況が、例えば薬物使用の処罰化をもたらすということはなかった。それどころか軍は、コンティの部署（帝国常習薬物撲滅センター）の職員たちをことさら前線での戦闘要員としてリクルートし、これによって彼の反ドラッグキャンペーンはますます妨害されることとなった。

一九四一年末になると総統大本営でも、勝利はもはや望めまいと考える者が出始めた。参謀総長ハルダーは状況をこう要約している。「我々の人的、物的な余力は尽きかけている」[231]。敵の意表をついて実際の戦力比を逆転させようとした電撃戦の戦略、そして最初から砂上の楼閣でしかなかったヒトラーの戦争構想はことごとく破綻した。ドイツの人々は、より人口の多い、そして今や装備の面でもより優れたロシアを相手取って、長期にわたる物量戦を戦い抜くことができない。それは熱狂から覚めた冷静な確認であり、これに基づいてさまざまな結論が導かれるべきであった。しかるに独裁者ヒトラーは、明白な事実から目を背けた。重要な地政学的現実とのつながりを彼は自ら断ち切ったのだ。その結果、誤った決定が次々に下された。一九四一年秋以前にはあれほど多くの成功に恵まれたこの最高司令官は、今では正反対の状況にはまり込んでいた。

まるで誰の目にも明らかな事実であっても、あっさり眼を瞑《つぶ》ることで現実を無視できるかのように、すでに複数の前線で続く戦いで疲弊していたドイツはまったく理不尽な行動に出る。一九四一年十二月に休養十分な超大国アメリカに宣戦布告したのだ。敵多くして没落も多し〔神聖ローマ帝国の軍人フルンツベルクの「敵多くして栄誉も多し」のもじり〕。今や陸軍総司令部、つまりフォン・ブラウヒッチュの任務をも自らに引き受けた自信過剰なヒトラーは、もはや世界情勢を理解できなかった。遅まきながら状況を今一度冷静に判断することなど、彼には望むべくもなかった。本人の言葉を借りると、ヒトラーはバルバロッサ作戦で「これまで見たことのない闇の部屋の扉」をこじ開けてしまった。「扉の向こうに何が潜んでいるのか知りもせずに[232]」。だがモレルが記したように、闇は実際にヒトラーを取り囲んでいた。「それ以外は日の光の届かぬブンカー生活だった[233]」。この闇の中で、この隠棲した独裁者の心を動かすことはもはや何もなかった。こうして彼は現実を無視することができたのだ。ヒトラーが閉じ籠った装甲車のように硬い殻を突き抜けることができたのは、ホルモン剤の静脈注射を行う主治医の注射針だけだった。ゲッベルスは日記にこう記している。「総統閣下があのようにまともな生活から締め出され、あのようにひどく不健康な生活を送っておられるのは、まさに悲劇である。閣下は新鮮な空気を吸うこともなく、気晴らしも一切せず、ひたすらブンカーに座しておられるのだ[234]」

一九四二年一月になると、ベルリンのヴァンゼー会議で「ユダヤ人問題の最終解決」の諸条件が定められた。今やヒトラーの考えと行動は、ますます明瞭な形でジェノサイドの完遂へと凝り固まっていった。一度手に入れた領土はなんとしても手放すまいという必死の執着にはそれなりの理由があった。それは占領された東部地域に設置されたアウシュヴィッツ、トレブリンカ、ソビブル、クルムホフ（ヘウムノ）、マイダネク、ベウジェッツの各絶滅収容所の煙突から、遺体焼却の煙をできうる限り長い期間、立ち昇らせるためだった。すべての拠点を死守せよ、すべてのユダヤ人が死に絶えるまで。ますます過激に人間的慣習から逸脱していった患者Aは、この期に及んでもなお、それら無抵抗な人々に対する戦いに勝利したいと望んでいたのだ。

プラネット・ヴェアヴォルフ

「貴殿が総統大本営で世界史上の偉大なできごとを間近に体験できることを羨ましく思います。総統閣下の天与の才、好機を逃さぬ行動力、各方面に対して詳細に考え抜かれた我が国防軍の構成、それらのおかげで私たちは安心して明るい未来を思い描くことができるのです。(…)閣下がこの上ないご健康を今後も維持され、民族のための最終目標を達成する力を享受されますことを[235]」
テオ・モレル宛ての書簡から

一九四二年七月。第三帝国の版図拡大はノールカップ〔ヨーロッパ最北端とされるノルウェーの岬〕から北アフリカと西南アジアにまで及んだ。ナチ党員たちの遠征行はひとまず達成されたのだが、敗北の兆しはすでに現れていた。この夏に「ラインハルト作戦」、すなわち被占領国ポーランドの二〇〇万を超えるユダヤ人、五万人以上のシンティ・ロマ〔ジプシー〕の組織的殺戮が始まった。これと同時に大がかりな引っ越しも行われた。ナチス首脳らが一七機の航空機でヴォルフスシャンツェを離れ、西ウクライナ田園地帯の小都市、ヴィーンヌィツャから数キロ離れた地点に新設された大本営に向かったのだ。

この引っ越しは大々的に行われたが、茶番劇以上のものではなかった。それは前線、つまり戦闘の現場に近づいたと自分たち自身に思い込ませるためだった。しかし主な戦線は、森の中に忽然と姿を現したこの急拵えの宿営からは、まだ優に数百キロメートルは離れていたのだ。さらに一九四二年春からドイツの各都市に英国空軍による大がかりな空爆が始まり、すでにリューベック、ロストック、シュトゥットガルト、中でもケルンが大きな被害に苦しんでいたのだが、遠く離れたここはそのような心配もまったく不要だった。地図には存在しない新しい指令本部、この大草原の中のハイテクセンターは、ヒトラーの政治的、社会的現実からの逃避に見合う立地だった。そこで彼は薬物による陶酔にいっそう身を任せ、現実から引きこもることができたのだった。以前ミュンヘンのプリンツレゲンテン広場に面した広壮な屋敷に住んだときのような堅固な住まいは、久しく彼の生活から失われていた。彼自身、現実から遠く離れた避難場所だけを求めたのだ。

任命されたばかりの軍需大臣アルベルト・シュペーアは、ウクライナに建てられたこの新たな大本営について、「バンガローを思わせる施設、小さな松林、「公園のような庭」」と述べている[236]。刈り倒された松の切り株には、周りの景観に合わせてグリーンの塗料が塗られ、駐車場は藪に隠れるようになっていた。全体はほとんど田舎で過ごす休日の保養所といった印象だった。しかし、高い楢の樹々に囲まれたこれら二〇棟強の丸太小屋とバラックから、その残忍さにおいて前例のない戦争が引き続き指揮されていたのだ。ヒトラーは大量殺戮のためのこの新たな指令中枢をヴェアヴォルフ〔ヴォルフはアドルフの古形、ヒトラーのニックネーム。「人狼」〕と命名した。非現実の圏域にはまさにふさわしいネーミングである。この場所において、儀式化された日課や庇護してくれる厳格な規則の中に嵌め込まれるようにして、怪物的な計画が策定され指令されることが可能となったのだ*。ここで例のグレーファーツは、数十億個の狂った腸内菌を抱えて、引き続き細菌たちからの攻撃を恐れていたのだが、その一方で、彼の兵士たちはロシアの大草原と沼沢地の中で、ヴォルィーニ熱〔塹壕熱とも言う〕、野兎病、マラリアといった東欧の本物の感染症に苦しまねばならなかった。

そうこうするうちに最高権力者にとって欠かせない存在となったモレルは、戦況会議にも彼を一人で出席させようとしなかった。そこは民間の医師モレルには場違いな場所であり、将校たちからも懐

*「民間人とのあらゆる交流、ならびに地元民の住宅での滞在は、これを禁ずる」。いたるところで病気を媒介する害虫や害獣の存在が危惧され、さまざまな警告が発せられた。ハエはルール病！〔感染性腸炎〕、ダニとシラミはチフス！、ウクライナのクマネズミはペストを感染させる恐れあり[237]。

疑的な眼で見られたのだが。毎日二回開かれた会議で、世界は軍略図上のできごとへと抽象化された。外がどれほど晴天であっても窓が閉められ、カーテンも下ろされたままだった。この上なく清冽な森の大自然がすぐそばにあるのに、総統大本営ヴェアヴォルフはいつも重苦しい雰囲気に包まれていた。[238] もはやヒトラーが助言を受け入れる相手は、自分と同様に前線の状況に無関心な者のみとなっていた。ひねくれて融通の利かない陸軍元帥カイテルのようなイエスマンたちの天下だった。ちなみに彼は裏で「ラカイテル」〔Lakaiはドイツ語で「おべっか使い」の意〕と嘲られた。

ロシアへの侵攻開始から一三ヶ月が経った一九四二年七月二三日、ヒトラーはさらなる重大な戦略ミスを犯した。指令第四五号でドイツ軍の戦力の新たな分割を命じたのだ。今回の舞台はソ連邦の南部で、部隊Aは石油の豊富なアゼルバイジャンのバクーに進軍し、部隊Bはヴォルガ河に面したスターリングラードを経由してカスピ海に進めというものだった。前線の位置はもともと敵国内八〇〇キロメートルまでということだったのだが、この指令によりほとんど維持不能な四〇〇〇キロメートルにまで広げられた。陸軍首脳からは激しい抗議が起きた。灼きつけるウクライナの太陽のもとで気温は四五度、五〇度にもなり、「これまでなかった規模での突発的なトラブルや鬱憤の爆発に至るのは必至である。(…)根拠のない希望的観測が基本原理とされたのだ」。参謀総長ハルダーは最高司令官の行動をそのように批判した。[239] 軍需大臣シュペーアによれば、特殊な形の「感覚の混乱がみられ、そうした状態で誰もがヒトラーに近い筋から、終焉が避けがたいことを知った」。とうの昔に真実は軍の計画から逃げ出していた。こうした粉飾された会議は裏で、「お手盛り会議」と呼ばれた。「うわべだけきれいに糊塗された国防軍諸機関の報告を聴いていると(…)危機的な状況が十分に認識されていないのではないかと危惧された」[240]

「鎌の一撃」の考案者、クリミアの征服者、その後元帥を任じられたエーリヒ・フォン・マンシュ

主治医モレル（向かって左、患者Aの後ろ）は以前から欠かすことのできない存在となっていた。

タインが東部戦線南部の危機的情勢について講演したとき、国防軍総司令部の戦争日誌には驚愕した調子でこう書かれた。「今回もいつも通り、大鉈が振るわれることはなかった。まるで総統閣下にはもはやその能力がないかのようだ[24]」。理性的に講演する将校たちにヒトラーはもう我慢がならなかった。立場上彼らの意見を聞かぬわけにもいかなかったが。ヒトラーからすれば、彼らはいつも物事を悪い方、悪い方に解釈する連中なのだ。子供じみたやり方で彼は上級大将アルフレート・ヨードルに握手の手を差し出すのを拒み続けた（ちなみにヨードルは司令部で唯一、モレルの患者でなかった人物である）。もはやヒトラーは会食に参加せず、日中ずっとヨーロッパブナの陰になる場所に建てられた丸太小屋にすっかり引きこもった。辺りが暗くなる前に彼がこの小屋を離れることはなかった。彼は一九四二年八月半ば、ドイツ軍の現状についてのイメージを得るために珍しく前線に飛んだのだが、たちまち重度の日焼けになってしまった。「顔全体が真っ赤に焼け、額には広範囲に炎症が見られ、彼は強い痛みのせいでだいぶ不機嫌だった」(242)。しかし再び安全な自分の丸太小屋に戻ると、一転して大喜びだった。

公の場での講演会もほとんど開催されなくなった。歴史家で著作家のゼバスツィアン・ハフナー〔一九〇七—一九九九〕は、かつて誰もが知る公人であったヒトラーの引きこもりについて、次のように書いている。「彼は大衆を素面の状態から酩酊状態へと誘った。ヒトラーは六年間、強烈なドラッグを配給するようにして自分自身をドイツ国民に差し出した、と言うこともできよう。もっとも彼は戦時下ではそれを突然引っ込めてしまったのだが」(243)。これと関連してヒトラーにはもはやあのエクスタシーはなかった。それは以前の彼が公の場に登場するたびに味わったものであり、彼にしてみれば、今やその自尊心にとって欠かせないものとなった薬物による高揚感の新たな注入と同等の効果があった。歓呼で迎える民衆とのこうした接触はかつて、ヒトラーの大いなるエネルギー源であった。それが今のような隠棲においては望むべくもなく、薬物によって代用されねばならなかったのだ。そしてこれによって独裁者がさらに自身の殻に閉じこもる「蛹《よう》化」が加速された。ヒトラーの評伝作家ヨアヒム・フェストは、「総統は繰り返し人為的な充電を必要とする人間だった。彼にとってモレルのさまざまな薬物と薬品は、ある程度までかつての民衆からの喝采という刺激物を代替した」としている(244)。

国家の長は国務をほとんど考慮しなくなっていた。総統は毎晩夜更かしを好み、朝六時前に就寝することは滅多になかった。そしてあいかわらずシュペーアとの間で壮大な建築プロジェクト話に花を咲かせることを何よりも喜んだ。だが今となってはそのようなプロジェクトなど、夢物語に他ならなかった。総統の忠実な軍需大臣でお気に入りの建築家シュペーアは、ヒトラーとの共同作業を「陶酔の年月」と書き、自分の本心を抑圧する名人らしく、後々まで「陶酔をもたらす総統閣下の力」を誉めそやしていたが、そのシュペーア自身、ヒトラーが「そうした談話の中で現実との接点をますます失い、自身の幻想世界に遊ぶようになった(245)」ことを認めざるを得なかった。

真実に背を向けるこうした態度は、戦争の帰趨に深刻な作用を及ぼすこととなった。ヒトラーは部隊の実際の装備、戦闘能力、物資補給について評価する能力を一切欠いたまま、頻繁に部隊を戦地に派遣した。それでいて自分なしでは何も解決しないとばかりに、あらゆる戦略上の問題について大隊レベルに至るまでいちいち口を出して軍部を辟易《へきえき》させた。*その後、戦況会議で発せられる一言一句が速記録に残されるようになった。それは、現実離れの度合いを強める総統の命令に将校たちが従おうとしなかった場合に、その責任を取らせるためだった。

すでにダンケルク停止命令のときから軍事面でのディレッタントであったヒトラーは、今では夢想家への変貌を遂げていた。その一方、彼の軍隊はアブハジアの曠野やカルムーク大草原で道を失い、黒海にまで進軍し、コーカサスのエルブルス山〔標高五六四二メートル〕の五六三三メートル地点にむなしく翻《ひるがえ》るハーケンクロイツ旗を掲揚した。ヒトラーの注射器の消費がこの一九四二年夏に急増したため、モレルはベルリンのエンゲル薬局に総統大本営向けの特別注文を出さねばならないほどだった(246)。

一九四二年秋。以前のフランス侵攻時の「薬物漬けの狐」から「砂漠の狐」に変身していたロンメルは、アフリカでモントゴメリー将軍率いるイギリス軍相手に深刻な状況に陥っていた。一方その頃、戦略的な意義が低下したスターリングラードになおもこだわることは、もはや病的な様相を呈していた。そこでの劇烈な戦闘状況を知ったヒトラーは、それをいたずらに神話化された宿命の戦いへ

＊スターリンの場合とはまったく違っていた。彼の責任とされる一九四二年五月のハリコフ攻防戦の敗北の後、スターリンは多かれ少なかれ軍務から手を引き、配下の軍総司令部スターフカに比較的自由な裁量権を認めた。

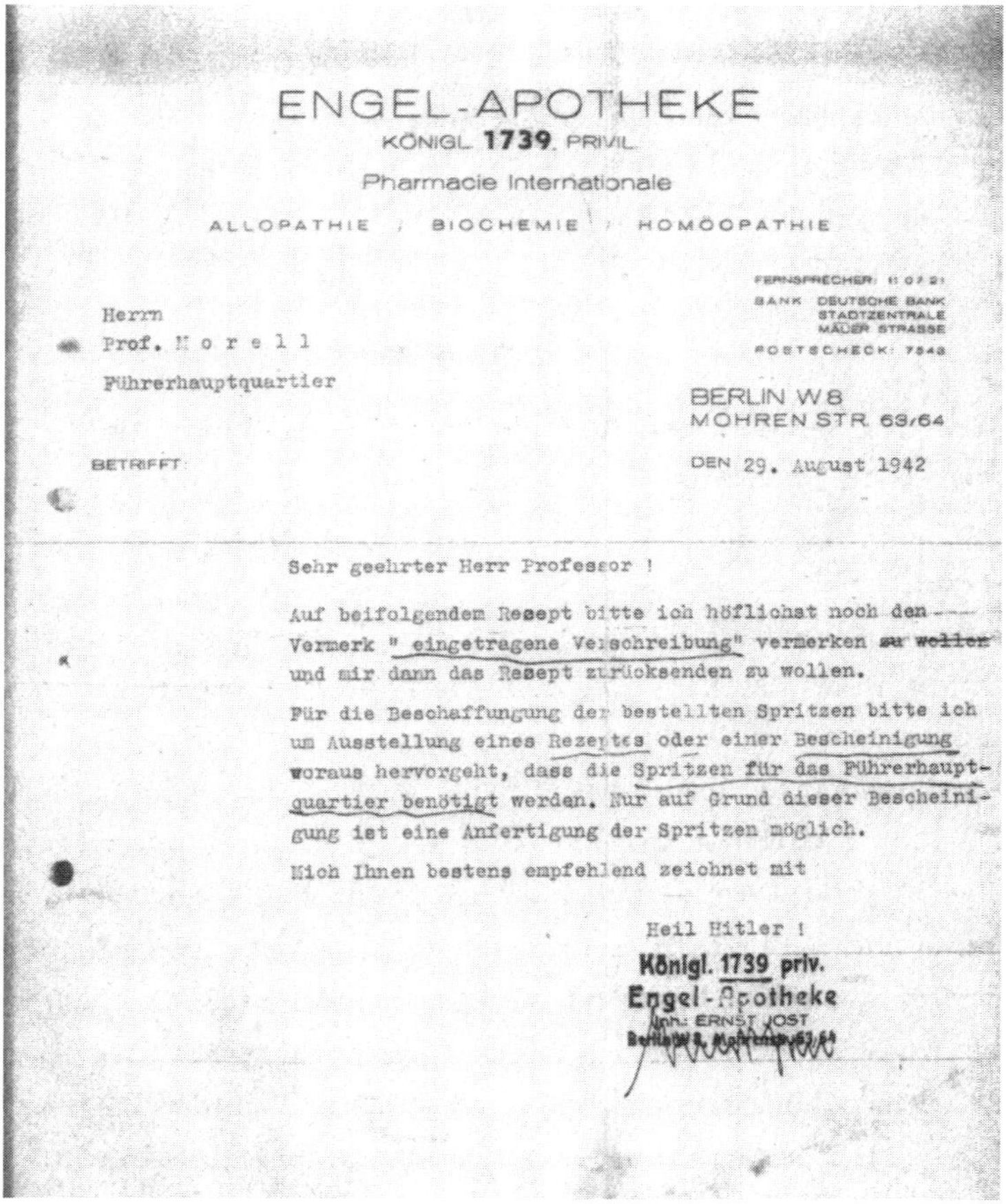

ENGEL-APOTHEKE
KÖNIGL. 1739 PRIVIL.
Pharmacie Internationale
ALLOPATHIE / BIOCHEMIE / HOMÖOPATHIE

FERNSPRECHER: 11 07 21
BANK: DEUTSCHE BANK STADTZENTRALE MAUER STRASSE
POSTSCHECK: 7548

Herrn
Prof. M o r e l l
Führerhauptquartier

BERLIN W 8
MOHREN STR. 63/64

BETRIFFT:

DEN 29. August 1942

Sehr geehrter Herr Professor !

Auf beifolgendem Rezept bitte ich höflichst noch den Vermerk " eingetragene Verschreibung" vermerken ~~zu wollen~~ und mir dann das Rezept zurücksenden zu wollen.

Für die Beschaffungung der bestellten Spritzen bitte ich um Ausstellung eines Rezeptes oder einer Bescheinigung woraus hervorgeht, dass die Spritzen für das Führerhauptquartier benötigt werden. Nur auf Grund dieser Bescheinigung ist eine Anfertigung der Spritzen möglich.

Mich Ihnen bestens empfehlend zeichnet mit

Heil Hitler !

Königl. 1739 priv.
Engel-Apotheke
Inh.: ERNST JOST
Berlin W 8, Mohrenstr. 63/64

ベルリン、ミッテ地区のエンゲル薬局がヒトラー専用の注射器を提供した。
〔…ご注文の注射器をご用意するに当たり、総統大本営でそれが必要であるとの
処方箋または証明書類の発行をお願いいたします。
そのような書類の提出が注射器をご用意する前提となります。心からのご挨拶とともに、ハイル・ヒトラー！〕

と様式化した。彼の健康悪化とともに戦況は急激な下り坂となり、一方パウルス将軍率いる第六軍を取り囲むヴォルガ河沿いの敵側包囲網が完成し、大勢のドイツ兵たちが空腹、寒さ、ロシアの手榴弾の犠牲となった。「腸内ガス、口臭、不機嫌さ[247]」。モレルは一九四二年一二月九日の日誌にそう書いた。このとき、ゲーリングがスターリングラードで孤立した部隊に向けて現実離れの大言壮語で約束していた、空からの糧食および燃料の補給がうまくいかないことが判明したのだった。

その一週間後に患者Aは主治医に助言を求めた。彼はまさにこのゲーリングから、自分は体調が優れずふらつくときにはカルディアゾールという名の薬を服用しているという話を聞いたのだ。ヒトラーが知りたがったのは、「重要な案件に当たって、いささか体調に不安を感じたときなどに、その薬は自分にも効くのか[248]」という点だった。モレルは効果を否定した。カルジアゾールは用量を決めるのが難しい循環器系の薬物で、血圧を高め、痙攣発作を起こしやすいため、今では心臓疾患も抱えていたヒトラーにはリスクが高すぎると判断したのだ。ただし主治医は患者からの暗黙のメッセージを了解した。緊迫の度を深めるスターリングラード情勢を、精神の安定を失うことなく克服するために、彼の上司は次第により強力な薬物を欲している。この要請にモレルは応えることになる。

屠畜場ウクライナ

「諸君は健康であらねばならない。諸君の健康を害する物から距離を置かねばならない。
我々に必要なのは醒めた民族である！
将来ドイツ人の価値は、もっぱらその精神の所業とその健康の力によって測られるであろう」[249]
アドルフ・ヒトラー

ビタムルチン栄養剤の長続きする人気を足がかりにして、テオ・モレルはモラヴィアのオルミュッツ〔現在のオロモウツ市〕で、旧チェコスロバキアの大手食用油脂メーカーであるハイコルン社を獲得した。もともとそこはユダヤ人の所有する会社だった。ヒトラーが直々にこの「ボーナス」をモレルに与えたのだ。* 購入価格は条件のいい物件にしては破格の一二万帝国マルクで、ここを主治医は自ら経営するハンマ社の主要生産拠点に改造した。モレルの日誌にこれについての記載がある。「社屋がこんなに安く買えることは二度とあるまい。（…）アーリア化〔ユダヤ人などの所有する企業・組織のドイツ化〕の対象物件が私のものとなった」[251]。それ以来そこでは千人を超える従業員が、ポピーシードオイル、マスタード、磨き粉あるいは自社開発の粉末シラミ駆除剤「ルスラ」といった多様な商品の生産に当たった。ルスラは効果がほとんどなかったが、それでも国防軍では使用が義務付けられていた。中核商品は何と言ってもビタミン・ホルモン製剤だった。野心家の主治医とナチスのテロルから甘い汁を吸う商人たちは今、それらの商品が継続的に補充されることをぜひとも必要としていた。

総統大本営ヴェアヴォルフの南方八キロメートルのヴィーンヌィツャ市には、近代的な大型屠畜場があった。そこはアメリカのスイフト社が開戦の直前に最新技術を用い、シカゴの屠畜場を手本にして建設した施設である。ウクライナ全土の家畜の処理をここが一手に引き受け、大量の血液の回収まですべて全自動で行うことになっていた。モレルはこれにいたく感激して、こんな屠畜場はドイツにもない、ドイツではあいかわらず「貴重なタンパク源である家畜の血液が洗い流されている」とメモ帳に書き残している。主治医である彼はこの革新的な施設で一儲けしようと決意した。ヒトラーが自ら業火の中に陥れた世界から離れ、森の小屋に引きこもっている間、叩き上げの薬剤師モレルはウクライナでの戦争を自らの事業拡大に利用しようとしたのだ。

そこに一大商機を嗅ぎつけた彼は単純かつ恥知らずなある計画を立てる。ナチスの中心的イデオローグであり、東部占領地域大臣でもあったアルフレート・ローゼンベルクに「臓器製剤工場」を設立したいと申し出て、いかにも主治医らしい願いを述べたのだ。「もしこの私に（…）余り物を分けて頂けるなら、東部地域全体にホルモン製剤を供給することが可能になるでしょう[252]」。余り物という言葉でモレルが意味したのは、甲状腺、副腎、睾丸、前立腺、卵巣、カウパー腺、胆嚢、心臓、肺、つまりヴィーンヌィツャ市で処理される家畜のすべての腺や器官、さらには骨ということだった。

企業家の眼からすれば、そこは金鉱だった。なぜなら、それらを原料として高価なドーピング薬物やステロイドを作り出すことができるからだ。汚い取引の糸口を見つけるため、主治医はここ数週間、被占領国中を休みなしに駆けずり回っていた。廃棄物全般を再処理する権利を得ようと画策していたのだ。彼は処理された家畜の血液さえ、乾燥血液と野菜（特にニンジン）を原料とする新しい栄養剤のためにリサイクルしたいと考えた[253]。彼は妻に宛ててこう書いている。「この頃、車に乗る時間

＊一九四三年一一月二九日付の売買契約書にはこう書かれている。
「ユダヤ人アドルフ・ハイコルンとその妻ヴィルマ（旧姓ゴルトシュミート）ならびに息子のフリードリヒ・ハイコルン、娘のヘトヴィヒ・ハイコルンの資産は秘密国家警察の指示により没収された。買主は当人がユダヤ人ではなく、この売買契約に関して買主側にユダヤ人、ユダヤ系企業、ユダヤ人団体のいずれもまったく関与していない旨を明言した[250]」

が多すぎて、ずっと疲れている。二日おき、いやときには毎日、車で三〇〇キロも移動しているんだ。おまけに道路はロシア特有の悪路続きで泣きたくなるよ[254]」。モレルは血の最後の一滴まで、あるいは言い古された言葉だが骨の髄に至るまで、占領されたウクライナから搾り取り、むしり取ることを計画していた。前々からナチス最上層部で、個人的な利益を貪る厚顔無恥さを大いに発揮してきた人物だった。一種の公的機関であるのこの施設で、モレルは恥も外聞もなくその高い地位を存分に活用したのだ。

大管区指導者で、いわゆるウクライナ総督を務めたエーリヒ・コッホ（その残忍さで「小スターリン」とも呼ばれた）は、自身もヒトラーと同様にモレルの患者だったこともあって、大喜びで彼に協力した。以後、主治医は家畜の処理が行われるたびに「臓器製剤に使えそうな臓物を（…）受託者に集めさせ、自由に使用すること[255]」を許されるようになった。モレルは総督に感謝して、ただちに次の計画を知らせた。「家畜の分泌腺と各器官の案件がうまくいったので、今度はウクライナの薬草や生薬の活用に着手したいと思います。この事業も必ずや軌道に乗せて御覧に入れますよ[256]」

彼はただちに「ウクライナ製薬会社、臓器および植物製剤製造・輸出ヴィーンヌィツャ事業所」を設立した。この社名は彼の事業計画そのものであり、最初から拡大路線が想定されていた。つまりモレルは西ウクライナに飽き足らず、大儲けの期待できるドネツ盆地（ドンバス）の工業地帯を視野に入れていたのだ。黒海に面した大草原地域とクリミアも照準に入っていた。彼の計画はそこで「薬草を大々的に栽培し、強力なドイツ経済の構築に貢献する[257]」というものだった。

彼にとって特に重要だったのが東ウクライナの大都市ハリコフで、そこは戦略的に重要なソ連邦第四の都市（当時）として、一九四一年一〇月に第六軍に占拠されていた。国防軍による占領以来、そこではドイツから来た死神が思いのままに猛威を振るった。建物の三分の二が破壊され、人口も一五

○万人から一九万人に激減した。ソヴィエト国民は自宅バルコニーから突き落とされ、銀行、ホテルの通路や出入り口で吊るされた[258]。ドロビツキィ盆地では、アインザッツグルッペ（特別行動部隊）Cのユニットである親衛隊特殊部隊４aが、秩序警察第三一四大隊の協力のもとに、ユダヤ系住民たちへの大虐殺を行なった。一万五〇〇〇人が射殺され、女性や子供たちもガストラック内で殺害された。占領軍はハリコフの多数の住民を強制労働者としてドイツに連行した。一九四二年五月の赤軍による解放の試みが失敗したときには、二四万のソ連兵が戦争捕虜となった。

　モレルはそんなことを一切気にかけなかった。むしろハリコフの絶望的な状況は彼にインスピレーションを与えたようだ。「何度か帰属国が変わって荒れ果てた都市から、今また何か戦争経済に役立つものを発掘するというのは、めったにない興味深い任務です」。そう彼はコッホ総督に宛てて書いている[259]。

　かつてハリコフに内分泌腺を専門とする内分泌学研究所があったことを聞き知ったモレルは、再び総督に手紙を書いた。「ロシア国営のその研究所も、分泌腺が手に入らなければ宝の持ち腐れです。処理の際に出るこの身体部位をお譲り頂けるなら、この研究所の購入につきましてもご承認下さい。ただちに分泌腺の加工、そしてドイツで緊急に必要とされている物質の生産に着手したいと存じます[260]」

　電話による返事がその日のうちにあった。モレルにこの研究所を委ねる。しかも「無償譲渡」だった。さらに負担を軽減するために、ウクライナの一八箇所の屠畜場すべてに次のような通達が出された。「ウクライナ総督の指示により、屠畜場で出た臓物類は（…）もっぱらウクライナ製薬会社に継続して納入しなくてはならない。その際には脂肪を除去し、処理後二時間以内にマイナス一五度で冷凍するか、可能な限りの低温に保たねばならない[261]」

もはや、ホルモン製剤の新規開発と大量生産にとって妨げとなるものは何もなかった。主治医モレルは、獣が泥浴びをするように嬉々としてこの計画の中に浸り込み、こうした東部戦線のおぞましい商業利用の正当性を公言した。「(…)家畜の分泌腺なら手に入るものはすべて欲しい[262]」。状況がこれほど有利に働くことはあるまい。「真空乾燥機と抽出器の早い到着が待たれる。これらが届いたら大規模な操業の開始だ[263]」

しかしこの好機は彼から逃げていった。喜びの絶頂は永遠には続かないものだ。前線が総崩れとなったため、せっかく手に入った内分泌学研究所も結局はただのぬか喜びとなった。一九四三年春にハリコフの街は赤軍によって奪回される。「残念ながら現実の出来事の方が強大で、私たちが抱いた美しい希望と初期作業での骨折りは、ことごとく水泡に帰してしまった[264]」。落胆した主治医はそう記して、分泌腺の加工拠点を再びモラビアのオルミュッツ〔現在はチェコ領オロモウツ〕に一本化した。大量の生の臓物を千キロ以上離れたそこまで輸送し、そのようにしてウクライナから可能な限りの利益を得るために、モレルは天と地を総動員した。すべての国家機関を動かしたのだ。その際にこの「総統の主治医」(彼の便箋のレターヘッドにははっきりそう書かれていた)にとって、「これは総統閣下のご意志でもある」と主張して自らの願望に権威付けをすることなど、ごく当たり前の戦略であった。

戦局が予断を許さぬ危機的な段階に入り、東部への連絡路は、死守されたわずかなルートしか残っておらず、しかもそれらが部隊への物資補給や負傷兵の後送のために不可欠となっていた中で、モレルはそんなことにはお構いなしに、連絡手段や総統大本営の兵站を使った。それは、無数のトラックや帝国鉄道の列車に東ヨーロッパを貫いて長距離を延々と走らせ、何トンもの豚の胃袋、膵臓、脳下垂体、脊髄、牛、豚、羊の肝臓を運ばせるためだった。総統大本営の全員に対して「重要ならざる車両使用を禁ずる[265]」厳しい規定があったのだが、当然モレルには適用されなかった。彼は鶏の足まで輸送させた。それを煮てゼラチンを作るためだった。

典型的なモレル列車の積載品リストは次のようなものだった。塩漬けの肝臓七〇樽、豚の胃袋一二一六個、卵巣六〇キロ、雄牛の睾丸二〇〇キロ。値段にして二万帝国マルクだった[266]。

ほぼ連日、チェコスロバキアのアーリア化された彼の工場に、ウクライナからそうした製薬原料が到着した。重要な国防軍の輸送は滞ってしまった。モレルは融通の利かない人物だった。ウクライナ製薬工場の製品を積んだ列車が少しでも遅れると、彼は受話器をつかみ、「車両の調達に関して[267]」、いきなり最上部の管轄部署に苦情を言った。相手は最低でも輸送司令官で、好んでかけたのは鉄道部門の総裁や帝国運輸大臣だった。その際にモレルは自分の地位をちらつかせて、「国防軍貨物運送証の貼付された車両、あるいは少なくとも最高度の優先レベルの車両を提供し、封鎖区間でも優先的に通行させること」を要求した。これが受け入れられない場合は相手を怒鳴りつけた。逆に電話の相手が了承すると、功労者としてヒトラーに拝謁する栄誉がほのめかされ、あるいは少なくとも銀紙に包まれた高級ビタムルチンが一箱プレゼントされた[268]。そうやってモレルはいつも我意を通したのだ。押しの強い彼の希望は部署から部署へ、あたかも本物の命令であるかのように伝えられた。

このことはますます毒性の強い花を咲かせる結果となる。彼は戦争の最中であっても、自社製造部門を維持し、可能な限りの利益を上げるためとあらば、強制労働者の徴用をも辞さなかった。化学部長のクルト・ムリ博士はこう報告している。「当社は目下、単純作業用の労働力調達に関して困難な状況にあります。(…)車両へのビタムルチンの積込作業は少女たちだけでも可能です。ですから、ときどき囚人たちをこちらに回してくれるよう打診してみます。できましたらボルマンの役所に、我々の業務が急を要するものである旨を証明する文書を発行してくれるよう促して頂けますか?[269]」ムリは知っていた。自分の上司は、泣く子も黙るナチス党全国指導者であり総統の個人秘書である実力者マルティン・ボルマンにさえ、影響力を行使できる立場なのだと。

モレルはここ数ヶ月、自社の処理能力を超えるほど大量の臓器を溜め込んでいた。しかし彼はウクライナの独占権にこだわり、それらを他社に処理させるよりは腐らせる方を選んだ。「自分としては競争相手に原料をみすみす手渡すことなどまったく考えられない。(…)ウクライナで分泌腺その他の器官を回収して活用する権利は、この私だけのものなのだ」[270]

主治医が特に注目していたのは肝臓だった。エネルギー代謝の重要な器官である肝臓では、多様な物質が分解生成されており、とりわけコレステロールから作られ、筋肉増強・性的能力向上効果をもつ男性ホルモン、コルチコイドや糖質コルチコイドなどの多くのステロイドが存在し、それらは短期的に活力を高めるため、驚異の成分とされていた。モレルは当時の研究状況に基づいて、それらに刺激効果や治療効果があることを確信していた。しかし肝臓には、多種多様な病原体を含め様々な物質が存在し、免疫学的な反応を引き起こして一種の自己破壊プロセスの引き金となるものもある。それは身体が自他の区別、危険な物質と危険でない物質の見分けがつかなくなって、免疫防御システムが健康な部分にまで攻撃を加えてしまうケースである。

戦争が混迷の度合いを深めるにつれ、冷凍された家畜の肝臓が輸送中に解凍してしまうケースが増えた。途中で何日も足止めされてしまう事態が避けられなくなったからである。オルミュッツに到着するまで三週間もかかることもあった。悪臭を放つ臓物はそこでアセトンとメチルアルコールを加えた大鍋で何時間も煮立てられた。有毒成分が分留されると、蜂蜜のようにねっとりとした褐色の液体が後に残った。これを水で薄め、アンプルに詰める。一日一万個。モレルご自慢の製品「ハンマ社製肝臓薬」の完成だ。

だが、そのような「いかもの」が実際に消費者に受け入れられたのだろうか? 主治医にとっては残念なことに、一九四三年五月以降、新しい薬品を市場投入はできなくなった。戦争経済の関連規定がそう定めたのだ。しかしモレルはこのハードルを回避する術を心得ていた。独断で所轄の帝国保健局に話をもっていったのだ。そこは帝国保健指導者コンティの役所である。「当職の陥った苦境をお話しすると、総統閣下は次のことを許可されました。当職がある薬品を開発し、きちんと検証した後、総統大本営で実際に使用してみて、効果が認められたならば、それをドイツ全土で使用してよいし、そのために許可を得る必要などはない、とのことです[271]」

いかにも病的な響きがあるが、かつてはベルリンの繁華街クアフュルステンダムの人気医師であり、今や一挙に医薬品王国を築きあげたモレルは、しばしばきわめて不衛生な条件下で生産された、怪しげなホルモン製剤やステロイド剤を直接、患者の血管内に注射した。そしてそれを通じて、総統大本営の高官たち、おそらくはヒトラー自身をも、モルモット代わりに利用したのだ。その後彼は、首尾よく帝国内および国防軍への販売許可を手に入れた。自己免疫性の破滅の始まりである。

「X」と完全なる現実喪失

「総統の健康そうな外観は少々偽りである。うわべでは万全な健康状況であるように見えるが、実際はそうではないのだ*272」

ヨーゼフ・ゲッベルス

一九四三年二月にはスターリングラードで第六軍の敗残兵たちが白旗を掲げ、これをもって国防軍の権威は失墜し、ヒトラーの光輝も失われた。ヴォルガ河流域では軍事的な破局が確定し、アフリカではロンメルがイギリス軍に敗れ、ドイツ国内では三月から英国空軍によるルール地方の諸都市への壊滅的な空爆が始まり、さらに大西洋でも五月に潜水艦戦での敗北が続いた。そうした凶報に対するヒトラーの外面的な反応は、いつも通りのものだった。外界の完全なるシャットアウト。そして自分の決断はいつでも唯一正しいものだという盤石の自信。彼は頑迷に「最終勝利」が自明であると言いつのり、今では以前にも増して自分の決定の根拠として、準備の有無や合理的、客観的な理由を挙げることがなくなった。変化した状況にきちんと向き合い、例えば平和的解決といった新たな戦略を模索する代わりに、体制はますます硬化していった。それは患者A自身の態度の硬化のせいでもあった。

ヒトラーは孤独をかこつようになっていた。赤軍の怒濤の進撃のせいで、一九四三年の一年間、彼は大本営ヴェアヴォルフには数日しか滞在しなかったのだ。ふだんの彼は再びヴォルフスシャンツェに籠っていた。手負いの獣のように。そこで開催された高官全員参加の食事会と深夜のティーパーティは、ますます気まずいものとなっていった。聞き手の忍耐を試すかのようなヒトラーの独演会が夜の白むころまで何時間も続いたのだ。まさに薬物によって引き起こされた多弁症である。延々と続く独演の間、彼はその柔らかなバリトンで誰か特定の相手に向かって話すでもなく、その眼を虚空に向けていた。あたかも見えざる大勢の支持者の前で語りかけるかのようだった。まったく疲れを見せずにお気に入りのテーマを果てしなく繰り返すヒトラー。彼は喫煙の害悪について解説し、毒物の身体への悪影響を警告し、自らのベジタリアン食を賛美した。この特別食は、一九四三年一月三〇日に一〇万帝国マルクを超える非課税の特別手当を支給された彼の主治医が、科学的根拠に基づいてビタミンと強壮剤を補強した食事だった。さらに、昂《たか》ぶった神経を鎮めるために、かつて厳守が求められた指示を自ら破ることもあった。つまり、ときおり患者Aは夕食後に一杯のビールもしくはスリボヴィッツ〔東欧産のプラムブランデー〕を嗜《たしな》むようになっていたのだ。スリボヴィッツは、総統命令により附属実験室がメチルアルコールの混入の有無を予め検査しておいたものだった[274]。

戦局が一変したこの年、急に老け込んだヒトラーにも生理的な変化が訪れた。彼の取り巻きで気づかぬ者は一人もいなかった。それは周知の事実だったのだ。もう魔法が効かなくなっていた。ひとりの中将が最高司令官と遭ったときの驚きをこう書き留めている。「ヒトラーが近づいてきた。荷物の重さに腰を屈め、のろのろした重い足取りだった」。「自分の内側で声が聞こえるような気がした。〈おい、この老いぼれを見てみろよ。自分の荷物さえろくに運べないんだぜ！〉ヒトラーも落ちぶれたものだ。私は心底驚いて、輝きの失せたその疲れ切った眼を覗き込んだ。明らかにそれは病人の眼だった[275]」

彼の健康状態の悪化とそれが第三者に及ぼす意気阻喪をモレルは無視できなかった。しかしこの患

＊ちなみに、ゲッベルスも今では注射に頼りっきりで、モレルの助手を務めたヴェーバー博士がこう書くほどである。
「帝国大臣はもう注射痕だらけで、新しく注射する箇所がなかなか見当たらない[273]」

者を元気な状態に戻すにはどうすればいいのか？　国民の崇拝の対象だった昔の総統を蘇らせるには何が必要か？　どうやら例のホルモン・ステロイド・ビタミンカクテルではもう埒があかないようだった。

一九四三年七月一八日は特別な日付である。この日、これまで以上に戦況が悪化したのだ。赤軍がクルスクで軍事史上最大の戦車戦に勝利し、これによりロシア戦線で新たな局面打開を願うドイツ側の思惑はことごとく打ち砕かれた。同時に、連合国軍がシチリア島に上陸し、イタリアはドイツとの同盟を反故にして敵側に寝返る寸前だった。ヒトラーはこうした不利な状況を指をくわえて眺めるほかなかった。モレルのメモによれば、彼は「いつイタリアが裏切るかと考えると（…）ゆっくり眠るどころではなかった。体は丸太のように固くこわばり、その腹部はガスで膨満している。顔は土気色で、たえずどうしようもなく苛立っている。明日はドゥーチェ〔指導者の意。ムッソリーニを指す〕との重要な会談があるというのに[276]」

真夜中。主治医は従者のハインツ・リンゲによって就寝中を叩き起こされた。総統が急な腹痛に身をよじらせていて、応急手当が必要だという。どうやら夕食の白チーズとルラーデン〔ロール状に巻いた肉の煮込み料理〕のほうれん草・えんどう豆添えが合わなかったらしい。大急ぎで服を着たモレルは夜道を転げるように走り、とりあえず注射を打った。しかしこの緊急時のマニュアル治療は奏功しなかった。熱に浮かされたように、主治医はこの危険な状況で「見えざる敵の大攻勢[277]」を相手にどう立ち向かうべきか考えた。何か効果のあるもの、深刻な痛みを麻痺させ、彼を元気な状態に戻してくれるものがあるはずだ。今こそとっておきの切り札が必要なのだ。ないことはなかった。だがそれにはリスクがつきまとう。

「患者A」の一九四三年第2四半期のカルテが残されている。その右下の個所に、ある薬品名が記され何本もの下線が引かれている。オイコダール。ダルムシュタット、メルク社の麻酔剤である。鎮痛・鎮咳薬として一九一七年に市場に投入され、一九二〇年代にはオイコダーリズムという新語ができるほどの人気となった薬である。そのきわめて優れた有効成分はオキシコドンという名のオピオイドで、これは天然物質のアヘンに含まれる物質から合成された半合成麻薬である。とりわけワイマール共和国の医師たちの間では、この物質は大いに注目され、好んで話題にする医師もいれば、何も語らない医師もいた。というのも医師たちの中には、我が身をこの薬の最良の、寡黙な患者とした者もいたからである。専門家筋からはオイコダールこそ薬物の女王であり、夢の新薬であるとされた。モルヒネに比べてほぼ二倍の鎮痛効果があり、人気度の点でも上回っていた。デザイナードラッグの元祖ともいうべきオイコダールは、多幸感をもたらす薬物としては、ずば抜けて効き目が速く、しかも強力である。その点、薬学的な親戚筋に当たるヘロインをもはるかに凌駕していた。適量を服用した場合はオイコダールによって疲労感が引き起こされることはなく、ましてやノックアウト症状に見舞われることなどありえなかった。その逆である。高名な小説家である父トーマスにとっては残念なことだっただろうが、作家クラウス・マン〔反ナチス作家としても有名。一九四九年に自死〕はこの分野でも実験精神に富んでおり、この薬の優位性を自分の身体で確認している。「私が使っているのは純粋なモルヒネではなく、オイコダールという薬物だ。モルヒネの妹分のオイカ。でもこちらの方が効果は優れていると思う＊[278]」

だがモレルは依存性の強いこのハードドラッグを本当にあえて使うのだろうか？ ムッソリーニとの重要な会合のための出発時間は刻々と迫っている。患者Aは無関心なそぶり。自分のことで手一杯

＊日記の中でクラウス・マンはこう書いている。
「また薬局でオイカ錠を手に入れた。女性薬剤師のすてきな勘違いのおかげだ[279]」

で誰とも話さない。モレルは知っていた。オイコダールを使えば総統をたちどころに蘇らせることができ、おそらくは精神的な原因による激しい痙攣性便秘も解消するだろう。しかし、依存傾向の強いこの独裁者がひとたび神々のネクタル〔生命の酒〕とされるこの薬物を味わったが最後、明らかな気分の高揚に味をしめて、そう簡単にはやめられなくなる。それは大いにありえた。数週間定期的に服用するだけで、オイコダールは服用者を依存患者に変えてしまうのだ。しかしことは世界の歴史に関わる。ヒトラーが枢軸国同士の国家会談で本調子でなかったり、いわんや突然キャンセルしたりしたら、いったいどうなるだろう？　考えるだに恐ろしいことだった。モレルはメリットとデメリットを天秤にかけて、リスクを引き受ける決断をした。新薬の皮下注射を行ったのだ。それは重大な結果をもたらす決断だった。

注射の後、数分が過ぎ、数時間が経つうちに患者Aの症状はみるみる好転した。当然ながら総統の気分の急激な変化の理由は誰も知らされていなかったが、彼の取り巻きでそれに気づかない者は一人もいなかった。総統が元気を取り戻したことで全員が胸をなでおろし、いっそう精力的にこの大物イタリア人との会談の準備に当たった。これで楽になったヒトラーは、さっそく新薬のお代わりを所望した。しかしモレルはひとまずそれを断った。「一五時三〇分のご出発の前にまだ重要な打合せと決定事項が控えていますから」[280]。薬の代わりに彼はマッサージとひと匙のオリーブ油を申し出た。しかしそれがヒトラーには裏目と出た。急に総統がめまいを訴えたのだ。それで出発が危うくなった。ヒトラーがその優れた新薬の再投与を命じたのか、それともモレルが自発的にそうしたのかは記録に残っていない。いずれにせよ主治医は二度目の注射を打った。今回は筋肉注射だった。「空港に向けて出発する前にオイコダールアンプル一本を筋注」

ヴェネト州フェルトレに近いヴィラ・ガッジアでムッソリーニとの邂逅を果たしたヒトラーは、異

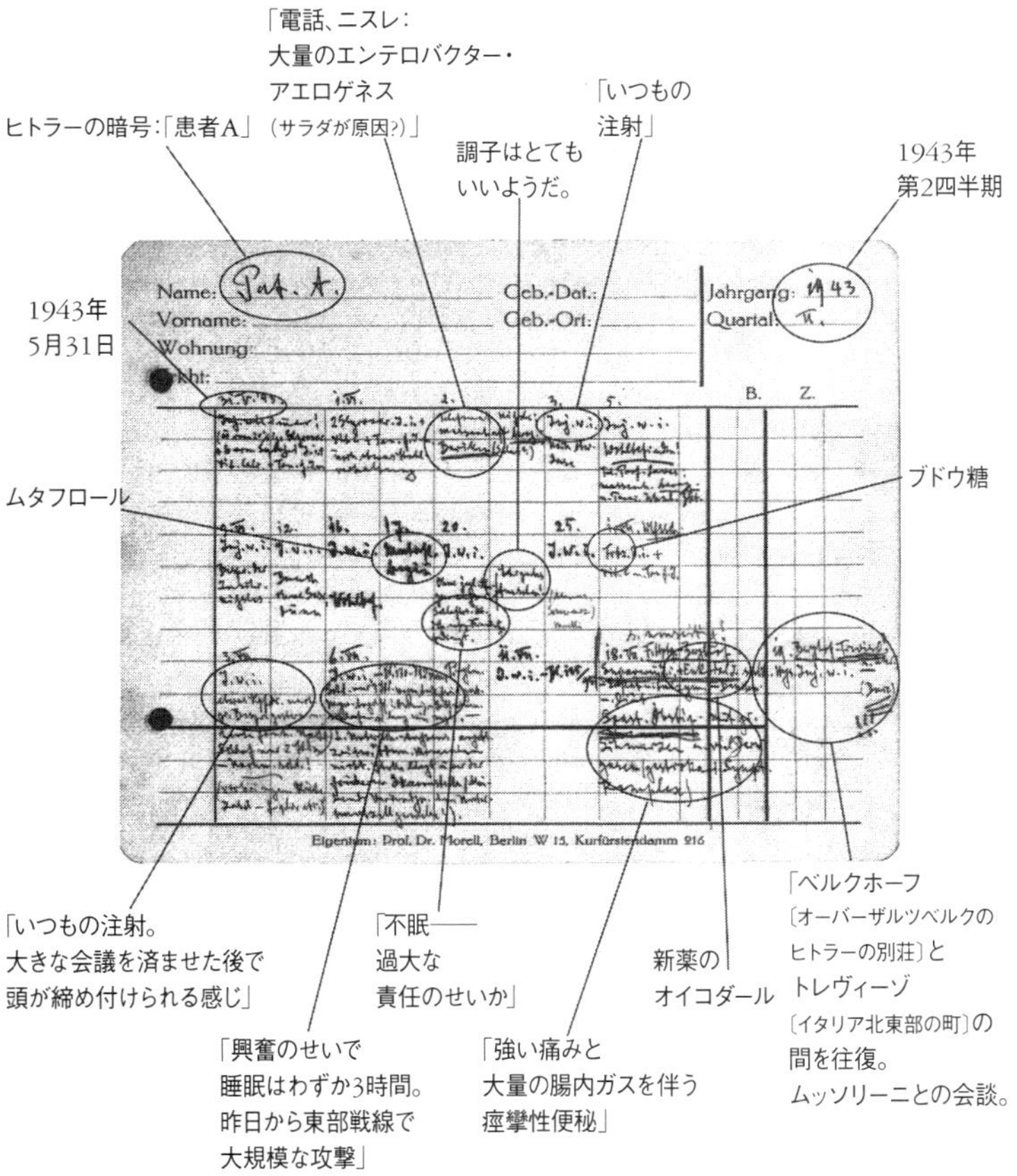

1943年夏の患者Aのカルテ——初めて麻酔薬オイコダールを使用。

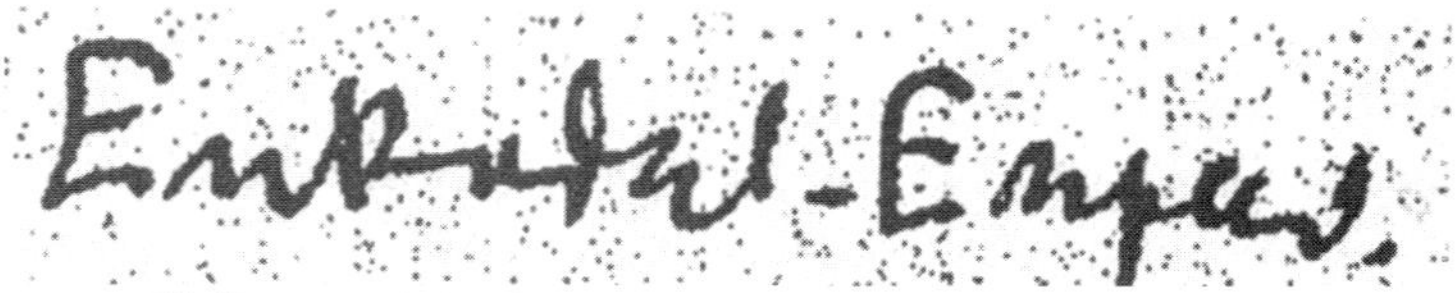
アメリカの諜報機関にとって解読困難だったモレルの筆跡。

様に高揚した様子であった。この点については、すべての証人の証言ならびに戦後書かれたアメリカ諜報機関の報告書が一致している。総統は四面楚歌であるこの独裁者に向かって、三時間ずっと一本調子の鈍い声で話し続けた。相手は一度も言葉を発せず、じれた様子で大きすぎる椅子に脚を組んで座り、片膝をぎゅっとわし摑みにしていた。ムッソリーニは、イタリアの戦線離脱は誰にとっても得策であるとヒトラーを説得するつもりでいたのだ。しかしムッソリーニには、痛む背中をときおりもじもじさせたり、しきりに額の汗をハンカチで拭ったり、あるいは深いため息を漏らしたりすることしかできなかった。会談の途中に何度もドアが開き、今まさに空爆されているローマの最新情報が届けられたのだが、それさえ彼は口に出せなかった。なぜなら、痛々しいほど動揺した一座の人々に向かって、ヒトラーがきらびやかな夢物語をえんえんと紡ぎ続けたからである。そもそも枢軸国の勝利には疑いの余地などないのだと。気落ちしたドゥーチェは、人工的に高揚状態となった総統にうまく丸め込まれてしまったのだ。この日の会談の成果、それはイタリアがひとまず枢軸国側に残留するということだった。モレルは自分の行動の正しさが立証されたと感じた。自分は例の注射で政治的な偉業に一役買ったと思ったのだ。尊大にも彼はこう記している。「総統は快調で、帰りの機内でも体調不良を訴えることはなかった。夜、オーバーザルツベルクに帰ると閣下は私に、今日の成功は君のおかげだとおっしゃった」

　薬学的な真実からは分子レベルでわずかに逸脱するが、アメリカの調査団は戦後になって、メタンフェタミンがムッソリーニ会談でのヒトラーの高圧的な態度の引き金となった可能性を指摘した。しかしその根拠は挙げられていない。なぜアメリカ人たちが、モレルによってはっきりと記された「オイコダール」を見落としたのかという疑問は、主治医の乱筆を苦心して英語に翻訳した公式文書を読めばたちどころに氷解する。その文書でアメリカ軍ヨーロッパ戦線軍事情報センターは、ヒトラーに使われた無数の薬剤のひとつとして、オイコダールを誤って「エンカドール」としているのだ。[281]

この綴りの薬物は麻酔剤リストには出てこないので、あまり重視されなかったようだ。調査団がオイコダールの可能性に思い至らなかったのは、そのような商標名の薬が米国では知られていなかったからである。[282] 要するに、主治医の読みづらい乱筆がアメリカの人々を誤解させたということだ。

オイコダールの服用

「オイコダールはC（コカイン）とモルヒネを混ぜ合わせたようなものだ。本当にひどいカクテルの調合はドイツ人に任せるに限る」[283]
ウィリアム・S・バロウズ〔米国の小説家〕

ゲーリングから「帝国注射マイスター」と憎まれ口を叩かれていた[284]モレルは、この新しい薬物の導入によって最終的に大出世を遂げることとなる。夜毎のティーパーティは誰が今、ヒトラーから贔屓にされているかがはっきり分かるイベントだったが、他の参加者の顔ぶれが次々に変わる中で、そこに常連客として毎回参加したのは彼だけだった。「モレルがそこいなくては何も始まらなかった」[285]。ヒトラーの女性秘書トラウドゥル・ユンゲは、次第に重要性を増してきたモレルの役割をそう表現している。彼とヒトラーはとうに共生的な関係となっていた。

今では金銭面でも優遇され、主治医の活動には十分な報酬が与えられた。大金持ちの仲間入りだ。

オイコダールが初登場したこの一九四三年、彼は自分の事業をさらに伸ばすには何をすべきかを考え、敢えてアヘン事業にも参入することを決断した。それは有利な部門だった。アヘンは需要の増加で徐々に品薄となっていたからだ。アフリカでロンメルが敗北し、英米部隊がカサブランカに上陸して以来、ドイツ帝国はモロッコのケシ畑から分断され、ペルシャとアフガニスタンからの補給ルートも軍事情勢によって絶たれてしまっていた。帝国内ではIGファルベン／ヘキスト社が一九三七年以来、天然モルヒネを代替する完全人工薬物の研究を進めていたが、後にポラミドンまたはメタドンとして知られるようになる薬物はいまだ開発途上であった。効果的な鎮痛薬を求める人々の渇望はその間にも日ごとに、そして傷病兵であふれかえる病院列車の車両ごとに、ますます高まっていった。アヘン剤は、とりわけ大勢の負傷兵を生んだこの総力戦においては、いかんせん高価すぎた。

もしここに尽きせぬ金脈を嗅ぎつけなかったとしたら、もうモレルがモレルではなくなってしまう。事実彼はこれを嗅ぎ当て、総統大本営の執務室から電話や郵便を使って、多くの部門に分かれたその企業を独力でさらに拡大したのだ。ラトビアのリガで彼がファルマツィア社を買収したのは、ひとえにそこがアヘン研究施設と興味深い貯蔵設備を擁しているという理由からだった。「およそ四〇万帝国マルクの価値があるその貯蔵施設には、二〇万帝国マルク相当の生モルヒネとアヘンの備蓄もあった」[286]。控えめに見ても患者Aの必要を満たすのに十分な量だ。これまではすべてベルリンのエンゲル薬局から取り寄せなくてはならなかったが、最近そこの薬剤師ヨーストが、「麻薬記録簿に記入するために（…）麻薬取締法の諸規定に則って発行された処方箋」を出せとしつこく要求するようになっていたのだ[287]。

こうしてヒトラーの主治医は自らアヘン製造者となり、ゲームは国防軍が東部前線全域で撤退を余儀なくされた一九四三年の後半にも、次ラウンドに進むことができた。対外的にはドイツの命運を決する仕事に忙殺されて一切の享楽を断念したふうを装いつつも、[288] ヒトラー氏は窓もなく居心地の悪い総統大本営のコンクリート製穴蔵の中で、オイコダールによる至福という贅沢に浸っていたのだ。彼がどれほど頻繁にこの薬物を摂取するようになっていたかは推測するしかない。一九四四年の年末までに二四回使用したという記録は残っている。でもそれだけだったのだろうか？　モレルの日誌に頻繁に現れる殴り書きの「x」がどうも怪しい。「いつもの注射」という表現も奇妙だ。毎週何十種類もの薬物を消費していた多剤服用者のヒトラーにとって、そのようなフレーズに何の意味があるのだろう？

独裁制とは、きわめて少数の者だけが知り、きわめて多数の者に影響がおよぶ秘密である。[289] もしこの定義が正しいとするならば、モレルが行ったさまざまな治療は、完全に全体主義的なものだった。ヒトラーの中に実際に、字義通りの意味でどんなものが潜んでいるか〔彼が服用した薬物成分のこと〕を誰も知らない場合にのみ、ヒトラーは不可侵の存在であり続けることができる。モレルには二つの選択肢しかなかった。オイコダールの使用を制限するか、あるいは記録を暗号化してそれを隠匿するかだ。それは患者のみならず自分をも外部からの攻撃から守るためだ。ヒトラーが露骨にであれ、遠回しにであれ、この薬物をもっと欲しがるようになったら、主治医には後者の選択肢しか残らない。むしろそのような人物だったからこそ、独裁者ヒトラーはモレルを決して手放さず、いつもそばに置こうとしたということも十分にありうる。モレルはヒトラーにとって、自己と世界の間の生化学的な緩衝材とも言うべき薬物「x」を自分に与えてくれる存在だったのだ。一箇所にだけ欄外の注記があり、この「x」はブドウ糖以外にありえないと書かれている。だがブドウ糖はしばしば「Trbz」〔Traubenzuckerの略〕と書かれているのだから、この注記はほとんど信用できない。

「x」がオイコダールである可能性に十分にある。ヒトラーは自分の説得力を対外的にアピールするために、そしてかつてもっていた魔力を薬物の力を借りてでも取り戻すために、このオイコダールに手を出したのではないだろうか？　とりわけ困難な状況下で発揮された、独裁者ヒトラーの暗示力についてはよく知られている。例えば啓蒙宣伝大臣ゲッベルスは、一九四三年九月一〇日の日記で、その前日は昼も夜もかなりの激務であったにもかかわらず、ヒトラーが驚くほど元気な様子を見せた点を絶賛している。「（…）彼の調子は予想に反してきわめて良いようだ。（…）二時間しか寝ていないのに、長期休暇から戻ったばかりのようなさっぱりとした顔をしていた」[290]。ウクライナ総督のエーリヒ・コッホも同じく熱狂的に感染性の効果を表明している。「私自身も新たなエネルギーに満たされ、熱狂に包まれて、総統との討論の場を後にした」[291]。また一九四三年一〇月七日に、ドイツの各都市に対して激化する一方であった空爆の被害を訴えるため、帝国指導者、大管区指導者が全員、打ち萎れた面持ちでヴォルフスシャンツェに参集したときも、薬物の助けを借りたヒトラーは熱のこもった精力的な演説を行った。そこでの彼は勝利に対する自らの揺るがぬ信念を力説し、客人たちは我らが帝国には最終勝利をもたらす秘密の手段があるのだと信じ込み、空爆で瓦礫の山と化しつつあるそれぞれの町へ心安んじて帰っていった。「一一時。いつもの注射。右下腕部がひどく腫れているが、調子はとても良いようだ」。モレルはこの日のことをそう書いている[292]。その後すぐにヒトラーは空路ブレスラウ〔現ポーランドのヴロツワフ〕に向かった。そこのセンチュリーホールで、国防軍の全部署から集めた上級士官候補生たち数千人の前で演説を行い、彼らの士気を高めるためだった。その際もモレルは注射器を携えて総統のかたわらに控えていた。「いつもの注射」[293]。その結果は、若き将校たちから怒濤のごとくに湧き上がる「ジークハイル」の大唱和だった。改めて感動を胸に刻んだ彼らはその後、意気揚々と勝利の見込みのない前線での闘いに向かっていった。

ヒトラーの側近も総司令部のスタッフもそうした常態化した薬物投与など知る由もなかった。そのため、総統の現実離れした楽観主義に対しては訝《いぶか》しさと苛立ちを禁じえなかった。自分たちの知らない何かをヒトラーは知っているのだろうか？　ひょっとして奇跡の秘密兵器を後ろ手に隠し持ってでもいるのだろうか？　今からでも傾いた戦運を一気に逆転できるような？　実のところ、それは注射によって引き起こされたまがい物の高揚感でしかなかった。この高揚感こそが、ヒトラー自身に正気を保たせ、自分を全世界の支配者だと自覚させた。そしてすべての前線から届く凶報の数々にもかかわらず、自他の信念を護持させ、さらに先へと前進させるのに不可欠なパワーと揺るがぬ信頼を生み出したものだったのだ。この時期に頻出するモレルの書き込みは次のようなものである。「昼の一二時三〇分、大勢の将校たち（将軍ら一〇〇余名）の前で演説。いつもの注射[294]」

　赤軍はすでに成果を挙げていた一九四三年の夏攻勢に続けて、戦時下でのクリスマスの時期にドニエプル・カルパチア作戦を開始した。このときモレルは、バイエルン内務省の国務次官からゲーテ没後一〇〇周年記念版『ファウスト』をプレゼントされた。これはモレルに「ミュンヘン時代の我々友人一同を思い出して頂くためだけでなく、ご自身がおっしゃるように、貴職がメフィストと渾名されていた学生時代にも想いを馳せて頂くため」だった。この短いコメントにはヒトラーとその主治医をめぐる尨《むく》犬の正体〔『ファウスト』で主人公が尨犬の姿で現れた悪魔メフィストを見破ったことから「事の真相」を意味する〕が含まれていた。「もっとも貴職は昔も今も明らかに悪しき霊などではなく善良なる霊ではありますが」。そう国務次官は付言した。実態を知らなかったので、彼はおそらくそれ以上のことを考えはしなかったのだろう[295]。モレルは折り返しこの記念版の礼状を送った。この書物に読み耽る時間が彼にあったのかどうかは疑わしい。昼も夜も、そして深夜も、つきっきりで患者Aへの対処に追われていたからだ。

　ますます嵩じていった総統の薬物依存は別の効果ももたらした。報告のために総統のもとに呼ばれた者も、無事にその場を乗り切るためにまもなく薬物に頼るようになったのだ。意気消沈、疲労困憊、あるいはしらふの状態のまま、薬物で高揚状態になった最高司令官の前に出ることは、多くの者にとってあまりに高いハードルだった。なにしろ相手の生殺与奪権をしっかりつかんでいた総統は、自分にも他人にも失望させられることを毛嫌いしていたのだ。過ちも弱みもヒトラーにはまったく我慢がならなかった。彼から病人、怠け者、退屈な奴だと思われたら、たちまちお払い箱になる。健康状態の悪さを理由に高官が何人も免職になっていた。* ここでもモレルは恩恵に与った。ヴォルフスシャンツェの立入制限エリアには医務室がなかったので、換気扇が轟音を立てる簡易宿舎に野戦薬局を併設していた主治医は、頼りになる手近な助っ人だったのだ。例えばヒトラーの従者リンゲは、インフルエンザでもいきなり強力なオイコダールを処方された。すぐ元気な状態に戻して職場に復帰させるためだった。これは例外的な事例ではなかった。この太ったドクトルは将校、副官、当番兵らのためにさまざまな薬剤を常備していた。それらを使って、ブンカー生活で何かと自分を支えてくれるであろう人々にせっせと恩を売っていたのだ。最高司令官に会う前に不安を払拭し、ふだんの自信を取り戻したい将校たちに対しても、主治医モレルは喜んで救いの手を差し伸べた。[297]

　その際にペルビチンは、総統を前にしての緊張の時間を持ちこたえるのに最も有効な薬物とされた。モレルはこの覚醒剤の危険を承知していて、処方箋を求めてきたある女性患者には、「滋養食品にあらず。これは栄養たっぷりのオート麦ではなく、人を打つ鞭なのです！」[298]とメモ書きしてはいるが、テムラー社製のこの薬物を患者に手渡すことに躊躇はしなかった。ヴォルフスシャンツでのメタンフェタミン乱用の影響はベルリンにまで波及した。[299]ペルビチンの宿敵コンティは、この薬が気前よく処方されている状況にいたたまれなくなって、いわゆる「興奮剤」の危険性をすべての大管区指導者および党幹部に対して注意喚起するよう、全国指導者ボルマンに文書で要望した。乱用は上層部指導者の間にも広がっていると考えるべきだと訴えたのだ。これに対するボルマンの反応は知られていない。

ただ言えるのは、ヒトラーを訪問した人々が、面談室でのプレッシャーに打ち勝つためにますます強い薬物を必要としたということであり、それで側近グループ内の拡張現実のような浮世離れした雰囲気がいっそう強まったという点である。誰も知ることが許されなかった患者Aの長期の薬物使用は伝染性のものだった。いわばヒトラーの多剤使用者としての存在が、その周囲の全員の現実感覚を圧殺したのだ。

薬物集荷場としての諜報機関

ナチス国家における薬物乱用がいかに組織的なものであったかを示しているのが、陸軍中央医薬品倉庫とドイツ軍諜報機関の間の怪しい関係を示唆する文書である。一九四三年に国防軍中央薬局は、入り組んだルートを経由して、五六八キログラムの純コカインと六〇キログラムの純ヘロインを外国／アプヴェーア〔「防衛」：諜報機関名〕局に納入したのだ[300]。実に膨大な量で、これはドイツ帝国全体の医薬品年間需要の何倍にも相当する。とはいえそこのスパイたちはそうした「特別な納品」の受領について、帝国保健局アヘン部署の許可を得てはいなかった。この薬物の最大の分け前を受け取ったのは諜報機関

＊これとの関連で、一九四二年一二月二三日付の「指導的人物の疾病の報告についての注釈」も参照されたい。そこにはこう書かれている。「医師、療法士、歯科医師の守秘義務は、我が全権委員である医学博士カール・ブラント教授に対する場合のみは免除することとする。また国家、党、国防軍、経済界などの指導的立場もしくは責任ある立場の人物が、重篤または深刻な結果を伴う疾病に罹患していることが確認できた場合には、私自身がそれを正確に把握できるよう、その旨を同教授に遅滞なく報告すること。これは厳守すべき義務である（署名）アドルフ・ヒトラー[296]」

の組織化と管理を管轄していたZ課、および財務担当だったZF部であった。後者だけで半トンものコカイン塩酸塩、時価数百万帝国マルク分を購入した。それは純粋な成分の輸出によって外国通貨を獲得するためだったのだろうか？　それとも外国の重要な接触相手に賄賂を贈って、困難な戦時でも相手の忠誠心をつなぎとめようとしたのか？

一九四三年一二月になって、軍衛生査察官[301]が緊急の書簡を書いた。そのような違法取引に歯止めをかけるためだった。彼は「通常服用量での治療」以外を目的とする薬剤の譲渡を禁じた。だがこの要請は国防軍情報部長カナリス提督の心を動かさなかった。一九四四年四月の段階でもハードドラッグはあいかわらず納入されていたのだ。コカイン塩酸塩が二キログラム、モルヒネ塩酸塩一・五キログラム、そしてヘロインは二〇〇グラムだった。いずれも北アフリカに展開していた「特殊部隊ヴィマー」宛だった。この部隊はサハラ砂漠で連合国軍に対するサボタージュ活動に従事していたが、どうやら大がかりな薬物売買にも手を染めていたようである。諜報機関向けには、荷受人側の要望通り、オリジナルパッケージで納品された。メルク社謹製の純正コカイン。世界から愛されたダルムシュタットの名産品だ[302]。これを使って何が行われたのかは、今日まで謎のままである。一つの帝国、一人のディーラー。

患者D

政治を政治とは異なる手段によって継続するものとしての薬物。ファシスト政権の枢軸国であるイタリアとドイツでは薬学面においてもスムーズに事が進んだ。ここでも主導権はベルリンが握っていた。ムッソリーニがヒトラーの言いなりになっていたころから、彼は独裁者である同職ヒトラーと、生化学的にも同じ波長に合わせられていたのだ。ドゥーチェが総統と同じように薬物の支配下に置かれることで、初めて両者の意志疎通はうまくいったのだ。ヒトラーの主治医テオ・モレルはムッソリーニを「患者D」（Dはドゥーチェの略）と記していた。こうした暗号は容易に解くことが可能である。ちなみに「患者A」は唯一無二の人物、すなわちアドルフ・ヒトラーで、「患者B」はその若き愛人エーファ・ブラウンのことだった[303]。

　ツァハリアエ医師という人物がいた。彼はイタリアのドイツ大使館および帝国全権代表部の担当医官であったが、そのツァハリアエがテオ・モレルに内々で送付していた何十通もの報告書を読むと、ベニート・ムッソリーニが一九四三年秋以降、ナチスによっていかに厳密な医療監視下に置かれていたかがよく分かる。「この患者の治療に当たって、当職が持てる注意力と綿密さを十全に発揮し、何事もおろそかにしなかったことを、どうぞご承知おきください[304]」。ツァハリアエはモレルにそう書き送った。「スピード治療」というモレルの治療方針をツァハリアエもドゥーチェに適用したのだ。つまり患者の痛みをただちに消し去るべく、ビタミン剤と怪しげなホルモン製剤を大量に静脈注射したのだ。

　患者が食事の後で胃のあたりに重苦しさを感じたら、その場で「前日に開幕した注射シリーズの第二幕が切って落とされた」。ムッソリーニはこうした治療を嫌がらなかった。逆に「患者は自分から進んで指示された治療措置に従った[305]」。またムッソリーニは、北イタリアの一一月に特有のぐずつく天候で風邪を引いたときも、ドイツ系のこの医師から言われるがまま、大人しくベッドに横たわった。「患者は本格的な鼻風邪を引いた。数日間は寝ていてもらうのが最良だと思う。患者は不平も言わずに私の指図に従った[306]」

　イタリア社会共和国という人為的に作り出された衛星国の中で孤立して、難破した船のようだったドゥーチェの身体は、できるだけ持ちこたえるよう細かな配慮がなされた。この独裁者に求められたのはスポーツ活動を続けること、そしてなによりもベルリンからの指示に従うことだった。「天候が回復すると患者はテニスを再開した。このようなスポーツ活動は明らかに筋肉系の強化をもたらす。彼の身体能力は六一歳という年齢にしてはかなり若々しい印象である」[307]。厩務員の気を揉ませる老いた競走馬のように、ドゥーチェは周りから注意を払われ、治療を施され、そして薬物を与えられた。「天候が不順だったため、患者はスポーツ活動をほぼすべて断念せざるを得なかったのだが、その筋肉の強靭さは一向に衰えていなかった。マッサージの際にもそれははっきりと感じられた。消化管の調子もいい」[308]。ヒトラーは戦況の経過の中で、かつて自らの手本であったムッソリーニを操り人形にまで貶めていたのだが、そのムッソリーニが操り糸により再び申し分のない働きぶりを見せたとき、その旨がただちに総統大本営に報告された。「彼の動きはすばやく無駄がない。歩みはしっかりとしていて姿勢もいい。その結果、全体として実年齢よりも若い印象を与える。何度か遠出をしたが、彼は疲れた様子をいっさい見せなかった」[309]

ツァハリアエ医師が彼に処方した薬物は、テオ・モレルが所有するハンマ社を通じて製造し、ヒトラーも自ら摂取した薬物だった。「それでただちにコルチロン、プロギノン、グリコノームの注射が指示され、毎日実行された」。一九四四年一一月二三日付の医事報告書第七七号にはそう書かれている。これはドゥーチェの人生の黄昏がすでに始まって久しい時期に当たる。グリコノームはホルモン製剤で、衛生上疑わしい、または大いに問題のある条件下で、豚その他の家畜の心筋圧搾液、副腎皮質、肝臓、膵臓をモレル特製の大鍋を使って煮込んで作られたものである。プロギノンはエストロゲン製剤、コルチロンは副腎皮質の合成薬である。さらに患者Dは雄牛の睾丸から製造されたオルチクリンも処方された。これは抑鬱効果があるとされた薬剤である。

ヒトラーの主治医によるムッソリーニへの薬剤投与は、北方のパートナーであるヒトラーへのドゥーチェの依存がますます嵩じてゆく様子をまざまざと映し出している。この依存は、血にあれほど大きな価値を置いたナチスイデオロギーに似つかわしく、実際に血管の中にまで及ぶものだった。医師たちは内輪の会話の中で、ドゥーチェを薬物によって骨抜きにすることをつねに肯定的に捉えていた。「栄養摂取はかなり満足できるもので、見て容易に分かるほどの体重増加をもたらした。（…）患者の機嫌はこれまで通り良好で、自信に満ちている。周囲にもたいへん溌剌とした印象を与えている。（…）注射が非常によい効果を生み出したのだ[310]」

終戦間際の一九四五年三月二三日になってもなお、ツァハリアエに依頼された一人のドイツ人曹長が北イタリアからベルリンに出発している。モレルから直接ドゥーチェ用のドーピング薬をもらい、総統官邸近くのエンゲル薬局で「その他必要なものを調達する[311]」ためだった。同じ日に、最後となる医事報告書第九四号「患者Dについて」が届けられた。報告者の結びの言葉は、「ドゥーチェはあいかわらず個人の勇気と何事にも動じない信念の輝かしい具体例である。彼が自国民の間に見出す反響はますます大きくなってきている」であった[312]。

その丸一ヶ月後にベニート・ムッソリーニはコモ湖畔で射殺された。遺体はミラノに運ばれ、四月二九日にロレート広場の給油所の屋根から逆さ吊りにされた。こうなってはモレルとしてもどうしようもなかった。

患者B

「喫煙を諦めるか、私を諦めるか、二つに一つだ」
アドルフ・ヒトラーがエーファ・ブラウンに語った言葉[313]

フォン・マンシュタイン元帥が一九四四年一月四日の戦況会議で、さらなる軍事的破局を避けるべく、ドニエプル川湾曲部の前線を撤退させるよう進言したとき、ヒトラーが激昂して「痙攣発作を起こしたため」、ただちにモレルが呼び出された。彼はヒトラーの興奮を鎮め、もとの元気な姿に戻してくれるオイコダールを注射した[314]。同じこの日には、赤軍が一九三九年当時のポーランド東国境を踏み越えて、怒濤の勢いでドイツ帝国に迫っていた。その五日後にヒトラーは改めてこの強力なオピオイド剤を要求した。モレルの書き込みによれば、それは「[興奮による]腹部膨満」のためだった[315]。そのすぐあとに独裁者がラジオ演説で国民に語りかけたときの様子を主治医はこう記録している。

「午後一七時四〇分、偉大な演説（明日のラジオ放送用）に備えて、いつもの注射[316]」

一九四四年二月末、国防軍が全ウクライナから撤退しなくてはならない状況に直面していたころ、ヒトラーは雪に覆われたベルクホーフに隠れ込んだ。氷と雪のオーバーザルツベルクのカッコウ鳥の国〔夢想の国。古代アテネの喜劇作家アリストファネスの『鳥』より〕である。一九歳年下の愛人エーファがそこに逗留していたのだ。そこからはワタリガラスを観察することができ、モレル夫人ハニの家に代々伝わるレシピ通りに焼かれた、出来たてのおいしいシュトロイゼルクーヘン〔ドイツの伝統ケーキ〕もあった。「これこそ世界最高のシュトロイゼルクーヘンだ[317]」

大広間の自動開閉式パノラマ窓の前では、無数の大きな雪片が弧を描いて舞い落ちていた。向かいに聳える神秘的なウンタースベルクも白一色となっていた。伝説によればこの山に皇帝バルバロッサが自らの復活と幸福な帝国の再興の日まで眠っているという。山は冬の光を浴びて輝いていた。しかしヒトラーは雪を愛でるどころではなかった。スターリングラードで手痛い敗北を喫して以来、雪は見るのも嫌で、「山々の遺骸を包む白い布」などと言い換えるほどだった。それゆえ総統はほとんどドアから外に足を踏み出そうともしなかった。

そこでの状況はいずれにしてもドイツ人には厳しいものがあった。明らかに寒さに強いロシアの人々は、今まさにクリミア奪還の準備をしていた。そして冷静で合理的なイギリス人は、凍えるドイツ帝国のベルリンその他の各都市に激しい爆撃を加えていた。かつて同盟国だったブルガリア、ルーマニア、ハンガリーは、今にもヒトラーから袂を分かとうとしていた。どこでもドイツの敗北が続いていた。アメリカ軍はローマ南方の地点に、イタリア半島の前線を形成し、そこでもドイツ国防軍を押し戻していた。フォン・マンシュタイン[318]やフォン・クライスト*といった戦功を挙げた高名な元帥たちがいたのだが、頑固に自説を繰り返したという単純な理由で、あっさり更迭されてしまっていた。

ヒトラーの主治医は馘にはならなかった。その逆で、一九四四年二月二四日には患者Aから騎士十字戦功十字章まで受けている。この栄えある勲章を授与する際にヒトラーは彼を、天与の才能に恵まれた医師、我が命の恩人であり、斯界のパイオニアだが、ビタミンおよびホルモン研究の分野では不当に誤解されている人物と称えた。[320]受勲したばかりの主治医はこのすぐ後に感謝の意味を込めて、「初めての強力ビタムルチン注射(疲労回復と気力体力の充実のため)を打った。注射前の閣下は疲労困憊だが眠れなくなっておられた。注射ですぐに元気をとり戻された。帝国外相と二時間の会談。

*アメリカ軍による逮捕の際にこの六三歳の元装甲軍司令官の将軍は両手を震わせていた。彼の宿舎の引き出しからは大量のオピエート(アヘン剤)と注射器が見つかった。[319]

昼に比べて夕食時にはすっかりお元気で、盛んに歓談されていた。総統はこの上なくご満足な様子だった」[321]

今やモレルはエーファ・ブラウンも頻繁に診るようになった。「患者B」である。これは彼女自身が、パートナーと同じ周期、同じ波長でいたいがために、患者Aと同一の薬物を投与するよう求めたのだ。モレルはホルモン剤についてだけは二人の「シンクロ化」の例外とした。ヒトラーにはリビドーを高めるためにテストステロンを、ブラウン嬢の方には月経を抑える薬物を投与したのだ。これは言葉の真の意味において、薬物に二人の間を取り持たせるためだった。勝利に見放されますます長引くこととなった戦況会議の合間に、ひとときの性の勝利を味わってもらいたい、そうモレルは考えたのだ。いずれにせよ、巷間の噂とは異なり、ヒトラーはこちらの戦いにもおおいに勤しみ、それどころか婚外関係の方が様々な点で優っているとまで主張した。なぜならそれは、二人の間の自然な性的吸引力に根ざすものであるからと言うのだ。

あらゆる点で、彼は肉体の愛がもたらす好影響を確信していた。つまり性愛がなければ芸術も絵画も音楽もない、カトリックの国イタリアを含め、いかなる文化国家も婚外交渉がなければ立ち行かないとまで豪語していたのだ。ベルクホーフでのセックス事情についてモレルは、戦後の取調調書の中で間接的に証言している。それによるとヒトラーは定期的な診断を急にキャンセルすることがあったという。これはおそらく、エーファ・ブラウンの攻撃的な性行動によって自分の身体につけられた引っ掻き傷を隠すためだったのだろう。[322]

その間も外部に向けては、健全なる総統体制というイメージが拡散された。破局的な軍事情勢となった一九四四年春になってもなお。画匠たちの名作絵画が壁に掛けられたベルクホーフは、実際にプロパガンダの流布に重要な役割を果たし、メディアを通じての総統崇拝の実現に大いに貢献した。

エーファ・ブラウンがヒトラー映画の制作の際にレニ・リーフェンシュタールに代わってカメラを回す。

春の目覚めの頃に館の主人が帽子をかぶり犬を従えて森の前に佇み、意味ありげに遠方を眺めやるとき、いつもその傍らには帝国写真報道官ハインリヒ・ホフマンから直々に手ほどきを受けたエーファの姿があった。その彼女があらかじめ被写体のネクタイを選び、監督として指示を与え、アグファ・ムーヴェクス〔映画撮影用カメラ〕で撮影した。インターネット上には、今でもこの若き愛人が撮ったビデオクリップが複数出回っている。それらを見る者は、ヒトラーを世界一禁欲的で良心的で、性欲などとは無縁の人物だと思うかもしれない。写っているのはハードドラッグを注射される場面などではなく、ノロジカや子供たちを優しく撫で、イースター卵を森に隠す様子なのだから。一方、自己正当化の人アルベルト・シュペーアは、ライトグレーのピンストライプの背広姿で展望テラスをあちこち歩いている。主治医の姿も見える。彼はケーキを頬張り、おいしそうな顔をしている。

しかしカメラを止めると、たちまちエーファ・ブラウンの仮面は剝がれ落ちる。また自分の二の腕に爪を食い込ませ、唇を血が滲むまで強く嚙んだ。一方、アップルティーを飲んでいたヒトラーはひどく手を震わせたので、ティーカップとソーサーがカタカタ音を立て、その場にいた人々は内心の困惑を隠すのに苦労した。モレルはと言えば、こちらはもう階段も昇れないほど疲れ切っていた。この主治医はゆっくり休ませてもらえなかったのだ。それも当然だ。この頃には彼を必要としない者は一人もいなかったのだから。

この太ったドクトルのもとを訪れることは社交上の挨拶のようなものになっていた。彼の常連患者は今ではドイツ帝国とその同盟国のお偉方たちにまで及んでいたのだ。彼の診療簿ではムッソリーニのコードネームは「患者M」だった。他にも、実業界のアルフリート・クルップ〔歴史ある重工業業クルップ社の四代目当主〕やアウグスト・ティッセン〔ティッセン社の創業者、現在両社は合併してティッセンクルップ社となっている〕（治療費としてモレルに支払われた金額はなんと二万帝国マルクだった[323]）といった大立者、多数の大管区指導者や国防軍将校たち、レニ・リーフェンシュタール（彼女はモルヒネを含む座薬を出してもらった）、親衛隊全国指導者ヒムラー、ドイツ外相フォン・リッベントロープ（「患者X」）、軍需大臣シュペーア、日本大使の大島浩将軍、国家元帥ゲーリング夫人（彼女は一日置きに「強力ビタムルチン剤」の注射を受けていた）がいるが、これらはほんの一例に過ぎない[324]。

影響力の大きなナチス幹部たちが巡礼のように次々とモレルのもとを訪れた。たとえそれが、自分の地位を盤石なものとするためにヒトラーとの近しさをアピールする目的でしかなかったとしても。
当然ながら最も主治医の時間を要求したのはヒトラーだった。今では自身も病気に罹っていたモレルは、例えば経済大臣フンクの妻に向かってこう嘆いている。「私は四六時中、上からの指令に従わねばなりません。このところの日課は、一二時に総統のもとに車で馳せ参じ、必要に応じて治療を行い、たいてい一四時にはホテルに戻るというものです。その後は一日中ベッドで過ごします。それはすぐまた総統に同伴できるように体力を温存するためなのです」。今や主治医自身も薬物中毒者になっていて、彼の診療所の代理人ヴェーバー博士が、ベルリンから遠路はるばるベルクホーフまで来訪しなくてはならなかった。というのもこの代理人は「他の誰にも増して注射が巧みで、確実に私の静脈を探り当てることができる[325]」からである。その際にモレルが何を注射してもらったかについては資料が残されていない。

一九四四年の上半期には病気と薬物と大量殺戮、この三つがベルクホーフの日常を規定していた。一九三〇年代にはまだ人気の娯楽だったボウリング場はもうほとんど使われなかった。たえず空襲の恐れがあったため、例の有名なパノラマ窓にはカムフラージュ用のネットがかけられていた。誰もがその永遠の薄明の中で日々をやり過ごし、暖炉の前のベンチや高価な肘掛け椅子に座り、埃だらけのゴブラン織りの壁掛けをじっと見ていた。自然光を怖れる吸血族のような人々。外で陽射しが燦々と降り注いでいても、屋内には電灯が灯され、分厚いカーペットは黴《かび》臭いにおいを発していた。

総統の五五歳の誕生日には海軍総司令が駆けつけた。カール・デーニッツ総督である。彼は奇跡の兵器を有する特殊部隊の設置を報告した後、誕生プレゼントとして超小型潜水艇の模型を手渡し、その代わりにヒトラーにバルト海の各港の無条件使用権を要請することも忘れなかった。この模型に子供のように夢中になった最高司令官は、後先を考えることなく、大胆不敵なこの海軍軍人にそれを請け合った。この特別な日に患者Aは主治医から、「x」、強力ビタムルチン、カンフルおよび植物性の心筋梗塞予防薬ストロファンチンの四種からなるカクテル注射[326]を打ってもらい、その翌朝もプロストファンタ、つまりモレル所有のハンマ社が開発した、弱った心臓の働きを改善する薬物の注射を受けた。この他にブドウ糖の静脈注射、再度のビタムルチン、最後の仕上げは怪しげな自家製の寄生肝製剤[327]〔寄生虫に侵された家畜の肝臓から作った薬剤〕で、こんなものを現在、筋肉注射したりすればその医師はたちまちインチキ医者の烙印を押され、あるいは余生を塀の中で暮らすことになるだろう。だが患者Aは主治医に心から感謝して、私を助けてくれる人間は君しかいない、とまで述べた。

　誕生パーティはその後、空襲警報によって何度か中断された。サイレンがけたたましく鳴り響き、大急ぎで大型の霧発生装置のスイッチが入れられた。非現実の避難所ベルクホーフは人工的な白一色の濃霧の中に沈み込み、不透明なベールによって世界から隔絶した神秘の島アヴァロン〔アーサー王伝説に出てくる癒しの島〕[328]の悪夢バージョンのようだった。心臓疾患と「噴霧されたガスによりますますひどくなる呼吸障害」を懸念したモレルは、一時、麓の谷に避難した。

　夕食の頃にはすべてがいつもの状態に戻っていた。ヒトラーは客人たちに出されたビーフコンソメスープを冗談めかして「屍《しかばね》の茹で汁」と呼ぶことで、今一度、自らの倫理的な優位性をほのめかし、自分はハルツァーケーゼ〔サワーミルクで作るハルツ山地の名産チーズ〕少々にほうれん草プディング、スタッフドピクルス、大麦粥、コールラビサラダ添えを食べ、ビタムルチン六錠、オイフラート、腹部膨満感を改善する消泡剤、さらにリン酸塩に豚心筋エキスを加えた滋養強壮剤を服用した。夕食後、自称ベジタリアンの彼は手にナイフを持ったまま、指を腹の上に広げてうたた寝をした。天才主治医の方も今なお伝説となっているひどいテーブルマナーを発揮した。恒例のポートワインをきこしめして、上体を後ろに反らすように肘掛け椅子に座り、両目を閉じるのだが、分厚い眼鏡の奥でいつも瞼が下から上に向かって閉じるという、見る者をぞっとさせずにはおかないモレル流のやり方だった。二人とも心臓が弱っていた。二人とももう若くはなかったのだ。

あらかじめエーファは暖炉に火を入れさせ、アメリカのジャズレコードをかけさせた。彼女はすでに飽きるほど観た『風と共に去りぬ』をこの晩も観たがった。エーファは男優クラーク・ゲーブルのファンだったのだ。しかし、ユダヤ人から奪った金で作った金歯を嵌《は》めた全国指導者ボルマンが、皮肉たっぷりに微笑みながらその考えを退けた。「総統閣下に必要なのは（…）映画鑑賞の息抜きなどではなく、強力な一本です」[329]。モレルが飛び起きる。自分が話しかけられたと思ったのだ。居眠りを恥じた彼は一同に昔話を始めた。彼がアフリカで船医をしていた頃の逸話だが、すでに全員が知っている話だった。それからリンゴのトルテが配られた。あとで私室に戻ったヒトラーは胃痙攣を起こすが、オイコダールのおかげで事なきを得た。「私が静脈に注射針を刺したら、ゆっくり数を数えてください。一五まで数えるころには痛みはすっかり消えていますよ」[330]

この誕生日からの数週間、それは赤軍が一九四四年六月末以降の東プロイセンへの容易な進軍を可能にすることになる、「バグラチオン作戦」の準備に勤しんでいた時期に当たるが、この頃ヒトラーの健康状態は坂道を転げ落ちるように悪化していった。たいてい黒いスコッチテリア犬のシュタージとネーグスを連れていたエーファは、年寄り臭い愛人の挙措に驚かされることが増えていった。見た目も次第にみすぼらしくなり、体力も衰えていったのだ。そして彼女から、腰を屈めて歩くようになったことを批判されると、ヒトラーは「鞄の中が鍵だらけだから重たいんだよ」と冗談を言って、健康状態のとめどない悪化をごまかそうとした。しかしほんの少しバルコニーに立っているだけで、彼の膝は傍目にも分かるほど震え出した。それは晴天の日に二人並んで、はるか彼方で炎上するミュンヘンの街の赤い空を見やり、エーファが心配そうな顔で、高級住宅地ボーゲンハウゼンのあのすてきな家は大丈夫かしらと尋ねるときだった。そこは彼がエーファのために購入した物件だったのだ。ヒトラーの身体にとって、そしてナチスドイツにとっても、終焉が迫っていた。ゲッベルスは連合軍がノルマンディーに上陸した一九四四年六月六日の日記に、こう書いている。ここまで恥知らずな嘘は彼にしても珍しいと言えるだろう。「モレル教授は私のやや問題ありの健康状態を改善する手助けをしてくれた。彼はこのところ、総統閣下にとっても健康上の有力な支援者となっている。私は閣下にお会いしたときにこれを確認することができた。そのときの閣下は闘志に溢れ、上機嫌であるように見えた[331]」

実際に、ナチス国家にとってさらなる棺の釘を意味した、このDデーに、ヒトラーの気分は目まぐるしく変化した。朝九時にはまだ朝食室から彼の怒鳴り声が轟いていた。「これは侵略か、それとも違うのか？　どっちなんだ*」。モレルが彼のもとに急行して「x」を注射すると[332]、すぐに落ち着き、今度は一転して上機嫌な人付き合いのいい総統に戻り、この日の好天をしみじみと味わい、会う相手ごとに親しげに肩をポンポン叩いた。一二時の戦況会議で独裁者は、ひたひたと迫る軍事的破局にもかかわらず、晴れ晴れした顔を見せ、その場にいた全員を驚かせた。そしてその後の昼食会（粗挽き小麦粉の団子入りコンソメスープ、マッシュルーム添えのライス、林檎のトルテ）では、またもや例の際限のない、現実離れした独白が始まった。今回は最強の動物であり、彼と同じく肉食を忌み嫌うという象の話だった。さらにヒトラーは、占領国ポーランドで自身訪れたことのある屠畜場でのおぞましい情景を事細かに再現してみせた。そこでは少女らが溜まった獣血にくるぶしまで浸かりながら作業を続けていた。モレルはそのころ、処理された家畜の腺から、総統への注射用に新たな薬剤を製造していたのだ。

六月六日の晩、ヒトラーは連合軍の大西洋北岸上陸が事実であることをあいかわらず信じようとせず、見せかけの攻勢だろうと高をくくっていた。総統である自分が焦って拙速な行動に出ることを狙った陽動作戦にすぎないと考えたのだ。しかしそうではなかった。連合軍は本当に、真夜中に幅五〇キロメートルの前線を破り、完全にドイツ軍の裏をかいたのだ。それにより西部の前線に穴が開いた。軍事面でドイツ帝国は絶望的な状況となった。だがこれらの日々に一つだけヒトラーを喜ばせたことがあった。ついにゲッベルスが禁煙に踏み切ったのだ。

一九四四年七月一四日に総統はベルクホーフを去り、二度と戻ることはなかった。ヴォルフスシャンツェへの飛行中、窓のカーテンは閉められたままだった。患者Aは「インフルエンザと両眼の結膜炎にかかっていた。ヘアトニックが左眼に入ったのだ[333]」。彼はアドレナリン溶液と複数の報告書を受け取った。それは、フランス国内を攻め上る連合軍の動静と帝国東部国境地域への赤軍の接近、そしてドイツ各都市を襲う空襲の最新状況を伝えるものだった。彼は苦労して老眼鏡をかけ、暗号を解くかのようにいずれ劣らぬ悪いニュースを読んでいった。彼が飛行機の窓から下を見ることはなかった。

暗殺未遂とその薬理学的な帰結

ヴォルフスシャンツェの敷地は青々と茂った緑の中にある。その夏はことのほか暑く、森にはよく陽炎が立った。蚊の大群に対抗してテオ・モレルは、その奇抜な制帽のつばの部分に、蚊よけネットを取り付けた。爆弾の破片による被害を防ぐため、総統大本営の木造バラックには周りを囲むように分厚い補強壁が設置された。ゲッベルスはまた喫煙を始めた。一九四四年七月二〇日「一一時一五分

＊他の資料によると、この日の午前をヒトラーは寝過ごしたという。重大事が発生したにもかかわらず、誰も彼を起こす勇気がなかったからである。

に患者Aはいつもの注射[334]」を受けた。診療カードにこれは「X」と略記された。

薬物によって元気づけられたヒトラーはその平屋の建物に向かった。この運命の日に戦況会議がそこで開かれることになったのだ。何名かの将校がすでにドアの前で待っていた。独裁者は太い眉をぎゅっと寄せていたので、皺がはっきり見えた。周りの全員と握手を交わし、バラックの中に入っていった。窓が一〇面あったが、猛烈な暑さのためすべて開け放ってあった。合計二四名の参加者はオーク製の長机に陣取ったが、総統だけはスツールに座り、拡大鏡を弄んでいた。その右隣に立っていたホイジンガー中将が陰鬱な調子で東部前線の悲惨な状況を説明した。少し遅れて入室したクラウス・シェンク・フォン・シュタウフェンベルク伯爵は自分の褐色の書類鞄を、机の下のできるだけ目標に近いポイントに押しやった。その少し後に、彼は目立たぬように部屋を出た。一二時四一分に一人の海軍将官が立ち上がり、新鮮な空気を吸おうと窓に向かった。ヒトラーは机に大きく身を乗り出して戦況図全体を把握しようとしていた。机の上面に肘を乗せ、頬杖をついていたのだ。それが一二時四二分だった。担当将校がちょうどこう説明していた。「もう頃合いです。部隊をペイプシ湖から撤退させないと、とんでもない大惨事が……」。その瞬間だった。凄まじい轟音が巻き起こったのだ。

「地獄の業火のような閃光が走るのがはっきりと見えた。私はすぐにこれは英国製の爆薬に違いないと考えた。ドイツのものならこんなに鮮烈な黄色の焔にはならないからだ[335]」。この突発事に対するヒトラーの言葉は、妙に距離を感じさせるものだった。まるでベール越しに語っているかのようなのだ。爆発の衝撃で彼は部屋の中央から出口まで吹き飛ばされたというのに。「X」の注射で陶酔状態になっていた独裁者は、いわば綿のクッションにすっぽり包まれていて、この爆発を本当には体験しなかったのかもしれない。ヴァーグナーのジークフリートのごとき不死身の英雄となっていたのだ。すぐそばでは重傷を負った将校たちが、髪を焔に包まれて、生死の境をさまよっていたというのに。

ヒトラーはまるで部外者のような短いコメントを残している。「その後は猛烈な煙が出て何も見えなくなったが、その煙越しに何人かが倒れてもがいているのは分かった。私が倒れていたのはバラックのドアの左の側柱のところだった。私の身体は何枚かの羽根板と梁の一部の下敷きになっていた。それでもなんとか自力で立って歩くことはできた。ただいくらか眩暈がして、ぼうっとした感じだった」(336)

仕事部屋でこの爆発のことを聞いたモレルは、爆破されたに違いないとすぐに考えた。まもなくヒトラーの従者リンゲが駆け込んできた。先生、すぐに総統閣下のところにお出で下さい。主治医は大急ぎで黒鞄をひっ摑み、太った身体に鞭打って夏の炎天下をひた走った。地面に一人の将校が横たわっている。片脚が吹き飛ばされ、眼も片方が潰れていた。モレルは治療しようと立ち止まったが、リンゲに先へ急ぐよう促された。「総統閣下が最優先ですから」

すぐに二人はヒトラーを見つけたが、その様子は異様だった。ベッドで平然と微笑んでいたのだ。額からは血が流れ、後頭部の髪は燃えてなくなり、ふくらはぎは手のひら大の重度の火傷を負っていたというのに。「あのカイテルとヴァルリモントが私をブンカーに運んでくれたんだ」。そう言う独裁者は生気にあふれ、ほとんど楽しげな表情だった。「途中で気がついたが、私のズボンはひどくボロボロで、あちこち肉が剝き出しになっていた。それから顔がムーア人みたいだったので、身体を洗って着替えたんだ」(337)

あと二時間でムッソリーニが重要な国賓として来訪するんだが、とヒトラーに言われて、モレルはこの日二度目となる注射の用意を整え、再度「x」を注入した。この「x」がただのブドウ糖で、効果抜群の鎮痛剤ではなかったなどということは、ほとんどありえない。患者Aの身体には数十個の破片が刺さっていた。それを今、痛みを我慢してもらって、一つ一つ取り除かねばならなかった。だがヒトラーは痛くなさそうだった。彼の両耳は鼓膜が破れて出血していたが、やはり痛みに顔をしかめ

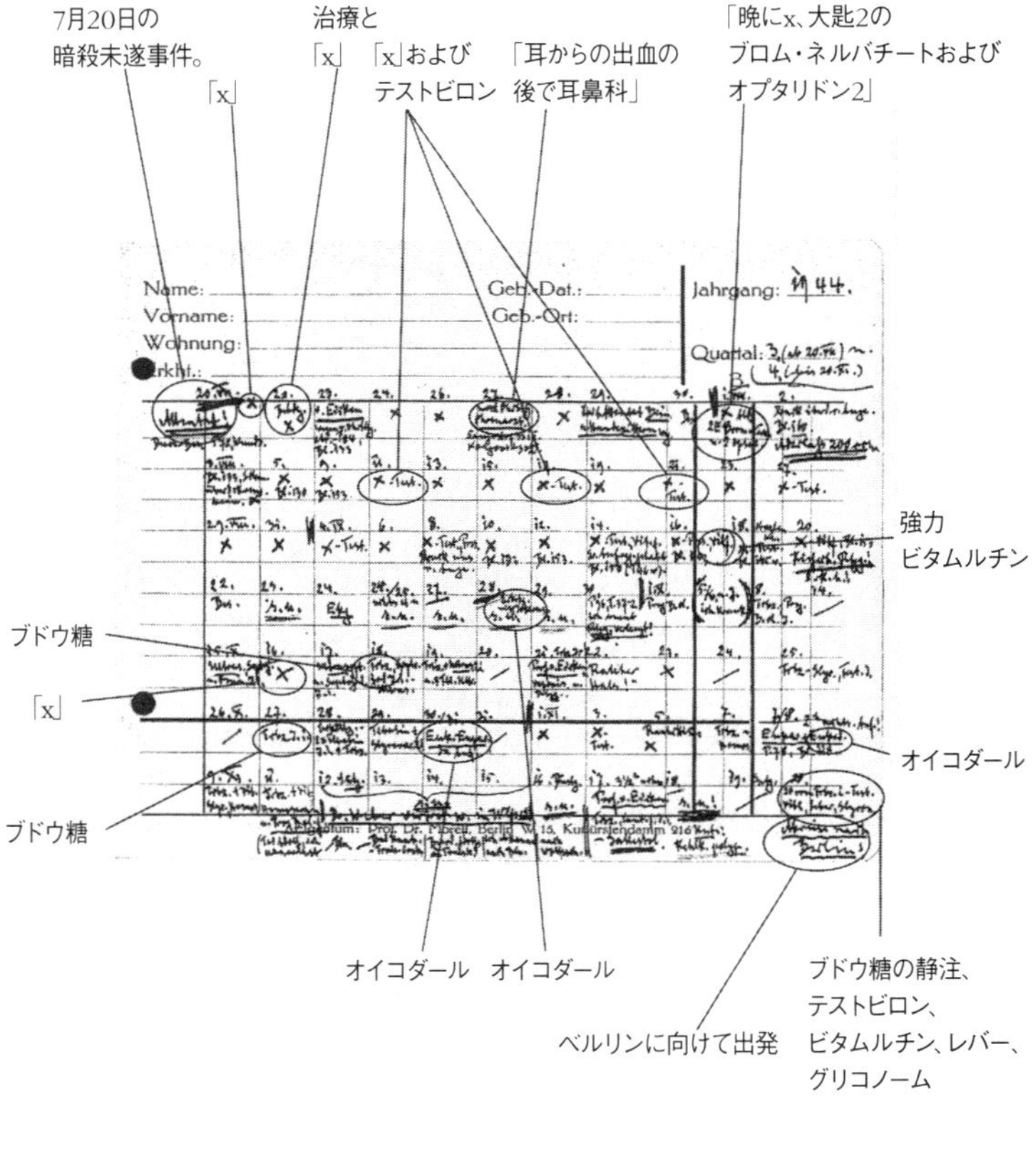

暗殺未遂からヴォルフスシャンツェ脱出まで。患者Aの増大する薬物量。

るでもなく、その「頑健さ」で周囲の全員に感銘を与えた。

モレルは患者Aの診察書に、ヒトラーはどうやら少しも興奮していないようだ、脈もいつも通り正常である、と書いた。それでも主治医はベッドで安静にするよう、懇請した。だが注射で元気いっぱいなヒトラーは、リンゲに改めて磨かせた長靴を履いて立ち上がると、健康至極な男子が客人をベッドで迎えるなど笑止きわまることだと宣言した。そしてゆったりとした黒マントを羽織ると、ヴォルフスシャンツェの駅に出向き、イライラしながらムッソリーニの到着を待った。彼はヒトラーの不死身な様子に舌を巻いてこう言った。「それは天からのしるしだったのです！」[338]

実のところ、ヒトラーの怪我は最初考えられたより深刻だった。彼の聴覚はほとんど機能せず、晩に「x」の効き目が切れてくると両腕両脚を激しい痛みが襲った。両耳からはまだ血が流れ続けていた。彼の心理面にも襲撃は甚大な影響を与えた。患者Aは一日置きのこれまで通りのペースで「x」を処方してもらっていたが、今は痛み止めと神経ショックを和らげるためだった。未遂には終わったが重大な国家反逆行為が起きたこの危機的局面で、彼はこのダメージを理由に行事をキャンセルすることなどできなかった。しかし不敗の強者、それどころか不死身の英雄という演出はところどころで綻びが出ることとなる。一週間後にヒトラーは陸軍将校らの訪問を受けたのだが、そのとき、総統が登場するたびに沸き起こっていた「ハイル！」の大合唱が突然鳴り止んで、場は沈黙に支配されてしまった。将校たちがヒトラーの変わり果てた様相に驚いて息を呑んだのだ。一挙に彼らは、虚像としての総統と実在するヒトラーとの間の大きすぎる溝を自覚した。

ついにコカイン！

「おお夜よ！　私はすでにコカインを摂取した
それは血流に乗って全身へと運ばれて行く
今や髪はすでに白髪となり、歳月は流れ去った
この身を愉楽に委ね
去り行く前に今ひとたび私は花を咲かさねばならない(339)」
ゴットフリート・ベン

ヒトラーの両耳の鼓膜が損傷を受けたため、近くの陸軍病院から医学博士エルヴィン・ギージングが総統大本営のヴォルフスシャンツェに呼ばれた。耳鼻咽喉科の専門医である彼もすぐ、国家の中枢がどのような状況に陥ったかということに気づいた。ギージングはヒトラーと初めて対面する前に、総統閣下は一種の「圧倒的かつ神秘的な超人である(340)」と聞いていたのだが、いざ会ってみると、歩く時に足を引きずる、腰の曲がった人物で、紺と赤のストライプのバスローブを羽織り、裸足に室内履きを履いていた。ギージングはそのときの印象を詳細に書き残している。「顔は蒼白でいくらか浮腫《むく》んでおり、血が流れている両目の下には大きなたるみができていた。その目には盛んに報道されたような人を魅了する輝きはなかった。特に気になったのは、鼻の両側から口角にかけて深い皺が走っていたことだった。唇は乾いていて、いくらか割れて血も滲んでいた。すでにかなり白髪が混じった髪はきちんと梳《す》かされていなかった。頭頂部から後ろのつむじのところまで櫛が入っていなかったのだ。髭は剃《そ》ってあったが、かえってハリのない肌が露わになっていた。私は過労のせいだと考えた。（…）歳を彼の声は不自然に大きく、何か怒鳴っているようで、あとの方では少し嗄《しわが》れ声になった。とってもう使い物にならないいくたびれた男性。残った力を振り絞って何とかやっていかなくてはなら

ない人物という感じだった[341]」

神経学的な観点から専門医は患者ヒトラーを正常と診断した。つまり幻覚はなし、集中力良好、感情失禁もなし。記憶力、時間見当識、空間識、いずれも問題なし。「ただし愛情や憎しみといった感情面では極度に不安定となる病的傾向が認められる。ひとときも休まず思考を巡らせていて、その発言は常に適切である。（…）要するに総統閣下の精神状態は複雑そのものということだ」

破れた鼓膜に関してギージング医師は、右耳の鼓膜にははっきりとした鎌状の亀裂、左耳にはそれより小さな傷を確認した。鼓膜の再生を促すため、敏感な部位を酸を用いて処置した際に、医師はヒトラーの尋常ならざる無感覚に驚いた。もう自分は痛みをまったく感じない、なぜならそもそも痛みは弱き人間を強靭なものとするためにあるのだから、と患者Aは自慢でもするかのように答えた。おそらく彼は直前に主治医から薬物を投与されていて、そのために痛みを感じなかったのだ。ただしそのようなことはギージングには知る由もなかった。医師同士で協議することなどまったくなかった。ギージングはモレルからどんな薬物を使ったのかほとんど聞いていなかったが、モレルの方も新参のギージングが患者に何を処方したのか知らなかった。「自分は耳鼻科医のギージング博士から何も説明されていない」とモレルは苦々しげに書き留めている[342]。実際に二人の医師は最初の瞬間から互いを拒絶した。ギージングの初回訪問時にモレルが相手に向かって「君は誰だ？　誰に呼ばれたんだ？　なぜまだ私に挨拶もないんだ？」と畳み掛けたとき、ギージングもここぞとばかりに応酬して「私は将校ですから、自分の軍人上官にだけ挨拶をすればいいのであって、文民のあなたにどうこう言われる筋合いはない」と述べた[343]。それ以来、リーダー格の医師モレルは、来訪した耳鼻咽喉科医師ギージングの姿を見ることさえ拒んだという。

さもありなんという感じの主治医の態度についてギージングは、冷たく、いくらか皮肉交じりの調子で報告している。「モレルが部屋に入って来た。明らかに息を切らしていてゼイゼイ言っていた。彼はヒトラーとだけ握手をして、夜間に何か変わったことはありませんでしたかと尋ねた。ヒトラーは、何もない、よく眠れたし、昨晩の薬物サラダも問題なく消化したと答えた。それからヒトラーはリンゲの助けを借りてガウンを脱ぎ、また肘掛け椅子に座り、左袖を高く捲り上げた。モレルはヒトラーに注射した。注射器を引き抜くとハンカチで針の先端を拭った。それから部屋を出て執務室に入っていった。右手には使用済みの注射器、左手には空のアンプル、長めのもの一本と短いもの二本を持っていた。彼はアンプルと注射器を手に隣の従卒の洗面室に入ると、自ら注射器を洗浄し、空のアンプルは便器に投げ込んで廃棄した。それが終わると彼は手を洗い、執務室に戻ってその場の全員に挨拶をして去っていった」

しかしギージングも手ぶらで総統閣下の元に参上したわけではなかった。彼が持参したのは、鼓膜の損傷に起因する耳鼻咽喉部の痛みを麻痺させるために彼が好んで多用した薬剤で、それはなんとコカイン、すなわちナチスの間で忌み嫌われていた「ユダヤの退嬰的な毒物」だったのだ。しかしこの選択は一見そう見えるほど奇異な処方ではなかった。当時は局所麻酔に使える薬の選択肢が今ほど多くなかったのだ。[344] それにコカインは治療薬としてどこの薬局にも置いてあった。この件についての唯一の証言であるギージングの報告が信用できるとすれば、彼は一九四四年の七月二二日から一〇月七日までの七五日間にわたって、国家の長である総統に五〇回以上もこのシッケリア（伊達者たち）の薬物（コカイン）を鼻腔や咽喉部に刷毛で塗って、つまり最大の効果が望める粘膜表面への直接塗布の形で使用したことになる。それは、極めて純度の高い一級品として名高かったメルク社のコカインだった。格別に精神活性作用の強い一〇パーセント「コカイン溶液」として封印ボトルに入れられ、ベルリンから貨物列車で届けられたもので、規定通りの充填を行った責任者として国家保安本部の親衛隊薬剤師の署名が施されていた。ヴォルフスシャンツェでは、ヒトラーの侍従であるリンゲ本人がそれを鍵を掛けて保管していた。

こうした見逃しようのないコカイン使用についてもヒトラーの伝記作家たちはほとんど気付いていない。[345] その強いオイフォリア（多幸感）作用のゆえに、暗殺未遂後の危機的な時期を論ずるに当たっては無条件に言及すべきことであるにもかかわらず。使用の際の手順は次のようなものだった。従医の外科医ブラントが朝、同僚ギージングを来客用地下壕の裏手のテントに連れて行く。そこは七月二〇日の暗殺未遂以来、厳重な警戒態勢が敷かれていた。そこでまずギージングが診療鞄の中身をぶちまけて、器具一つ一つが調べられる。毎回、耳鏡の電球まで取り外され、再び取り付けられた。ギージングは制帽とメスを係官に預け、ズボンと上着のポケットの中身を空にしてからそのポケットを裏返して外に出し、中にもう何も入っていないことを示さなくてはならなかった。ハンカチと鍵はすぐに返されたが、万年筆と鉛筆は診療の後にならないと返還されなかった。彼は頭のてっぺんから爪先までボディチェックされた。それほど厳しいチェックだがコカインだけは対象外だった。すでに室内に持ち込まれていたのだ。そして次に侍従のリンゲが動き出す。執務室の劇薬棚からコカインのボトルを取り出し、ギージングに往診を依頼するのだ。[346]

患者Aは豊富な診療メニューについて医師に感謝の言葉を掛けた。ギージングの報告によれば、ヒトラーは「コカインのおかげで頭がかなりすっきりして明晰に思考できるようになった[347]」と言ったという。耳鼻咽喉科医は彼に説明した。精神活性効果は「腫脹した鼻粘膜に対する薬理作用であって、今は鼻呼吸が楽になっています。この作用はたいてい四ないし六時間持続します。後で軽いコカイン風邪の症状が出ることもありますが、それはしばらくすれば治まるでしょう」と。それに対してヒトラーは、コカインの鼻粘膜塗布を毎日一、二回やってもらえないかと訊いたとされる。治療対象だった耳道が一九四四年九月一〇日以降は完治していたにもかかわらず。自分の運気が一気に上昇したと感じたギージングはこれに同意したが、患者に対しては、コカインは鼻粘膜から絶えず吸収されて血液循環に入るので、摂取量に留意すべきである点も指摘したと主張する。しかしヒトラーは引き続き処方を要求し、その後のある日には、大量の発汗があったにもかかわらず、処方の成果を肯定している。「君がいてくれてありがたいよ、ドクター。コカインは驚くべき妙薬だ。君がすぐに正しい薬剤を見つけてくれて嬉しい限りだ。今度またこの厄介な頭痛から、しばしの間私を解放してくれ」

その頭痛はおそらく、ここ数日ヴォルフスシャンツェの最奥部の封鎖エリアに暮らす住人たちの神経を参らせた、永遠に続くかと思われた振動音や悲鳴にも似た金属の裁断音によって誘発されたものだった。突貫工事により、建設部隊の削岩機と重機がさらに強固な新しい防空壕をあっという間に造り上げたのだ。コカインがあったればこそ、患者Aはそうした轟音に耐えることができ、この蘇生薬のおかげでようやくまた、自分はそもそも病気などではないと確信できるようになったのだ。「やっとまた頭がすっきりしてすこぶる快調だ」。だがある不安が彼の脳裏をよぎる。「頼むから私をコカイン中毒患者にだけはしないでくれよ」。ヒトラーは目下のところ贔屓にしているこの医師に向かってそう言った。ギージングはこう述べて彼を安心させた。「本物のコカイン中毒者は乾燥コカインを鼻から吸引するものです」。それでヒトラーは安心したそぶりを見せたという。「あいにく私もコカイン中毒者になる予定はまったくないのでね」

つまり総統は、鼻粘膜への薬物塗布により人為的に自信満々な状態にしてもらって、戦況会議に臨んでいたことになる。そうすることで彼は確信できた。いずれにせよ対ロシア戦はまだなんとか勝利できる！　それどころかヒトラーは一九四四年九月一六日にギージングからまた薬物を投与されると、かなり特殊な着想を思いつく。これも恐れられていた例の「天才的な」総統閣下のひらめきのひとつだった。彼は唖然とする側近たちに向かって、人員、物資とも明らかに劣勢であるにもかかわらず、西部戦線で新たに攻勢に転じたいと発表した。その場で彼は命令を作成した。それは同戦線に動員可能な兵士一人一人に「狂信的な決意《いさ》」を要求する内容だった。[348]第二のアルデンヌの戦いが成功の見込めない企てであると全員が彼を諫めたのだが、この独裁者の決意は固かった。彼は大勝利を確信していたのだ！

その結果としてギージングは、あらゆる自己懐疑を消し去り誇大妄想を掻き立てて、進軍欲を亢進させる薬物コカインへのヒトラーの依存を断ち切ろうとして、このよく効く薬剤の塗布をやめるべきと考えた。しかしヒトラーはそれを許さなかった。「だめだ、ドクター。それはぜひとも継続して頂きたい。今朝もまた例の恐ろしい頭痛に襲われた。おそらく風邪のせいだろう。ドイツの未来、ドイツの存続についての憂慮で、毎日身を削られる思いなのだ[349]」。それでも、ギージングの医師としての罪の意識が命令遵守義務に勝り、彼はヒトラーに薬物を処方することを拒んだ。最高司令官であるヒトラーはこの一九四四年九月二六日、へそを曲げた子供のように戦況会議の場に姿を見せなかった。その代わりに彼は不機嫌な調子で、全面崩壊の危機にある東部戦線のことなど、自分にはもはや関心がないという文言を読み上げた。怖気づいたギージングは方針を変え、コカインの処方を約束したが、その代償としてヒトラーの全身をくまなく診察させるよう要求した。いつも診察を拒否していた患者Aも今回ばかりは同意し、一九四四年一〇月一日にはなんと全裸で医師の前に姿を現した。いつもならたいてい拒絶するところだが、喉から手が出るほど欲しい薬物を手に入れたい一心だったのだ。「さて、おしゃべりに夢中になって診療のことを忘れないようにしよう。もう一度、鼻を診て、コカインを塗って、この頭の圧迫感を取り除いてほしい。今日の私はすこぶる重要なことをやり遂げねばならないんだ[350]」

ギージングは相手の意向に従って薬物を処方した。今回は服用量が多く、ヒトラーは意識を失ってしまい、しばらく呼吸不全の危機に陥ったという。耳鼻咽喉科の医師の描写が正しいとするなら、禁酒家を自認するこの男は、薬剤の過剰投与によりお陀仏となる寸前だったということになるだろう。

スピードボール

アルコールを除いて、ほとんどすべての薬物がヒトラーには直接的な効果を発揮した。彼の依存症は特定の成分に対するものではなく、心地よい人工世界に遊ばせてくれる成分全般に対するものだった。それで彼はたちまち情熱的なコカイン使用者となったが、一九四四年一〇月半ば以降はこの麻薬からあっさり手を引くことができた。それは別の薬物に惚れ込んだからである。コカイン中毒者が好んでするように、ヒトラーも後から人生のこの一時期を一種の英雄的態度へと美化した。「七月二〇日以後の数週間は我が人生最悪のときであった。苦難の末に、ドイツ人の誰一人として夢見たこともない英雄精神が獲得された。この上ない苦痛、何時間も続くめまいや吐き気にもかかわらず、私は直立不動の姿勢を保ち、鉄のエネルギーをもって、そうしたすべてに立ち向かった。私は打ち倒される危機に何度も直面したが、我が意志の力により状況を支配した」[351]

ただし「鉄のエネルギー」と「意志」の二語は「オイコダール」と「コカイン」に置き換えねばならない。それだけでもいくらか真実に近づくことになる。空軍副官のニコラウス・フォン・ベロウも、暗殺未遂事件後の数週間の総統について、そうした誤った用語を使って説明している。「その強い意志と高められた使命感のみが閣下を支えた」[352]。実際に総統を支えたのは強力なコカインと増量されたオイコダールだった。というのもこの時期にはオイコダールが盛んに使用され、一回量も前年の倍の〇・〇二グラムになっていたからである。これは医療現場で使用される平均に対し、最大で四倍の量である。[353]

コカインとオイコダール。この総統専用の混合物、ヒトラーの血液中のカクテルは、数週間にわたって、スピードボール〔コカインとヘロインの併用〕の古典版となった。コカインの興奮作用がオピオイドの鎮静効果によって相殺されたのだ。猛烈な多幸感と末端の繊維細胞にも感受されうる高揚感。それがこの薬学的な両面攻撃の作用とされる。この戦いでは、生化学的に正反対の有能な分子同士が身体内で主導権争いをすることになる。これは循環系への過度な負荷と不眠をもたらし、さらに肝臓はそれらの毒物の襲来に対して絶望的な抗戦を強いられる。

独裁者は戦争の終盤、そして人生の最後の秋に差しかかっていたが、人工の楽園に関して言えば、どっぷりとその愉楽に浸り込んでいたのだ。患者Aは戦況会議の場で、薬物によって現出した幻のオリンポス山に遊び、傾斜地を下るように膝を伸ばし踵から着地し、舌打ちをし、両手をひらひらさせて歩きながら、自分は水晶のごとく明晰に考えることができると信じ、自分の高揚に合わせて世界の配列を勝手に修正してしまう。重苦しい前線の状況についてきわめて醒めた見方をしていた将校たちにとって、そのような状態の総統に歩み寄ることはとうてい不可能であった。薬物投与が最高司令官を継続的に妄想の世界に閉じ込めたのだ。彼はその中に難攻不落の城壁を築き上げ、隙のない防御体制を作り上げた。誰であれ、何であれ、その中に突入することは不可能だった。薬物で人工的に裏打ちされた自信によって、あらゆる疑念が払拭された。[354]彼の周りで世界が瓦礫と灰の中に崩れ落ちようとも、彼の行為で数百万、数千万の人々が命を落とすことになろうとも、強烈な成分が血管を駆けめぐり、人工的な多幸感をもたらしてくれさえすればよかった。そんなとき総統は自身の行為を正しいと感じることができたのだ。

ヒトラーは若いころ、ゲーテの『ファウスト』を読んでいた。若き薬学研究者としてワイマール古

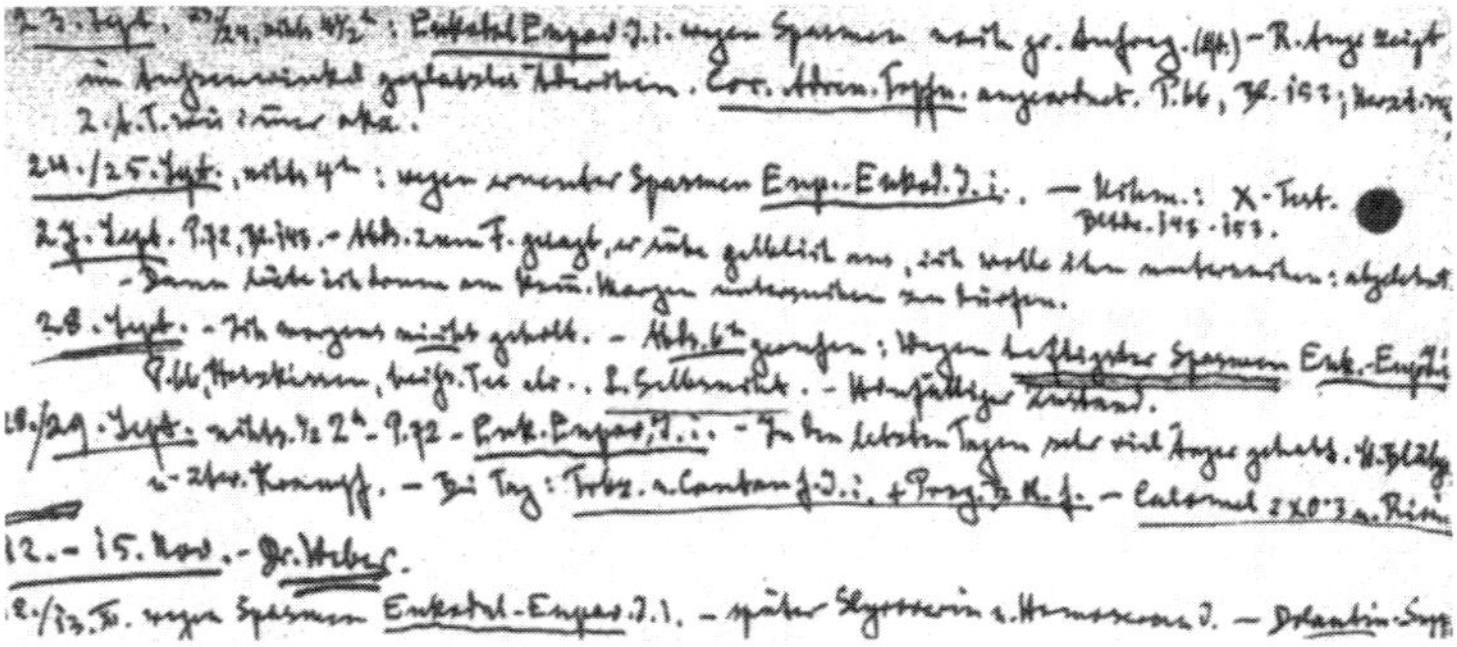

1日おきのオイコダール投与。これは中毒患者特有のペースである。

典主義の時代にモルヒネを発見し、それゆえオイコダールその他すべてのオピオイドの父祖とされるゼアトゥルナーはゲーテの同時代人である。患者Aは一九四四年の秋、このゼアトゥルナーの研究成果である薬物との間で最終的に悪魔的な契約を結んだ。この麻薬は彼の重度の腸痙攣（それは薬物使用について対外的に説明しやすい症状だった）を取り除くだけでなく、瞬間瞬間を甘美なものとしてくれた。このときの薬物依存の有無は証明できないが、このハードドラッグがいかに頻繁に処方されたかは、一九四四年九月のカレンダーに殴り書きされたモレルの乱筆を見ると、大まかなところは分かる。ただ「x」、「いつもの注射」と書かれていたり、あるいはそもそも何も書かれていない場合にも、オイコダールがヒトラーの血管に注入されたということも、決してありえない話ではない。誰であれ、一度オイコダールに手を出した者は、それが入手可能である限り、たいていやめられなくなるのだ。

　一九四四年九月の二三日、二四〜二五日、二八〜二九日の一週間の間に患者Aはこの強力な麻薬を四回ほど、それぞれ一日、間を置いて投与されている。典型的な中毒者の摂取リズムであり、純粋な医学的見地からの処方とは明らかに異なる。不可解なのは、植物のケシから得られる成分パパベリンの合成薬版である抗痙攣薬オイパベリンとの組み合わせである。これは依存性がないため比較的安全な筋弛緩薬である。二重の包装が、意図してか否かは定かでないが、ベールを被せるような働きをする。長い間ヒトラーも同じような響きの名称をもつ薬品を混同していて、本当はオイコダールが欲しいのにオイパベリンを要求したりした。モレルは書いている。「総統閣下は大いに喜ばれ、私に感謝の握手を求め、こうおっしゃった。『我々のところにオイパベリンがあるとは、何という幸運だろう！』」[355]

〇・〇二グラムの強力な薬物を静脈注射された独裁者はどのような感覚を覚えたのだろうか？ 注射の数刻後、口腔粘膜によって最初の効果が感受され、ジャンキーたちがよく言うように、そこに独特な「味」が感じられたときに。これは推測するほかない。おそらく彼はそのとき、自分が竜を退治して財宝を手に入れた英雄ジークフリートになった気分だったかもしれない。クリームヒルトの腕に抱かれ、すべてが黄金色の光輝に包まれ、至福の中に溶けてゆくかのような高揚感だ〔ヒトラーの好んだ英雄叙事詩『ニーベルンゲンの歌』前編の主人公ジークフリートの逸話〕。毎回わずか数秒後に、しかもあらゆるところからエネルギーが満ちてくる。それは至福にする力、それでいて心を大いに鎮める力である。ヒトラーはモレルに「ドクトル、君が朝来てくれるといつも本当に嬉しいよ」[356]と言ったことがある。珍しく正直な発言と言えよう。というのも毎日朝一番に、特別な感覚を人為的に作り出す例の注射が打たれたからである。それによって得られる感覚は、偉大さについてのヒトラー自身の想念と完全に一致していたが、もはや現実からは得ることの叶わないものだった。

医師たちの戦争

「諸君は互いに示し合わせて、この私を病人に仕立て上げるつもりなんだろう[357]」

アドルフ・ヒトラー

主治医モレルの権力はこの一九四四年夏にその絶頂期を迎えていた。暗殺未遂事件が起きてから、患者Aは彼をこれまで以上に必要とし、注射してもらうたびにモレルの影響力は増していった。彼ほど独裁者と個人的に親しい者は一人もいなかった。ヒトラーはモレルとの雑談をことのほか好み、彼を誰よりも信頼した。将校たちとの大きな会合の席では、総統に対する万一の襲撃に備えて、来客の椅子の背後にそれぞれ一名、武器を帯びた親衛隊員が控えていた。ヒトラーに謁見を望む者は事前に鞄を預けなくてはならなかったが、モレルの診療鞄だけはこの規定の適用を免れていた。

「唯一の主治医」を自認するモレルの特権的な地位を、多くの者は妬ましく感じていた。彼に対する不信感は募る一方だった。モレルは治療方針について他人と協議することをあいかわらず強硬に拒んだ。彼は就任時に委ねられた裁量権を最後まで守り続けたのだ。しかしパラノイアという名の毒草が分厚いコンクリート壁をびっしり覆うブンカーは、息を詰まらせるような重苦しい雰囲気が支配する地下帝国であり、そこでのモレルの行動は危険を伴わずにはいなかった。彼はヒトラーの治療を相談しようと思えばできたはずの侍医ブラントとハッセルバッハに対しても、一貫して蚊帳の外扱いだった。モレルはここに来たばかりの頃のアウトサイダーの立場からディーバ（花形）へと脱皮したのだ。彼は他者に一切の情報を与えず、謎めいた無比の人物というアウラでその身を包んだ。総統の全権委任者と言っても過言ではない秘書官ボルマンが、もっと生物学に立脚した別の治療法を試すべきだと思うと異議を唱えたときですら、この太ったドクトルは頑として首を縦に振らなかった。

患者Aとその主治医。「ドクトル、君が朝来てくれるといつも本当に嬉しいよ」

　しかしまさに敗戦が刻一刻と近づく中で、責任者探しが始まった。モレル包囲網が形成されたのだ。ヒムラーはすでに以前からこの主治医に関して情報収集を始めていた。総統のモルヒネ中毒を彼の責任にして、脅しをかけるためだった。それどころか陰では、この男は外国のスパイで、密かに総統を毒殺しようとしているのではないかという噂まで囁かれた。

　すでに一九四三年、フォン・リッベントロープ外相がザルツブルク近郊の居城フッシュルでの昼食会にモレルを招いたときに、戦いの口火は切られていた。初めはフォン・リッベントロープの細君が当たりさわりのない話題を彼に振って、例えば有期婚（二〇年が提案された）や非嫡出子への国家助成、食料品のための長い行列とそれによって費やされる時間の無駄についての会話が続いた。その後で外相が無表情に「上にどうぞ、お話ししたいことがありますので」と切り出した。

　いつもの傲慢で、相手をことさら疲れさせる態度、そしてなかば投げやりな調子。フォン・リッベントロープはその高貴な長い指でエジプト煙草の灰を落とし、冷たいコンクリート壁のような仏頂面であたりを見回すと、この奇跡のドクトルに向かって、速射砲のように立て続けに質問を浴びせた。総統にそんなにたくさん注射をして、本当に大丈夫なのか？ ブドウ糖の他に何か別のものも使用しているのではないか？ いくらなんでも多すぎはしないか？ 問われた相手はただ一言、「自分は必要なものしか注射しておりません」と返答したが、それに対してフォン・リッベントロープは、「総統閣下の抵抗力を高めるために、その全身状況を抜本的に改善する必要がある」と強く迫った。モレルは馬耳東風という感じで彼の言葉に心動かされることもなく、城を辞去した。「素人というものはしばしば実に気ままな思いつきから、自分の似非医学的な判断を口にするものだ」。彼の会談メモはそう断じている。[358]

しかし主治医は次第にこの包囲網を脱することが困難になる。最初の本格的な攻勢はボルマンによってなされた。彼はヒトラーの治療を規定通りの方式、もしくは少なくとも管理可能な形に戻そうと試みたのだ。「国家機密案件！」と書かれた一通の書簡が主治医のもとに届けられた。そこには、八項目に分けて「総統の身の安全を確保するための薬物使用に関する処置」が列挙され、親衛隊実験室で薬物の無作為抽出検査を行うことが明記されていた。また特にモレルに対しては、つねに予め「使用目的を挙げて月間に使用する薬物の名称および総量について申告」することが求められた。

いつもはことを必ずやり遂げたボルマンであったが、事実上これは奏功しない試みにとどまった。その理由は、彼がこの介入を通じて、ヒトラーへの薬物使用を公的手続という表舞台にもち出しておきながら、その一方でこれについて可能な限り文書でのやり取りを望まなかったからである。要するに、彼としても支配民族の壮健この上ない指導者というアウラを壊したくなかったということなのだ。それゆえ書簡の項目1）に記載されているように、薬物代金は現金払いとすることも求められた。

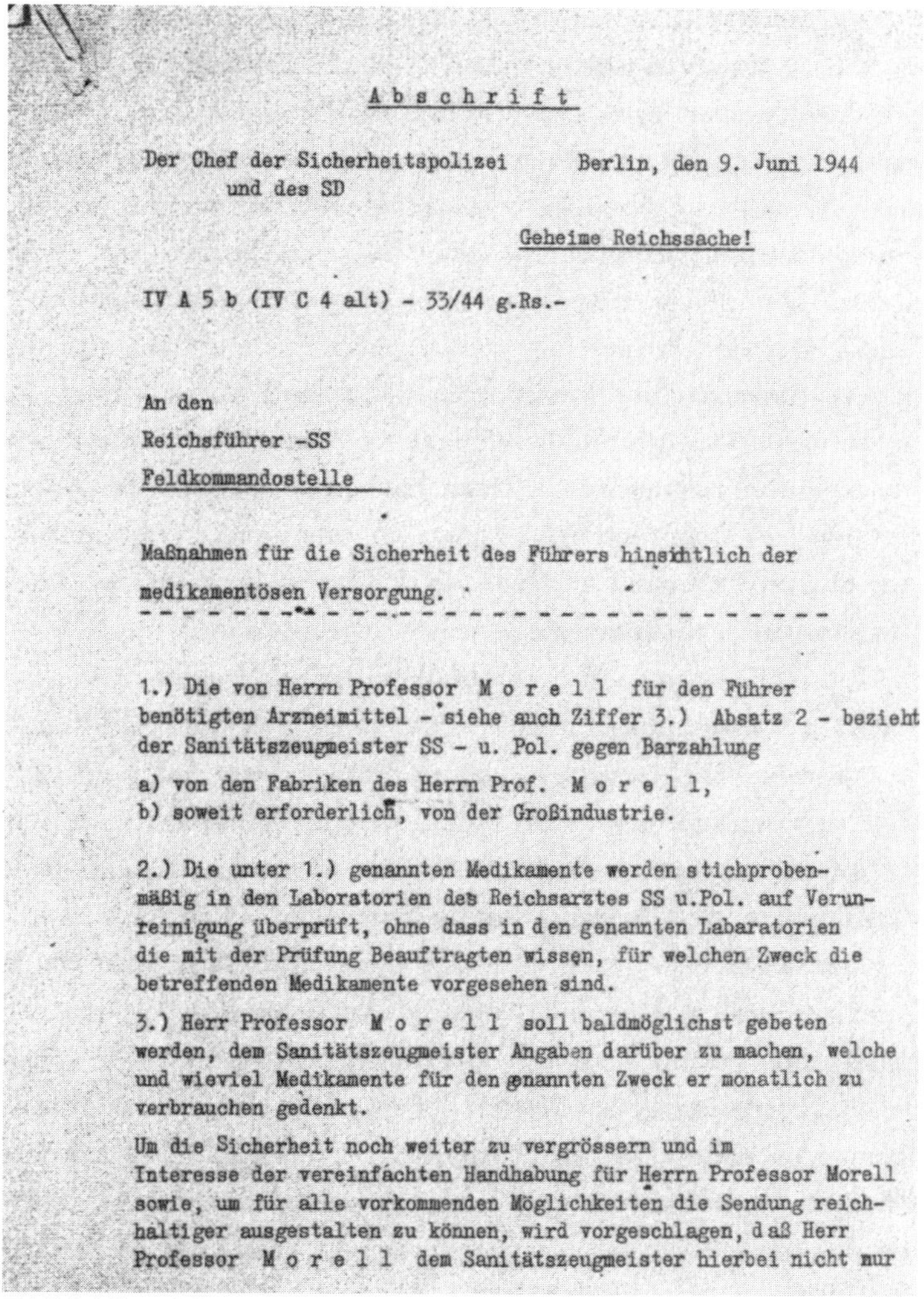

Abschrift

Der Chef der Sicherheitspolizei und des SD

Berlin, den 9. Juni 1944

Geheime Reichssache!

IV A 5 b (IV C 4 alt) - 33/44 g.Rs.-

An den
Reichsführer -SS
Feldkommandostelle

Maßnahmen für die Sicherheit des Führers hinsichtlich der medikamentösen Versorgung.

- -

1.) Die von Herrn Professor M o r e l l für den Führer benötigten Arzneimittel - siehe auch Ziffer 3.) Absatz 2 - bezieht der Sanitätszeugmeister SS - u. Pol. gegen Barzahlung

a) von den Fabriken des Herrn Prof. M o r e l l,
b) soweit erforderlich, von der Großindustrie.

2.) Die unter 1.) genannten Medikamente werden stichprobenmäßig in den Laboratorien des Reichsarztes SS u.Pol. auf Verunreinigung überprüft, ohne dass in den genannten Labaratorien die mit der Prüfung Beauftragten wissen, für welchen Zweck die betreffenden Medikamente vorgesehen sind.

3.) Herr Professor M o r e l l soll baldmöglichst gebeten werden, dem Sanitätszeugmeister Angaben darüber zu machen, welche und wieviel Medikamente für den genannten Zweck er monatlich zu verbrauchen gedenkt.

Um die Sicherheit noch weiter zu vergrössern und im Interesse der vereinfachten Handhabung für Herrn Professor Morell sowie, um für alle vorkommenden Möglichkeiten die Sendung reichhaltiger ausgestalten zu können, wird vorgeschlagen, daß Herr Professor M o r e l l dem Sanitätszeugmeister hierbei nicht nur

国家機密案件——主治医を監督下に置こうとしたボルマンの虚しい試み。

これはマネーフローを後世の人々の眼から隠すためである。さらにボルマンは「一ヶ月パッケージ」は必要に応じて取り出せるようにして金庫に厳重に保管し、「可能な限りアンプルにも通し番号を付して表示する（例えば初回出荷分を1/44とする）こと、同時にパッケージの包装表面に、はっきりと読み取れる書体で衛生備品担当官本人の署名を付すこと」を指示した[359]。

モレルの活動を透明化しようとするこうした官僚的なやり方に対する当人の反応ぶりは、シンプルでもあり、物議をかもすものでもあった。この主治医は絶大な権力をもつボルマンの指示をあっさり無視して、これまでの流儀を貫いたのだ。台風の目の中にいるように彼は自分の安全を確信していた。患者Aが自分を見捨てるはずはないと踏んでいたのだ。

一九四四年九月末に耳鼻科医ギージングは、ブンカーの弱い光のもとでヒトラーの顔色が尋常でないことに気づき、すぐに黄疸を疑った。同じ日に彼は、ヒトラーの食卓で「ブドウ糖入りアップルコンポート、白ブドウ添え[360]」の皿の隣に「ケスター博士の消泡剤」の箱を見つけた。あまり見かけない薬だった。ギージングはその成分に、ベラドンナその他のナス科植物から得られるアトロピンの他にストリキニーネも含まれていることを知って当惑を覚えた。後者はマチン〔フジウツギ科の落葉高木〕から取れる毒性の高いアルカロイドで、脊柱の神経細胞を麻痺させる働きがあり、ネズミ駆除剤にも使われている。ギージングの中で恐るべき疑念が首をもたげる。事実、過剰摂取した場合のこの消泡剤の副作用はヒトラーの症状と符合するように思われた。アトロピンは中枢神経系をまず興奮させ、次に麻痺させる。そして溢れる着想、饒舌、幻視や幻聴、意識の混濁を伴うきわめて快活な状態を招来する。それらは場合によっては暴力性や狂乱に変わることもある。ストリキニーネの方は、光に対する感受性を高め、光恐怖症や無気力症を引き起こす[361]。ギージングにとって、この件は明白であるように思えた。「ヒトラーは説明のつかない持続的な多幸感に包まれていたではないか。それに大きな政治的、軍事的失敗の後で重要な決断を下す際の彼は、奇妙に高揚した状態を見せていたが、その大部分は確実にこれによって説明することができる[362]」

この耳鼻科医はヒトラーの誇大妄想と体調悪化の原因を発見したと考えた。この消泡剤である。そこで彼は人体実験に踏み切った。数日間、ギージングはこの小さな丸い錠剤を自分で服《の》んだのだ。すぐに自分の身体で同じ症状を確認すると、攻勢に転ずる決心をした。彼の目標は、総統に故意に毒を盛ったことを非難して主治医モレルの権力を剝奪し、自分をその後釜に据えることだった。外では連合軍が、あらゆる方向から帝国の国境線をズタズタに切り裂きながら迫っていた。そんな中で息の詰まるようなヴォルフスシャンツェでは、薬学をめぐる狂気の沙汰が医師同士の戦争へとエスカレートしていったのだ。

ギージングは自らの企みの同盟者としてヒトラーの外科医を選んだ。長い間モレルと対立していたカール・ブラントである。彼はこのときベルリンにいたが、ギージングの呼びかけに応え、躊躇せずに東プロイセン行きの次の飛行機に飛び乗り、告発された男をすぐに呼び出した。モレルはオイコダールのことで吊し上げられるに違いないと恐れていたのだが、敵方が処方箋なしで入手できる消泡剤の件で自分を罰しようとしているのを知ると、ほっと胸をなでおろした。またモレルは、自分はそんな薬を処方したことは一度もない、ヒトラーが自分で従者リンゲに頼んでそれを入手させたのだと主張することもできた。しかし生化学に詳しくなく、ストリキニーネの副作用に注目した外科医のブラントは、モレルの言い分に満足せず、こう脅しをかけた。「あなたがそんなものは処方していないと言い張っても、それを鵜呑みにする人がいると思いますか？　ヒムラーがあなただけを特別扱いするなんて思っているんですか？　今はこんなに大勢の人が処刑されているご時世ですから、あなたの案件だけ厳正な措置を免れる理由はありません[363]」。一週間ほど経ってブラントはこう追い討ちをかけた。「私はこれが単純なストリキニーネ中毒であるという証拠を握っています」[364]。正直に言うと私がこの五日間ここに滞在したのは、ひとえに総統の病気を探るためだったんです」
しかしそれはそもそもどんな病気だったのか？　本当に黄疸なのか？　それともモレルが滅菌の不十分な注射器[365]を使ったことによるジャンキー特有の肝炎なのか？　いつもアルコール消毒のみの注射針で注射されたヒトラーは、いずれにせよ健康には見えなかった。何ヶ月も大量の有毒成分の攻撃に晒された彼の肝臓からは、胆汁色素ビリルビンが放出される。皮膚と眼球を黄変させる警告信号である。患者に毒を盛ったという主治医に対する非難は、ブラントがヒトラーにそれを報告したときに一挙に不穏な状況を生んだ。モレルは一九四四年一〇月五日の夜、興奮が祟《たた》って脳内出血を起こす。巻き起こった数々の非難はヒトラーを大いに動揺させた。裏切り？　毒？　何年もずっと私を欺いていたのか？　よりによってこの私が選んだモレルが私を騙したのか？　忠臣中の忠臣、親友中の親友である彼が？　しかしついこのあいだまであのありがたいオイコダールを注射してくれた主治医と手を切るとしたら、それはまさに自己放棄ということではないか？　それをしたら我が身を無防備、つまり薬物なしの丸腰状態のまま、強大な権力機構に差し出すことになるのではないか？　独裁者は感じていた。言葉の最も真正な意味で、この問題は自分の命運を決しかねないものだと。それは危険なものとなりうる攻撃である。というのも彼の権力はカリスマ的性格のものだったが、かつて彼が持っていた自然のアウラ、彼の権力の多くがそれに依存していたアウラを人工的に取り戻すには、薬物の助けがどうしても必要だったからである。

　実際には総統の身体が急激な衰えを見せて以来、後継者争いはすでに始まっており、医師同士の戦いはナチス国家トップの座の後継者をめぐる代理戦争へと姿を変えた。事態はエスカレートし、ヒムラーはブラントに対して、モレルがヒトラー殺害を試みたということは十分にありうることだとまで述べた。親衛隊全国指導者は主治医モレルを執務室に呼び出し、面と向かって冷たく言い放った。自分はすでに大勢の者を絞首台送りにしているから、ありがたいことにもう何の疚《やま》しさも覚えなくなったよ、と。同じころベルリンでは、ゲシュタポ長官のカルテンブルンナーが、モレルの診療所の所長代理のヴェーバー医師をクアフュルステンダムから事情聴取のためにプリンツ－アルブレヒト通りの国家保安本部に召喚した。ヴェーバーは上司モレルにかけられた嫌疑を晴らそうとして、自分としては陰謀などありえないと思う、モレルにそんな大それたことはできないと断言した。

　とうとう問題の消泡剤の化学分析まで行われた。結果は、アトロピンおよびストリキニーネの含有量は、ヒトラーのようにこの薬を大量に摂取したとしても中毒を引き起こすには少なすぎるというもので、モレルの全面勝利だった。「私としてはこの消泡剤の件はこれでもう一件落着としたい」。そう言ってヒトラーはこの事件を終結させた。「諸君はモレルを悪しざまに言うがよい。だが彼はこれからも私の唯一の主治医であり続けるし、私は彼に全幅の信頼を置いている[366]」。ギージングは叱責を受けて解雇されたのだが、その際にヒトラーが言い添えたのは、ドイツ人は誰でも自由に医師を選ぶ権利をもつ、それは総統である私にも当てはまる、それに患者が医師とその治療法を信頼することは病気の快癒にも役立つのだ、だからこれからもモレルには私の信頼できる主治医でいてもらうということだった。少なくともモレルは注射を安易に考えすぎているのではないかという指摘も、ヒトラーはことごとく却下した。「私には分かっておる。モレルの斬新な治療法はまだ国際的に承認されたものではないし、またここでも彼はいくつかの点で研究途上であり、確たる成果に至っていないのだ。しかしそれはいつの時代であっても医学の革新にはつきものである。私はモレルが研究の道をここで放棄するのではないかなどと危惧してはいない。彼が必要とするならば、すぐにでも財政的な支援をして、仕事に戻ってもらうつもりだ[367]」

いつも風に吹かれる小旗のようにヒトラーの意志に従ってきたヒムラーは、「かしこまりました、ご主人様」と手のひらを返すように方針を転換し、ハッセルバッハとギージングには、「諸君は外交官ではない。総統閣下がモレルに全幅の信頼を置いているのは知っているだろう。そこに揺さぶりをかけようとしてはならない」と言い含めた。ハッセルバッハが、どこの医事法廷でも民事法廷でも、モレルを少なくとも過失傷害の罪で訴えることができると反論すると、ヒムラーはムッとして「教授、あなたは内務大臣の私が上級保健衛生官庁の長官でもあることをお忘れのようだ。その私がモレルに対する法的措置を望んでいないのだ」。ギージングも、毎週一二〇錠も一五〇錠も薬剤を与えられ、八本から一〇本も注射を打たれている国家最高司令官は世界広しといえどヒトラーだけだと異議を申し立てたが、親衛隊のボスであるヒムラーはこれもあっさり却下した。

最終的に刃が向けられたのはギージングに対してだった。彼はその働きの報酬としてボルマンから一万帝国マルク以上の小切手をもらっていたのだ。さらにハッセルバッハと影響力の大きなブラント、そして彼と親しく、ヒトラーの後釜になることを夢見ていたアルベルト・シュペーアも批判の矢面に立たされた。結局ギージング、ハッセルバッハ、ブラントの三人の医師たちは大本営を去らねばならなかった。モレルだけがここに残った。一九四四年一〇月八日、彼は嬉しい知らせを受け取った。「総統閣下は私に、ブラントはベルリンの業務に専念させるとおっしゃった」[368]

患者Aはあくまでも薬物供給者モレルの側に立っていた。ジャンキーがみなディーラーを賛美するのと同様に、ヒトラーは頼まなくとも何でも気前よく与えてくれたドクターを手放すことはできなかったのだ。

最後に独裁者は主治医にこう言った。「あの馬鹿どもは、それによって自分たちが私をどんな目に遭わせることになるのか、まったく考えていないのだ。私は信頼する医師を奪われて孤立無援になってしまう。連中は、あなたが私を診てくれた八年間に、何度も私の生命を救ってくれたことが分かっているはずなのだが。以前の私は悲惨だった！　連れてこられた医者はどれもこれも役立たず揃いで。先生、私は感謝を知らない人間ではない。我々が二人とも無事にこの戦争を乗り越えたら、盛大に先生の労をねぎらうつもりだから、楽しみにしていてほしい[369]」

　モレルの自信に満ちた対応は、後世に対する自己正当化の試みとも読める。というのもこの主治医はヒトラーから考えを訊かれた際にこう返答したというのだ。「我が総統、あのとき以来、並みの医師が治療に当たることになっていたなら、閣下は長らく執務から遠ざけられ、それによりドイツ帝国は破滅に至ったことでしょう」。モレル自身の記録によると、このときヒトラーはモレルを感謝の眼差しで長らく見つめ、彼と握手を交わし、こう言ったという。「ドクトル、君がいてくれて私は嬉しいし、幸せだ」

　医師たちの戦いはこうして棚上げされた。患者Aは主治医の時期尚早な解雇を阻止したのだ。しかしこれにより彼が払うこととなる代償は大きかった。つまり今やお墨付きをもらった主治医によって、彼の健康破壊がさらに続けられることになったのだ。国家元首は神経の興奮を鎮めるために、以下を処方された。「オイコダール、オイパベリン、ブドウ糖の静注、ならびにホモセランの筋注[370]」

自己の抹消

「大本営での生活は今では全体として、それについてほとんど書くことができないという状況です。というのもすべての事情が多かれ少なかれ内密な性格をもつからです。総統閣下はご健勝で、ドイツの運命をいかに改善し、コントロールすることができるかと日夜気にかけておられます。このことを君に報告できるのはうれしい限りです。私はあいかわらず東部前線のすぐ近くにいます」[371]

テオ・モレルの書簡から

有効成分がエンゲル薬局（ベルリン・ミッテ地区）特製の総統専用注射器の中で混じり合い、ヒトラーの血液の中に溶け込んだように、長らく確固とした印象を与えてきたヒトラーの存在も、徐々に涅槃《ねはん》の中に溶解していった。これは一つの変転であり、かつて光り輝いていた総統が人間の残骸へと変貌したことを理解し、このプロセスと歴史的できごととの間の相互作用の有無を判定するためには、この変転も考慮する必要がある。

一九四四年の最終四半期にヒトラーになおも残された限られた時間、それはあらゆる場所で前線が後退し、万力でギリギリと締め付けられるように外圧が高まり、腸痙攣がひどくなった時間であったが、そんな中でヒトラーが耐え得たのは、ひとえに強い麻薬を摂取し、薬によって自分の周りにバリケードを築いたおかげだった。そもそも彼自身が築き上げた虚妄の全体主義システムは、素面《しらふ》の総統などまったく想定してはいなかったのだ。国家社会主義の遠大な目標はすべからく自分の存命中に実現しなくてはならないと考えており、後継者にゲルマン世界帝国の樹立を任せるわけにはいかなかったので、彼はすべてを特に急がねばならず、決して引きこもっていてはならず、放棄するなどもってのほかであった。だからこそ彼はモレルのドーピング薬を必要とした。それは永遠に前進を続け、トンネルの向こうに光り輝く未来を見据え、絶対的な自己関与を決して相対化しないためだった。ドイツ側にとって破滅的な軍事情勢にもかかわらず、何があろうとヒトラーは、その誇大妄想的な総統の「トリップ」〔「旅」と「薬物」による酩酊〕を少しでも止めようとはしなかった。彼はもはや正気に戻ってはならなかったのだ。そんなことになれば、彼とてこの無謀な行為がすべて無駄であり狂気の沙汰であることに気づかぬはずがない。彼にしてみれば、全世界を敵にした戦いを疑問視したり、自分で始めはしたもののとうに負ける定めであったこの戦争への関心をあっさり失ったりすることは、とうてい許容できなかった。容赦なく注射針は彼の皮膚を刺し、内筒が引かれ、血液がシリンジ内に流入し、次に薬物成分が静脈内にもたらされる。こうして彼はまた陶酔の中へと逃避するのだ。

ヒトラーは一九四一年秋からホルモンとステロイドの注射を受け、遅くとも一九四四年下半期以降はコカイン、さらにオイコダールが大量に使用された。その間彼が薬物なしで過ごすことはほとんど一日もなかった。薬物が彼を支えて、なんとか持ちこたえること、自分自身のシステムから外に出ないこと、目覚めることなく悪夢のなかに止まることを可能にしたのだ。最後の最後まで。現実との亀裂は最終的なものとなっていて、もはや修復不能だった。世界とつながる橋は、新たに架けられたかと思うと、すぐにまた薬物という名の爆薬によって破壊されてしまった。

燃料であり、臣民の献身の欠如を補う物としてのドラッグ。今や彼は薬物に頼らずに自身の妄念を信じることができなかった。彼は大本営から大本営に、ブンカーからブンカーに、そして脱抑制〔薬物などにより衝動や感情の抑制が効かなくなった状態〕から脱抑制へ、転々とした。歯止めもなく帰るべき家郷もなく、次から次へと果てしなく続く無駄な戦闘行為、そしてあらゆる結果を意識から放逐するために次から次へと打たれる注射、しかも副作用の可能性はことごとく無視された。いわばヒトラーは絶えず霧のかかった状態の中を動いていた。一度薬物で味をしめたトップアスリートのように、もはやそれを断つことはできなかった。不可避の破局に至るまで突っ走ったのだ。

スーパー・ブンカー

「親愛なる我が旧友、そうお呼びしても許していただけると思います。今や世界的有名人となられましたが、私はあなたの性格をよく存じております。ドイツ民族はあなたのすばらしいご活躍を心から感謝しております。なんとなれば、あなたの力強い手の働きがなければ、私たちは一敗地に塗れていたことでしょうから。そしてその手が今なお健在であることは、消し去りがたいあなたの功績なのです(372)」

テオ・モレルの書簡から

将来、暗殺や病気の感染、その他の攻撃から確実に身を守るために、患者Aは一九四四年一一月八日の午後、ヴォルフスシャンツェの総統閉鎖エリア内に新設されて間もない避難施設に移った。そこは通常の二メートル厚の天井部ではなく、なんと厚さ七メートルものコンクリート製外壁で囲まれていた。窓もなく大気が直接入り込まないこのコンクリート塊は、どことなくエジプトの墳墓を思わせた。利用可能な空間を取り囲む何倍もの体積のコンクリートの量塊。以来ヒトラーはこの中で仕事をして、眠り、最低限の生活を続けた。それは周囲から完全に隔絶し、自らの妄想に閉じこもり、身を削る日々だった。空からこの森に落ちてきた異様な化け物のような新居だが、彼自身はかなり楽観的で、室内が前より広くなって散歩がしやすくなったなどと喜んだ。モレルはわざわざ計算して、総統の寝室と執務室は前のブンカーより二三立法メートル広くなりましたと付言した。当然ながら原則として立入禁止のこの巨大石棺にモレルだけは自由に出入りして、せっせと注射を打ち続けた。「オイコダール静注。心身への過大な負担を和らげるため(373)」

モレルはこのころすでに患者の状態を知っていた。ヒトラーの体調がどれほど悪化し、内に引きこもるようになったか、その噂がすでにどれほど広く流布しているかも。主治医がこの一九四四年の晩秋に自分の妻や複数の大管区指導者、昔からの知己に宛てて書いた手紙からは、なんとかして現実を糊塗したいという絶望的な願いが窺える。彼が毎晩新たに作成された献立表をそれぞれ一部、ヴォルフスシャンツェから郵送したのもその一環であった。彼はそれらの献立表を、ヒトラーの「質朴かつ理に適った生活ぶり[374]」の証拠として外部の人々に示したかったのだ。以前の彼は、自分の患者の健康状態を第三者の前で話題にすることなどまったくなかったのだが、今ではことあるごとに総統の体調の良さを触れ回った。モレルの言葉をいくつか紹介しよう。「我が高位の患者の状態は良好である。(…)我が最も重要な患者は引き続きすこぶるご健勝であらせられる。(…)今また完全に健康な状態に戻られた。(…)我が患者が健康であることを喜ばしく思う。(…)我が患者の健康状態は良好であり、私はドイツ民族のために、今後も引き続き彼の健康を維持することができると考えている。ドゥーチェ以外にも私は何人かの国家元首を健常な状態に戻すことができた。我が医師としての功績には、我ながら大いに満足することができる[375]」

しかし患者Aの状態は少しも良くなかった。実際にモレルがしたのは、注射でうわべを繕って元気なヒトラーを演出することだけであり、しかもそれが有効となるインターバルはどんどん短くなっていった。よく総統は白の寝間着姿で軍用毛布を被って、新たなコンクリートハウスの窓のない独房の簡素な野戦ベッドに横たわっていた。頭上にはランプが吊るしてあった。ナイトテーブルと低いラックの上には紙片や戦況図、開きっぱなしの本、緊急報告書などがところ狭しと散乱していた。こうした無秩序の真ん中に、一度も鳴らない電話機が見える。灰白色の壁はまだ生乾きのコンクリートの味気ない臭いを発していた。ベッドにはあちこちに折れた鉛筆が転がっている。どこかにニッケルフレームの眼鏡もあるはずだった。両手がひどく震えるので人の手を借りないと掛けることもできなく

ハイルではなくハイ。禁酒家からジャンキーへ。

なった眼鏡だ。彼はそのことを恥じていた。そんな状態にもかかわらずモレルはこう書いている。「私に報告できるのはF［総統］の調子がいいということだ。（…）私の患者はすこぶる調子が良く、昔のような実行力と溌剌さであらゆる負荷に耐え、あらゆる危機を支配することができた。それが我が最大の喜びであり、安堵であり、満足である。（…）、我々の総統閣下はご健在だと請け合うことが私にできるなら、それはあなたがたにとっても一つの慰めとなるでしょう」

しかしオイコダールの効き目が徐々に引いてくると、手の震えが始まり、一九四四年最後の数週間には悪化する一方となった。まもなくヒトラーの健康状態をめぐる議論の中心はこの震えとなった。顔面蒼白の総統はこれを知ると、極力その震えを抑えようとして、さらに事態を悪化させた。疲れを見せず腕を上方にぴんと伸ばす挨拶はすでに過去のものとなっていた。身体の末梢部で神経性の激しい震えが起きていた。「左手の震えは非常に強い」。そうモレルは書いている。さらに「右手の震えもひどくなった」、あるいは「今は震えが見られるのは左脚ではなく左腕と左手の方だ」という記述もある。[376] ヒトラーはこれを隠すためにいつも手指を上着のポケットに突っ込んでいた。ときおり彼は発作的に左手を自分の右手で強く押さえた。それはもはや震えというよりも、痙攣のレベルに達していた。彼の周囲はこれを見てひどくうろたえた。今では陸軍参謀総長となった装甲軍団のグデーリアン将軍の報告によると、ヒトラーは座っているときには震えを見立たなくするため、右手を左手の上、右脚を左脚の上にそれぞれ重ねていたという。ヒトラーの手が細かく震え、振り子のように振れ、たえず別の生き物のように動くので、多くの者はそこになんらかの意図を感じた。胸の前で両腕を交差させると彼の上半身全体が揺れ動いた。見かねてモレルが入浴と安静を勧めると、ヒトラーはこう返事をした。「これによく効く（…）注射はしてくれないのかね[377]」

だが注射をしてもこのトラブルは解消されないだろう。むしろ逆である。四肢のこの震えといつも前屈みだった彼の姿勢の原因を探って、ハンス－ヨアヒム・ノイマンを始めとする医学史家は、この独裁者が動脈硬化性のパーキンソン病を罹患していて、おそらく自己免疫障害によって振動性麻痺が起きたのではないかと推測している。つまり自身のニューロンが免疫システムによって異物と誤認され、攻撃を受けたというのだ。これは動物ホルモンから作られた得体の知れない「薬物」を服用した結果と考えられる。ドーパミンを生成する中脳の神経細胞が死滅し、学習・制御プロセスを司る大脳皮質の中心部分が栄養不足に陥ったのだ。遅まきながら一九四五年四月にはモレルもパーキンソン病の可能性をメモ帳に書いていた[378]。この診断が正しいのか否かはもはや確認すべくもない。これとは別の、おそらく追加でなされた説明によれば、ヒトラーの有名な震えは無秩序なドラッグ乱用の直接的な作用であるという。

いずれにせよ、モレルにはもうこの時期に患者を一人きりにすることは許されなかった。今や主治医が総統を指導するような一面もあった。だが同時にモレルは彼の囚われ人でもあった。この地位でどれだけ多くを耐えねばならないことか。誰にも分かってもらえないだろう。モレルはそう嘆いている。何年も患者のもとを離れることが許されず、自分が自分の人生の主でなくなってもう久しい。愛する妻、クアフュルステンダムの診療所、オルミュッツとハンブルクの製薬工場や研究所、人生のすべてをそっちのけにしなくてはならなかった。兄弟が亡くなったときでさえ、葬儀のために帰省することは許されなかった。今のモレルは総統にとってそれほど欠かせない存在となっていたのだ。外的なさまざまな危険をヒトラーは理由にした。「私の兄弟の死を伝えると、総統は私の帰省について大いに憂慮した。西部は危険が大きすぎるというのだ。私は説得を試みたがことごとく失敗した。飛行機はと言うと、『空は論外だ、いつだって敵の戦闘機だらけなんだからな』。では自動車は？『君はそんな長旅には耐えられないだろう』。私はいろいろと反論を試みたが無駄だった。列車なら？『たまに使うのならいいが、敵の攻撃で運行ダイヤがかなり乱れているから勧められんな』[379]」

モレルが自分の不在期間中の代理人として親衛隊の医官シュトゥンプフェッガー博士を推薦すると、ヒトラーは言下に拒絶して、「そいつは注射が大して上手くないんじゃないか」とあらぬ疑いをかけた。あるいはシュトゥンプフェッガーが薬物「x」の秘密を共有していないのではないかという点を理由にした。しばしの間、私生活と家庭生活に立ち戻って、つかの間の安らぎを得たいと言う主治医。彼をヴォルフスシャンツェに引き止めておこうとしてあの手この手を使う総統。結局モレルは兄弟の葬儀に参列し、帰路でついでにベルリンの妻のもとまで訪れたのだが、そのときヒトラーは彼に帝国秘密情報部所属の護衛をつけた。主治医が無事に戻ってくるとヒトラーはいつになく怒りをあらわにした。「一五時三〇分、総統のもとに出向く。患者はすこぶる機嫌が悪く、なんの質問もなく、（…）完全に無視された[380]」。モレルは大急ぎで医療器具を取り出すと、もう一度深呼吸してハンカチで額に浮いた大粒の汗をぬぐい、プラチナ製の注射針を患者の腕に刺し込んだ。「ブドウ糖の静注と強力ビタムルチン、グリコノーム、トノフォスファン」。ヒトラーは左手をベルトのバックルの上に置き、ぜいぜいと苦しげに呼吸し、猫背のように両肩を前傾させていた。歪んだ薄い唇をさらにすぼめていたので、口の小ささがいっそう目立った。その表情が緩むと、モレルは慣れた手つきでヒトラーの腹部をマッサージして、彼が飲み込んでいた空気を押し出した。すぐに二人はまたいつもの打ち解けた関係に戻った。

線路マーク

一九四四年一一月には赤軍が東プロイセンでさらに多くの街を占領下に収めていった。その一方で、ヒトラーの静脈はボロボロになっていて、注射のエキスパートであるモレルでさえ、針をうまく刺し込めない有様だった。あまりにも頻繁な注射で静脈の上の皮膚も炎症を起こし、瘢痕《はんこん》となって薄茶色に変色していた。モレルは中断せざるを得なかった。「これまでの注射痕がきれいに治るよう、今日は注射を見送った。左肘の内側は問題ないが、右腕は注射した箇所がまだ赤い斑点（水疱はなし）になっていた。総統はこれまでこんなことはなかったと言った[381]」

　ここ数週間はモレルが注射するたびに何か軋むような音がした。毎回針を刺すと新たな傷ができて古い傷とつながり、生長を続ける長いかさぶたとなった。これはジャンキーたちがよく言う「線路マーク」、つまり注射痕がつながって醜い線路のような形になったものだ。ヒトラー自身も次第にこれを気にして、注射痕の炎症が自分にどんな影響を及ぼすか心配するようになった。「総統の考えでは、静脈注射の際に私が注射部位を十分にアルコール消毒しなくなった（彼から見ると私はいつも拭く時間が短すぎるらしい）ので、そのため最近は注射箇所にしばしば赤い斑点ができるということらしい」。しかしモレルはこの苦情に対して別の説明を用意していた。「外光と外気の入らないブンカー生活が何ヶ月も続いたことと、何度も腕を結索して静脈の位置を浮き上がらせたことで、血液が酸素不足となり、これにより十分な血液凝固力がなくなった結果、注射痕が赤いままになるのです」。ヒトラーの疑念は解消されなかった。「この説明にもかかわらず、総統は細菌説に固執し、おそらくは注射によって自分の体内に細菌が侵入したのだろうと言い張った[382]」

　必要に迫られてモレルは、しばらく注射の狂宴を見合わせようと考えた。しかしヒトラーは結局あらゆる懸念を払拭し、その自己破壊的な本性が今や十全に発揮されることとなった。無数の注射によって引き起こされた不快な症状にもかかわらず、彼は注射を求めることをやめなかった。主治医を迎えるときにも、彼は診療はいらないからすぐに注射を打ってくれと言った。「朝の六時。至急患者のもとに来られたしとの連絡あり。（…）二〇分で参上。総統は徹夜明けで、非常に重要な決定を下さねばならず、そのため内心でかなり興奮していた。それが次第に嵩じてゆき、突然、いつもの痙攣発作が始まった。診察を彼は望まなかった。診察は痛みを強めるだけだというのだ。私は急いでオイパベリンとオイコダールの混合注射の用意をして、静注を行なったのだが、このところの注射続きでかなり困難だった。そのとき我々は改めて、しばらく静脈をいたわる必要があることに気づいた。注射中に一度中断しなくてはならないことがあり、まだ予定の注射が終わっていなかったが、みるみる患者の緊張が解け、痛みも消えていった。総統はそれを大いに喜び、感謝を込めて自ら私に握手の手を差し出した[383]」

電話の呼び出しから注射までわずか二〇分。こんなに手際のよい薬物ディーラーがいたらと、麻薬中毒者なら誰でも夢見ることだろう。実際にヒトラーは、主治医が四六時中待機してくれていることをきちんと評価する術を心得ていた。例えば一九四四年一〇月三一日には、「昨朝はすぐに回復した。彼の迅速な処置のおかげだ」と主治医を褒め称えている。これに対してモレルもこう言って相手を安心させた。「また同じような状態になったらすぐに連絡してください。夜中でもかまいません。(…)あなたをお助けできるなら、それは私の本望です[384]」

ヴォルフスシャンツェでの最後の数週間、患者Aは最強の薬物を欲しがって、しばしば専用の二四時間ルームサービスを利用した。大げさにあそこが痛い、ここが痛いとか、最近は精神的に緊張しているとか言いつのって、真夜中でもおかまいなしに電話でモレルを呼びつけたのだ。注射が終わり、当番兵がひっきりなしに換気扇の音がするバラックに診療鞄を持ち帰った後も、主治医は効果が現れるまで患者のもとにとどまった。一九四四年一一月八日に薬物による高揚が十分でなかったときには、モレルは気前よくおまけの注射をしてあげた。「水曜日、二四時三〇分。またもや突然の呼び出し。急に総統が深刻な腹部膨満を起こしたのだ。彼の話では、今彼は人生最大の決断を下さねばならず、神経の緊張がますます高まっている。オイコダール・オイパベリンの静注ではじめは傷みと痙攣が収まったが、部分的な効果にとどまった。あと半量追加で注射して欲しいという要望を受けて、また鞄を取りに行かせた。確認してみるとオイコダールを〇・〇二グラムではなく、まだ〇・〇一グラムしか注射していないことに気づいた。もう一度オイコダール〇・〇一グラムを静脈に注射すると、痛みも痙攣症状もたちまち消えた。総統はこの救急措置になんども感謝を述べ、大喜びの様子だった(385)」

ジャンキーは薬物がいつもの量でないと、すぐに気がつくものだ。ジャンキーは自分を完全に満足させる次のショットへの憧れしか知らない。それ以外の生活はすべて背景に押しやられてしまう。昼だろうが真夜中であろうがおかまいなしなのだ。暗殺未遂事件が起きてからのここ数ヶ月、ヒトラーの薬物消費量は次々と新記録を更新し、生化学的なバランスを、そしてそれとともに健康をも最終的に失うことになる。シュタウフェンベルク伯爵はヒトラーを暗殺しそこなったが、その代わりに彼を薬物中毒に追い込んだのだ。ヒトラーは廃人になりかけていた。その顔色は土気色になり、瞼が垂れ下がり、四肢の震えはさらにひどくなった。集中力も明らかに低下した。モレルの治療を「妖術(386)」と揶揄した二人目の外科医ハンスカール・フォン・ハッセルバッハは、戦後の連合国による聴取の際に、総統の健康状態の推移を次のように証言した。「一九四〇年までヒトラーは実年齢よりもかなり若く見えたが、それ以後はあっという間に老け込んだ」。それでも一九四三年までは彼の外観は歳相応だったが、その後の急速な身体の衰えは誰の眼にも明らかだったというのだ。

真相はこうである。オイコダールの使用開始は一九四三年からだが、特に一九四四年の九月から一二月にかけてあまりにも頻繁に注射されたことから判断するに、身体的な薬物依存が起きていた可能性も否定できない。注射による喜びの代償として、彼は好ましからざる副作用をも引き受けなくてはならなかったということなのだ。その結果が睡眠障害と手足の震えと便秘である。ヒトラーはこれらすべてに苦しめられた。高揚感が引いていくと、すぐに彼の消化器官は「痙攣性便秘（重度の便秘）」を起こした。「便通がなく、たまった腸内ガスが腹痛をもたらした」[387]。彼は夜毎、眼を開けたままベッドに横たわっていた。「そんなときは眠れなくなる。（…）暗闇の中でずっと陸地測量図を思い浮かべている。私の脳は活動をやめず、この状態を脱するまでには何時間もかかる」[388]。ゆっくり休むことができない唯一の理由として、彼は英国の爆撃機がドイツ帝国の領空を飛び交っていることを挙げたが、むしろ彼を眠らせなかったのはおそらく薬物だったのだろう。モレルは無理にでも必要な睡眠を取らせるために、バルビツール酸塩含有のルミナールやクアドロノックスを彼に渡さざるを得なかった。このようにして負の連鎖はとどまるところを知らなかった。

おそらくはオイコダール頻用の結果であろうが、ヒトラーの消化器官はもはやほとんど働いていなかった。腸の不調に関して言えば、彼はモレルが一九三六年にムタフロールによる治療を始めた地点に舞い戻っていた。慢性便秘に苦しむ総統は、処方されたカモミール座薬によって便意を催した。「私はトイレの外で待たされた（彼はドアに鍵までかけた）」。しかしそれは何の役にも立たなかった。「液体が腸内にとどまってくれず、すぐに出てきてしまうのだそうだ（お気の毒なことである！）。…総統にはなるべく薬物なしで眠る努力を続けるようお願いした」[389]。もともと身体に備わっていたこの上なく当たり前な「睡眠」という機能が、骨の折れる生理学的な一大イベントとなった。これについてモレルは、まるで国防軍総司令部の戦争日誌に前線でのできごとが逐一記録されるような調子で、詳細に書き留めている。「一六時から一八時までの二時間に四度の便通。そのうち二度は軟便で、二度はかなり硬い便だった。二度目の便では硬い便が出た直後に破裂音を伴う水様便が続いた」。三番目と四番目は臭いが強く、特に四番目はひどかった（おそらく腐敗性の残留物があり、それが腸内ガスや有毒成分が生成される原因となったのだろう)。総統の症状はかなり改善され表情も和らいでいた。彼が私を呼びつけたのは、ただ薬の効果についての喜ばしい知らせを私に伝えたい一心だったのだ」

責任問題

一九四四年一一月二一日。昼食としてライス粥とマッシュポテト添えのフライドセロリが出され、そのあとでヴォルフスシャンツェがついに閉鎖された。ヒトラーがここの新しいスーパー・ブンカーに住むようになってまだ二週間も経っていなかったが、ロシア軍がすぐそばまで来ていたので、この大本営を引き払わねばならなくなったのだ。揺れる専用車室は一路、帝国の首府ベルリンを目指した。被弾した街並みや景観といった過剰な現実を総統に見せないようにするため、窓は黒く塗られていた。総統専用列車ブランデンブルク号である。途中の駅ではあらかじめ立ち入り禁止措置が講じられた。ヒトラーにはもはやスターリンの赤軍に勝てる見込みがなかったので、東部は諦めて、その代わりとして、九月にコカインによる陶酔の中で、第二のアルデンヌ攻撃を決意した。ひょっとするとこれは、なんとかして一九四〇年春の電撃戦の奇跡を繰り返すためだったのか、あるいは少なくとも西部ではそれまでの方針を変え、最後の最後に個別講和条約を締結するためであった。

ベルリン、グルーネヴァルト駅到着は早朝の五時二〇分だった。すべては秘密裡に行われた。速記係は次のようなメモを残している。「極秘任務につき静粛に!」声帯の小結節のせいで声を失うのではないかと恐れていたヒトラーは、いずれにしても小声でしか話さなかったのだが。彼はもはや視線を周囲の者と合わそうとせず、虚空を凝視するかのようだった。何度も携帯式の軍用小型酸素ボンベから酸素を吸い込んでいた。これはモレルが今回の転居のために用意したものだった。ヒトラーがこれほど暗い顔つきで、機嫌も悪かったことはこれまでめったになかった。圧倒的な兵力をもつ米英を撃退するなどという計画が絵空事でしかないことは、誰もが知っていた。しかし最高司令官の彼だけは勝利を確信しているかのようだった。実際の彼は「ひどい腹部膨満と痙攣発作を引き起こすほど大きな動揺に襲われており、オイコダールだけが頼みの綱だった」のだ[390]。翌日に彼はさらに〇・〇一グラムのモルヒネを投与された。その二日後の一九四四年一一月二四日にモレルはこう記している。「私は注射が必要とは思わなかったが、総統は迅速な回復のためにそれを欲しがった」[391]。さらに三日後にも、「総統は目前に迫った骨の折れる仕事のために注射を欲している」[392]との記述が見える。

しかし薬物のとめどない複合投与とそれによるヒトラーの知性、精神への影響はいかなる関係にあったのだろう？　独裁者には正常な判断力が残っていたのだろうか？　哲学者ヴァルター・ベンヤミンはその一〇年前にハシッシだけでなくオイコダールでも実験をしていた（経口摂取だったのでその依存性は大幅に弱められた）。彼はこの半合成麻薬の心的影響について次のように書いている。「この状態の中で人は自由な、いわば天上の気圏に対する嫌悪を感じ、外部について思念を巡らすことをほとんど拷問と受け取るようになる。ひょっとするとそのように言っても自己欺瞞にはならないかもしれない。そこは（…）目の細かい織物や編物、蜘蛛の巣なのであり、その中に世界のさまざまなできごとが体液を吸い尽くされた昆虫の屍骸のようにぶら下がっている。人はこの穴倉から離れようとは思わない。ここで周囲の人々への不機嫌な態度の原基も作られる。それは彼らによって邪魔をされ、そこから引きずり出されるのではないかという不安なのだ」[393]

また化学者であり著作家のヘルマン・レンプは、長期に及ぶアヘン濫用が「性格と意志へのダメージ」をもたらすと書いている。レンプによれば「知的創造力は損なわれるが、かつて獲得した知的財産まで大きく失う事態には至らない。高位の者でも躊躇なく人を騙したり、偽りを述べたりする」。

加えて迫害強迫や周匝に対する病的不信も起きてくるという[394]。

実際にヒトラーのブンカー・メンタリティは、勝算なき最終決戦を前にして、それに打ってつけの最終薬物オイコダールを見出した。生来彼がもっていた無感情、硬直した世界観、幻想的なものへの嗜好、そして臆面のない境界の逸脱。それらすべてが、一九四四年の最終四半期にしばしば処方された麻薬によって、実に忌まわしい形で支えられていた。この強烈な麻薬こそが、西部でも東部でも連合国軍が帝国に侵入しつつあったこの時期、勝利へのあらゆる疑念、民間犠牲者に対するあらゆる共苦《きょうく》を吹き飛ばし、自分自身および外界に対していっそう不感無覚な状態を招来したのだ。

この鎮痛剤・麻酔薬のおかげで、総統は自分自身を制御することがなんとかできるようだった。これが本当のヒトラーであり、以前からすでにこうだったというわけだ。というのも彼の見解と計画、自身に対する過大評価と敵の能力についての見誤りは、いずれも一九二五年に出版された綱領的な書籍『我が闘争』の中にすでに示されているからである。オピオイド中毒は、もともと彼に備わっていた硬直した思考や決して自らの手を汚さない暴力行使の傾向を、セメントでさらに固めたに過ぎない。またこの中毒は彼が戦争の最終局面において、およびユダヤ人へのジェノサイドにおいて、いささかも容赦なくやり抜くことに貢献した。

目標と動機、イデオロギー的な妄想世界。いずれもしたがって薬物使用の結果などではなく、ずっと以前から設定されていたのだ。ヒトラーが殺戮を続けたのも、薬物による酩酊のせいではなかった。その反対で彼は最後まで正気を失わなかった。薬物は彼の決定の自由を決して制限しなかったのだ。つねにヒトラーは自身の感覚を支配し、自分の行為を正確に把握し、醒めた頭で冷酷に行動したのだ。最初から酩酊と現実逃避に基礎を置くその体制の内部で、彼は最後まで一貫した行動をとった。それは恐ろしいほど首尾一貫した態度であり、決して狂っていたわけではなかった。まさしく古典的な「actio libera in causa（原因において自由な行為）」の事例である。どれほど多くの薬物を摂取していても、彼は引き続き犯罪を犯しうる状態に止まっていたのであって、それが彼の罪を減じることはないのだ。

第4部

その後の濫用——血とドラッグ

一九四四年〜一九四五年

「かくもひどい傷、それをいかに癒せばよいのか？」[395]
リヒャルト・ヴァーグナー〔『トリスタンとイゾルデ』より〕

一九四四年後半になるとヒトラーの兵士たちはほとんど何一つ戦果をあげられなかった。パリは八月末に連合国軍側に奪回され、八月二三日に国防軍はギリシャから撤退しなくてはならず、東南ヨーロッパ全域で後退を続けていた。九月一一日にはアメリカ軍がトリーア付近の帝国国境を越えた。すべての前線で、血を流し、疲弊し、打ちひしがれたドイツ部隊が虚しい戦いに明け暮れていた。今ではペルビチンも決死の抵抗と敵前逃亡のどちらかの役にしか立たなかった。ある装甲部隊司令官が簡潔に報告している。「我々はロシアから一刻も早く脱出するために、休まず延々と車を走らせた。一〇〇キロメートル走破するたびにペルビチンを呑み込み、給油のために停止しただけだった」[396]

ある研究によると、クリスタル・メスを過度に服用した者の三分の二が、三年後の段階で精神を病むという[397]。ペルビチンとクリスタルメスは有効成分が同一であり、無数の兵士たちがポーランド侵攻、対仏電撃戦、あるいは遅くともソ連邦への攻撃の時期から、多かれ少なかれこの薬物を常習的に摂取してきたので、当然ながら戦争末期の数ヶ月には多くの者が心的なダメージを負っていたと考えられる。さらに薬物の効果を実感するために一回分の用量をどんどん増やして欲しいという声も上がっていただろう[398]。

それゆえ一九四四年の段階になってもなおペルビチンの熱狂が衰えていなかったのは何ら不思議なことではない。テムラー製薬会社から衛生保健委員会総長に宛てられた一通の書簡が次のことを証明している。それは終戦の数ヶ月前にも同社はペルビチン生産の材料であるエフェドリン、クロロホルム、塩酸ガスの配給を要請していたという点である。それらを用いて四〇〇万錠ものペルビチンを「備品および戦闘用として」打錠成形するつもりだったのだ。[399] 同社の工場はそのころ、空襲の激化により木骨造りの家々が建ち並ぶ南西ドイツの小都市マイゼンハイムへの移転を余儀なくされていた。よりによってそこの醸造所の一部が借り上げられたので、一時期ここでは戦時ドイツ人の二大好物、つまりビールとメタンフェタミンが一つ屋根の下で生産されていたことになる。[400]

　空軍も兵士のパフォーマンスを高める薬物を手放しはしなかった。一九四四年七月の医学学術会議ではまさにこの薬物が議題となっていた。[401] 同じく陸軍衛生部もペルビチンを利用した。具体的には負傷者搬送のために。一九四四年一一月にはA軍集団の野戦病院列車の医長たちが、モルヒネ単独の効果をモルヒネ・ペルビチン併用時の作用と比較する実験を行なった。[402] その際に判明したのは、重傷者であってもモルヒネ注射の後にペルビチンを二錠服用すると「良好な気分」が維持されるということだった。同時に精神状態も改善され、健康を取り戻そうとする意志も強まった。それにより彼らを戦力として再投入することが可能になると思われたのだ。

　だが多くの兵士たちは再投入などまったく望まなかった。彼らは疲れ果て、打ちひしがれ、ますます長い回復期間を必要とした。最後の弾薬筒が空になるまで戦い抜けというスローガンは多くの者にとって虚しく響くだけだった。もはや誰も熱意など語ろうとはせず、意気消沈が辺りを支配していた。[403] しかし立ち止まることはあり得なかった。ゲルト・フォン・ルントシュテット元帥の訓令は毎日、今なすべきことは迷うことなく突進することであるとの常套句で締めくくられた。最高司令部からのある指令にはこう書かれていた。「過度の負担と人的損失はありうることであって諸君はいちいち医師としての良心に伺いを立てていてはならない。目下の状況が総動員を要求しているのだ」[404]。もちろんこれにはあらゆる薬物の動員も含まれていた。

指導部はますます空疎に響く「最終勝利」以外、兵士たちのモチベーションを高めるための新しいスローガンを思いつかず、そのためイデオロギーが人心を摑むことは絶えて久しいものとなっていた。そこで国防軍は新薬の開発を決断した。その薬は、中枢神経系の受容体と強制的に結合することで、死を宣告された者をも奮い立たせ、形勢を一挙に逆転して戦場の勝者とならしめるものでなくてはならなかった。きわめて奇異に響くことだが、この連戦連敗の最終局面においては、奇跡の兵器を開発する試みが続けられていたことと並行して、溺れる者が藁をも摑もうとするように、奇跡の薬物を希求する流れがいっそう加速された。その狙いは化学的な手段によって不利な戦況を逆転させることであった。

現地訪問——連邦軍医科大学校(ミュンヘン)

ドイツ連邦軍はかつての親衛隊兵営に医科大学校を設立した。ここはランケ教授が一九三〇年代終わりに士官候補生たちを集めてペルビチン実験を行ったベルリンの軍医科大学校の現代版とも言える教育施設である。ナチス時代に国防軍で薬物の開発製造を主導した疑わしい教授の代わりに私を出迎えてくれたのは、保健医療学部門のトップである温厚なフォルカー・ハルトマン博士だった。彼が赤十字マークの装甲車と停機中の医療用ヘリコプターの傍を通って、広大な軍用地を案内してくれた。一枚のプレートに「危険レベル・アルファ」と書かれている。ハルトマン博士は私を安心させるように「問題のないレベルということです」と言った。さらに彼は将来の連邦軍に関する個人的な考えを語ってくれた。ハルトマンは武器を使わない人道的な部隊投入の賛同者なのだ。「ドイツ軍はいずれにしても本格的に戦闘することはできませんし、おそらくそれをしてはならないのです。私たちの強みは別のところにあります」。彼はその根拠をこう説明する。「〈我々はドイツに奉仕する〉だけではだめで、〈我々は人々を助ける〉とも言わねばならないのです」

いずれにせよハルトマンはすでに船医として世界各地で勤務した経験がある。例えば訓練用の帆船ゴルヒ・ホック号に乗船して。あるいはフリゲート艦に乗ってレバノン沖、ドイツ海軍補給艦でアフリカの喜望峰、さらには連邦軍の津波被害救援でインドネシアのバンダアチェ、コソボ、アフガニスタンにも行った。マザーリシャリーフで彼は二〇一二年に医療タスクフォースの指揮官として全地域のドイツ人を対象とする医療業務の責任者を務めた。ある中隊長がタリバンとの戦闘行為に備えて配下の隊員用として覚醒剤モダフィニールを請求したとき、ハルトマンは配布を拒んだ。モダフィニールは精神刺激薬の仲間で、その正確な作用機序は今日まで解明されていない。スポーツ界ではこの薬はドーピング剤として禁止されている。しかし今では生徒や学生たちが、集中力を高め、能力を向上させるためのスマートドラッグ〔脳の機能を高める薬物の総称〕としてこれを使用している。「兵士が薬物依存に陥る恐れもあり、私はそういった兵士たちに対する責任を引き受けたくなかったのです。倫理的・政治的な意味については度外視しても」。そう彼は自らの決断を説明する。「私はすべて没収しました」

軍事と薬物はハルトマンが多年にわたって取り組んできた分野である。彼はまた、第二次世界大戦の最終局面で奇跡の薬物を開発しようとしたドイツ海軍の異常な試みを暴き出した人物でもある。彼は地理的・歴史的に妥当なコンテキストの中で歴史を語ってくれた。その晩私たちは彼の提案でミュンヘンのオデオン広場で再会したのだった。そこはまさに国家社会主義ドイツ労働者党（NSDAP）の党員たちが一九二三年一一月九日、夜のビュルガーブロイケラーでしこたま酒を飲んだ後、血中残留アルコール値が高いままの状態で暴動を起こし、あえなく鎮圧されたフェルトヘルンハレ〔一〇九頁参照〕に隣接する広場だ。今は九月末で暑くも寒くもない晩である。私たちの周りではヴィーズンでのスペクタクル〔オクトーバーフェストのこと〕から流れてきた連中が騒いでいた。その多くは民族衣装に身を包み、ビールによる上機嫌が辺りを支配していた。そこは歴史と暴力と嗜好品について語るのにうってつけの舞台だった。

ハルトマンはこう指摘した。「ヒトラー暴動の際にはバイエルン州警察が向かい側に立っていて銃撃を行いました。ヒトラーのそばにいたナチ党員の一人が最初に撃たれて致命傷を負ったのです。彼はとっさにヒトラーの腕を掴んだのでヒトラーもろとも倒れ込みました。同時にヒトラーの護衛も銃弾を浴び、ヒトラーの上に重なるようにくずおれたのです。一〇名以上が即死でした。四名の警察官と一名の通行人男性も命を落とすことになりました。野次馬たちはわれ先にと逃げ惑い、正真正銘のカオスとなったのです。ヒトラーはようやく立ち上がり逃走しました。ほとんど無傷でした。偶然が歴史を決めることもときどきあるのです」

私たちは近くのプフェルツァー・レジデンツ・ヴァインシュトゥーベというワインレストランに座った。そのファサードには、殺されたバイエルン州の警官四名を偲ぶ追悼プレートが掛けられていた。彼らはナチスの最初の犠牲者であった。店内で私たちは白ワインのショルレ〔ワインをミネラルウォーターで割ったもの〕を注文した。ミュンヘンで五番目の季節とも言われるオクトーバーフェストの時期には麦酒を選ぶ者が圧倒的に多くなるので、私たちはほとんど異端者のように見えたことだろう。ハルトマンはおもむろに本来のテーマを話し始めた。それは国防軍の清廉性という繰り返し作り出される神話を最終的に解体する話であり、好んで自らの正当性をアピールする海軍や倫理的な清廉さに関して掲げられた怪しい看板についての汚い裏話であった。

奇跡の薬物を求めて

「本物の戦争が書物に書かれることは決してない」[405]
ウォルト・ホイットマン〔アメリカの詩人、ジャーナリスト、一八一九年～一八九二年〕

戦時のドイツ海軍にはヘルムート・ハイエという珍しい名前の高位の将校がいた。一九五〇年代にはキリスト教民主同盟（CDU）所属の連邦議会議員となる人物だが、彼は一九四四年三月一六日には、第二次世界大戦にまだ勝利しようと考え、二人の同僚とともにキール市の会議室にいた。ハイエはいわゆる小規模戦闘部隊の司令長官で、海軍総司令官カール・デーニッツ（一九四五年五月にヒトラーの後継者となった人物）のすぐ下の職位だった。海軍関係者は「国家社会主義者（ナチス）の空軍」に対抗して自らを好んで「帝国海軍」と名乗っていたのだが、その帝国海軍にとって海上での戦況は芳しいものではなかった。大西洋における戦闘は敗北に終わった。不可能と考えられていた英軍による無線通信コードの突破、連合軍側の空での優位とそれによる深刻な損害、ならびに軍需産業の計画ミスといった要因が重なって、Uボート戦は停止に追い込まれた。それ以来、連合軍側はなんの障碍もなく物資や兵員をアメリカからイギリスに送り、ノルマンディー上陸の準備を着々と進めた。ハイエは一九四四年春、まさにこの動きを彼の率いる新部隊によって阻止するよう命じられたのだった。

ヒトラーは米軍の上陸を今からでも阻止できる有効手段として、開発中の「小規模戦闘部隊」に喝采を送った。「これが手に入れば敵の侵攻を食い止めることができる」[406]。一九四四年一月始めにヴォルフスシャンツェで、軍需大臣シュペーア、親衛隊全国指導者ヒムラーその他の元帥たちが出席した軍備会議が開かれたが、その際にヒトラーはすでに奇跡の兵器なるものの製造を早めるよう命じていた。彼はそこに大きな希望を見ていたのだ。新型の二人乗り潜水艇、小型Uボート、爆弾搭載の突撃

海軍参謀長ヘルムート・ハイエはコカイン、ペルビチン、オイコダールのコンビネーションである薬物「DⅨ」に心酔していた。

ボート〔操船兵は標的直前で脱出〕、一人乗りトルペード〔魚雷搭載潜水艇〕を使って、敵の圧倒的な優位を「針のひと刺し」戦略で無効化し、または少なくとも相手の戦意を削いで撤退を余儀なくさせることが狙いだった。それは聖書に書かれたゴリアテと戦うダビデの世俗版である。「K部隊（小規模戦闘部隊）」は海軍の多彩な忠犬たちと見なされていた。彼らの特殊作戦の成否は奇襲効果に基づくものであり、特に敵に発見されたり位置を検知されたりしないことが前提となる。計画ではまず敵の巨大船舶に密かに近づき、魚雷の発射準備を整え、いざ攻撃という流れである。そのためにはある程度の日数、昼夜を問わず眠らずに水中にとどまる必要があるのだが、これは覚醒剤ペルビチンによって可能となるよりはるかに長い日数である。さまざまな経験値からすると、ペルビチンを高用量で服用すると最長四八時間眠らずに過ごすことができるという。生命の危険を伴うこの作戦への投入に特別な海兵教育は想定されていなかった。そこで既存のすべての薬を凌駕する新薬が求められたのだ。

この世界大戦に耐え抜くべき最後の局面というものがあるとすれば、今がまさにそれだった。一九四四年春。ハイエは一心不乱にあるものを探していた。それは「すぐに効果が現れる薬物で、通常のレベルを超えて長時間投入され、眠ることのできない兵士たちを常時、戦闘可能な覚醒状態に維持するものだった」。さらにその薬物には「兵士たちの自信を深め、彼らの余力を引き出す」ことも求められた[407]。しかしいったい誰にそのような奇跡の薬物の開発が可能だっただろう？

海軍軍医大尉でバルト海海軍最高司令部衛生局の首席薬学者であったゲルハルト・オルツェホフスキー博士は、民間人の頃はキール大学の薬学教授だった。ドイツによるフランス占領中、彼はブルターニュ地方のカルナックにあった海軍医学研究所で潜水艦医学を研究し、そこでパフォーマンスを向上させる薬物の開発に取り組んだ[408]。戦い疲れた部隊から最後の余力を搾り出し、小心な戦士たちを高揚させ、薬学の力で最終勝利を勝ち取るという試みに関しては、この眼鏡をかけた学者は適任と思わ

薬物デザイナー、オルツェホフスキー——「兵員を猛獣と化す」。

れた。だがオルツェホフスキーが表明した目標は、化学によって「兵員を猛獣と化す」ことだった[409]。

そのようなアプローチはハイエの意にかなっていた。彼は一人乗り戦闘艇「ネガー〔黒人、ムーア人の意〕」（開発者リヒャルト・モーアの名前からの連想による命名）を実戦投入したいと考えていたのだ。このネガーは二つのトルペードを上下につなげた形で、下部は魚雷そのもので、上部には操縦席と操縦士のコックピットがついており、プレキシガラス製防水ドームで保護されていた。いわば魚雷の上に騎乗するような形だった。簡単な照門・照星・照尺がついており、この魚雷と操縦席の合体した戦闘艇をうまく目標に向かわせることができた。視界が良い場合には操縦士はフットペダルで魚雷を発射させ、その後で生還するために安全な港の方向に向かう。これには危険が伴う。というのも、水面から出たプレキシガラス製のドームめがけて米軍の戦闘爆撃機が銃撃してくるからである。

オルツェホフスキーはこうしたカミカゼ攻撃用にＤＩ（ドラッグ一）からＤＸ（ドラッグ一〇）まで一〇種類の混合薬物を提案した。これはそれぞれ異なる分量のオイコダール、コカイン、ペルビチンおよび半合成のモルヒネ誘導体ヒドロコドンからなる薬物だった。ヒドロコドンは作用の仕方がコデインと似ているが、はるかに強力なものである。これらはいずれもこれまで知られている中で世界最強の薬物であり、それらを素朴にいろいろ混ぜ合わせてみたということなのだ。これ一つ見ても、覚醒剤が海軍でいかに安易に扱われていたかが分かる。そして状況がいかに絶望的であったかも。

一九四四年三月一七日にキール海軍野戦病院の附設薬局が先の一〇種の混合薬物をそれぞれ五錠ずつ製造し、その翌日には潜水艇の訓練施設（暗号名ブラウコッペル）の五〇名の兵士たちがそれを服用した。すべては迅速に進めなくてはならなかった。個々の成分間の複雑な相互作用に関する信頼できるテストは、時間がないという理由で実施されなかった。一〇種類の中ではＤⅨが圧勝だった。各五ミリグラムのオイコダールとコカイン、三ミリグラムのメタンフェタミンから成る混合薬である。

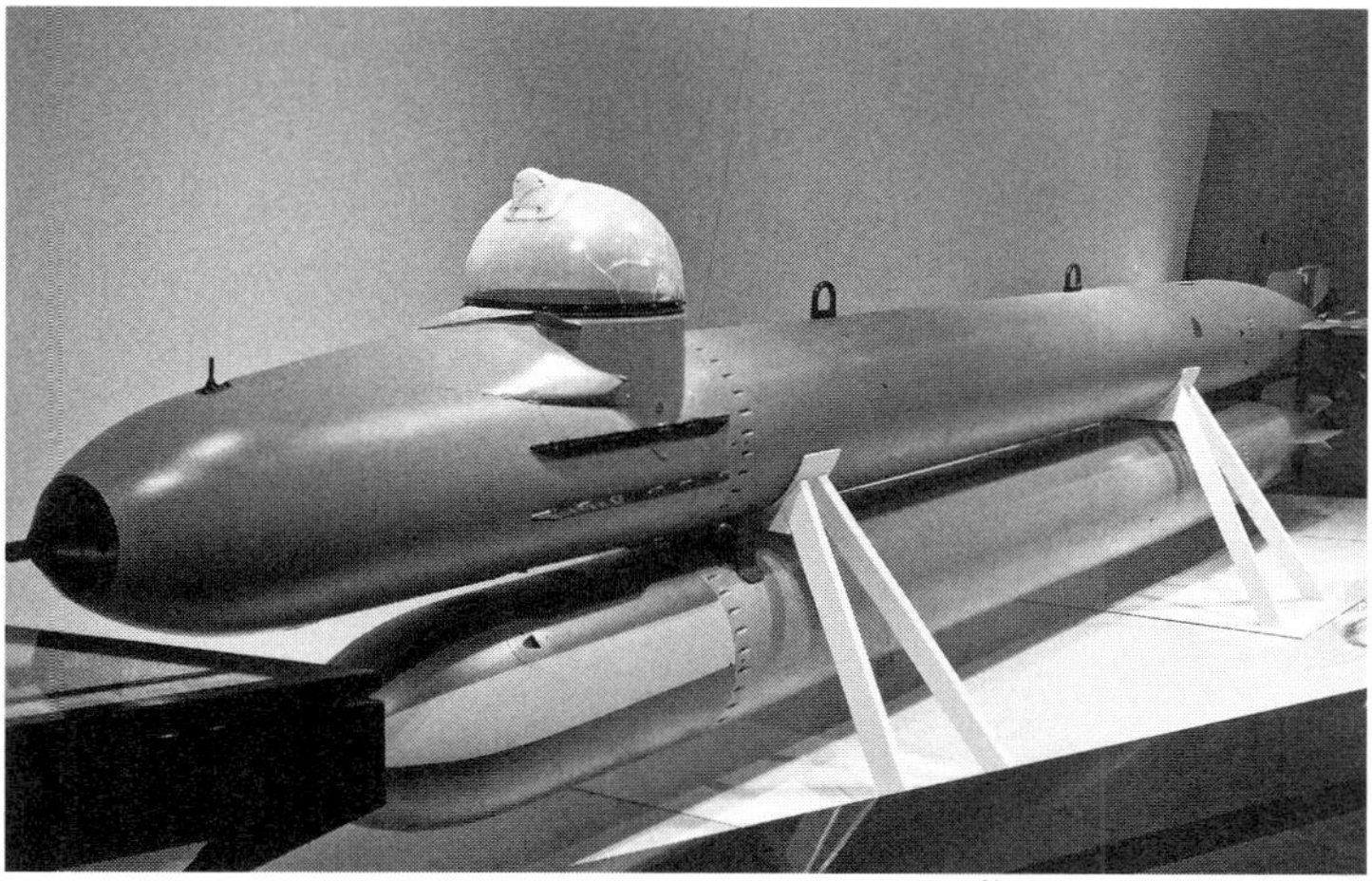

もっぱら強力な薬物を前提とした実戦投入――一人乗り戦闘艇マーダー〔貂《てん》〕。ネガーとほぼ同型。

強烈な組成で、これなら多分ヒトラーも気に入るだろう。戦時海軍の軍医のトップであった軍医中将グロイル博士はすんなり認可印を押さざるを得なかった。というのも、許されなかったからである。粉末状コカインの処方は許されなかったからである。ハイエもゴーサインを出した。医療部隊は直ちに二基のトルペードを擁する小型潜水艇ビーバーおよびネガー用に五〇〇錠を用意した。

最高機密扱いにもかかわらず、この奇跡の薬物に関する研究の噂は次第に広まり、ついには親衛隊にまで及んだ。そこでもエリート戦士たちからなる特別な奇襲部隊への期待は大きく、味方特殊部隊の新たな発見に興味津々だったのだ。戦後に海軍関係者がもう忘れたいと思うような海軍と親衛隊の協力体制がこのとき敷かれた。よりによってその無節操さで悪名高い親衛隊中佐オットー・スコルツェニーが一九四四年三月三〇日にキールのハイエの特殊部隊を訪れたのだ。スコルツェニーは親衛隊秘密作戦のトップで、(彼の実際の能力を過大評価していた) 西側当局からはときおり、ヨーロッパで最も危険な男と呼ばれていた。その彼が、一九四三年九月に失脚して幽閉されていたムッソリーニの救出作戦〔グラン・サッソ襲撃〕に関わって以来、ヒトラーもヒムラーも彼を支援して秘密作戦に当たらせた。この頬に目立つ傷痕をもつ男は、公式的には小規模戦闘部隊の新型兵器の性能を実演してもらうために来たことになっていた。しかし自分が薬物漬けであることを隠さなかったこの男がわざわざやって来たのは、オルツェホフスキーが作った薬物DⅨがお目当てだったのだ。[410]すぐに彼は、この薬の効き目を「特別な動員」の折にテストすると言って、一〇〇〇錠を鞄に仕舞った。二人の関係はのちに大きな結果をもたらすことになる。

だがこのDⅨにはどんな効果があっただろうか？「一、二錠服用して一時間以内に全員に不快な不安症状が起きた」。残された数少ない報告書にはそう記されている。「服用前に十分な休息をとって元気だった者は多幸感がしばし続く間も両手が震えた。すでに疲労困憊だった者が服用すると、膝に力が入らず、筋肉がひきつる感じがすると訴えた」。DⅨが作用すると徐々に中枢神経系が麻痺してきて、望ましい多幸感はすぐに消え、決断力と知性が阻害され、エネルギーが奪われる。批判力が弱まり、大量の発汗の後には二日酔いのような感覚や極度の倦怠感、意気消沈といった症状が現れる」[411]

大きな成果どころではなかった。にもかかわらずこのDⅨは承認され、それによって海軍は大失態を犯す結果となった。小型潜航艇ビーバーの操縦士の三分の二が海での危険な実証実験から生還しなかったのだ。奇跡の薬物とされたこの混合薬には、任務を容易にするどころか、逆に困難にする重い副作用が認められるとして、開発されたスピードそのままにあっという間に破棄された。

だがそうこうするうちに戦況はドイツにとって急激に悪化した。連合国軍はヨーロッパ大陸に上陸し、圧倒的な戦力でドイツ帝国の西部国境に迫っていた。一九四四年秋以降は、潜水性能の高さからまたしても「革命的」と呼ばれた新式の小型潜航艇、二基のトルペードを備えたゼーフントにあらゆる希望が託された。ハイエの戦闘プランは、この潜水艇をテムズ河の河口とノルマンディー海岸に送り、連合国軍の船舶を木っ端微塵に吹き飛ばすというものだった。しかしゼーフントの操船には並外れた困難があった。さまざまな制約があったのだ。缶詰の食料は加熱ポットで温められ、排泄にはその空き缶が使われた[412]。「この潜航艇で丸四日間耐え抜くのは困難であり、薬物なしではうまくいかないこともある」[413]。当時、小規模戦闘部隊の医療担当だった海軍軍医将校ハンス＝ヨアヒム・リヒェルト博士はそう書いている。自然な欲求を薬物によって克服することには彼とて疚しさを感じないわけにはいなかったようだ。いつもは私情を抑えて記入していた戦争日誌に、彼はいくらか違う調子でこう書いている。「軍の指導部という立場に立てば、この戦争では必要とあらば強い薬物によるデメリットをも引き受けざるを得ない」。一九四四年一〇月一一日にリヒェルトはリューベック近郊でドラッグデザイナー〔製薬開発技術者〕のオルツェホフスキーと会った。それは「潜航艇ゼーフント用の眠気を払い、パフォーマンスを高める薬物について」話し合うためだった。

ハードドラッグを組み合わせた混合薬に重い副作用が確認されて否定されたので、この二人の男たちは純粋なコカインまたは純粋なメタンフェタミンでも特別に高い用量で使用するならば、人を二昼夜以上眠らせずに高いパフォーマンスに維持できるのではないかと話し合った。時は切迫していた。九日後の一九四四年一〇月二〇日には、奇跡の兵器を恃《たの》みとするヒトラーからせっつかれていた海軍元帥カール・デーニッツが小規模戦闘艦隊を訪問した。リヒェルトは客人に「丸四日間の投入が可能な潜水艇ゼーフントの使用条件は過酷であるので、新しい薬剤の開発と治験を要請している」と説明した。混合薬剤DⅨ導入時のような悲劇を繰り返さないためにも、今回は事前に実験を行うことが決められた。その目的は「錠剤にした高用量のコカイン塩酸塩、ガムタイプの高用量のペルビチン、ガムタイプの低用量のコカイン塩酸塩および基材について、それぞれの信頼性と有効性を明確にする」

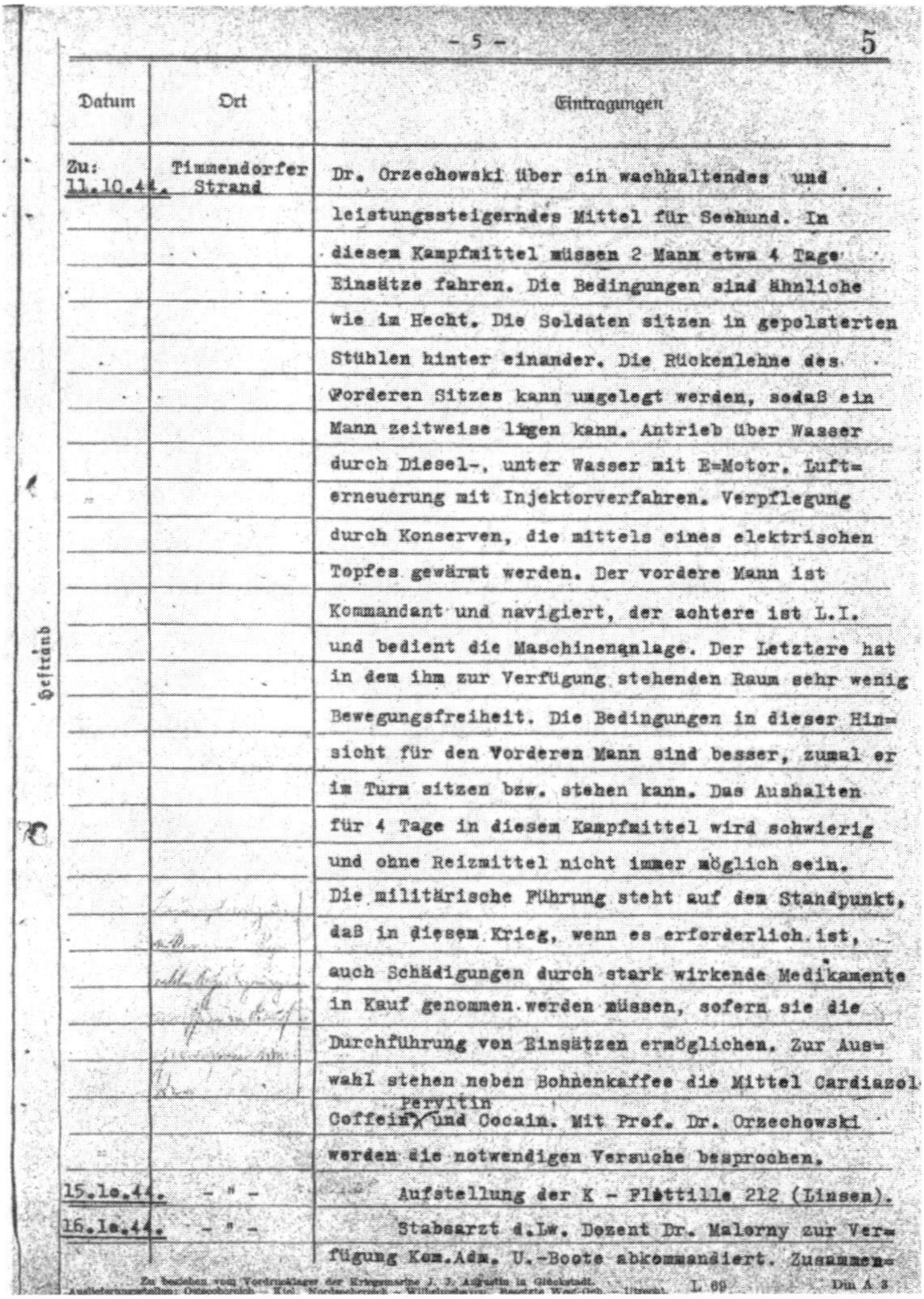

– 5 – 5

Datum	Ort	Eintragungen
Zu: 11.10.44.	Timmendorfer Strand	Dr. Orzechowski über ein wachhaltendes und leistungssteigerndes Mittel für Seehund. In diesem Kampfmittel müssen 2 Mann etwa 4 Tage Einsätze fahren. Die Bedingungen sind ähnliche wie im Hecht. Die Soldaten sitzen in gepolsterten Stühlen hinter einander. Die Rückenlehne des vorderen Sitzes kann umgelegt werden, sodaß ein Mann zeitweise liegen kann. Antrieb über Wasser durch Diesel-, unter Wasser mit E=Motor. Lufterneuerung mit Injektorverfahren. Verpflegung durch Konserven, die mittels eines elektrischen Topfes gewärmt werden. Der vordere Mann ist Kommandant und navigiert, der achtere ist L.I. und bedient die Maschinenanlage. Der Letztere hat in dem ihm zur Verfügung stehenden Raum sehr wenig Bewegungsfreiheit. Die Bedingungen in dieser Hinsicht für den vorderen Mann sind besser, zumal er im Turm sitzen bzw. stehen kann. Das Aushalten für 4 Tage in diesem Kampfmittel wird schwierig und ohne Reizmittel nicht immer möglich sein. Die militärische Führung steht auf dem Standpunkt, daß in diesem Krieg, wenn es erforderlich ist, auch Schädigungen durch stark wirkende Medikamente in Kauf genommen werden müssen, sofern sie die Durchführung von Einsätzen ermöglichen. Zur Auswahl stehen neben Bohnenkaffee die Mittel Cardiazol, Coffein, Pervitin und Cocain. Mit Prof. Dr. Orzechowski werden die notwendigen Versuche besprochen.
15.10.44.	– " –	Aufstellung der K – Flottille 212 (Linsen).
16.10.44.	– " –	Stabsarzt d.Lw. Dozent Dr. Malorny zur Verfügung Kom.Adm. U.-Boote abkommandiert. Zusammen-

ある海軍医官の従軍日誌──「カフェイン、ペルビチン、コカイン」。

ことだった。

しかしそのような危険な実験をどこで誰に対して行うことができるだろう？　そこでオットー・スコルツェニーを通じて結ばれた親衛隊との関係が思い起こされた。この関係が厳重に守られている門を開けさせて我が海軍を迎え入れてくれるのではないか？　デーニッツは了承し、ハイエも同意した。そしてほこり一つついていない制服に身を包んだ海軍の清潔な兵士たちは、薄汚れた親衛隊員たちと新たに接触し、極秘の共同作業を開始した。その詳細は今日もなお解明されていない。実験を主導することになっていた海軍軍医リヒェルトの前で、一九四四年一一月末、実際にある巨大施設に通じる門が開けられた。彼には何も失うものはなかった。門の上には鉄製の文字が見えた。「ARBEIT MACHT FREI（働けば自由になる）[414]」

ザクセンハウゼンへの業務旅行

十字形スリットのついた高さ三メートルの環状壁に囲まれたオープンスペースを冷たい風が吹き渡る。壁の上部にはツルニチニチソウの植えられたフラワーポットが左右対称に配置されている。外壁には電気柵がめぐらされ、その前には有刺鉄線のロールとレーキで均された細長い砂利石の区画がある。「中立ゾーン」。ここは誰何《すいか》の声もなしにいきなり銃撃される場所だ。

ベルリンの三五キロメートル北方、小都市オラーニエンブルクの周縁部に設置されたザクセンハウゼン強制収容所は、オリンピックイヤーの一九三六年に開所した強制収容所である。そこは親衛隊の建築家が製図板で設計した最初の収容所だった。全体が二等辺三角形の形をしており、建築コンセプトは「完全監視」である。淡緑色に塗られ、ファッハベルク〔ハーフティンバー〕要素を取り入れた中心塔Aの欄干からは、たった一人の看守でも半円形の点呼場を囲んで四本の弧を描くように集められたバラック群を視野に収めることができた。たった一丁の機関銃で収容者全員の自由を奪うことができたのだ。約四〇か国からの二〇万人以上の人々が終戦直前までここに収監されていた。その内訳は政敵、ユダヤ人、シンティ・ロマ、同性愛者、エホバの証人、ヨーロッパの各被占領国の市民、「反社会的人物」、アルコール依存者、薬物依存者たちだった。何万もの収容者が空腹や疾病、強制労働、虐待、医学実験で命を落とした。一九四一年秋には推定で一万三〇〇〇ないし一万八〇〇〇名のソ連人の戦争捕虜が、例えば殺人プロセスを標準化するための頸部射殺用施設で殺された。

この収容所のさらなる悪辣な特殊性がいわゆる「シューロイファー特務部隊〔合成皮革の軍用靴の耐久性を調べるため、収容者に履かせて悪路に見立てたコースを長時間歩かせた〕」であった。収容者たちはドイツの製靴業者のために、休憩のない強制行進によって靴底の減り具合をテストさせられたのだ。ザラマンダー社、バータ社、ライザー社といった企業が最新モデルの靴をこの強制収容所に送った。戦時で配給対象となった皮革の代用品探しが行われていたのだ。今でもザクセンハウゼン追悼記念館でその一部を見ることができる試験コースは、全長七〇〇メートルの歩行路で、五八パーセントがコンクリート道路、一〇パーセントが噴石を敷いた道路、一二パーセントが固めていない砂地の道、八パーセントが泥道で、これは常にぬかるんでいた。さらに細かな砂利道、粗い砂利道と石畳が各四パーセントとなっていた。つまりドイツの兵士たちが踏破して征服したヨーロッパのすべての道路の平均値がここに再現されていたのだ。

シューロイファー特務部隊は処罰対象者からなる部隊だった。労働拒否をして有罪とされた者、賭博や不正取引に関わったり、食堂や犬小屋から食料を盗んだりして捕まった者はこの部隊に入れられた。同様に「怠慢」、命令への不服従、あるいは同性愛行為の疑いがあるだけでもここに入れられた。当初この特務部隊は一二〇名の収容者たちを擁していたが、東プロイセンのゼンスブルク出身の博士号をもつ靴職人マイスターのエルンスト・ブレンシャイト博士がさらに一七〇人にまで増員した。彼は親衛隊とナチスのどちらにも与しなかったが、その残虐さで有名だった。彼は歩かせる速度を速めることで毎日の歩行距離を四〇キロメートル強にまで延ばした。マラソン並みのこの距離を歩くのに彼は収容者に重さ二五ポンド〔約一一・三、四キログラム〕のリュックサックまで背負わせた。これは靴底により強い負荷をかけるためだった。おまけに彼は、追加の知見を得るためと称して、彼らにしばしば小さすぎる靴を当てがったり、わざと左右でサイズの違う靴を履かせたりした。

行進を主導するカポ（囚人頭）は番号の書かれたボール紙製のカードをあらかじめ用意して、囚人が一周歩くたびに、カードの一枚を杭の上部に取り付けられた防水木箱の中に投げ込んだ。これはいつでも集計できるようにするためだった。また一〇キロメートル踏破するたびに靴底の減り具合がチェックされた。収容者はしばしば横になり、膝の屈伸をし、匍匐前進し、あるいはその場跳びをすることを命じられた。痩せさらばえた「シューロイファー」の誰かが卒倒することも少なくなかった。するとブレンシャイトがすかさずシェパード犬をけしかけた。この行進は悪天候でも、足並みを揃えたり、崩したり、あるいはグースステップ〔膝を曲げずに脚を高く上げて進む歩き方〕を挟んだりして続けられた。それは財政上の損失が出ないようにするためだった。

この歩行路の維持費は帝国経済省が負担した。帝国経済局が材料検査を中心的に統括し、ザクセンハウゼンで検査に合格した人造皮革だけが製造に使用することが許された。当局は収容者一人一日当たり六帝国マルクをこの強制収容所に支払った。ゴム底靴の場合は何度も改良が重ねられたため、それだけで三〇〇〇キロメートルもの距離が踏破されたことになる。これは七五日間の行進に相当する。しかしほとんどの素材はそれよりずっと前に利用不能となっていた。再生革（ボンデッドレザーファイバー）はほとんど一〇〇〇キロメートルに届かなかったが、IGファルベン社のソフトビニール製イゲリート・ソールは二〇〇〇キロメートル強を達成した。[415] これらはすべて労を厭《いと》わずに記録された。しかし犠牲者の数についての記述は一度もなされておらず、もしくは破棄されてしまった。推定では最高二〇名がトラックで倒れたまま絶命した。これは一日当たりの人数である。[416]「労働による虐殺」。親衛隊ではそう呼ばれていた。

錠剤パトロール

一九四四年一一月一七日から二〇日にかけて、海軍はシューロイファー特務部隊をある「秘密使命」のために借り受けた。初日の晩、八時半きっかりに収容者たちは海軍軍医リヒェルトから高用量の薬物を渡された。純コカインをなんと五〇ないし一〇〇ミリグラムも含有する錠剤タイプと同二〇ミリグラムのガムタイプ、およびペルビチン二〇ミリグラムのガムタイプだった（従来のテムラー社の錠剤のおよそ七倍量）。三〇分して薬の効果が出始めたころ、テスト歩行路での行進が始まった。文字通り夜の果てへの歩みである。

朝四時から五時の間。これまでに七、八時間、闇の中を歩き詰めで、もうほとんどの者が「足に肉《ま》刺《め》や靴ずれを起こして」歩けなくなっていた。[417]ここの収容者で後のユニセフ共同創始者オッド・ナンセンはこのときの実験についてこう書いている。「驚嘆すべきパトロール隊が今、いつ果てるともなく練兵場の周りを行進している。『歩兵部隊』のようだ。彼らはみな荷物を背負い、歩きながら歌って口笛を吹いている。これは『錠剤によるパトロール実験』であり、彼らは新開発の強壮剤のためのモルモットなのだ。彼らの体を使って、その錠剤を服用してからどれだけ長く歩き続けられるかを見ようとしたのだ。最初の二四時間が経過するとほとんどの者が脱落して倒れ込んだ。この錠剤を服用すればいつもとは違って、信じがたいことが可能になるという話だったのだが。そう、ドイツ人は今こそのような錠剤を必要としているのだろう[418]」

行進の間、収容者はどんな虐待に晒されていたのか？　リヒェルトの記述には何も書かれていない。被験者三番が二〇歳のギュンター・レーマンだった。七五ミリグラムものコカインの影響で、彼はただ一人、翌朝の午前まで歩き続けた。一一時まで彼は孤独な周回を続けたのだ。歩行距離は合計九六キロメートル。「疲れの色も見せず」と皮肉な調子で実験記録には記されている。[419]　一三時に彼はバラックの仲間たちのところに戻された。まだ薬物で高揚したままの状態の収容者たちがそこで晩までの時間を過ごした。誰も眠ることはできなかった。二〇時になると同じ薬物がもう一度渡された。この夜も誰一人休まなかった。「被験者たちは（…）思い思いに時を過ごすことができた」。収容所の中で、強力なコカインと強力なクリスタル・メスによって陶酔させられて。

翌日の夜二〇時には「新たに薬物が投与された。グループは同一条件で部屋に待機させられた」。男たちはトランプをしたり、おしゃべりや読書に興じたりしていた。中には横になってうたた寝をする者もいたが、すぐにまた目を覚ました。翌日の彼らの様子をリヒェルトはこう記している。「一番と一〇番、一一番は朝、眠そうな様子で、九番は徹夜疲れのように見える。残りの者はさほど悪い影響を受けていない印象だ。これまでと同じ作業。一九時三〇分に新たな投薬」。四日目の一六時に実験は終了し、強制的に選ばれた被験者たちはよろめきながらバラックに戻っていった。

そうこうするうちに第二グループが重い荷物を背負って行進を始める時間となり、新たな錠剤パトロール隊が結成された。こちらの収容者たちには、レーマンが出した記録があらかじめノルマとして設定されていた。彼らは、このノルマを果たさずに歩くことをやめたら死が待っていると脅迫されていた。だからほぼ全員が要求された九〇キロメートルを踏破した。海軍一等軍医のリヒェルトは満足してこう記録した。「この薬剤の作用で個人の意向や意志はほぼ機能停止となった。（…）被験者たち

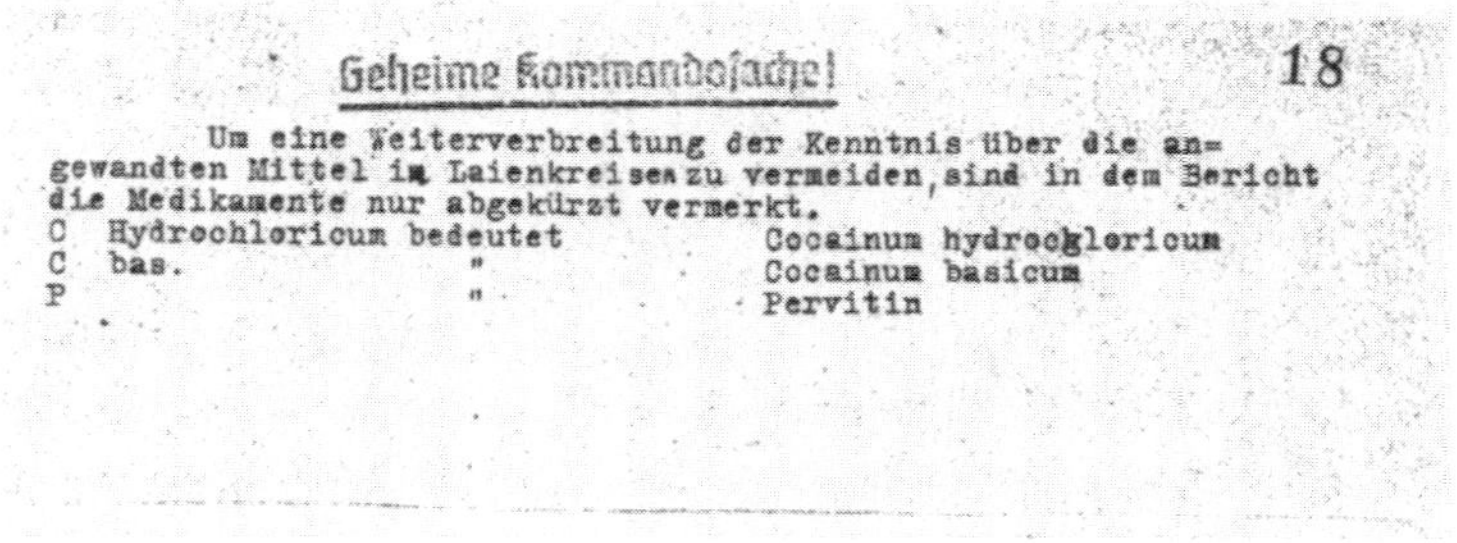

Geheime Kommandosache!　18

Um eine Weiterverbreitung der Kenntnis über die angewandten Mittel im Laienkreisen zu vermeiden, sind in dem Bericht die Medikamente nur abgekürzt vermerkt.

C Hydrochloricum bedeutet　Cocainum hydrochloricum
C bas.　"　Cocainum basicum
P　"　Pervitin

使用された薬物の暗号化。

はどうやら自分の気持ちに反する状態に追い込まれたようだ」。強制収容所収容者は疲労と体調の悪さにもかかわらず、行進マシーンへと変身させられたのだ。この結果にはハイエ海軍提督も喜んだことだろう。彼は自分の兵士たちが、勝算のない最終戦争のために、必要な強靭さと意欲をひとりでに身につけるとは思えなかったからだ。

ところで強制的に服用者をしかるべき「状態」に入らせるのに、どの用量が最適だったのだろう？　リヒェルトはこうも書いている。「四昼夜、人間をまったく（もしくはほとんど）眠らせずに高いパフォーマンスを維持させるという目標は、薬物A～Dを使用したときに実現可能となる。中でも薬物BとCが優先されるべきである」。Bはコカイン塩酸塩、Cはコカインベースのことで、いずれも二〇ミリグラムのガムタイプである。したがってリヒェルトが出した提案は、若い海軍兵士たちを睡眠なしの四昼夜の実戦に投入する際には毎回コカイン入りガムを渡し、そのガムを噛みながら戦争の最後の荒波を乗り越えてもらうというものだった。

その実験はいかにも無意味で人間を愚弄するものであったが、それでも海軍軍医はこの商用旅行を楽しんだようで、次回の実験も計画している。薬物によって何昼夜も眠らずに過ごす中で集中力がどのように変化するかを調べたいと考えたのだ。時間が限られていた

19

- 1 -

Geheime Kommandosache!

Arzneimittelversuch zur Hebung der Leistungsfähigkeit und Nachhaltung vom 17. - 20.11.44.

Zweck des Versuches: Grobe Prüfung über Verträglichkeit und Wirkung von:

Medikament	A	= C.hydrochl.	in verschiedener Dosis,	(in Pillenform)
- " -	B	= C. "	20 mg in Kaugummi	
- " -	C	= C.bas.	20 mg in Kaugummi	
- " -	D	= P.	20 mg in Kaugummi	

I. Gruppe.

Lfd. Nr.	Name	Alter	Gewicht	Größe	1-malige Arzneimittelgabe innerhalb 24 Stunden.
1.	F.B.	18	80 Kg.	1,79	100 mg von A
2.	P.	24	80 "	1,89	100 mg " A
3.	G.L.	20	62 "	1,71	75 mg " A
4.	F.Schw.	21	70 "	1,75	50 mg " A
5.	H.T.	22	71 "	1,72	50 mg " A
6.	A.P.	25	55 "	1,66	B
7.	E.P.	24	68 "	1,75	B
8.	Z.M.	23	70 "	1,73	C
9.	M.P.	23	66 "	1,67	C
10.	H.Schm.	20	72 "	1,73	D
11.	W.Schm.	25	66 "	1,66	D

Wie aus der Aufstellung ersichtlich ist, handelt es sich um junge Männer zwischen 18 und 24 Jahren, die ausreichend ernährt und in gutem Kräftezustand sind.

17.11. Tagsüber nur leichte Arbeit.

20.30 Uhr Einnahme der Arzneimittel.
21.00 " Beginn des Gepäckmarsches mit 25 Pfund schwerem Tornister. Nach 2 1/2-Stunden Marsch jeweils 20 Minuten Pause.

18.11. Zwischen 4 und 5.Uhr scheiden die meisten Teilnehmer infolge wundgelaufener Füße aus; abgesehen von lfd.Nr. 2. und 3. sind alle im Marschieren untrainiert und haben Schuhwerk, das nicht von ihnen eingelaufen wurde.

Marschleistungen:

Lfd. Nr.		
1.	43 Klm.	
2.	38 "	
3.	96 "	marschierte am 18.11. bis 11.00 Uhr.
4.	28 "	
5.	40 "	
6.	41 "	
7.	51 "	
8.	41 "	
9.	41 "	
10.	58 "	
11.	41 "	

Nr. 3. als trainierter Marschierer geht bis 11.00 Uhr ohne Ermüdung weiter und tritt um 13.00 Uhr wieder zum Marschieren an,

gibt

秘密特務部隊の案件——ザクセンハウゼン強制収容所における海軍の薬物実験。

のと連合国軍が怒濤の前進を続けていたことから、この二度目の実験は行われないままとなった。

戦後、海軍医療部隊のスタッフたちがニュルンベルク医療訴訟〔ニュルンベルク継続裁判の一つ〕の被告人席に立たされることはなかった。戦後も彼らは終始、親衛隊となんらかの関係を持ったことはないと主張し続けた。しかしそれは偽りである。いわゆる能力向上薬を探し求めて、かつては軍医科大学校のランケ博士のもとで衛生将校の卵たちがペルビチンの実験を自分の身体で自発的に行った。それがその後、ドイツ海軍の肝煎りで強制収容所において強制的な人体実験を行うという野蛮な仕儀に至ったのだ。

正真正銘の没落

一九四四年一二月七日、ドレスデン。総統後継者の座をこれによって確保することになるデーニッツが五〇〇〇人のヒトラーユーゲントたちを前にして立っていた。大半は一五歳、一六歳だったが、中には一〇歳から一二歳の子供たちも混じっていた。前方の演壇のマイクの隣には異様に大きな骨壺のようなものが置かれていた。生花の花輪で飾られたUボートのミニチュアだ。それを提督は最終勝利に向けてドイツに残された唯一の希望であると讃えた。この講演会の意図は志願兵を募ることだった。無数のヒトラーユーゲントが名乗り出た。彼らは数日中にナンバープレートを黒塗りにしたトラックで配属先の港に連れて行かれ、そこで初めてこの極秘作戦用の海軍の制服を手渡された[420]。小さな黄金のノコギリエイのロゴが縫い込まれた制帽[421]を被ることでいかなる運命が自分たちを見舞うことになるのか、当然ながら若き男子たちには知るよしもなかった。彼らは急拵えの特殊潜航艇に乗り込み、同じく急拵えの錠剤やコカイン入りのガムを受け取った。まもなくほとんどの者が哀れにも溺れ死ぬことになるのだ。袋に入れて沈められた仔猫のように。

海軍上級士官候補生ハインツ・マンタイが特殊潜航艇ゼーフントでの練習航海について書いてい

る。乗り込む際に彼と上官技師は成分がわからない薬物を渡されたという。「何というか強烈な多幸感に包まれ、ほとんど無重力状態のようで、何もかもが現実にはあり得ない色に染まって見えました」[422]。まもなく幻聴も始まり、マンタイとその同乗者は幻想的な音楽を聴いているような気がした。突然艇内の機器類が光り始め、彼らの目の前でその形と大きさを変えていった。しかしこうした心地よい幻覚で終わりはしなかった。作用はますます強まり、不安を抱かせるほどになった。困惑した彼らは海面に浮上し、それから何時間も海上をあてどなくさまよった。後でそのときの航行ルートを聞かれたとき二人は何も思い出せなかったという。

　この薬物で陶酔したオデュッセウスは例外事例などではなかった。ある上級士官候補生は「覚醒剤は気前よく大量に配給されていました」と報告している。彼自身、足りなくなって困ったことはないという。別のゼーフント乗りは、実戦配備の際に小さな赤い錠剤を五粒渡され、疲労時に一粒ずつ服《の》むよう指示されたと断言した。薬効と起こりうる副作用については知らされないまま、彼は二時間後に予防の意味で一度にぜんぶ服用したという。その結果、彼は四日間一睡もできなかった。

　もう一人の者はそのミッションについて詳細に語っている。一九四五年一月に彼は、五日間、四夜ぶっ続けの作戦の標的として、テムズ河の河口部はふさわしいかどうか調べるよう言われた。彼の潜航艇の中はかなり窮屈で、分厚い制服を着ると、艇内に自分の身体を押し込むのが一苦労だった。さらに高用量の薬物を渡されて「どうにも不安でたまりませんでした」。座席が調整され、身体がベルトで固定される。欠陥機器と大急ぎで寄せ集めた装置に囲まれ、外界からは切り離され、未熟な操船技術のまま大海に一人取り残される。血管の中には大量の麻薬、金属缶の中には爆薬がぎっしりつまっていた。誰も驚きはしないだろうが、彼の潜航艇がテムズ河口に到着することはなかった。

　他の者たちも状況のコントロールを完全に失った。一人の士官候補生に薬物の作用が現れ、それが

コカイン入りガムによる自殺ミッション。

潜航艇の絶え間ない揺れですぐに腸にきた。その間も機械からは心臓の鼓動のように永遠に同じリズムが伝わって来る。尿意を催すと座ったまま艙底《そうてい》に直接放尿した。そこでは油の浮かぶ汚水の中にローストターキーが腐っていた。「僕は船酔いに罹ったことは一度もなかったんですが、今回は最後のひとかけらまで吐いてしまい、その後も何度も吐きました。あれは船酔いなんかじゃなくて、本当の病気でした。理屈抜きですべてをなげうって楽になりたいという誘惑がますます強くなったのです。僕たちはこれで二日間まともに寝ていません。寒さにもかかわらず汗は噴き出てくるし、永遠に座り続けて、もう疲労の限界でした。揺れるし、臭いし、騒音と湿気もひどいものでした」[423]。フィアー・アンド・ロージング・イン・ドーバー海峡である。〔テリー・ギリアム監督の映画『フィアー・アンド・ロージング・イン・ラスベガス』（邦題『ラスベガスをやっつけろ』）から〕

ドーピング剤を投与された海軍小規模戦闘部隊は、かつて世界征服を望んで敵から恐れられた軍隊の最後の名残であった。一九四五年四月になってもなおゼーフントは出航していった。ある指揮官は、出港前に錠剤を何錠か服《の》んだと語った。沖合で家々や道路が彼の眼の前に出現したという。「突然、カラスに後ろからうなじをつかまれそうな感じがしました。すぐさま振り向くと、私たちに迫るロッキード・ライトニング〔戦闘機〕のエンジンがニヤニヤ笑うように見えたのです。同時に二つの黒い点のようなものが機体から放たれました」。幸運にも命中はそれ、彼とその上官の技師は逃げおおせることができた。ミッションの五日目から七日目までに二人は錠剤をそれぞれ一日一五錠から二〇錠服んだという。なんとも悲しい新記録である。彼らの小型潜航艇がエイマイデン〔オランダの港町〕の基地に到着すると、ドックで一部破壊されたクレーンが低い空を破るようにそびえていた。二人はそこで潜航艇の潜望鏡に白いタオルを巻き、互いに肩を組んで操縦席の縁に座り込んだ。降伏したのだ。誰に対しての降伏か、これからどうなるかなどは、もうどうでもよかった。「睡眠なしの七日間もこれでおしまいだ」

　ドイツ帝国はベルリンの総統地下壕の閉じた息の詰まるような空間の中に崩れ落ちただけでなく、強制収容所の収容者たちで実験されたコカイン入りのガムで過度に高揚させられて、北大西洋の冷たい波間にも沈んでいったのだ。そこでは小型戦闘兵器がリズミカルな音を立てて航行し、潜水し、漂流する。そしてその中に座るのは戦時海軍の若き魚雷乗りたち。彼らはこれまで経験したことのないハードなドラッグに陶酔の表情を浮かべていた。責任者であったヘルムート・ハイエ提督は、一四時四八分に発信された無線電報で、一九四五年四月三日の作戦について触れている。「提出された戦況報告によれば、戦闘集団は総動員体制のもと、任務を果たすべくすべてを行い、臆することがなかった。不確かな前線状況、制御不能な流言にもかかわらず、部隊は逆流を物ともせずに前進を続けたのだ。総統と軍が一心同体であるならば、いつでも道は拓けるということが改めて証明された。たとえ直接的な成果が得られなくとも、我々の誇り得る業績があとに残るのだ[424]」

総統と軍が一心同体？　それは確かにそうだ。少なくとも両者は同じ強さの薬物を使ったのだから。操縦士たちは歓喜に包まれて没落を定められた乗り物に乗り込んだのだというハイエの主張も、皮肉そのものに聞こえる。無理やり脅しつけられたそれらの男たちは、もはや「エリート戦士」の一員でいたくなかった。彼らの最後の力は薬物によって活性化されただけだったのだから。

ヘルムート・ハイエは戦争を生き延びた。彼は生涯ドイツの軍隊との関係を持ち続け、一九六一年にはアデナウアー首相率いるＣＤＵ主体の連邦政府の防衛委員を務めた。一方、黄金のノコギリエイが刺繍された制帽を被った彼の若き兵士たちは今なお、鋼鉄の棺に入ったまま海底に沈んでいる。

洗脳

ライプツィヒ大学の親衛隊大尉クルト・プレートナー博士は米軍に逮捕された後で「立派な体格、頭部は丸みがあり、ダークブロンドの髪、碧眼」と描写された。「角ぶちメガネ、近視、ふくれた頬、無髭。左のこめかみに刀疵あり。冷静沈着なタイプ」。(425)ミュンヘン近郊のダッハウ強制収容所で(426)彼は軍事科学研究院の部門長として一九四四年の冬以降、収容者たちを使って「意志を機能停止させるための化学的メソッド」の検証を行った。彼らが依拠した実験は、絶滅収容所アウシュヴィッツで、そこの衛生学・細菌学実験施設の長であったブルーノ・ヴェーバー博士が、バルビツール酸塩、モルヒネ誘導体およびメスカリンを用いて行ったものであった。この実験の出発点となったのは、ポーランドの抵抗運動の戦士たちの尋問で相手から情報を引き出すことにあまり成功せず、ゲシュタポがフラストレーションを感じたことであった。*つまり眠気や疲労感を抑えることに焦点が当てられていたザクセンハウゼン強制収容所とは違い、アウシュヴィッツでは洗脳と意識のコントロールが重視されていたことになる。

こうした一連の野蛮な実験をプレートナーはダッハウ強制収容所で継続し、収容者たちに知らせないままメスカリンを投与した。これは自然界ではメキシコのペヨーテ〔サボテン科ウバタマサボテン属〕に含まれる向精神作用のあるアルカロイドである。アメリカの先住民文化において、数千年前から祖先の霊や神々と交流するために儀式で使用されてきた物質で、強い幻覚を引き起こす。一九二〇年代にメスカリンは思想家、芸術家、心理学者に好まれた。意識を拡張するとされたからである。オルダス・ハクスリー〔イギリスの作家。『素晴らしい新世界』『ガザに盲いて』など〕は著書『知覚の扉』の中でメスカリンの作用を「知覚の扉を開けるもの」としている。しかしある薬物の効果が発揮される際には、いつでもセットとセッティング、つまり服用時の諸条件が重要となる。プレートナーは被験者の思念をメスカリンで解き放つことを狙ってはいなかった。その反対である。彼は先駆者であるアウシュヴィッツのヴェーバー博士と同様に、尋問の際に洗脳によってより良い結果を得られるかどうかを突き止めたかったのだ。[427]

「あらゆる問いかけは斬り込みである。権力への手段としてそれが行使されるところでは、それは問いかけられた者の肉体をナイフのように切り裂くのだ」。エリアス・カネッティは『群衆と権力』の中でそう書いている。[428] 個人の自由の本質がおおむね個人の秘密の保護の中に存するとであるならば、それは尊重すべきことであるが、そこでプレートナーが試みたのは、人間の内部の深いところ、最も内奥の秘所にまで届くような、とりわけ切れ味の鋭い刃を鍛造するということだった。この倒錯した親衛隊のシャーマン（巫術師《ふじゅつし》）は、合計三〇人を相手にメスカリンをこっそりコーヒーやアルコールに溶かし込み、何も知らない被験者とはじめのうちは他愛のない会話を交わした。三〇分

＊すでにこれより前、逮捕されたヒトラー暗殺未遂犯ゲオルク・エルザーに対して、多量のペルビチンが投与された。薬物で自白させて黒幕を聞き出そうとしたのだ。ただしこの意図は失敗に終わった。

から一時間が経つと変化が起きてくる。このアルカロイドが胃粘膜から吸収されて血液循環の中に入ったのだ。プレートナーは薬物で「心を開かされた」モルモットたちに、尋問が行われるのは特別な部屋で、そこではお前たちが心の奥底で考えることは私にはぜんぶ筒抜けだぞと言って信じ込ませた。だからな、と彼は言い含めた。何でも自分から話した方がいい、そうしないと酷いめに遭うぞ。この卑劣な戦略はうまくいった。「メスカリンが効果を発揮すると、質問の仕方を間違えたりしない限り、実験者はいつでもその囚人の最も個人的な秘密さえ聞き出すことができた。エロスや性にまつわる話ですら自分からべらべら話すようになるのだ。（…）もう何も心の中にしまっておくことができない。憎悪や復讐心といった内心の感情が毎回明るみに出される。罠にかけるような質問でも見透かされることはないので、言質を取って相手に罪を着せることは実に容易である[429]」

　プレートナーは一連の実験を最後までやり抜くことができなかった。アメリカ軍がダッハウ強制収容所を解放し、彼の資料類を押収したのだ。アメリカの諜報機関にとっては思いがけない掘り出し物だった。チャールズ・サヴェージとバーバード大学の医学者ヘンリー・K・ビーチャー〔麻酔科医〕の指揮のもと、その実験は暗号名「プロジェクト・チャター」および別の標題をつけられてワシントンD・Cの海軍医学研究所で継続された。一九五〇年代全体にまたがる、数多くの被験者を対象とした大がかりな研究シリーズの基礎として活用されたのだ。その成果を用いて、米軍のためにまずは朝鮮戦争でソ連側スパイを見つけ出すことが目論まれた。ドイツ人と同様にアメリカ人にとっても重要だったのは、「この薬物を（民間人または軍人の）囚人たちに使用しうる実践的なツールと捉え、その作用機序を正確に知ること」だった。戦勝国アメリカはロケット飛行に関する第三帝国の知見の数々、つまりアウターワールド（宇宙）研究の成果を労せずして手に入れたわけだが[430]、それとまったく同様にナチスの薬物実験もインナーワールド（人体）を管理するために導入された。プレートナーの先行研究に基づくアメリカの秘密プログラム「MKウルトラ」は「マインドコントロール（Mind Kontrol）」を目標としていた。CではなくKとドイツ語表記にしたのは、ドイツからの影響に対するオマージュと考えるべきだろう。

プレートナー自身はその行為で罰せられることもなく、一九五二年になるまで「シュミット」という偽名で北ドイツに潜伏していたが、サッカーワールドカップの年、一九五四年にフライブルク大学医学部から員外教授に任命されている。

薬物の黄昏

「人は高みに上れば上るほど、いっそうたやすく断念する術を身につけなくてはならない！（…）
道路清掃人がタバコやビールをやめられない、あるいはやめたくないのであるならば、
自分に向かってこう言うが良い、
『いいだろう、お前はそうした断念がもつ、より高次の必要性を理解できないと言うのだな、
わが友よ、それだからこそお前は道路清掃人なのであって、国家を導くような人物にはならなかったのだ[431]』」

アドルフ・ヒトラー

一九四四年一一月二八日、最初のアメリカ護送船団はすでに解放されていたアントウェルペン（アントワープ）港に入港した。これにより連合国軍の補給ルートが確保されることとなった。一二月になると米軍はストラスブール〔ドイツ語名はシュトラースブルク〕を攻撃し、幅広い前線を維持したまま、西からドイツ帝国国境を目指して進軍を続けた。モレルは一九四四年一二月九日にヒトラー往診についてこう書いている。「注射はしないつもりだったが、大仕事が控えているからぜひにとせがまれ、ブドウ糖一〇ミリリットルとホモセラン一〇ミリリットルを筋肉注射した。その夜にはさらにオイコダールの静注も行った[432]」

この冬の数日は「一大仕事」がインフレのように重なった。明白となりつつある敗北を検知する人間地震計を自認していたヒトラーにとっては、それこそ一晩一晩が「身に迫るさまざまな出来事とドイツ各都市への絶えざるテロ攻撃によって、彼の人生で最大の負荷となり（…）、最高度の精神的緊張の夜」となった。[433]彼はしょっちゅう訴えた。こうしたすべてを持ちこたえるにはなんとしても注射が必要なのだと。一九四四年一二月一〇日、彼はアードラーホルスト（鷲の巣）と名づけられた遠方の総統大本営に向かった。バート・ナウハイムの近くである。そこから西側諸国への起死回生の一撃を夢想していた。第二のアルデンヌ攻撃である。主治医モレルは書き留めている。「早朝四時三〇分に呼び出された。総統がまたもや痙攣発作だ。オイコダールとオイパベリンの静注。人生で最もたいへんな日々。偉大な勝利が克ち取られねばならない！　昼の一一時三〇分。総統はまだ痙攣があり、一睡もできない。大きな会談が目白押しだというのに。出発は予想されるいくつかの重要な報告次第だ。降車時に元気な状態を見せなくてはならないので、列車内で本格的な注射を打つことはできない。しかし彼の考えでは大きな静脈注射がもう一本、ぜひとも必要だという[434]」

一二月一一日、孤独な一行はまだ薄暗いうちにタウヌス山地の新しい指令本部に到着した。ヒトラーは西部戦線の司令官たちを、安全上の理由から二派に分けて召集させた。武器と鞄が全員から取り上げられ、その後で啞然とする将校たちは荒涼とした冬の森の中を車で半時間、引き回された。彼らの方向感覚を奪うためだった。あるブンカー施設の前でようやく車列は止まった。将校たちは黒の制服姿の親衛隊員が二列に並ぶ間を進む。彼らを待ち受けていた人物は「前屈みで蒼ざめてむくんだ顔。両手を震わせて椅子に座り込み、左腕が激しく揺れ動くのを何とか隠そうとしていた」。マントイフェル将軍はそう描写している。[435]相手をゾッとさせるような涎まみれのポンコツ。それがアドルフ・ヒトラーだった。ちょうど力をつけるために米粥を二杯啜り込んだ後で、あたかも状況をきちんと掌握しているかのように見せかけ、平静を装う将校たちに攻撃計画らしきものを説明した。しかし彼も、それがすべて一種の冒険であり、自軍の戦力と状態にはやや不釣合いな計画であると認めざるを得なかった。[436]モレルの手記ではこの忌まわしい会合はだいぶ美化されている。「総統は四〇ないし五〇名の将校たちと数時間に及ぶ会合をもった。総統はたいへんお元気かつ生気あふれるご様子で、相手を熱狂させ、たいへん力強かった。ご健康そのものである[437]」

この第二のアルデンヌ攻撃は一九四〇年春の一回目とは大違いだった。今回は計略と悪天候だのみで、結果的に連合国軍の飛行士たちはドイツ軍の残りの前哨地を容易には空から攻撃できなかった。親衛隊中佐のスコルツェニーは、奪った米軍の制服を着せ、例の薬物DⅨを入れた背嚢を背負わせた兵員一〇〇〇人を敵側ラインの後方に忍び込ませ、陽動作戦に出た。そして彼らにドイツ側は米軍司令官ドワイト・D・アイゼンハワーの殺害を狙っているとの噂を広めさせた。これにより米軍の各部隊は、追加の安全措置が必要となり、しばらくの間、実際に足止めを食う形となった。

しかしすぐにドイツ側の行動が無駄だったことが判明する。国防軍と武装親衛隊は多大な損失を被って撃退された。一九四四年一二月一九日にヒトラーはほうれん草スープを啜った後で次のものを注文している。「ご希望によりレバー製剤とペルビチンを出す。理由は現今の過重労働[438]」。つまり彼は今やメタンフェタミンも摂取しているのだ。モレルは注射なのか経口摂取なのかについては書いていないが、いつも注射していたレバー製剤と並べているところからして、たぶん注射だったのだろう。患者Aはこの覚醒剤を定期的に経口でも服用していた、つまりそれは高級ビタムルチンに密かに混入されていたのだ。かつてヒムラーの栄養顧問を務めたエルンスト・ギュンター・シェンクは戦後になってそう主張した。彼によると、金色パッケージのビタムルチンを軍医科大学校の国防薬学研究所で調べさせたところ、ペルビチンとカフェインを含有するとの検査結果を得たという。

一九四四年の年末から翌年の年初めにかけても総統は薬物による酩酊の内に過ごした。最初はブドウ糖と組み合わせたホルモン豊富な動物レバーの注射。それから大晦日の特別サービスとしてオイコダールの静注も受けた。正確な用量をモレルは記していないが、効果についてはこう書いている。「総統はかなり落ち着いた。左腕と左手の震えもほとんど収まっている」[439]

あいかわらず外部に向けては、独裁者の健康状態は美化された。一九四四年の大晦日に発売された週刊誌『ダス・ライヒ』にゲッベルスはこう書いている。「民族を救済し、さらには大陸の様相を一変させるという目標を自らに課した者は、日常の喜びや生活の小市民的快適さには背を向ける。それどころか彼にとってそもそもそんなものは存在しないのだ。(…)ただ閣下のそばに立ってみるがよい。そうすれば彼がどれほど多くの力を放散し、どれほど強靭であられるか、誰もが身をもって感じ取ることだろう」。よく知られている総統の姿勢の悪さについても宣伝大臣ゲッベルスはこう説明する。「閣下がいつも上体をやや前屈みにされるのは、地図を前にして延々と作戦を練ることが習い性となっておられるからである。(…)閣下は無欲そのものであり、我らが全民族の昼食と夕食の食卓が総統閣下の食卓同様であるとすれば、我々がドイツの食料供給について憂慮する必要はまったくなくなるであろう」[440]

一九四五年一月一日午前、ドイツ空軍の最後の大規模攻撃は宿命的な終末を迎える。ほぼ千機もの戦闘機が最後の反撃に飛び立った。だが最高度の機密任務であったにもかかわらず連合国軍の対空防御が効果的に機能し、何十人もの空軍パイロットが撃墜されたのだ。彼らは最後のペルビチンによる陶酔の中で帰らぬ人となった。しかし真の破局が始まったのは敵の攻撃を逃れた者たちが帰還したときだった。ドイツの戦闘機がこの作戦を知らされていなかったドイツの高射師団から激しい砲撃を浴びてしまったのだ。すべては隠密裏に行われていた作戦のせいだった。重く垂れ込める雲のもと、このような忌まわしい形で空軍はまさに自壊したのである。これを最後に特記すべき作戦行動が行われることはもはやなかった。

一九四五年一月二日は新年の、そしてナチズムにとって最後となる年の最初のウィークデーだった。ヒトラーの気分は「良好だ。現在行われている攻撃による緊張は別として。彼から左腕の震えをどうにかしたいと尋ねられた。それには精神安定剤が必要だが、中断が許されない、きわめて重要な彼の思考プロセスを妨げる恐れがあるため、それを投与するわけにはいかない(441)」。

この書き込みは一つの転換点を示している。なぜならこの後オイコダールが渡されることはなかったからだ。モレルはようやく気付いたのだろうか？ 麻酔薬によってヒトラーがどれほど非現実の領域に絡めとられているかということに？ それとも彼が薬物を減らしたいと考えたのはまったく別の理由からなのだろうか？ つまり次第にそれが品不足になりつつあることで不安に駆られたのだろうか？ 今では英国空軍が帝国の製薬工場にも盛んに空爆を行っていて、生産能力にダメージを与えている。クリスマスの二週間前にはダルムシュタットのメルク社が攻撃された。オイコダールとコカインの製造会社である。同社の施設の七〇パーセントが瓦礫の山と化した。社員の一人はこう報告している。「このところ従業員（二二九二名のドイツ人と約七〇〇〇名の外国人）の大半は、破壊によるカオス状態になんとか秩序をもたらそうと懸命だった。（…）労働時間のほぼ三分の二が空襲警報で使えなくなったため、生産力は全体として大幅に低下した(442)」。モレルは薬物の在庫が切れ、しかも新規入荷も見込めなくなったのだろうか？

一九四五年一月一六日にはアードラーホルストが明け渡された。第二のアルデンヌ攻撃は惨憺たる失敗に終わった。打ちひしがれて患者と主治医は列車で首都ベルリンに戻った。二人は近臣たちとともに総統官邸の地下に建造された総統地下壕に入居し、それにより現実に背を向け続けた彼らの旅の終着駅に到着した。以前モレルは手紙で、このところベルリンに帰るのは毎年二回、それぞれ数日だけで、妻の顔も半年以上見ていないと嘆いていた。今はハーフェル河とシュプレー河が流れるこの街に帰ってきたというのに、モグラのように地下での蟄居生活を余儀なくされている。一九四五年一月一七日、彼らが到着した翌日、ワルシャワが赤軍の手に落ちた。スターリンの軍隊はうまずたゆまず帝都ベルリンに迫っていた。

最終出口　総統地下壕

「私は注射針とそれによるダメージを見てきた。(…)ジャンキーはみな沈みゆく太陽だ[443]」
ニール・ヤングの曲から

ちょうどナチスが政権に就いてから一二年目の一九四五年一月三〇日、赤軍がキュストリン〔現在はポーランドのコストシン・ナド・オドロン〕近郊でオーダー河の西に築かれた橋頭堡に到達した。もうベルリンは目と鼻の先である。この日はヒトラー最後のラジオ演説が行われた日だが、その前に開かれた戦況会議で彼は今一度、かなり上機嫌な様子を見せた。

一九四五年二月三日には帝国の首都に二二六四トンの爆弾が落とされ、二万二〇〇〇人が死んだ。地下鉄網は同時に五〇箇所が被弾して寸断され、ベル・アリアンス広場駅（現ハレッシェス・トーア駅）ではちょうど駅を出た高架鉄道の満員列車が爆撃された。空は血のような赤い色に染まり、濛々《もうもう》たる煙の中を生き残った人々が逃げ惑っていた。シュレージエン駅には数時間の間、「いずれにせよ、我々は平和を望む！」と書かれた巨大な横断幕が掲げられた[444]。かつてランケ教授が研究を行ったインヴァリーデン通りの軍医科大学校はまだあったが、屋根の梁は焼けて炭化し、窓はガラスが割れて窓枠だけ残り、運動場は爆弾によってあちこちに漏斗孔ができていた。教室の椅子や机は焼けて跡形もなかった。壁の残骸はまだ燻っていた。絶え間なく警報が鳴り渡り、敵機めがけて高射砲が火を吐いた。地獄のダンスが何度も繰り返され、人々は退避壕に折り重なるように伏せていた。[445]その一一日後に数十万の避難者たちで溢れ返っていたドレスデンの旧市街が、空爆によって一面、焼け野が原となった。

そうこうするうちに実際に総統地下壕の薬物の在庫が空になったらしい。少なくともこれは、なぜモレルがかつてあれほど好んで使用した薬物の名を日誌にまったく書かなくなったかの説明になるかもしれない。二月一七日に彼はこう書いている。「F（総統）は安定剤なしでなんとかやっていくつもりだ」。[446]彼自身が作成した寄生肝製剤のアンプル数本を除いて、ほとんどが在庫切れ状態だった。[447]ここ数週間のヒトラーの様子は離脱症状を示唆していた。震えがひどくなり急速に身体の衰えが目立つようになったのだ。一九四五年二月二四日の大管区指導者たちを前にした彼の最後の演説では、いつものすばらしい暗示力がまったく見られなかった。彼の姿は来客たちの哀れみを誘った。高齢者のように背を曲げて涎を垂らしていた。海軍の奇跡の新兵器とハイエの小規模戦闘部隊が戦局を覆すような偉大な奇跡を起こすだろうと大見得を切ったが、誰も真に受けなかった。同じ日にモレルは帝国内務省に宛てた手紙の中で、自ら主導して開発した二種類のステロイドの認可を求めた。一つは副腎皮質、もう一つは脳下垂体から得られた薬物である。[448]現実離れしたこのリクエストに返事は来なかった。モレルがそこまでしてせっついた理由はおそらくこうである。ベルリンは医薬品に関してはもうほとんど何も手に入らない状況で、患者Aの処方箋通りに薬を出してもらうことがますます難しくなっていた。彼の助手は瓦礫の山となったベルリンの街を駆けずり回った。「ようやく六軒目の薬局（アム・ツォー一番地）が調剤を引き受けてくれました。受け取りは明日です。（…）薬は今では親衛隊本局の中央薬品倉庫でも調達がかなり困難となっています。工場が激しい爆撃に見舞われたため、ほとんどの薬が入荷未定の状況です」[449]

モレルにとっては緊急事態だった。薬物ディーラーに決して起きてはならないことが起こったのだ。まさに商売人が犯してはならない大失態である。売れ筋の品が急に手に入らなくなったのだから。「四、五日前から患者はひどく物思いに沈み、寝不足で疲れた顔をしている。彼は鎮静剤なしになんとか切り抜けようとしているのだ」。モレルはこの窮地をそう説明したが、不安げにこう付け加えている。「総統は私にいくらかよそよそしく、ぶっきらぼうで腹を立てている」[450]。これらはどれもまだ確たる証拠ではないが、ヒトラーが一九四四年の最終四半期にはすでにオイコダール依存症になっており、このときもそれを強く欲していたことの可能性を示唆している。総統官邸地下のブンカーで過ごした最後の数週間に、彼がこの願いをはっきり口に出して言ったことはおそらく一度もなかっただろう。ただしさまざまな点を考え合わせてみると、彼も自分の身に何が起きたのか、自分がいかなる薬物の袋小路に嵌り込んだのか、徐々に分かってきていたのだろう。

最終戦争の終焉が刻一刻と近づいていた。ヒトラーは数年来慣れ親しんだ高揚と陶酔を永久に失った。猛烈な痛みに耐えながらカタコンベの天井の低い通路をやっとの思いで進んでいった。上体を前に投げ出し、両脚を後ろに引きずり、身体を右に傾げたまま、冷たい壁にもたれかかり、居室から会議室へとのろのろ歩いてゆく。彼の自己様式化のエネルギーは完全に枯渇していた。理由がどうであれ、もうオイコダールを打ってもらうことはない。負傷者の治療用にいつもは診療鞄に常備されていたモルヒネですら。薬物なしでは抜け殻同然で、その抜け殻の制服には米粥のしみがついていた。彼の身体は薬物に頼りきりになっていたので、それがなくなるとエンドルフィンの放出も止まる。ドーパミンとセロトニンのバランスも大きく崩れる。もはや喜びの感情は消え、外界の脅威から身を守る術もない。あとに残ったのは極度の過敏症だけである。ブンカーのコンクリート壁はまだ立っていたが、薬物でできたブンカーの方はもうすでに崩壊していた。

今や総統は敗戦という事実に否応なく直面させられていた。突然すべてがこれまで以上に重く彼にのしかかったのだ。幸福ホルモンの泉は枯れ果て、人工的な興奮剤も手に入らず、彼はいわば丸腰だった。こんなときオイコダールがあれば、一秒で完全なる苦痛から完全なる至福へと至り、強烈な感覚を覚えたことだろう。多幸感が身体中を駆けめぐり、自らの失われた信頼を取り戻し、勝利へと戦い抜く意欲を人々に吹き込んでいただろう。しかし彼にはもはやオイコダールはなかった。陶酔が叶わなければどうなるのか？ 例えば一九四五年三月と四月の戦況会議など、気の滅入るような惨憺たるありさまだった。ヒトラーは将校たちがグルになって自分を永久に騙し続けているような気がした。決して起きてはならないことが起きているようだった。まさに「歴史は繰り返す」だ。軍部がもはや最高司令官の言うことに従おうとしなかった。彼はサボタージュが行われていると再三考えた。すなわち第二の「匕首事件」〔第一次世界大戦でのドイツ軍の敗北は前線の兵士たちではなく、国内の反体制派のせいであるとした〕である。ヒトラーは叫び、喚き、荒れ狂い、怒りまくった。その顔は別人のように歪んだ。彼は至る所に裏切り者を見つけたのだが、もはや彼は、攻撃することでしか彼らに対抗する術を知らなかった。

このところ総統の側を離れなくなっていたゲッベルスは、彼の心身の崩壊を隠すことなく、もはや彼は本来のあるべき状態にはないと公言した。宣伝大臣の彼はモレルの治療方針も疑問視し、面と向かって激しく非難した。総統のお身体はたえず震えている。大量の錠剤や麻酔薬で無理やり元気な状態にしていただけではないか？ これまでもときどき考えたのだが、とゲッベルスはさらに追及する。総統にわずかな症状が兆しただけで、あなたは病気をなんとか予防しようとしてすぐ注射に頼る。それは閣下の健康と生命を食い物にしたということなのではないか？ そのつけで今とんでもないことになっているんだろう、違うか？

朝六時。患者Aは夜間の戦況会議の後で横になって休んでいた。会議の間ずっと彼は中身の入っていないピルケースを弄んでいた。今は疲れ果て、無感覚になって小さなソファの上に身体を投げ出している。もうじき一日で一番すばらしい食事の時間がやって来る。それしか彼の頭の中にはなかった。メニューは小型ポットに入れたホットチョコレートとボリュームたっぷりのケーキ三皿。それから最後の薬物「砂糖」。わずかでも体内でドーパミンを放出させるもの。それは自分の心へのささやかなご褒美だ。かつてあれほどの催眠効果を発揮した輝く碧眼はもう色褪せ、紫色の唇にはケーキのかけらがついている。たるんだ皮膚に包まれた人間の残骸が甘い物を夢中になって貪り食う図だった。まるで自分がそこにないかのように彼の身体は感覚を失っていた。その体温はずっと高いままだった。この後はお決まりの酸素テントだ。

誰もがヒトラーの変わり果てた姿に不快感を禁じえなかった。哀れみならまだましだった。それでも誰もが彼を取り囲み、なんとか彼の役に立とうとした。それにもかかわらずヒトラーの容態は悪化する一方だった。彼が一度咳をしたり洟をすすったりしただけで、忠臣たちは慌てふためいた。今や彼の歯はエナメル質が溶け、口腔粘膜は乾き、ボロボロになった歯が何本も抜け落ちていた。神経毒によって不可逆的な損傷を受けた彼の脳は新たな刺激を受けつけなかった。伝達物質を受け取るべき受容体がすべてオフ状態となっていたのだ。そのため何もかもがもはや機能せず、昔からの妄念が彼の頭の中で堂々巡りを繰り返した。被害妄想と赤い膿疱、ユダヤ人、ボリシェヴィキに対する病的不安である。恐ろしい頭痛も始まった。彼は黄金製のピンセットで自分の黄ばんだ皮膚をつっつき始めた。攻撃的で神経質な手の動きだった。彼は繰り返し何度も注射を受けていたときに細菌どもが自分の身体的国境である皮膚を通過し、体内システムに潜入し、今内部から自分を破壊しようとしていると思い込んでいて、その細菌たちをピンセットでつまみだそうとしていたのだ。モレルは患者をなんとか落ち着かせようとして瀉血を試みた。しかし彼の血液は脂肪とホルモンを過剰に含む豚レバー製剤の注射でゼリー状になっていてすぐに固まってしまうので、この試みは失敗した。ヒトラーは最後に残ったブラックユーモアのセンスを発揮してこう言ったという。「これじゃあせいぜい総統ブランドのブルートヴルスト〔家畜の血を混ぜて作る黒ソーセージ〕しかできんな」[451]

患者Aはつらい離脱症状に見舞われて、苦しそうな息をしている。見るも哀れな様子だった。頭のてっぺんから足の爪先まで不安に慄《おのの》き、口をパクパクさせて空気を呑み込もうとしていた。体重は減り、腎臓も循環系もほとんど機能していなかった。何かに集中することなど無理だった。痛ましい欲求が彼を苦しめた。身体の一つ一つの細胞が鎮めがたい渇きを訴えていたのだ。左瞼は腫れ上がり、もう手元しか見えなかった。彼はたえず左眼の辺りを押さえたり擦ったりしていた。しかし「総統は眼帯をつけるのを嫌った」[452]。そんな具合の彼だったが、短時間ブンカーから外に出ることもあった。そういうときは身体を引き摺るようにして総統官邸の庭園を瓦礫に躓きながら歩いた。土埃を巻き込んだ風が、敗北という現実を突きつけるかのように彼の身体に纏わりついた。やっとの思いでブンカーに戻ると、またケーキが出された。上にシュトロイゼル〔バター、砂糖、小麦粉で作るそぼろ状のトッピング〕を振ったケーキで、総統のために全体が細かく崩してあった。歯がボロボロだったので、彼はこの甘いケーキを噛まずに呑み込んだ。それで大量の空気がいっしょに腸に取り込まれ、臭気を発するガスになる。自動機械と化した総統の身体に各人が各様に何かを投入した。彼ら自身がこのような姿に育て上げ、このような状態としたのだ。そしてこの壊れたロボットは突然ガタガタと狂ったように動きだし、何かをし始め、ナンセンスな軍事命令を下し、誰かに復讐し、よく知る近臣に死刑判決を言い渡す。例えばかつてヒトラーの担当外科医だったカール・ブラントに対して。医師間の争いに敗れた彼は総統から疎まれるようになっていたのだ。

ゼバスツィアン・ハフナーは総統官邸地下のブンカーでのヒトラーの身体の衰えに関する報告書を「どうしようもなく誇張されている」(453)と決めつけたが、それこそ彼の考え違いである。その報告書はむしろ正確性、徹底性の点で不十分なのだ。というのもそこでは離脱症状という面が考慮されていないからである。当時からはかなり時間が経ち、また残された資料状況も穴だらけであるので、そのころのヒトラーの状態を推断することは困難であり、最終的に毒が盛られたという点を証明することもできまい。それでも言えるのは、ヒトラーが世界大戦の敗北よりも自分の身体の痛み、苦しみの方を強く気に病んでいたのではないかという点である。彼が耐え続けたこの苦しみは、自殺によって終止符が打たれるまで止むことがなかった。

この時点でもなお権力者は主治医を恃《たの》みとしていた。一九四五年三月三日に最後の前線訪問でオーデル湿地〔ベルリンから五〇キロ東のオーデル河流域〕に行くことになったとき、ヒトラーは安全上の理由からモレルの同行を禁じた。主治医はいささか誇らしげにこう記している。「なぜならそこでは事故や低空飛行機の攻撃で私たちが大怪我をする恐れがあったからだ。私に何かあったら閣下を診療する医師がいなくなってしまう。(…)総統からすれば、我が家〔総統ブンカー〕に戻ればいつだって主治医の私が待っている、そう旅先で思えることの方がはるかに大切なのだそうだ」(454)

だがこの「我が家」はいつまでそこにあるだろう? 三月七日にはアメリカ軍がライン河に架かるレマーゲン橋を渡った。東部ではダンツィヒ〔現ポーランドのグダンスク〕がロシア軍の手に落ち、南のウィーンも陥落した。このころヒトラーに対するモレルの治療は行き当たりばったりのものとなっていた。ビタミン剤を出すかたわら、全身的な神経損傷に対してはガルバニック電流治療を施した。総統は帝都ベルリンの名だたる専門病院、例えばシャリテー病院などで診てもらおうとはしなかった。その挙句に今彼はこれほどのみすぼらしい姿を晒すことになったのだ。彼の最終的な玉砕の試みもこれによって説明できそうだ。一九四五年三月一九日に彼はいわゆるネロ命令を発した。これは彼のニヒリズムを極限にまで推し進めたものだった。ヒトラーはなんとドイツの完全破壊を指令したのだ。「帝国内の軍事施設、報道機関、産業施設、物資補給拠点ならびに有価物は（…）ことごとく破壊せよ」[455]。すべての閘門、堰、ダム、運河の橋、港湾設備は爆破し、すべての電気ケーブルは引き抜き、すべての銀行と残っている文化遺跡は木っ端微塵に噴き飛ばすことが求められた。憎悪から生まれたこの最終指令は、それに必要な資源が不足したため、最後まで貫徹されることはなかった。ドイツ帝国はその破壊的な諸力をついに使い尽くし、それと同様にヒトラーの薬品キャビネットの備蓄も尽き果てたのだ。

四月八日にモレルは患者に、もうビタムルチンもなくなったと伝えた。今や「残り物」が注射に使われた。ストロファントーゼⅠおよびⅠⅠ、ベネルヴァ・フォルテ、オムナジンといった、いかにもいかがわしいものが大急ぎで掻き集められた。これまでほとんど誰も知らなかったこれらの薬物が突然一日おきに注射されるようになった。戦争の最終局面で分不相応な脚光を浴びることとなったのだ。それらはいわば生化学の「前線」に投入されたわけだが、それはついこの間まで教室で座って勉強していた一四歳の少年が対空砲の砲手として配備されたこととコントラストをなしていた。

一九四五年四月一六日にベルリンへの直接攻撃が始まった。その四日後、患者Ａは最後の誕生日を祝った。モレルは両手の震えが止まらず、誕生プレゼントがわりの注射はうまくいかなかった。急遽別の医師シュトゥンプフェッガーが呼ばれ、薬品キャビネットに残ったものでなんとか間に合わせた。「ストロファントーゼ、ベータビオン・フォルテの静注とハルミン」[456]。ハルミンはシリアンルーという植物から採れるアルカロイドである。これにモレルは経口摂取薬も加えたが、やや破れかぶれの感は拭えなかった。「強心薬のカプセルにレバー製剤を合わせた。それによって強い刺激作用を狙ったのだ」[457]

解雇

「私は歴史上のあらゆる偉人たちをはるかに凌ぐ人物となる。最も偉大な者となるのだ。たとえドイツ民族全体がそのために滅びようとも」[458]
アドルフ・ヒトラーからテオ・モレルへの言葉

その翌日、ロシア軍は「スターリンのオルガン」〔ロシアの自走式多連装ロケット砲カチューシャのこと〕でベルリン中心街に砲弾を撃ち込み、同じ日に主治医モレルが馘《くび》になった。渡せる薬物もない、注射もできないほど老いぼれている。そんなディーラーなど何の役に立つというのか？「バカにしているのか？」茫然と立ちすくむモレルにヒトラーは怒りをぶつけた。モレルはどこかから調達したカフェイン注射の器具をお盆に載せて総統を訪ったのだ。「持ってきてくれたのはたぶんモルヒネだな。違うとは言わせんぞ」。ヒトラーは怒っていた。モレルが抗弁すると、患者はその襟首を摑んで毒づいた。「さっさと家に帰って主治医の制服を脱げ。今後は私を見かけても他人のフリをしろ」[459]

それは的外れな助言だった。帰ろうにもシュヴァーネンヴェルダー〔ハーフェル河沿いの高級住宅地〕のモレルの邸宅は爆撃で全壊していたのだ。クアフュルステンダムの彼の診療所も割れた窓がボール紙で塞いであり、待合室の間仕切り壁は崩れ落ちていた。太ったドクトルは慌てふためいて転がるようにブンカーから逃げていった。その少し前、ヒトラーの足元にひれ伏して翻意を願ったところ、グズグズしていたら射殺させるぞ、と脅されたのだ。モレルは心臓の上のあたりを押さえて、喘ぎながら三七段の階段を登って地上に出ると、使える最後の公用車に飛び乗った。その間彼はずっと子供のように泣いていたという。午後二時にコンドル機〔フォッケヴルフFw200〕が離陸した。機内には馘を言い渡された主治医が呆然自失状態で座っていた。機はロシア軍の前線と燃えている村落の上を低空で飛行し、パルテンキルヒェンの近くでサーチライトの光と高射砲の砲弾をうまくかいくぐり、米軍の前線を突っ切り、まだ安全な場所を探して、ミュンヘン南部のノイビーベルク軍用飛行場のなおも使用可能な滑走路に無事、着陸した。

モレルの行き先はベルヒテスガーデンに近いバイエリッシュ・グマインという小邑で、そこに彼は戦火を避けて自身の研究所を疎開させていたのだ。何日か彼はそこですべて順調であるかのように振る舞った。狂ったように書簡のやり取りに没頭し、傾きかけた自分の製薬会社の心配をした。かつてヒトラーからプレゼントされ、半ば組み立ててあった電子顕微鏡を完成させて使おうとしたり、最後まで残った研究所員とあれこれ話し込んだり、あるいはこれはすでに狂気に片足を踏み入れたと言えるかもしれないが、税務署に売上税・団体税・営業税申告書の提出期限延長を願い出ている。その際に理由とされたのは、「戦争による人手不足により決算書作成が間に合わなかった[460]」ということだった。

最後の毒物

「私はもう政治はやらない。考えるだけで反吐がでる[461]」
アドルフ・ヒトラー

ゲーリングも、縫い目から腹の肉がはみ出しそうな滑稽な迷彩服に身を包んで南ドイツ方面に逃げていった。どうせ敵の手に落ちるのなら、ソ連人ではなくアメリカ人の手の方がまだましだと考えたのだ。彼はバイエルンからベルリンのブンカーに宛てて一通の電報を送った。その中で彼はヒトラーの執務能力喪失に言及しながら、ヒトラーの後継者となる意欲をアピールしていた。ヒトラーはこの代理人ゲーリングに激怒し、自分はゲーリングがモルヒネ常習者であることを以前から知っていたとして、その弱さと裏切りを非難した。* 結局ゲーリングはすべての地位、役職を剝奪されることとなった。

四月二七日、ヒトラーは忠臣たちに青酸カリを配り、こんなものしか渡せず残念に思う、と嗄れ声でつけ加えた。ゲッベルスの妻マクダは、まずそのうちの六つのカプセルを六人の子供たちに使った。患者Aは愛犬ブロンディを毒殺させた。それは予行だった。しかしまだ自分の番ではない。政治的な遺書がまだだ。指がひどく震えるので署名するのはもう難しくなっていた。自ら毒を呑んでくたばろうとしているこの男は、その遺書の中で最後に今一度ユダヤ人に対する煽動を行なった。あらゆる責任をユダヤの人々に転嫁しようと試み、彼らを「世界毒殺者」と呼んだのだ。

その間もオリンピックスタジアム前ではメタンフェタミンが少年兵たちに配られていた。彼らが迫り来る赤軍の戦車や重砲を前にして縮み上がることのないようにとの配慮だった。デーニッツ海軍総司令官は持参金を渡すかのように、グレーファーツ〔一一三頁参照〕への忠誠の挨拶に添えて貨車一台分の初々しい新兵を送った。彼らは早逝を運命づけられていた。なぜなら海軍の少年兵たちはろくな訓練も受けずに市街戦のためにベルリンに派遣されたからだ。首都の中央に位置する総統ブンカーが全方向から迫り来る戦闘の中心となっていた。どの街角でも爆発や炸裂が続いた。着弾のたびに壁が振動する。ヒトラーが新鮮な空気を求めて総統官邸の庭園を歩くことはもうなかったが、そこの土は今、砲弾を受けてひっきりなしに宙を舞っていた。砲撃の音がいったん静かになったと思っても、いたるところで家屋が炎上しており、ときおり土埃を巻きあげて倒壊した。火災時特有の強い上昇気流も発生していて、炎と煙、そして酸素が上へ上へと吸い上げられていた。

この場所では破滅のプロセスは決して密やかに進んでいたわけではなかった。そこは地獄であり、一二年間続いた狂気という名の恐るべき旅路の終着点だった。その狂気の中で、男たちは現実を恐れ、いよいよ現実から逃避しようとして、かえって恐るべき悪夢を現実世界に招来してしまったのだ。ヒトラーはその最期が刻々と近づくこのとき、妄想上の病原菌に喰い尽くされていた。彼は生涯を通じて異物を排除しようとしたのだが、それはうまくいかなかった。今彼は二重の手段による自殺を計画していた。ごく親しい側近たちと彼はこの問題を徹底的に話し合った。引き金を引く手があまりにも震えてしまったらどうしたらいい？　あれほど多くの恐るべきことを引き起こした張本人は今、責任を逃れようとしていた。「ゴールデン・ショット〔致死量の薬物〕」用のオイコダールが手に入らないので、彼は鉛の弾を選んだのだ。注射針より強いものは拳銃だけだった。大急ぎでエーファ・ブラウンとの婚礼が行われた。彼女は山荘ベルクホーフから「包囲されたこの街[462]」にわざわざ駆けつけていた。ヒトラーは個人的な遺書に思い入れたっぷりな筆致でそう書いている。地下壕での亡霊じみた結婚式の後でトマトソースを添えたスパゲティが出された。デザートは青酸カリだ。さらに追い討ちをかけるように口径六・三五ミリのワルサーで頭部が撃ち抜かれた。

それは一九四五年四月三〇日の一五時半ごろだった。患者Aは現実を抑圧する自らの体制を通じて、有毒な混合薬の過剰摂取によって破滅したのだ。完全なる陶酔の中で世界を立ち上がらせるという究極の試みは初めから破綻を宿命づけられていた。薬物の国、現実逃避と世界苦〔世界の状況に対する深い憂鬱〕の国ドイツ。この国はスーパージャンキーを求めていた。そしてその歴史のもっとも暗い時期にアドルフ・ヒトラーの中にそれを見出したのだ。

＊連合国軍に拘束されたときにゲーリングは二万四〇〇〇錠ものオピオイド錠（特にオイコダール）の入ったトランクを携行していて、毎日通常の二〇倍もの量を服用していた。ゲーリングが拘束されたルクセンブルクのモンドルフのパレスホテルでは、この大量の錠剤はアメリカ人の監視人や医師たちによって持ち出され、少しずつ減っていった。

モレルの内面崩壊

ヒトラーの自殺が知れわたると、帝国のいたるところで恭順な国民同志たちの自死が相次いだ。名誉心がそうさせたのかそれとも責任を取らされることに対する恐怖だったのか？　例えばノイブランデンブルクでは六〇〇人以上が自発的な死を選び、小都市ノイシュトゥレリッツでは六八一人が死んだ。ドイツ全土では一〇万人を超えた。陸軍将校三五名、空軍将校六名、海軍将校八名、武装親衛隊将校一三名、警察将校五名、さらに四三名いた大管区指導者の内の一一名、ゲシュタポや国家保安本部の幹部、親衛隊幹部および警察指導者若干名。彼らすべてが現実から逃げ、総統〔ドイツ語の Führer はもともと「指導者」の意〕からの最後の指導を受けた。一九四五年五月八日にドイツ国防軍は降伏した。ハイエの小規模戦闘部隊所属の何名かの若き潜航艇乗りは薬物を服んで、なおも作戦を遂行していた。彼らは降伏のことを何も知らされず、完全な陶酔状態で五月一二日までの四日四晩、すでに終わった戦争を戦い続けたのだ。[463]

一九四五年五月半ばにテオ・モレルは『ニューヨーク・タイムズ』の女性記者によってバイエルンの潜伏先を見つけ出された。彼女の記事は「ドクター、ヒトラーへの注射を語る」という表題で数日後に公表された。その後間もなくして元主治医はバート・ライヒェンハルでアメリカ軍の捕虜となり、それがほぼ二年間続くことになる。モレルは幾度となく行われた尋問でとりとめのない、矛盾した供述を行ったかと思うと、急に長い沈黙に入り、ひどい鬱状態となった。彼が営々と築き上げてきたすべて、そのワンマン経営の製薬帝国は崩壊した。他の多くの人々と異なり、モレルは新時代に順応することがなかった。

尋問者が彼にヒトラーのことを訊くことはほとんどなかった。彼らはすっかり打ちひしがれたこの医師の戦争犯罪を証明することもできなかった。当人は独房で無感情にときを過ごし、間歇的にパラノイア的妄想に取り憑かれた。そんな折にモレルは、医師間の確執のときのようにヒムラーがあいかわらず自分に目を光らせていると考えた。ニュルンベルク裁判の証人としても彼は役に立たなかった。彼の口からは「私は私でなければよかった」[464]ということ以外、まともな発言は何も引き出せなかったのだ。アメリカ側はこの異様に太った心臓病の捕虜を一九四七年の初夏に釈放することに決め、ミュンヘン中央駅前で解放した。かつて強大な力をもっていたモレル、襟章にアスクレピオスの黄金の杖の図柄を縫いこんでいたモレルは、そのまま舗道にしゃがみ込んでしまった。上着は擦り切れ、靴も履いていなかった。見るに見かねた赤十字の「半ユダヤ人」〔ナチス時代の分類で、他にも全ユダヤ人、四分の一ユダヤ人、八分の一ユダヤ人など細かく分かれていた〕の看護婦が、彼をテーゲルンゼーの病院に連れて行った。モレルはそこで一九四八年五月二六日にその生涯を閉じた。

Arbeitsplatz: REICHSKANZLEI BERLIN

970—86 CIC Personalbogen

1. Name Dr. MORELL (Zu-(Familien-)name) THEODOR (Vor(Tauf-)name)

2. Andere von Ihnen benutzte Namen oder solche, unter welchen Sie bekannt sind: GILBERT

3. Geburtsdatum 22. 7. 86 4. Geburtsort TRAIS-MÜNZENBERG 5. Größe 170 cm

6. Gewicht 90 KG 7. Haarfarbe SCHWARZ 8. Farbe der Augen GRAU

9. Narben, Geburtsmale oder Entstellungen HYPOSPADIE (ANGEBOREN)

10. Gegenwärtige Anschrift: UNTERS. GEFÄNGNIS (Stadt, Straße und Hausnummer)

11. Ständiger Wohnsitz BERL. KURFÜRSTEND. 216 (Stadt, Straße und Hausnummer)

12. Art der Ausweiskarte ÄRZTEB. Nr. KEINE 13. Wehrpaßnummer NEIN

14. Reisepaß-Nr. NEIN 15. Staatsangehörigkeit DEUTSCH 16. Falls naturalisierter Bürger, geben Sie Datum und Einbürgerungsort an NEIN

17. Aufzählung aller Ihrerseits oder seitens Ihrer Ehefrau oder Ihrer beiden Großeltern innegehabten Adelstitel KEINE 18. Religion

19. Welcher Kirche gehören Sie an? EVANGEL. 20. Haben Sie offiziell oder inoffiziell Ihre Verbindung mit einer Kirche aufgelöst? NEIN 21. Falls ja, geben Sie Einzelheiten und Gründe an NICHTBETREFF. 22. Welche Religionsangehörigkeit haben Sie bei der Volkszählung 1939 angegeben? EVANG. 23. Führen Sie alle Vergehen, Uebertretungen oder Verbrechen an, für welche Sie je verurteilt worden sind, mit Angaben des Datums, des Orts und der Art AUTOSCHNELLF. (GOTHA)

24. Waren Sie vom Militärdienst zurückgestellt? JA 25. Falls ja, geben Sie die genauen Umstände an LEIBARZT HITLERS 26. Waren Sie Generalstäbler? NEIN

27. Wann? N. BETR. 28. Waren Sie NS.-Führungsoffizier? NEIN 29. Wann und in welchem Truppenverband? NICHT BETR.

30. Haben Sie in der Militärregierung oder Wehrkreisverwaltung irgendeines der von Deutschland besetzten Länder, einschließlich Oesterreich und Sudetenland, gedient? NEIN 31. Falls ja, geben Sie Einzelheiten über Ihre Aemter und Pflichten sowie Ort und Zeitdauer des Dienstes an:

NICHT BETR.

「勤務場所 総統官邸」……。

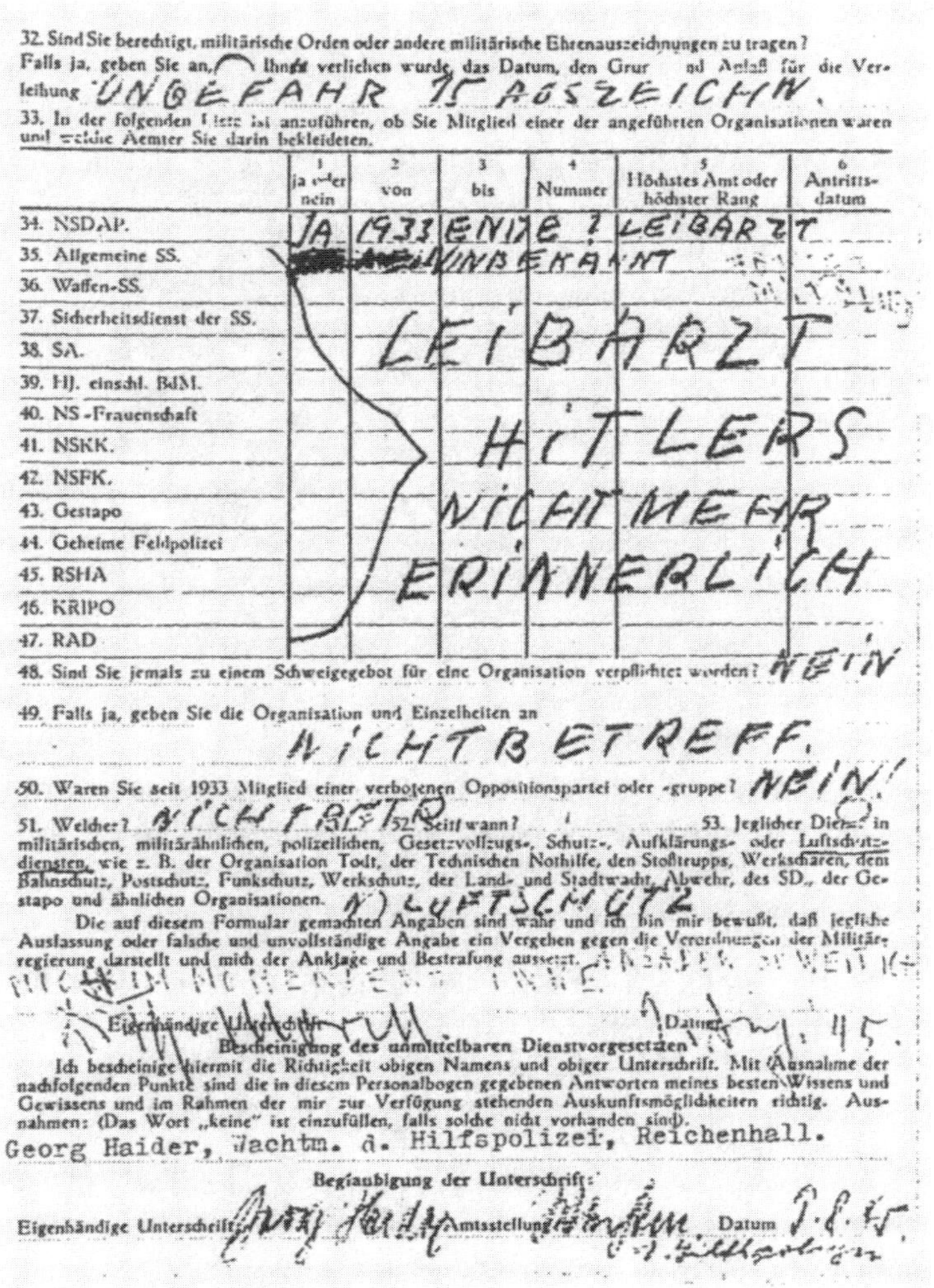
32. Sind Sie berechtigt, militärische Orden oder andere militärische Ehrenauszeichnungen zu tragen?
Falls ja, geben Sie an, [illegible] verliehen wurde, das Datum, den Grur[illegible] nd Anlaß für die Verleihung ÜNGEFAHR 15 AÜSZEICHN.

33. In der folgenden Liste ist anzuführen, ob Sie Mitglied einer der angeführten Organisationen waren und welche Aemter Sie darin bekleideten.

	1 ja oder nein	2 von	3 bis	4 Nummer	5 Höchstes Amt oder höchster Rang	6 Antrittsdatum
34. NSDAP.	JA	1933	ENDE !		LEIBARZT	
35. Allgemeine SS.		UNBEKANNT				
36. Waffen-SS.						
37. Sicherheitsdienst der SS.						
38. SA.						
39. HJ. einschl. BdM.						
40. NS-Frauenschaft						
41. NSKK.						
42. NSFK.						
43. Gestapo						
44. Geheime Feldpolizei						
45. RSHA						
46. KRIPO						
47. RAD						

LEIBARZT HITLERS NICHT MEHR ERINNERLICH

48. Sind Sie jemals zu einem Schweigegebot für eine Organisation verpflichtet worden? NEIN

49. Falls ja, geben Sie die Organisation und Einzelheiten an
NICHTBETREFF.

50. Waren Sie seit 1933 Mitglied einer verbotenen Oppositionspartei oder -gruppe? NEIN!

51. Welcher? NICHTBETR 52. Seit wann? 53. Jeglicher Dienst in militärischen, militärähnlichen, polizeilichen, Gesetzvollzugs-, Schutz-, Aufklärungs- oder Luftschutzdiensten, wie z. B. der Organisation Todt, der Technischen Nothilfe, den Stoßtrupps, Werkscharen, dem Bahnschutz, Postschutz, Funkschutz, Werkschutz, der Land- und Stadtwacht, Abwehr, des SD., der Gestapo und ähnlichen Organisationen. N) LUFTSCHUTZ

Die auf diesem Formular gemachten Angaben sind wahr und ich bin mir bewußt, daß jegliche Auslassung oder falsche und unvollständige Angabe ein Vergehen gegen die Verordnungen der Militärregierung darstellt und mich der Anklage und Bestrafung aussetzt.

Eigenhändige Unterschrift Datum Aug. 45.

Bescheinigung des unmittelbaren Dienstvorgesetzten
Ich bescheinige hiermit die Richtigkeit obigen Namens und obiger Unterschrift. Mit Ausnahme der nachfolgenden Punkte sind die in diesem Personalbogen gegebenen Antworten meines besten Wissens und Gewissens und im Rahmen der mir zur Verfügung stehenden Auskunftsmöglichkeiten richtig. Ausnahmen: (Das Wort „keine" ist einzufüllen, falls solche nicht vorhanden sind).
Georg Haider, Wachtm. d. Hilfspolizei, Reichenhall.

Beglaubigung der Unterschrift:
Eigenhändige Unterschrift Amtsstellung Datum 9.8.45.

……1945年8月の逮捕後に作成されたモレルの調書。

千年の愉楽

永遠の歴史家論争がある。それは歴史上の人物の個性が歴史的に重要なのか、それともむしろ状況が重要であり、その前では偉大な英雄や凡夫、犯罪人も交換可能な人形のように与えられた役を演じるにすぎないのかというものである。この問題では両者が相応の権利を認められてしかるべきである。重要な出来事の原因として、構造的根拠とまさにその人間の本性を含めた個人的誘因とを厳密に区別することは、歴史学の父祖であるアテネのツキジデスがすでに論じている。[465] 実際にシステムに由来するものであり、かつ非常に個人的なものでもあったヒトラーの薬物乱用において、両者は糾《あざな》える縄のように一つになっている。それが彼の事例をこれほど複雑にし、またこれほど興味深くもしているのだ。本書では禁欲主義者を自認するヒトラーの薬物使用が考察されているが、決してそれは詳細な検討によってセンセーショナルな効果を狙おうとしたものではない。ゼバスツィアン・ハフナーが書いているように、「彼が犯した過ちは、たいてい彼がもっていた過ちに根ざすものである」[466]。一九四五年春のベルリン地下壕での最終局面（没落期）ではなく、一九四四年七月二〇日の暗殺未遂事件以後の多剤依存の歳月（隠遁期）こそが、ヒトラーと第三帝国に関してはもっとも大きな意味をもつのである。

個人からいったん視線を引き剝がして、構造そのものへと眼を向けるさまざまな試みがなされてきたにもかかわらず、今日まで我々はあのドイツの独裁者を、いかに一人の男の意志と力が歴史を作り得たかということを示す象徴的存在と見なしている。それはすでにかつて彼のプロパガンダ装置が声高に讃えたことである。それは長らく、あまりにも長らく機能した一つの演出なのだ。というのも、人々の運命と第二次世界大戦の経過を共に決定づけた社会的な諸現実は、一九四一年の秋以降、とうにヒトラーの静脈にも到達しており、内部から彼に影響を及ぼしていたからである。ただし、ヒトラーが望んだから、つまり一個人として何が何でもやり遂げようとしたからこそ、ドイツはソ連に襲いかかったのだ。だがこの個人もやはり時代の子であった。こうした視点に立つならば、薬物を与えてくれる人々への依存をますます強めていった俗物というヒトラー像の脱構築を視野に置き続けることは有益であるだろう。そこにいたのは、ヘロイン依存となっていた人物であり、たえずありとあらゆる危険に晒されていた人物である。ヒトラーは世界を破滅に導いたが、それと同程度に彼は化学的・近代的な時代の産物ともなった。そしてこの時代は、それ自体矛盾するが「麻薬撲滅」を旗印に掲げていたのだ。

本書の中心テーゼは薬物が第三帝国において人工的な動員の手段として利用されたということである。それは時間の経過とともに落ちてくるモチベーションを高めて、指導集団を機能しうる状態に保つためだった。ただし我々の歴史上最も暗いこの章があれほどまでに大きく脱線したのは、例えばあまりにも多くの薬物が摂取されたからというわけではなかった。この点は強調しておかねばならない。薬物はいずれにしても企図されていたであろうものをより強力に後押ししたにすぎない。生きるに値する現実との接触をあれほど徹底して断ち、あれほど多くの苦しみをもたらした第三帝国という倒錯した世界をいささかなりともイメージしやすくすること。本書に貢献できるものがあるとすれば、そのことかも知れない。

謝辞

「学のある方々は必ずや(…)私の着想をまったく笑止である、
自分ならもっとうまくやれると考えたり、上品なそぶりで完全に無視することでしょう。
なぜそうするかご存知ですか? 彼らは言うのです。自分はその分野には詳しくないと」
ヨハン・ヴォルフガング・フォン・ゲーテ[467]

今回、小説家の自分が歴史専門書の著者に変身したことで大いに人を驚かせました。そのプロセスは決して自然なものではありませんでしたが、つねに喜びを伴うものでした。何人かの共闘者、友人、知人は私の変身を興味深く見守ってくれました。すべての始まりはアレクサンダー・クレーマーでした。彼が私に、ナチスは薬物まみれだったんだと言い、それをテーマに映像作品を作れないだろうかと訊いたのです。私たちはそのアイデアに取り憑かれ、ヤニーナ・フィントアイゼンが私に「実際に起きたことを調べるなら公文書館に行ったら?」と提案してから話はますますおもしろくなってきました。これとの関連で私は、ベルリン、ザクセンハウゼン、コブレンツ、マールバッハ、ミュンヘン、フライブルク、ダッハウ、ワシントンの各公文書館で協力して頂いたすべての学芸員の方々に心からの感謝をお伝えしたいと思います。早い時期に歴史家のペーター・シュタインカンプも私にインスピレーションを与えてくれました。他にも特に感謝したい人がいます。それはドイツ国防軍医学大学校のフォルカー・ハルトマン氏です。原稿段階で読んでくれたマルティィーナ・アッシュバッハー、ミヒャエル・ディリンガー、フランク・キュンスター、コンラート・ラオテン、そしてわが父ヴォルフガング・オーラーにも謝意を伝えたいと思います。支援を惜しまなかった専門家として、ヴィンフレート・ハイネマン、ペーター・ベルツ、ヴェルナー・ベルク、さらにはドレスデンの国防軍軍事史博物館の学術監督ゴルヒ・ピーケンとスタッフのイェンス・ヴェーナー、さらにフェルゼンネストの遺構を案内してくれたハンス・ローデルトの各氏の名を挙げ、ここに感謝いたします。カバー・デザインその他を引き受けてくれたダグラス・ゴードンにも改めて特別な謝意を表明いたします。またわが編集者のルッツ・ドゥルストホーフ、わがエージェントのマティアス・ラントヴェーア、わが出版人ヘルゲ・マルヒョーからも格別な支援を賜りました。マルヒョー氏はこの題材をノンフィクション書で扱おうという最初のアイデアを出してくれました。またとりわけ大いに私をサポートしてくださったハンス・モムゼン、偉大な現代史研究家にして歴史学者である同氏に感謝いたします。いずらにせよ一つ分かったことがあります。それはいわゆるノンフィクション作品とは大勢の人々の関与なしには成立しない集合的なプロセスであるということです。それゆえ、ここに挙げきれなかった人々も含め、私を有形無形に支援してくださったすべての方々に感謝申し上げます。

二〇一五年夏、ジルス・マリーア、

ノーマン・オーラー

ナチズムと政治的リアリティの喪失

ハンス・モムゼン

ノーマン・オーラーはこれまで十分に考慮されてこなかったナチス体制のある側面を扱っている。すなわちナチス社会にとって心身を高揚させる薬物の大量使用が果たした意味という問題である。本書では、指示された民族共同体が十全にその機能を果たすためにますます多くの薬物を必要としていく様子が活写されている。ナチ党員たちが喧伝した理想主義的な動機はそれによって大いに相対化される。独裁制の内部崩壊は、興奮作用のある化学薬品への高まる依存という点において、すでに開戦の数年前の段階で暗示されていた。それをノーマン・オーラーは「錠剤の形をしたナチズム」と呼ぶ。

本書の最大の功績はヒトラーとその主治医モレルの間の共生関係を描写した部分である。その描写はこれまでの考え方をひっくり返すものである。なぜならそれによって一九四一年秋以降の出来事を理解可能とするツールが初めて見出されたからである。ノーマン・オーラーは総統大本営がますます統率力を喪失していく経緯を、そしてヒトラーが自己排除のプロセスを始動させた様を印象的な形で示している。これはいかに世界の出来事が医学的な些事によってコントロールされ得るかを描いて読者を大いに困惑させる研究である。国民の側も興奮剤にますます依存していったのだが、国家首脳たちもどんどん多くの薬物を国民にあてがうことで、破局的な全体状況に対処しようとした。イデオロギーでは不十分となるや、ヒトラーはいったん歩み始めた路線からもはや脱落しないために、人工的な杖（薬物）に手を伸ばした。かくしてモスクワを前にした戦いの最初の冬から、スターリングラードでの敗北に至る決定的な時期に、人工的な妄想世界に遊ぶ傾向が貫かれることとなった。このことは深刻な危機を招き、最終的には内的崩壊をもたらした。ヒトラーが自身の作戦能力を徐々に失っていくプロセスを本書で読むのは楽しみでもおり、恐ろしくもある。また首脳陣が軍事的・経済的な現実を知覚する能力を日増しに失っていく様子も適切に描かれている。ドイツの戦争遂行の裏面を容赦なく暴き出したことはノーマン・オーラーの功績である。これはこれまでの全体像を変える本と言えよう。

訳者あとがき

本書は二〇一五年にドイツで出版されたノーマン・オーラー著 *Der totale Rausch - Drogen im Dritten Reich*（『全面的な陶酔――第三帝国における薬物』）の全訳である。底本としては二〇一七年刊のペーパーバック版を用いた。これは加筆修正が施された最新版である。

ヒトラーおよび第三帝国と薬物。これまできわめて不十分な光しか当てられてこなかったテーマに作家オーラーが挑んだ本書は、彼の初めてのノンフィクションであるが、二〇一五年の刊行後ドイツではすぐに大きな反響を呼び、現在はすでに世界三〇カ国語に訳されている。各国の主要メディアから大きく取り上げられ、本書に基づくドキュメンタリー作品もすでに複数制作されている（例えばNHKBS1で放映された、BS世界のドキュメンタリー「ヒトラーは〝ジャンキー〟？」二〇一七年、フランスOUTSIDE FILMS制作）。

オーラーは、各地の公文書館に足を運んで粘り強く資料を漁るなど、五年の歳月を費やして、ヒトラーを筆頭にナチス幹部や軍部が薬物まみれとなっていた証拠を多数集めた。例えばフライブルクの軍事公文書館では、兵士へのドーピングを証明する軍医たちの報告をまとめたファイルが見つかる。一九三九年四月と五月にランケ教授によって軍事史上初の大がかりな薬物実験が行われ、その結果を受けて、同年九月一日からのポーランド侵攻の際にはペルビチンが大量に使用された。コブレンツの連邦公文書館には、ヒトラーの主治医テオドール・モレルの遺稿が眠っていた。日誌には、彼が主治医として「患者A」（アドルフ・ヒトラー）に処方した実にさまざまな薬物の名称と投与量が克明に記されていた。さらにアメリカ、ワシントンD・Cに飛んだオーラーは、そこの国立公文書記録管理局で、戦争直後のモレルに対する尋問記録を見つけ出す。

　それらの資料から明らかになったのは、ヒトラー政権が薬物をユダヤの「頽廃毒物」などと呼んで、大々的な薬物撲滅政策を展開し、ヒトラー個人についても酒、煙草、薬物を一切受け付けない健全なる指導者として偶像化しておきながら、裏ではポーランド侵攻やフランス侵攻（電撃戦）に参加した兵士たちに覚醒剤を大量に服《の》ませていた事実、そしてヒトラー自身も主治医からさまざまな薬物を投与され、多剤薬物依存となっていた事実である。

　前線近くに設けられた総統大本営で、影のようにつねにヒトラーの傍に立って温厚な笑みを浮かべるテオドール・モレル医師。演説や戦況会議などを控えて総統の体調が悪くなると、一本の薬物注射でたちまち問題を解決した、頼りがいのある主治医である。本書では、有名なヴォルフスシャンツェ（狼の砦）やヴェアヴォルフ（人狼）、アードラーホルスト（鷲の巣）、ベルリンの総統地下壕、さらには総統専用列車内での、患者Aとモレルとのやりとりが、豊富な資料によって活写される。わがままな患者の注文に献身的に対処する太り肉《じし》の主治医。彼の手にする注射器で、ビタミンやブドウ糖だけでなく、家畜の肝臓や脳下垂体、睾丸などから抽出されたホルモン剤や強力な鎮痛剤、覚醒剤など、合計八〇種類もの怪しげな薬液が、静脈注射または筋肉注射でヒトラーの身体に注入された。読者は時空を超えて、目の前で繰り広げられるこの二人のやりとりを実見しているような錯覚に陥る。

　そもそもヒトラーが政権に就く前のワイマール期においてドイツは、実は世界に冠たる薬物先進国だった。本書はその経緯をも詳細に描き出す。当時メルク社（Merck）、ベーリンガー社（Boehringer）、クノル社（Knoll）といった製薬会社が、コカインの世界市場の八〇パーセントを独占し、モルヒネとヘロインの製造販売についても世界のトップを走っていたのだ。それら依存性の高い薬物が当時は処方箋なしで入手でき、社会のあらゆる層に浸透していた。映画にも薬物が頻繁に登場し、人気女優は朝食代わりに薬物カクテルに白バラの花びらを浮かべて飲んだという。ベルリンの医師たちの四割がモルヒネ中毒だったという記録もある。いわばワイマール期ドイツの爛熟文化は薬物蔓延と密接に結びついていたのだ。

本書はナチス時代と薬物を包括的に論じた画期的な書物として大きな反響を呼んでいるが、歴史学者の反応は賛否両論である。本書に「あとがき」を寄せた歴史家のハンス・モムゼン（『ヴァイマール共和国史――民主主義の崩壊とナチスの台頭』二〇〇一年、関口宏道訳、水声社）は、事実に基づいてこれまであまり知られていなかった「第三帝国における薬物」というテーマに肉薄した驚嘆すべき労作であり、「これまでの全体像を変える」と結論付けている。ほかにヒトラーに関する記念碑的な大著で知られるイアン・カーショー、第二次世界大戦に関する多数の著作のある歴史家アントニー・ビーヴァー、イギリスBBCテレビの歴史番組のプレゼンターを務める歴史家ダン・スノウといった大御所たちも、本書への賛辞を惜しまない。

その一方、オーラーの本が歴史書にあるまじき豊かな想像力を発揮しすぎていて、知識の少ない読み手には歴史的事実と著者の主観との境目がわかりにくいと非難する歴史家もいる。ナチス時代のさまざまな出来事を薬物にこじつけ過ぎている、あるいは、ヒトラーを薬物依存だったとすることで、彼が犯した恐るべき犯罪を免罪することにつながるのではないか、などという批判や懸念を表明する者もいる。オーラーもその点は承知の上で本書を世に問うているわけだが、そうした問題にも顧慮した上で、本作の意味と意義を判断することは、読み手一人一人に委ねられていると言えよう。

■本書に登場する主な医師について

モレル医師

テオドール・モレル（Theodor Gilbert Morell、一八八六年〜一九四八年）。ベルリンの一等地に医院を構え、当時は画期的な医療であったビタミン注射で、主に上層階級の顧客を独占。ヒトラーの主治医に抜擢されて彼の人生は急変する。患者Aの求めに応じた、その場しのぎとも言える応急措置で信頼され、鎮痛剤、ステロイド剤を始め、当時はその危険性が軽視されていた依存性の強いペルビチンやオイコダールなども頻用した。主治医としての権勢をほしいままにし、薬物の製造販売などにも手を出す。終戦間際にヒトラーから解雇され、戦後はアメリカ軍による長期の監禁、尋問を受け、解放後まもなく死去。

ギージング医師

エルヴィン・ギージング（Erwin Giesing、一九〇七年～一九七七年）。耳鼻咽喉科の地方医師。一九四四年七月二〇日のシュタウフェンベルク大佐らによるヒトラー暗殺未遂事件で両耳の鼓膜を損傷したヒトラーの治療のため、総統大本営に頻繁に往診し、ヒトラーの侍医を務めた。治療にコカインを使用。

■主な薬物について

ペルビチン（Pervitin）

メタンフェタミン塩酸塩を成分とする覚醒剤。テムラー社の化学者ハウシルトが一九三八年に開発。発売後まもなく爆発的な人気薬となる。当時は一種の万能薬として家庭に常備されており、家事負担を軽減し、気分を高揚させ、ダイエットにも有効な薬として主婦たちに服《の》まれ、むずかる幼児にまで使用された。また一九三九年四月と五月にベルリンの軍医科大学校のランケ教授が学生たちを使って行った薬物実験で、ペルビチンには眠気を払い、集中力を持続させる効果があることが確認され、同年九月一日からのポーランド侵攻の際には軍用医薬品として大量に使用された。ヒトラーもモレルから定期的に処方されていた。そもそもメタンフェタミンは日本の薬学者、長井長義が一八九三年に初めてエフェドリンから合成して作り出した薬物であり、その結晶化に成功（一九一九年）したのも日本人の緒方章であった。

コカイン（Cocaine）

コカノキの葉から抽出されるアルカロイドで、粘膜に対する麻酔効果がある。第三帝国以前からドイツではコカインが広く消費されていた。前述のようにヒトラーは、耳鼻咽喉科医師ギージングからコカインを処方されて以来、耳が完治した後もこの薬物をたびたび所望した。また、ザクセンハウゼン強制収容所の被収容者たちをモルモットにして、軍靴の合成ゴム製ソールの耐久度試験が実施されたときにも、コカインがペルビチンとともに使用された。これを投与された者たちは、製靴業者から届けられた新品の靴を履かされ、専用の走行路を何十時間も延々と行進させられたという。

オイコダール（Eukodal）

アヘンに含まれる物質から合成されたオキシコドンを成分とする鎮痛・鎮咳薬。メルク社から一九一七年に発売され、一九二〇年代に人気となった薬である。薬物の女王であり夢の新薬とされた。ヒトラーは主治医モレルから、この薬物を中毒患者のようなペースで静脈注射されていた。

DIX

コカイン、ペルビチン、オイコダールの配合比を少しずつ変えて、最強の薬物DIXが開発された。戦争末期に小型潜航艇による敵艦への「針のひと刺し」攻撃（日本の特攻潜水艇「回天」のような自爆攻撃ではなく、操縦者の帰還を想定していた）が計画され、急遽募集された青年兵たちにこの薬物を服用させて実証試験が行われたが、出航した兵士たちの三分の二が帰還しなかった。彼らは今もイギリス海峡の底で鋼鉄製の棺のなかに眠っている。

■著者について

ノーマン・オーラーは一九七〇年、フランス国境に近いツヴァイブリュッケン生まれ。ジャーナリストとしての教育を受けたのち、『ディー・ツァイト』や『シュピーゲル』、『シュテルン』などに記事を発表。その後ニューヨークに移り住み、一九九五年に世界初のオンライン小説とされるミステリ『クォータマシーン』（*Die Quotenmaschine*）を書く。ベルリンに拠点を移してから書いた、都市再開発をめぐるホラー小説『ミッテ』（*Mitte*、二〇〇一年）、南アフリカのヨハネスブルグを舞台とする冒険活劇『黄金の街』（*Stadt des Goldes*、二〇〇二年）と合わせた「都市三部作」で知られる。

オーラーは二〇〇六年の秋以降、ドイツのゲーテ・インスティトゥートの依頼で、イスラエルのパレスチナ地区ラマラーほかにタウンライターとして住み、人々の暮らしをリポートした。パレスチナ解放機構の故アラファト議長に、最後にインタビューしたヨーロッパ人記者としても知られる。

映画界との交流もあり、カンヌ映画祭でプレミア上映されたヴィム・ヴェンダース監督作品『パレルモ・シューティング』(二〇〇八年)にシナリオライターとして参加している。

全体主義的な国家や組織が、構成員の健康や意志、尊厳を踏みにじって自らの目的のために薬物を使用する例は、ドイツ第三帝国のペルビチンやオイコダールに限らない。同時代の英米で多用されたアンフェタミン製剤のベンゼドリン、大日本帝国のヒロポン(Philopon、ギリシャ語の「労働を愛する」より)、最近ではオウム真理教で信者のマインドコントロールに使われたLSD(リゼルグ酸ジエチルアミド)など、枚挙に暇《いとま》がない。現在も世界各地で、兵士の能力を向上させる薬物の研究開発が進められており、戦争と薬物は決して過去の問題ではない。

本書冒頭の「序文に代えて」でオーラーは、本書自体を薬に見立てて、使用説明書の体裁を採っている。ただしオーラーの本作は人を破滅へと導く危険ドラッグなどではない。過去に新たな光を投げかけ、過去を忘失から救うことに貢献する稀有な〝覚醒剤〟なのだ。

ヘルムート・オルトナー『ヒトラーの裁判官フライスラー』(二〇一七年、白水社)に続き、今回も白水社の編集担当の藤波健氏に辛抱強い支援と指摘を頂いた。著者オーラー氏からはいくつかの疑問点に親切な回答を頂いた。この場をお借りして感謝申し上げる。

最後にオーラー氏が、メタンフェタミンの開発者の国、日本で自著が翻訳出版されることを、ことのほか楽しみにしておられたことを付記して、「訳者あとがき」としたい。

二〇一八年八月

須藤正美

訳者略歴
須藤正美（すとう・まさみ）
一九五六年生まれ。東京都立大学人文学部博士課程単位取得満期退学。ドイツ文学、特にカフカをはじめとするユダヤ系文学者の作品、ドイツ人とユダヤ人の関係史などを研究。早稲田大学（二〇一〇年まで）、中央大学、明治大学、慶應大学（現在に至る）などで講師を務める傍ら、文芸・実務翻訳に従事。主な訳書に『カフカのプラハ』（水声社）、『名作オペラシリーズ「トリスタンとイゾルデ」』（音楽之友社）、『ヒトラーの裁判官フライスラー』（白水社）他がある。

ヒトラーとドラッグ
第三帝国における薬物依存

二〇一八年九月一五日 印刷
二〇一八年一〇月五日 発行

著者 ノーマン・オーラー
訳者 © 須藤正美
装丁者 日下充典
発行者 及川直志
印刷所 株式会社理想社
発行所 株式会社白水社
東京都千代田区神田小川町三の二四
電話 営業部〇三（三二九一）七八一一
編集部〇三（三二九一）七八二一
振替 〇〇一九〇-五-三三二二八
郵便番号 一〇一-〇〇五二
www.hakusuisha.co.jp
乱丁・落丁本は、送料小社負担にてお取り替えいたします。

株式会社松岳社

ISBN978-4-560-09651-2
Printed in Japan

人名・事項索引

(「アドルフ・ヒトラー」は割愛した)

英数字

BBC　131
DAF（ドイツ労働前線）　122
D IX　255, 258, 260–261, 279
IGファルベン　25, 47, 186, 265
N-メチルアンフェタミン　48
SA（突撃隊）　30–31, 46
SS（親衛隊）　122, 154
T.S.A.（部隊用医療備品）　77

ア行

アードラースホーフ駅　16
アードラーホルスト（鷲の巣）　278, 281
アイアンサイド、エドムンド　105, 108
アイゼンハワー、ドワイト・D.　279
アウシュヴィッツ　161, 274–275
アシカ作戦　123, 126
アシドール・ペプシン　155
アスピリン　23
アセチルサリチル酸　23
アセトン　176
アデナウアー、コンラート　274
アドミラルパラスト　41
アドレナリン　48, 155, 205
アトロピン　224, 227
アフリカ部隊　67
アヘン　21, 25, 51, 110, 127, 151, 181, 186, 191, 243
アヘン剤　186, 197
アヘンチンキ　21
アルカロイド　21–22, 73, 151, 224, 275–276, 289
アルデンヌ大攻勢　215, 242, 278–279, 281
アルバース、ハンス　40
アンフェタミン　48, 74, 124
安楽死　34
インゲルハイム　48
インテラン　155
ヴァーグナー、リヒャルト　206, 249
ヴァルトマン、アントン　86, 88, 117
ヴァルリモント、ヴァルター　207
ヴァンゼー会議　161
ウーデット、エルンスト　127–131
ヴェアヴォルフ（人狼）　162–164, 170, 178
ヴェーバー、ブルーノ　274–275
ヴェーバー、リヒャルト　179, 201, 227
ヴェッカミン　73, 124
ヴォッヘンシャウ（週刊ニュース映像）　109
ヴォルフスシャンツェ（狼の砦）　121, 147–149, 153, 157, 162, 178, 188, 190, 205, 208–210, 213–214, 225, 232–233, 237, 239, 242, 254
ウルトラセプチル　155
英国海軍　111
英国空軍　111, 123–126, 162, 178,

281
衛生学・細菌学実験施設　274
衛生備品担当官　224
衛生保健委員会総長　250
エーベルレ、ヘンリク　141
エスデサン　155
エバン・エマール要塞　94
エフェドリン　48, 250
エリコの角笛　98
エルザー、ゲオルク　81, 275
エンゲル薬局　22, 121, 167–168, 186, 195, 230
塩酸ガス　250
エンツィノーム　155
エンテロファゴス　155
エンドルフィン　284
オイコダール　35, 155, 181–183, 185–188, 190, 196, 203, 208, 216–219, 225–226, 229, 231–232, 235, 239–241, 243–244, 255, 258, 277–278, 280–281, 284–285, 293
オイバシン　155
オイパベリン　155, 219, 229, 239–240, 278
オイフラート　155, 202
大島　浩　200
オキシコドン　181
オピオイド　151, 181, 196, 217–218, 244, 293
オブスチノール　155
オプタリドン　155, 208
オムナジン　155, 289
オルチクリン　152, 155, 194
オルツェホフスキー、ゲルハルト　256–258, 260–261

カ行

カーショー、イアン　141
カールスバート炭酸塩　155
海軍総司令官　254, 292
カイテル、ヴィルヘルム　113, 151, 164, 207
覚醒剤指令　89–90
カサブランカ　186
褐色館　41
カナリス、ヴィルヘルム　192
カネッティ、エリアス　275
カファスピン　155
カフェイン　23, 54, 69–70, 262, 279, 290
ガムラン、モーリス　104
カルシウム・サンドス　155
カルツァン　155
カルディアゾール　155, 169
カルディアゾール・エフェドリン　155
カルテンブルンナー、エルンスト　227
ガレストール　155
カロメル　155
患者A　9, 44, 151–152, 154, 161, 169, 178–183, 186, 189, 191, 193, 197–198, 202, 205–207, 209, 211, 213–215, 217–218, 221, 224, 228–229, 232–233, 239, 279, 283, 286–287, 289, 292–293
カンタン　155
カンフル　202
ギージング、エルヴィン　210–216, 224–225, 227–228

キールマンゼク、ヨハン・アドルフ・グラーフ・フォン　96
キッシンガー錠　155
キネウリン　155
キュストリン　282
強制収容所（KZ）　33, 263–265, 268–270, 273–276
空軍指揮幕僚監部　117
グデーリアン、ハインツ　81, 94–96, 100–103, 109, 111–113, 115, 117–118, 157, 235
クノル社　25
クライスト、パウル・ルートヴィヒ・エーヴァルト・フォン　88, 91, 95, 101, 118, 197
グラス、ギュンター　31
グリコノーム　155, 194, 208, 237
クリスタル・メス　11, 16, 20, 57, 249, 267
グレーファーツ　113, 149, 153, 163, 292
クルップ、アルフリート　200
クレッチュマー、オットー　114, 118
グロイル、エミール　259
クロロホルム　27, 250
クワドロ・ノックス　155
軍医科大学校（MA）　67, 73–74, 88, 91, 120, 131, 159, 251, 270, 279, 282
ゲーテ、ヨハン・ヴォルフガング・フォン　20–21, 29, 189, 217–218
ケーニヒスベルク大学　56
ゲーブル、クラーク　203
ゲーリング、ヘルマン　47, 109–111, 123, 126–130, 135, 169, 185, 291–293
ケシ　21, 151, 186, 218
ゲシュタポ　142, 145, 227, 274, 294
ケスター消泡剤　155, 224
ゲッベルス、マクダ　292
ゲッベルス、ヨーゼフ（啓蒙宣伝大臣）　44, 46, 108, 146, 156, 161, 178–179, 188, 204–205, 280, 285, 292
現代史研究所　142
航空医学研究所　68
コカイン塩酸塩　192, 261, 268
コカイン協約　25
コカイン（コークス）　22–23, 25–29, 37, 47, 51, 128, 155, 185, 191–192, 210, 212–217, 231, 242, 255, 258–259, 261–262, 266–268, 270, 272–273, 281
コカコーラ　22–23, 50
国際アヘン協定　25
国防軍最高司令部　80, 113
国立公文書記録管理局（ワシントンD.C.）　142–143
コスメール、エルヴィン　37
国家元帥　110–111, 123, 126–127, 200
国家社会主義公共福祉　34
国家社会主義ドイツ医師連盟　86
国家保安本部　143, 212, 227, 294
コッホ、エーリヒ　172–173, 188
コデイン　155, 258
コモ湖　195
コラミン　155
『コリエーレ・デッラ・セーラ』　131

コルチロン　155, 194
コレステロール　176
婚姻健康保護法　34
コンティ、レーオ　85–86, 131–133, 159–160, 177, 190

サ行

サヴェージ、チャールズ　276
ザクセンハウゼン　263–265, 269, 274
ザラマンダー社　264
サルトル、ジャン＝ポール　8
サンゴ・ストップ　155
ジアセチルモルヒネ　23
シェーン、ルドルフ　56
シェンク、エルンスト・ギュンター　279
ジギラニド・サンドス　155
シャウプ、ユリウス　41
シューロイファー特務部隊　264–266
シュタインカンプ、ペーター　100
シュタウフェンベルク、クラウス・シェンク・グラーフ・フォン　206, 240
『シュテルン』誌　140
シュトゥンプフェッガー、ルートヴィヒ　237, 289
シュトルークホルト、フベルトゥス　68
シュプリンガー、アクセル・C.　47
シュペーア、アルベルト　163–164, 166–167, 200, 228, 254
シュメーリング、マックス　40
シュラム、パーシー・エルンスト　146
シュルテシュタインベルク、オットハインツ　159
シュレック、ユリウス　42
消炎剤　155
小規模戦闘部隊（K部隊）　254, 256, 260–261, 272, 283, 294
親衛隊全国指導者　122, 200, 227, 254
神経伝達物質　49–50, 97
人種衛生　32, 34, 37, 133
シンパトール　155
スコフェダール　155
スコルツェニー、オットー　259, 263, 279
スターリン、ヨシフ　153, 157, 167, 172, 242, 282, 290
ステロイド　151, 154–155, 171, 176–177, 180, 231, 283
ストリキニーネ　224–227
ストロファンチン　155, 202
ストロファントーゼ　155, 289
スパスモプーリン　155
スプラレンチン　155
ゼアトゥルナー、フリードリヒ・ヴィルヘルム　21, 218
青酸カリ　292–293
西部戦線　68, 82–83, 157, 215, 278
製薬会社　152, 172–173, 250, 291
赤軍　150, 157, 173–174, 178, 180, 189, 196, 203, 205, 237, 242, 282, 292
セプトヨード　155
セロトニン　120, 284
総統大本営　94, 105, 121, 146–148,

160, 162, 164, 167–168, 170, 174, 177, 186–187, 194, 205, 210, 278
祖国館　27
ゾルメン、ゲオルク　47

タ行

大西洋岸　81, 101
『ダス・ライヒ』誌　280
ダッハウ　274–276
ダラディエ、エドゥアール　104–105
タルゲシン　155
チバチン　155
チャーチル、ウインストン　81, 103, 105
中央医局　101
ツァハリアエ、ゲオルク　193–195
ツックマイヤー、カール　130
帝国阿片法　15, 32, 133
帝国議会　33
帝国空軍大臣　123
帝国軍需省　135
帝国保健局　34, 85–86, 151, 191
帝国宰相　32, 45–46
帝国宰相官房　58
帝国写真報道官　41, 151, 199
帝国常習薬物撲滅センター　159–160
帝国内務省　283
帝国秘密情報部　237
帝国保健指導者　85–86, 131, 133, 159, 177
帝国麻薬犯罪撲滅本部　35
停止命令　108, 111–112
ティッセン、アウグスト　200
デーニッツ、カール　201, 254, 261, 263, 270, 292
テストステロン　41, 198
テストビロン　152, 208
テムラー社　48, 50–51, 57, 69, 78, 83, 89, 91–92, 114, 118, 151, 190, 250, 266,
テムラー製薬工場　16–18
テムラー、テオドール　16–17
電撃戦　61, 95, 100–102, 104–105, 112, 115–116, 160, 242, 249
テンピドルム座薬　155
テンペルホーフ化学工業　16
『ドイツ医師報』　132
ドイツ連邦公文書館軍事記録局　65
トゥサマーク　155
糖質コルチコイド　176
ドーパミン　49, 97, 120, 236, 284, 286
トノフォスファン　152, 154–155, 237
ドランチン　151, 155
トレブリンカ　161
トロンボ・ベトレン　155
ドンシェリー　100
トンシロパン　155

ナ行

ナチス戦争犯罪情報公開法　143
ナテイーナ　155
ナンセン、オッド　266
ニスレ、アルフレート　43, 183
ニトログリセリン　155
『ニューヨーク・タイムズ』　294
ニュルンベルク裁判　295

ニュルンベルク人種法　36
ネオ・ピコキアナーゼ　155
ノイマン、ハンス＝ヨアヒム　141, 236
ノルアドレナリン　49, 97

ハ行

バータ社　264
ハーハ、エミール　58
ハイエ、ヘルムート　254–256, 258–259, 261, 263, 268, 273–274, 283, 294
バイエリッシュ・グマイン　291
バイエル社　23, 48
ハイコルン、アドルフ　171
ハイコルン、ヘトヴィヒ　171
ハウシルト、フリッツ　20, 48–49, 54, 69
バウマイスター、ヴィルヘルム　119
パウルス、フリードリヒ　169
ハクスリー、オルダス　275
バグラチオン作戦　203
ハッセルバッハ、ハンスカール・フォン　220, 228, 240
バトル・オブ・ブリテン　123, 126
パパベリン　218
ハフナー、ゼバスツィアン　166, 288, 298
ハフナー、フェーリクス　52
ハルダー、フランツ　80–81, 96, 105, 160, 164
ハルトヴィヒ、ユルゲン　56
ハルトマン、フォルカー　251–253
バルバロッサ作戦　148, 156, 161
バルビツール酸塩　241, 274
ハルミン　155, 289
バロウズ、ウイリアム　185
ハントローザー、ジークフリート　132
ハンマ社　155, 170, 194, 202
ハンマ社製乾燥大腸菌製剤　155
ハンマ社製肝臓薬　155, 176
ハンマ社製ペニシリン　155
ハンマビート　155
ビーチャー、ヘンリー・K.　276
ビスモゲノール　155
ビタムルチン　120–122, 151, 154–155, 170, 175, 197, 200, 202, 208, 237, 279, 289
ヒプケ、エーリヒ　122–123
ひまし油　155
ヒムラー、ハインリヒ　122, 200, 221, 225–226, 228, 254, 260, 279, 295
ビュルガーブロイケラー　81, 252
ヒュルプファー、アルネ　113
ピュレン、C.　56
ビリルビン　226
ヒルデブラント・プラリネ　54
ピレノール　155
ヒロポン　49
ファルマツィア社　186
フィルヒョー、ルドルフ・ルートヴィヒ・カール　67
フェスト、ヨアヒム　140, 166
フェルゼンネスト（岩山の巣）　94, 105, 108–109, 112, 148–149
フェルトヘルンハレ（将軍廟）　109, 253

フォンク、ルネ　128
フライブルク大学　277
ブラウヒッチュ、ヴァルター・フォン　81, 88–89, 112, 160
ブラウン、ヴェルンヘル・フォン　68
ブラウン、エーファ　42, 193, 196, 198–200, 293
ブラウン、ポール　143
フランス侵攻　167
ブラント、カール　107, 191, 213, 220, 225–226, 228, 287
「ブレイキング・バッド」　16, 20
プレートナー、クルト　274–277
ブレンシャイト、エルンスト　264–265
プロギノン　155, 194
プロスタクリン　155
プロストファンタ　155, 202
ブロック、マルク　99
ブロバロトン・バート　155
プロフンドール　155
ブロム・ネルバチート　155, 208
フンク、ヴァルター　201
ベウジェッツ　161
ベータビオン　155, 289
ベーメン・メーレン保護領　58
ベーリンガー社　25, 48
ベーリング、エミール・フォン　67
ヘキスト社　152, 186
ベグベデ、フレデリック　96
ベネルヴァ・フォルテ　155, 289
ベラドンナ・エキス　41
ベラドンナ・オブスチノール　155
ベルクホーフ　183, 196, 198, 201–202, 205, 293
ベルサイユ条約　24–25, 57
ベルバー、アニータ　27
ベル、ハインリヒ　62–63, 65, 91
ペルバルサム　155
ペルビチン　15–17, 48–54, 56–57, 59, 63–65, 69–70, 72–74, 77–78, 82–86, 88–89, 97, 101, 110, 112–115, 117–119, 124–126, 128–129, 131–135, 150–151, 155, 158–159, 190, 249–251, 255–256, 258, 261–262, 266, 270, 275, 279–280
ヘルムホルツ、ヘルマン・フォン　67
『ベルリーナー・ロカール・アンツァイガー』　118
ベルリン医師会　33
ベルリンオリンピック（1936年）　48, 263
ベルリン帝国特許庁　48
ヘロイン　23, 25–26, 29, 181, 191–192, 217, 299
ベロウ、ニコラウス・フォン　216
ベン、ゴットフリート　73, 85, 210
ベンゼドリン　48, 70, 131
ベンドラー官庁街　88
ペンバートン、ジョン・スティス　23
ベンヤミン、ヴァルター　243
ホイジンガー、アドルフ　206
ホイットマン、ウォルト　254
ホート、ヘルマン　103
ポーランド侵攻　74–75, 79–80, 249
ホッペ、マリアンネ　40
ホフブロイハウス　31

ホフマン、ハインリヒ　41–42, 94, 108, 151, 199
ホフマン、フェーリクス　23
ホモセラン　152, 155, 229, 277
ポラミドン　186
ボルマン、マルティン　175–176, 190, 203, 220, 222–224, 228
ホワイト、ウォルター　20
ホンブルク 680　155

マ行

マイダネク　161
マジノ線　96, 117
マテス＆サン社　50
麻薬取締法　186
麻薬撲滅　10, 32, 34, 38–39, 47, 85, 133, 299
麻薬撲滅のための作業部会　34
マリアーニワイン　22
マン、クラウス　26, 181
マン、ゴーロ　57, 79
マンシュタイン、エーリヒ・フォン　81–82, 87, 112, 164, 196–197
マンタイ、ハインツ　270–271
マントイフェル、ハッソ・フォン　278
マン、トーマス　57, 181
ミチラックス　155
ミュンヘン大学　74
ムタフロール　43, 155, 183, 241
ムッソリーニ、ベニート　154, 181–184, 192–195, 200, 207, 209, 260
ムリ、クルト　175
メスカリン　274–276
メタドン　186
メタンフェタミン　11, 13, 15, 17, 20, 48–49, 51–52, 54–55, 59, 61, 63, 65–66, 74–76, 78, 84–85, 93, 96, 98, 100, 103–104, 114–115, 119–120, 124, 129, 184, 190, 250, 258, 261, 279, 292
メチルアルコール　176, 179
メルク社　22, 25, 44, 48, 181, 192, 212, 281
メルク、エマヌエル　22
メンデル、アルベルト　16
モーア、リヒャルト　258
モダフィニール　252
モルヒネ塩酸塩　192
モルヒネ、モルヒウム　21–23, 25, 27–29, 35, 37, 47, 57, 110–111, 123, 131, 151, 181, 185–186, 200, 218, 221, 243, 250, 258, 274, 284, 290–291
モレル、テオドール　9, 39–47, 58, 94, 107–109, 120–123, 139–145, 148–156, 161–163, 165–167, 169–177, 179–182, 184–190, 193–196, 198, 200–205, 207, 209, 211–212, 218–222, 225–230, 232–233, 235–243, 277–286, 288–291, 294–295, 297
モレル、ハニ　40, 43, 45, 196
モントゴメリー、バーナード　167

ヤ行

ヤトレン　155
ヤング、ニール　282
ユルゲンス、クルト　130
ユンゲ、トラウドゥル　185
ヨウ素・ヨウ化カリウム・グリセリ

ン　155
ヨースト、エルンスト　186
ヨードル、アルフレート　94, 105, 151, 165

ラ行

ライザー社　264
ライプツィヒ外来患者診療所　56
ランケ、オットー・F.　66–69, 72–75, 78, 82–84, 88–89, 113–115, 117–120, 122, 124, 131–132, 251, 270, 282
リーフェンシュタール、レニ　128, 199
陸軍衛生部　75, 250
陸軍軍医総監　86, 88, 117, 131–132
リタリン　74
リッベントロープ、ウルリヒ・フリードリヒ・ヴィリー・ヨアヒム・フォン　200, 221–222
リヒェルト、ハンス=ヨアヒム　261, 263, 266–268
リンゲ、ハインツ　150, 180, 190, 207, 209, 212–213, 225
リン酸塩　202
『臨床医療週報』　54, 69
ルイチーム　155
ルゴール液　155
ルスラ　170
ルミナール　155, 241
ルントシュテット、ゲルト・フォン　250
レーマン、ギュンター　267–268
レルツァー、ブルーノ　127
レギーナ・パラスト・ホテル　41
レノー、ポール　103
レラクソール　155
連合国軍　101, 106, 109–110, 112, 180, 192, 244, 249, 260–261, 270, 277, 279–280, 293
レンプ、ヘルマン　243
連邦公文書館（コブレンツ）　142
レンメル、ゲルハルト　56
ローゼンベルク、アルフレート　171
ロンメル，エルヴィン　87, 102–104, 115, 117, 119, 167, 178, 186

ワ行

ワイマール共和国　25–26, 30–33, 181

註

（1）Werner Pieperの卓越したアンソロジー，»Nazis on Speed: Drogen im 3. Reich«（ヴェルナー・ピーパー『ナチス・オン・スピード：第三帝国における薬物』），Birkenau-Löhrbachは例外である．

（2）Jens, Walter, »Statt einer Literaturgeschichte«（ヴァルター・イェンス『文学史に代えて』），München 2001, p. 11.

（3）メタンフェタミンをベースとする処方箋義務の課される薬物は今でもある．例えば米国（ADHS薬としてのデソキシン）．それにもかかわらずメタンフェタミンは総じて全世界で麻薬法によって細かく規制されており，たいていは「処方可能」ではないが，ただ「流通可能」である．というのも，それは医薬品製造の出発物質として役立つからである．ヨーロッパにはメタンフェタミンベースの薬物は存在しない．ただしメチルフェニデートやデキストロアンフェタミンのような類似品がある．

（4）Dansauer, FriedrichおよびAdolf Rieth, »Über Morphinismus bei Kriegsbeschädigten«（フリードリヒ・ダンザウアー，アドルフ・リート『戦傷者におけるモルヒネ依存症について』），Berlin 1931.

（5）Fleischhacker, Wilhelm, »Fluch und Segen des Cocain«（ヴィルヘルム・フライシュハッカー「コカインの呪いと恵み」），所収：Österreichische Apotheker-Zeitung（『オーストリア薬剤師新聞』），Nr. 26, 2006.

（6）»Viel Spaß mit Heroin（ヘロインでお楽しみを）«を参照．『シュピーゲル』誌所収，26/2000，p. 184.

（7）引用元はPieper前掲書，p. 47.

（8）Ridder, Michael de, »Heroin. Vom Arzneimittel zur Droge «（ミヒャエル・デ・リッダー『ヘロイン，薬品から薬物へ』），Frankfurt, 2000, p. 128.

（9）参照：Pieper前掲書，p. 26およびこれとの関連でp. 205.

（10）ベルリン連邦公文書館R 1501，大麻とモルヒネの販売に関する文書の8巻，p. 502，1922年9月15日．

（11）引用元：Holzer, Tilmann, »Die Geburt der Drogenpolitik aus dem Geist der Rassenhygiene - Deutsche Drogenpolitik von 1933 bis 1972«（ティルマン・ホルツァー「人種衛生の精神からの薬物政策の誕生：1933年から1972年までのドイツの薬物政策」）ドクター論文，Mannheim 2006, p. 32.

（12）外務省AA/R 43309，ブライトフェルトによる注記（AA内の麻薬担当

局，1935 年 3 月 10 日）Holzer 前掲書，p. 32 より引用.

（13）高名なリベラル歴史家たちも戦争前史に関する公式文書の意図的な偽造に関与していた．Mommsen, Hans, »Aufstieg und Untergang der Republik von Weimar 1918–1933«（ハンス・モムゼン『ワイマール共和国の隆盛と没落 1918–1933』），Berlin 2000, p. 105 を参照.

（14）Mann, Klaus, »Der Wendepunkt«（クラウス・マン『転回点』），Reinbek 1984，引用元：Gordon, Mel, »Sündiges Berlin - Die zwanziger Jahre: Sex, Rausch, Untergang（メル・ゴードン『罪深きベルリン：二〇年代：セックスと酩酊と没落』）«, Wittlich 2011, p. 53.

（15）Pieper 前掲書，p. 175.

（16）Ostini, Fritz, »Neues Berliner Kommerslied（フリッツ・オスティーニ「新しいベルリンの学生歌」）«，別名 »Wir schnupfen und wir spritzen«（「私たちは吸入して注射する」），Jugend 誌 52/1919 より転載.

（17）Pohlisch, Kurt, »Die Verbreitung des chronischen Opiatmissbrauchs in Deutschland«（クルト・ポーリッシュ「ドイツにおける慢性的な麻薬乱用の広がり」），Monatsschrift für Psychiatrie und Neurologie（月刊精神医学・神経学），Bd. 79/1931，p. 193–202，補遺の表 II.

（18）そのようにナチ党は従来の意味の党綱領を採択したことがなく，この非合理な出発を隠しもしなかった．その諸構造は最後までカオスであった．Momsen 前掲書 p. 398 を参照.

（19）Grass, Günter, »Die Blechtrommel«（ギュンター・グラス『ブリキの太鼓』），Neuwied am Rhein & Berlin-West, 1959，p. 173.

（20）このコメントはゲオルク・シュトラッサーのものである．引用元：Wellershoff, Dieter, »Der Ernstfall - Innenansichten des Krieges«（ディーター・ヴェラースホフ『深刻な事態：戦争の内実』），Köln 2006，p. 57.

（21）Pieper 前掲書，p. 210.

（22）同，p. 364.

（23）ベルリン連邦公文書館 R 1501/126497, Bl. 214, 216, 220.

（24）「収容は収容目的によって必要とされる期間続く」．Holzer 前掲書，p. 191 より引用．参照：「安全確保および改善規定」帝国刑法典（RStGB）42b 条，42c 条：「薬物依存犯罪者の治療・介護・矯正施設への収容」も参照のこと．この規定は 1953 年 10 月 1 日まで有効であった.

（25）1935 年 12 月 13 日付帝国医師条例．以下も参照のこと：Pieper 前掲書，p. 171 および 214，ならびに Fraeb, Walter Martin, »Untergang der bürgerlich-rechtlichen Persönlichkeit im Rauschgiftmißbrauch«（ヴァルタ

ー・マルティン・フレープ『麻薬乱用における市民的・法的個人の没落』), Berlin 1937.

(26) Holzer 前掲書, p. 179.

(27) 同, p. 273.

(28) ベルリン連邦公文書館 R58/473, Bl. 22 (マイクロフィッシュ).

(29) 引用元：Pieper 前掲書, p. 380, 以下の引用も同様.

(30) 同, p. 186 および 491.

(31) Freienstein, Waldemar, »Die gesetzlichen Grundlagen der Rauschgiftbekämpfung« (ヴァルデマー・フライエンシュタイン「麻薬撲滅の法的基礎」), 所収：Der öffentliche Gesundheitsdienst (『公共保健業務』) (A 巻, 1936–37), p. 209–218, および Holzer 前掲書, p. 139 も参照.

(32) Gabriel, Ernst, »Rauschgiftfrage und Rassenhygiene« (エルンスト・ガーブリエル「麻薬問題と人種衛生」), 所収：Der öffentliche Gesundheitsdienst (『公共保健業務』) 分冊 B, 第 4 巻所収 (p. 245–253), Holzer 前掲書, p. 138 より引用. Pieper 前掲書, p. 213 および次ページを参照.

(33) Geiger, Ludwig, »Die Morphin- und Kokainwelle nach dem Ersten Weltkrieg in Deutschland und ihre Vergleichbarkeit mit der heutigen Drogenwelle« (ルートヴィヒ・ガイガー『第一次世界大戦後のドイツにおけるモルヒネとコカインの波及とその現在の薬物蔓延との比較可能性』), München 1975, p. 49, 以下も参照のこと：Scheer, Rainer, »Die nach Paragraph 42 RStGB verurteilten Menschen in Hadamar« (ライナー・シェーア『帝国刑法典第 42 条により有罪となったハダマー市の人々』); Roer, Dorothee & Henkel, Dieter: »Psychiatrie im Faschismus. Die Anstalt Hadamar 1933–1945« (ドロテー・レーア, ディーター・ヘンケル『ファシズム下の精神病院：ハダマー医院 1933–1945』), Bonn 1986 所収 (p. 237–255) の p. 247. 代表的なものとして歯科医師ヘルマン・ヴィルスティング博士の事例. 彼は 1940 年 4 月 15 日にザクセン州のヴァルトハイム医療介護施設の強制治療科に到着し, その翌日には早くも患者移送措置を通じて, ある殺害施設に送られた. 以下を参照：Holzer 前掲書, p. 262, ならびに Friedlander, Henry, »Der Weg zum NS-Genozid. Von der Euthanasie zur Endlösung« (ヘンリー・フリードランダー『ナチス民族虐殺への道：安楽死から最終解決へ』) Berlin 1997, p. 191.

(34) Klee, Ernst, »Das Personenlexikon zum Dritten Reich - Wer war was vor und nach 1945« (エルンスト・クレー『第三帝国人物事典：誰が何者だった

のか，一九四五年の前と後で』)，Frankfurt/M. 2003，p. 449.

（35）ベルリン連邦公文書館 NS 20/140/8,『ニーダーザクセン医師報』，Nr. 5, Jg. 1939, p. 79，80（ブルンス，エーリヒ）; Holzer 前掲書，p. 278 を参照.

（36）Binion, Rudolph, »... daß Ihr mich gefunden habt«（ルドルフ・ビニオン『... あなたたちが私を見つけたこと』)，Stuttgart 1978，p. 46 より引用.

（37）Reko, Viktor, »Magische Gifte: Rausch- und Betäubungsmittel der neuen Welt«（フィクトア・レーコ『魔術的な毒物：新世界の興奮剤と麻酔剤』)，Stuttgart 1938，著者レーコのファシスト的な序文がすでに多くを語っている（p.IX)：「厳選された 12 の章で一連の麻酔的な嗜好物が描き出される．これらは数年前のコカの葉のように低級人種の間から文化民族へと忍び入ろうとしているのだ」.

（38）Hecht, Günther, »Alkohol und Rassenpolitik«（ギュンター・ヘヒト「アルコールと人種政策」)，所収：Bericht der 2. Reichstagung Volksgesundheit und Genußgifte Hauptamt für Volksgesundheit der NSDAP und Reichsstelle gegen den Alkohol- und Tabakmißbrauch（『アルコールおよびタバコによる危険の撲滅』第 2 回国民保健・嗜好毒物帝国会議の報告書，NSDAP 国民保健中央本部およびアルコール・タバコ乱用対策局)，Berlin-Dahlem, 1939.

（39）Kosmehl, Erwin, »Der sicherheitspolizeiliche Einsatz bei der Bekämpfung der Betäubungsmittelsucht«（エルヴィン・コスメール「麻薬依存撲滅における保安警察の動員」)，所収：Feuerstein, Gerhart: »Suchtgiftbekämpfung. Ziele und Wege«（ゲルハルト・フォイアーシュタイン『麻薬撲滅：目標と方策』）Berlin 1944（p. 33−42）の p. 34.

（40）Pohlisch 前掲書，p. 72.

（41）Hiemer, Ernst, »Der Giftpilz. Ein Stürmerbuch für Jung und Alt«（エルンスト・ヒーマー『毒キノコ：子供と大人のためのシュテュルマー叢書』)，Nürnberg 1938.

（42）Pieper 前掲書，p. 364 より引用．次の引用も同様.

（43）医師の 45 パーセント，つまりかなり多くの者がナチ党員だった. Lifton, Robert Jay, »Ärzte im Dritten Reich«（ロバート・ジェイ・リフトン『第三帝国の医師たち』）Stuttgart 1938，p. 37 を参照.

（44）この薬剤は今でも市場に出回っており「効果抜群の自然有効成分エシェリヒアコリ菌株ニスレ 1917」という宣伝文句で，慢性の炎症性腸疾患の治療に用いられている．ムタフロールは処方箋が必要な薬で，疾病金

庫から給付が受けられる.

(45) ゲッベルス, ヨーゼフ, 所収：Das Reich - Deutsche Wochenzeitung (『ダス・ライヒ－ドイツ週刊新聞』), 1944年12月31日付の論説, p. 1, 2.

(46) Giesing, Erwin, »Bericht über meine Behandlung bei Hitler« (エルヴィン・ギージング『私のヒトラー治療報告』) Wiesbaden, 1945年6月12日, 所収：»Hitler as seen by his Doctors« (「医師たちの診たヒトラー」), Headquarters United States Forces European Theater Military Intelligence Service Center (米軍ヨーロッパ戦域司令部軍事情報サービスセンター)：OI - Consolidated Interrogation Report (CIR総合尋問報告書)：OI - (CIR), National Archives at College Park, MD.

(47) 「1914年と同様, 今日もドイツの政治経済状況は世界から包囲された要塞のように見える. 敵対の開始時点での断固たる手段による迅速な軍事決定が切に求められる」. 司令官カール・クラウホはそう綱領的に表明し, 電撃戦のコンセプトを先取りした. 引用元：Frieser, Karl-Heinz, »Die Blitzkrieg-Legende - der Westfeldzug 1940« (カール=ハインツ・フリーザー『電撃戦伝説：フランス侵攻1940』) München 2012, p. 11.

(48) 大手化学業界の不用産物であるプロピオフェノンは臭化され, メチルアミンによる処理の後, さらに還元されてエフェドリンとなり, これをヨウ化水素と硫黄で還元することで, メタンフェタミンが得られる. Kaufmann, Hans P., »Arzneimittel-Synthese« (ハンス・P. カウフマン『医薬品の合成』), Heidelberg, 1953, p. 193を参照.

(49) 帝国特許庁1938：特許番号767.186, クラス12 q, グループ3, 表題「アミンの製造方法」. 1錠当たり有効成分3ミリグラムを含有.

(50) ベルリン州立公文書館, A Rep. 250–02–09/No. 218, 広告印刷物, 日付なし. Holzer前掲書, p. 225も参照のこと.

(51) Pieper前掲書, p. 118および次ページより引用. つまり一日あたり6ミリグラムのメタンフェタミンが配布されたことになる. 身体がすぐに慣れてしまい, 服用の数日後には初回のような顕著な効果が得られなくなる量である. こうした耐性の形成がいわゆるクレービング, つまり好ましい効果を得るためにますます多くを渇望することにつながる. そこでは消費行動がコントロールできなくなり, 適切な間隔を空けずに続けて服用されると, ついには依存症となる.

(52) Püllen, C., »Bedeutung des Pervitins (1-Phenyl-2-methylamino-propan) für die Chirurgie« (C. ピュレン「外科学にとってのペルビチン (1–フェニル–2–メチルアミノ - プロパン) の意義」), 所収：Chirurg (『外科医』),

Bd. 11, H. 13, 1939（p. 485–492）の p. 490 および 492; Pieper 前掲書, p. 119 も参照のこと.

（53）Haffner, F., »Zur Pharmakologie und Praxis der Stimulantien«（F. ハフナー「興奮剤の薬理学と実践」），所収：Klinische Wochenschrift（『臨床週報』），Bd. 17, H. 38, 1938, p. 1311 および Pieper 前掲書, p. 119 も参照のこと.

（54）Snelders, Stephen & Toine Pieters, »Speed in the Third Reich: Methamphetamine（Pervitin）Use and a Drug History from Below«（スティーブン・スネルダース, トワン・ピータース「第三帝国におけるスピード：メタンフェタミン（ペルビチン）の使用と下から見た薬物史」），所収：Social History of Medicine Advance Access, 2011.

（55）この職種では今でもメタンフェタミンがきわめて人気である. 以下も参照のこと：Müller-Bonn, Hermann, »Pervitin, ein neues Analepticum«（ヘルマン・ミュラー＝ボン「ペルビチン, 新しい回復薬」），所収：Medizinische Welt（『医学世界』），H. 39, 1939, p. 1315–1317; Holzer 前掲書, p. 230 および Pieper 前掲書, p. 115 より引用.

（56）以下を参照：Seifert, W., »Wirkungen des 1-Phenyl-2-methylamino-propan（Pervitin）am Menschen«（W. ザイフェルト「ヒトへの 1–フェニル–2–メチルアミノ–プロパン（ペルビチン）の効用」），所収：Deutsche Medizinische Wochenschrift（『ドイツ医学週報』），Bd. 65, H. 23, 1939, p. 914 および 915.

（57）Neumann, Erich, »Bemerkungen über Pervitin«（エーリヒ・ノイマン「ペルビチンに関する注釈」），所収：Münchener Medizinische Wochenschrift（『ミュンヘン医学週報』）H. 33, 1939, p. 1266.

（58）Eichholtz, Fritz, »Die zentralen Stimulantien der Adrenalin-Ephedrin Gruppe«（フリッツ・アイヒホルツ「アドレナリン–エフェドリン属の主な興奮剤」），所収：»Über Stimulantien（興奮剤について）«, Deutsche Medizinische Wochenschrift（『ドイツ医学週報』）1941, p. 1355–1358；以下も参照のこと：Reichsgesundheitsblatt（『帝国保健情報誌』）15, 296（1940）. 帝国保健局の指導により過度の薬物を含有するプラリネの生産は中止された. ヒルデブラント社はカフェイン入り「ショカコーラ」を市場投入し, これは今でも販売されている.

（59）Hauschild, Fritz, »Über eine wirksame Substanz«（フリッツ・ハウシルト「ある有効成分について」），所収：Klinische Wochenschrift（『臨床医療週報』），Bd. 17, H. 48, 1938, p. 1257, 1258.

(60) Schoen, Rudolf, »Pharmakologie und spezielle Therapie des Kreislaufkollapses«（ルドルフ・シェーン「循環虚脱の薬理学と特殊療法」），所収　: Verhandlungen der Deutschen Gesellschaft für Kreislaufforschung（『ドイツ循環器研究協会紀要』）（p. 80–112）1938, p. 98; Holzer 前掲書，p. 219 より引用.

(61) 以下を参照のこと：Graf, Otto, »Über den Einffuss von Pervitin auf einige psychische und psychomotorische Funktionen«（オットー・グラーフ「ペルビチンが精神上および精神運動上の諸機能に及ぼす影響について」），所収：Arbeitsphysiologie（『労働生理学』），Bd. 10, H. 6, 1939（p. 692–705）の p. 695.

(62) Lemmel, Gerhard & Jürgen Hartwig, »Untersuchungen über die Wirkung von Pervitin und Benzedrin: auf psychischem Gebiet«（ゲルハルト・レンメル，ユルゲン・ハルトヴィヒ「ペルビチンとベンゼドリンが心的領域に与える作用に関する研究」），所収：Deutsches Archiv für Klinische Medizin（『臨床医学ドイツ・アーカイブ』），Bd. 185, H. 5 および 6, 1940，p. 626.

(63) Püllen C., »Erfahrungen mit Pervitin«（C. ピュレン「ペルビチンに関する知見」），所収：Münchener Medizinische Wochenschrift（『ミュンヘン医学週報』），Bd. 86, H. 26, 1939，p. 1001–1004.

(64) Haffner, Sebastian, »Anmerkungen zu Hitler«（ゼバスツィアン・ハフナー『ヒトラーに関する覚書』）München 1978，p. 31.

(65) Mann, Golo, »Deutsche Geschichte des 19. und 20. Jahrhunderts«（ゴーロ・マン『19 世紀と 20 世紀のドイツ史』）Stuttgart/Mannheim 1958，p. 177

(66) Böll, Heinrich, »Briefe aus dem Krieg 1939–45«（ハインリヒ・ベル『戦地からの書簡 1939–45』）Köln 2001p. 15.

(67) 同，p. 16.

(68) 同，p. 30.

(69) 同，p. 26.

(70) 同，p. 81.

(71) 同，p. 22.

(72) Wenzig, K., »Allgemeine Hygiene des Dienstes«（K. ヴェンツィヒ『職務の一般衛生』）Berlin-Heidelberg 1936，p. 288–307.

(73) Ranke, Otto, »Ärztliche Fragen der technischen Entwicklung«（オットー・ランケ「技術発展の医学的諸問題」），所収：Veröff. a. d. Geb. d. Heeres-Sanitätswesens（『陸軍医療部門刊行物』）109（1939）p. 15，参照：フライブルク連邦公文書館 RH 12–23/1882，1939 年 2 月 19 日付の MA 設立

式典でのランケ演説 »Leistungssteigerung durch ärztliche Maßnahmen«（医療措置によるパフォーマンス向上）p. 7 および p. 8：「陸空の長距離の移動など，負担は少ないが長時間かかる活動の際に特に重要となるのがペルビチンです．従来は途中での睡眠休憩こそが危険な敵でした」．

（74）フライブルク連邦公文書館 RH 12-23/1882，陸軍医療査察担当への 1938 年 10 月 4 日付のランケ報告書．

（75）フライブルク連邦公文書館 RH 12-23/1882，1940 年 2 月の覚醒剤についてのランケ講演は行われなかった（p. 6），ならびにパフォーマンス向上薬についての C 教導隊に対する 1939 年 5 月 4 日付ランケ報告書．

（76）さらに 1938 年にドイツ部隊がズデーテン地方に侵攻した際に，ペルビチン実戦投入に関する最初の肯定的な知見が得られた．参照：フライブルク連邦公文書館 RH 12-23/1882,「ユニット N.A.39 でのペルビチン投入に関する報告書」．

（77）フライブルク連邦公文書館 RH 12-23/1882, 1939 年 2 月 19 日付の MA 設立式典でのランケ演説 »Leistungssteigerung durch ärztliche Maßnahmen«（医療措置によるパフォーマンス向上），p. 7.

（78）Benn, Gottfried, »Provoziertes Leben: ein Essay«（ゴットフリート・ベン「喚起された人生，あるエッセイ」），所収：同 »Sämtliche Werke. Band IV: Prosa 2«（全集 IV 巻　散文 2），Stuttgart 1989，p. 318.

（79）フライブルク連邦公文書館 12-23/1882, 1941 年 12 月 8 日付のウィーン大学病理学研究所所長のランケ宛書簡．

（80）同，1939 年 5 月 4 日付のランケの C 教導隊宛書簡．

（81）同，1939 年 8 月 25 日付のランケの軍医准将キッテル宛書簡．

（82）同，ペルビチン投入に関するランケの報告書．

（83）同，軍医科大学校国防病理学研究所，1940 年 4 月 8 日付の報告書 214 a についての付属書．

（84）同，ペルビチン投入に関するランケ宛報告書．以下の二つの引用も同様．

（85）同，「強壮剤としてのペルビチン使用」に関するヴィルト博士の 1939 年 12 月 30 日付報告書．

（86）例えば第 20 歩兵師団において．参照：フライブルク連邦公文書館 RH 12-23/1842，軍医大尉クリューガー博士の報告書．

（87）フライブルク連邦公文書館 RH 12-23/1882, ペルビチン投入に関するランケ宛報告書．以下の二つの引用も同様．

（88）フライブルク連邦公文書館 RH 12-23/1882，1940 年 4 月 6 日付の軍医中

尉グロッセルケプラーの報告書.

（89） フライブルク連邦公文書館 RH 12–23/1882，軍医少佐シュミットからランケへの 1940 年 3 月 25 日付報告書．さらに以下も参照：フライブルク連邦公文書館 RH 12–23/271，ランケから C 教導隊への 1940 年 1 月 13 日付報告書，ならびにフライブルク連邦公文書館 RH 12–23/1882，軍医大尉クリューガー博士からの報告書.

（90） フライブルク連邦公文書館 RH 12–23/1882,「ペルビチンおよびそれに類する物質についての知見」軍医 A. O. K. 6（ハオベンライサー），1940 年 4 月 15 日付.

（91） フライブルク連邦公文書館 RH 12–23/1882,「ペルビチン，エラストノン等に関する知見」軍医，第 IV 軍団（ギュンター），1940 年 4 月 8 日付.

（92） Ballhausen, Hanno（Hg.), »Chronik des Zweiten Weltkrieges«（ハノ・バルハウゼン（編）『第二次世界大戦編年記』)« München 2004，p. 27.

（93） Mann, Golo 前掲書，p. 915，916.

（94） Kroener, Bernhard R., »Die personellen Ressourcen des Dritten Reiches im Spannungsfeld zwischen Wehrmacht, Bürokratie und Kriegswirtschaft 1939–1942«（ベルンハルト・R. クレーナー「国防軍，官僚制・戦時経済の緊張の場における第三帝国の人的リソース 1939–1942」)，所収：Müller, Rolf-Dieter & Hans Umbreit, »Das Deutsche Reich und der Zweite Weltkrieg（ロルフ＝ディーター・ミュラー『ドイツ帝国と第二次世界大戦』)«, Bd. 5.1: Organisation und Mobilisierung des Deutschen Machtbereichs, Kriegsverwaltung, Wirtschaft und personelle Ressourcen 1939–1941（『ドイツ権力圏の組織化と動員，戦時行政，経済，人的リソース 1939–1941』)，1988，p. 826.

（95） Frieser 前掲書，p. 11，43，57 を参照.

（96） Speer, Albert, »Erinnerungen（アルベルト・シュペーア『回想録』)«, Frankfurt/M. 1969，p. 431.

（97） フライブルク連邦公文書館 RH 2/768，手書き文書，ハルダー，ハンス―アドルフ，Bl. 6（裏面).

（98） フライブルク連邦公文書館 H 20/285/7，国防病理学研究所，1939 年 10 月 16 日，案件「ペルビチン」，以下も参照のこと：1939 年 10 月 16 日付のヴィンクラー宛書簡，ならびに RH12–23/1644 およびランケ戦争日誌の 1940 年 1 月 4 日の書込み.

（99） フライブルク連邦公文書館 RH12–23/1644，ランケの戦争日誌，1939 年 12 月 8 日の書込み.

（100） フライブルク連邦公文書館 RH12–23/1644，ランケの 1940 年 1 月 24 日付のツェッヒリン宛書簡．参照：フライブルク連邦公文書館 RH 12–23/1882，1939 年 2 月 19 日付の MA 設立式典でのランケ演説「医療措置によるパフォーマンス向上」p. 5:「私は自分自身とすべての支援者の方々に確認しなくてはなりません．それはペルビチンを服用するといつでも熱狂的に仕事に取り組むことができ，しかもその際，特に困難な任務に取りかかろうという決断がはるかに容易となる感覚があったということです」．

（101） フライブルク連邦公文書館 RH12–23/1644，ランケの戦争日誌，1939 年 11 月 8 日の書込み，p. 6.

（102） 同，1939 年 11 月 19 日の書込み，p. 16.

（103） Kramer, Eva, »Die Pervitingefahr«（エーファ・クラーマー「ペルビチンの危険」），所収：Münchener Medizinische Wochenschrift（『ミュンヘン医学週報』），Bd. 88, H. 15, 1941，p. 419.

（104） Liebendörfer, »Pervitin in der Hand des praktischen Nervenarztes«（リーベンデルファー「臨床神経科医の手中のペルビチン」），所収：Münchener Medizinische Wochenschrift（『ミュンヘン医学週報』），Bd. 87, H. 43, 1940，p. 1182.

（105） Benn 前掲書，p. 317.

（106） ベルリン連邦公文書館 R22/1475，Bl. 395，コンティから連邦司法省へ．1939 年 10 月 21 日付．以下の二つの引用も同様．

（107） ベルリン連邦公文書館 R36/1360「かつての R. f. R. の名誉職会員へ」1939 年 10 月 19 日．

（108） 帝国法律公報 1（1939），p. 2176；帝国保健公報（1940），p. 9:「フェニルアミノプロパンとその塩類（例えばベンゼドリン，アクテドロン，エラストノン）およびフェニルメチルアミノプロパンとその塩類（例えばペルビチン）については，薬局における肝臓製剤その他の医薬品の引渡しに係る帝国内務省警察命令により，毎回の処方箋義務が課せられる」．

（109） Conti, Leonardo, »Vortrag des Reichsgesundheitsführers Dr. Conti vor dem NSD-Ärztebund, Gau Berlin, am 19. März 1940, im Berliner Rathaus«（レオナルド・コンティ「ベルリン大管区国家社会主義ドイツ医師同盟の会員を前に 1940 年 3 月 19 日にベルリン市庁舎にて開催された全国健康指導者コンティ博士の講演」），所収：Deutsches Ärzteblatt（『ドイツ医師報』），Bd. 70, H. 13, 1940 所収（p. 145–153）の p. 150.

（110） Speer, Ernst, »Das Pervitinproblem«（エルンスト・シュペーア『ペルビチ

ン問題』)，所収：Deutsches Ärzteblatt（『ドイツ医師報』)，H.1, 1941（p. 4–6 および 15–19）の p. 19; Holzer 前掲書，p. 238，239 も参照のこと.

(111) フライブルク連邦公文書館 RH 12–23/1575，コンティの 1940 年 2 月 17 日付のハントローザー宛書簡，ならびにハントローザーの 1940 年 2 月 26 日付のコンティ宛返信.

(112)「南翼に重点を置くことにより，北ベルギーで待ち受ける強力な敵軍を分断し，一挙に殲滅せねばならない」. RH 19 I/41, 文書 HGr 1: 1940 年 2 月 17 日付戦争日誌のためのマンシュタインのメモ書き，付属書 51（Bl. 174 f.）; フライブルク連邦公文書館 RH 19 I/26，総統講演についてのメモ，Bl. 121 および次ページも参照のこと.

(113) Frieser 前掲書，p. 81 より引用.

(114) フライブルク連邦公文書館，エーリヒ・フォン・マンシュタインの遺稿，メモ No. 32.

(115) Waldmann, Anton（アントン・ヴァルトマン）: 非公開日記，1940 年 4 月 13 日の書込み．連邦軍救護業務軍の国防史教育集成.

(116) フライブルク連邦公文書館 RH 12–23/1882,「医療措置によるパフォーマンス向上」ならびに覚醒剤に関するランケ講演，1940 年 2 月作成（実施されず).

(117) 同，フォン・クライスト装甲集団の軍医シュミット博士の 1940 年 4 月 15 日付のランケ宛書簡.

(118) 同，陸軍軍医総監，1940 年 4 月 17 日付．「案件：覚醒剤」付属書 1，2 を含む.

(119) 同.

(120) フライブルク連邦公文書館 RH 12–23/1884,「兵站本部から陸軍および空軍へのペルビチンおよびイソフェンの引渡し」.

(121) フライブルク連邦公文書館 RH 21–1/19, Ia/op No.214/40，1940 年 3 月 21 日付，p. 2.

(122) Wahl, Karl, »... es ist das deutsche Herz«（カール・ヴァール『... それがドイツ人の心だ』）Augsburg 1954，p. 246；以下も参照のこと：Leeb, Wilhelm Ritter von, »Tagebuchaufzeichnung und Lagebeurteilungen aus zwei Weltkriegen. Aus dem Nachlaß«（ヴィルヘルム・リッター・フォン・レープ『日記の記載と二度の世界大戦から得た状況判断：遺稿より』)，発行人ゲオルク・マイヤーによるレープの略歴あり．シュトゥットガルト，1976，所収：»Beiträge zur Militär- und Kriegsgeschichte«（『軍事・戦争史論集』）同，16，p. 184.

（123）グデーリアンによるとこれは彼自身が「しばしば使った言い回し」である．Guderian, Heinz, »Erinnerungen eines Soldaten«（ハインツ・グデーリアン『ある兵士の回想』）Stuttgart 1960，p. 95 も参照のこと．

（124）2015 年 5 月 7 日の『ツァイト・マガジン』とのインタビュー，p. 50.

（125）Frieser 前掲書，p. 114 より引用.

（126）同，p. 136.

（127）軍団の陣容はわずか 400 名の将校，2000 名の下士官，および約 9300 名の兵士たちだった.

（128）フライブルク連邦公文書館 RH 12-23/1882, 参照：例えば 1940 年 2 月 23 日の »Vorlage eines Erfahrungsberichtes über Anregungsmittel«（興奮剤に関する現場からの報告），p. 2:「... 次の夜に運転士たちに各 2 錠を渡し，その際に，軍帽の折返しの中に入れておいて，必要に応じて，ただし遅くとも夜 1 時までには服用するよう指示をしました」.

（129）Frieser 前掲書，p. 195 も参照のこと.

（130）Fischer, Wolfgang, »Ohne die Gnade der späten Geburt«（フィッシャー，ヴォルフガング『遅れた誕生の恵みもなく』）München 1990，p. 62.

（131）フライブルク連邦公文書館 N 802/62，グデーリアンの遺稿「フランス動員中の司令将校の行軍に関する第三報告書」より，Bl. 008.

（132）同，Bl. 010.

（133）Bloch, Marc, »Die seltsame Niederlage: Frankreich 1940«（マルク・ブロック『奇妙な敗北：フランス 1940』), Frankfurt/M. 1995，p. 93.

（134）Frieser 前掲書，p. 219 より引用.

（135）口頭での情報.

（136）Frieser 前掲書，p. 419.

（137）このことは第二次世界大戦のみならず，あいかわらず装甲車が主役を演じる現在までの伝統的な兵法全般にも該当する.

（138）いわゆるリュックサック原理．このときの最初の数日間の行軍が示したのは，軍事作戦というものが兵站面，つまり最も下位の面での供給によっていかに大きく決定づけられるかということである．これとの関連で Kielmansegg, Johann Adolf Graf von, »Panzer zwischen Warschau und Atlantik«（ヨハン・アドルフ・グラーフ・フォン・キールマンゼク『ワルシャワと大西洋の間の戦車軍団』），Berlin 1941，p. 161 も参照のこと.

（139）Frieser 前掲書，p. 162 より引用.

（140）フライブルク連邦公文書館 N 802/62，グデーリアンの遺稿，前掲書，Bl. 007 および Bl.011/012.

(141) Churchill, Winston, »Zweiter Weltkrieg（ウィンストン・チャーチル『第二次世界大戦』)«, Bd. II, 1. Buch, Stuttgart 1948/49, p. 61.

(142) コブレンツ連邦公文書館 N 1348, モレルの 1940 年 6 月 3 日付の夫人宛書簡.

(143) Frieser 前掲書, p. 336.

(144) Frieser 前掲書, p. 326 より引用. 次の引用も同様.

(145) Churchill 前掲書, p. 65.

(146) Ironside, Edmund, »Diaries 1937–1940«（エドムンド・アイアンサイド『日記 1937–1940』), New York 1962, p. 317, Frieser 前掲書, p. 325 より引用.

(147) Halder, Franz, »Kriegstagebuch. Tägliche Aufzeichnungen des Chefs des Generalstabes des Heeres 1939–1942«（フランツ・ハルダー『戦争日誌 陸軍参謀総長の日々の手記 1939–1942』）1 巻, 1964, p. 302, Frieser 前掲書, p. 322 より引用.

(148) コブレンツ連邦公文書館 N 1348, モレルの 1940 年 5 月 26 日付の夫人宛書簡.

(149) 同, モレルの 1940 年 5 月 28 日付の夫人宛書簡.

(150) アイアンサイド前掲書, p. 333.

(151) Hansen, Hans-Josef, »Felsennest, das vergessene Hauptquartier in der Eifel «（ハンス=ヨーゼフ・ハンゼン『フェルゼンネスト：アイフェルの忘れられた総統大本営』), Aachen 2008, アーヘン, 2008, p. 81.

(152)『ドイツ週刊ニュース』, 22 号, 1940 年 5 月 22 日.

(153) ゲシュタポはゲーリングの薬物依存に関する証拠を熱心に収集していた. 例えば Speer 前掲書, p. 278 を参照.

(154)『ベルリーナー・ロカール・アンツァイガー』紙, 帝国首都の中央機関である大ベルリンの日刊紙, 1940 年 6 月 1 日付の 1 面.

(155) 引用元：Hesse, Reinhard, »Geschichtswissenschaft in praktischer Absicht «（ラインハルト・ヘッセ『実践的意図における歴史学』）Stuttgart 1979, p. 144.

(156) 引用元：Bradley, Dermot, »Walther Wenck, General der Panzertruppe«（ダーモット・ブラッドレイ『ヴァルター・ヴェンク：装甲部隊の将軍』）Osnabrück 1982, p. 146.

(157) フライブルク連邦公文書館 RH 12–23/1931, »Bericht über die Kommandierung zur Gruppe Kleist「クライスト装甲集団への指令についての報告書」« 1940 年 7 月 12 日付.

(158) 同.

(159) コブレンツ連邦公文書館 N 1348，モレルの 1940 年 6 月 3 日付の夫人宛書簡.

(160) 陸軍軍医総監の未公開戦争日誌，連邦軍医科大学校のフォルカー・ハルトマン博士による提供.

(161) フライブルク連邦公文書館 ZA 3/163，空軍参謀本部長ヴァルダウの戦争日誌（1939 年 3 月から 1942 年 4 月 10 日）の 1940 年 5 月 25 日の書き込み．以下も参照：フライブルク連邦公文書館 ZA 3/163，シュミート「フランス遠征，1940」ならびにフライブルク連邦公文書館 ZA 3/58，USAF 歴史プロジェクト，p. 16，空軍 / 参謀本部司令部 Ic, No. 10641/40（機密）「オランダ，ベルギー，北フランスでの作戦における空軍投入の概要」（1940 年 6 月 3 日付).

(162) Guderian, Heinz, »Erinnerungen eines Soldaten«（ハインツ・グデーリアン『ある兵士の回想』）Stuttgart 1986，p. 118.

(163)『ベルリーナー・ロカール・アンツァイガー』紙，帝国首都の中央機関である大ベルリンの日刊紙，1940 年 6 月 20 日付の 2 面.「スイス国境への怒濤の進撃」.

(164) フライブルク連邦公文書館 RH 12–23/1931，「クライスト装甲集団への司令についての報告書」1940 年 7 月 12 日付．以下四つの引用も同様.

(165) フライブルク連邦公文書館 RH 12–23/1882，軍医大佐セイファルト（ドイツ語読みではザイファルト）博士の書簡「案件：ペルビチンの濫用」，軍医少佐アルト博士宛．1941 年 5 月 16 日付，野戦郵便郵便 28805 号.

(166) フライブルク連邦公文書館 RH 12–23/1882，1941 年 4 月 25 日のランケの文書メモ.

(167) フライブルク連邦公文書館 RH 12–23/1882，ランケの 1941 年 5 月 27 日付の軍医大尉ショルツ博士宛書簡.

(168) 現代史研究所アーカイブ，MA 617 の文書 2，ハンマ社の 1941 年 5 月 27 日付のモレル宛書簡を参照．SRK（総統官邸向け特製品）用の天然ビタミン源として，ローズヒップ抹，ライ麦胚芽，アノイリン，ニコチン酸が記載され，調味料として「全乳粉，カカオおよび少量のカカオバター」が挙げられている.

(169) 同，ハンマ社の 1942 年 10 月 29 日付の薬局店主ヨースト宛書簡.

(170) コブレンツ連邦公文書館 N 1348，モレルの 1940 年 5 月 16 日付の夫人宛書簡.

(171) フライブルク連邦公文書館 R43, ハンマ社の 1941 年 8 月 26 日付の SS 作戦本部／衛生局宛書簡.

(172) 親衛隊はモレルのビタムルチンをロシア戦線でも採用した. 参照：ヒムラーの 1942 年 1 月 12 日付の確認書（現代史研究所アーカイブ, MA 617 の文書 2）:「総統は東部前線の武装親衛隊の各部隊に適切なビタミン剤を直ちに送付するよう指示された. このビタミン剤の製造はハンブルクのハンマ有限会社に委託済みである. 必要な原料および補助材料の調達に当たって, 同社をあらゆる形で支援されたい. これはひとえに総統命令を期限内に履行可能とするためである. 親衛隊全国指導者」.

(173) コブレンツ連邦公文書館 N 1348, モレルの 1940 年 5 月 16 日付の夫人宛書簡.

(174) モレルのゲーリング宛書簡（ヒプケに転送）, 個人記録（押収されたドイツ記録）, テオ・モレル医師, National Archives Microfilm Publication T253, Roll 35, National Archives at College Park, M D..

(175) フライブルク連邦公文書館 ZA 3/801, Suchenwird, Richard, »Hermann Göhring«（リヒャルト・ズーヘンヴィルト「ヘルマン・ゲーリング」）未公開論文, p. 42 および次ページ.

(176) Aldgate, Anthony & Jeffrey Richards, »Britain can take it: The British Cinema in the Second World War«（アンソニー・オルドゲート, ジェフリー・リチャーズ『ブリテン・キャン・テイク・イット：第二次世界大戦におけるイギリス映画』）第 2 版, ロンドン, 2007, p. 120.

(177) Luttitz, Horst, Freiherr von（ホルスト・フライヘル・フォン・ルティッツ）は Pieken, Gorch & Sönke el Bitar（ゴルヒ・ピーケン, セーンケ・エル・ビタル）のドキュメンタリー映画 »Schlaflos im Krieg«（『戦争では眠らずに』）アルテ, 2010 から引用している.

(178) Sternhoff, Johannes, »Die Straße von Messina«（ヨハネス・シュタインホフ『メッシーナの道』）Berlin 1995, p. 177 より. 以下の二つの引用も同様. この中で自身の世界大戦参加について文学的・批判的な考察を加えてシュタインホーフは, 1950 年代には戦後ドイツ国防軍空軍の新規構築の中心人物の一人だった. 後に彼は NATO 軍事委員会の委員長となり, 1970 年代半ばに軍需産業に転じた. 本書のメタンフェタミン実戦投入の話は 1943 年のものだが, シュタインホーフは, 1940 年の「イギリス空中戦」に参加したにもかかわらず, ここで自身の最初で最後の麻薬使用をしたかのように書いている.

(179) Osterkamp, Theo, »Durch Höhen und Tiefen jagt ein Herz«（テオ・オスター

カンプ『高みと低みを貫いて心は疾駆する』）Heidelberg 1952, p. 245, Speer 前掲書, p. 272 も参照のこと.

（180）Falck, Wolfgang, »Falkenjahre. Erinnerungen 1903–2003«（ヴォルフガング・ファルク『戦闘機乗りの回想録 1903–2003』）Moosburg 2003, p. 230.

（181）Overy, Richard, J., »German Aircraft Production 1939–1942«（リチャード・J.・オーヴェリー「ドイツの航空機製造 1939–1942」）所収：Study in the German War Economy（『ドイツ戦争経済研究』（学位論文）, Queens College, Cambridge 1977, p. 97.

（182）フライブルク連邦公文書館 ZA 3/842, ゲーリングから第 4 爆撃航空団指揮官のクロジンスキー中佐への 1944 年秋の文書. 1957 年 2 月 1 日のズーヘンヴィルトによるクロジンスキーの聞き取り調書からの引用. 参照（オンライン出版）: http://hss.ulb.uni-bonn.de/2005/0581/0581.pdf.

（183）第一次世界大戦においては眠気を克服する特殊な手段はなかった. 1940 年 2 月の実施されなかった覚醒剤に関する講演（フライブルク連邦公文書館, RH 12–23/1882）の中でランケも論じているが, その任期中は承認しなかった.「覚醒剤は非常に有効な薬物である. しかしコカインを（...）軍で使用することはない. 深刻な心身の障害を伴う依存症が起きてしまうからだ」.

（184）フライブルク連邦公文書館 ZA 3/326, 1943 年 10 月 7 日付の国家元帥ゲーリングとの協議「案件：祖国防衛プログラム」の速記録.

（185）Linge, Heinz, »Bis zum Untergang«（ハインツ・リンゲ『破滅に至るまで』）, München 1980, p. 219.

（186）»Udets Ernst, Spaßpilot, Kriegsverbrecher und komischer Zeichner«（「ウーデットの真面目ぶり, 曲芸パイロット, 戦争犯罪人, 風刺画家」）, 所収：Meurer, Christian, »Wunderwaffe Witzkanone - Heldentum von Heß bis Hendrix«（クリスツィアン・モイラー『奇跡の兵器, お笑い砲：ヘスからヘンドリクスに至る英雄精神』）エッセイ 09, Münster 2005, p. 73.

（187）ベルリン国営通信社（DNB）, 1941 年 11 月 18 日. Udet, Ernst, »Mein Fliegerleben«（エルンスト・ウーデット『我が爆撃機乗り人生』）, Berlin 1942 より引用.

（188）以下参照：Suchenwirth, Richard, »Ernst Udet -Generalluftzeugmeister der deutschen Luftwaffe«（リヒャルト・ズーヘンヴィルト「エルンスト・ウーデット：ドイツ空軍の航空技術部門長」）, 未発表論文, フライブルク連邦公文書館 ZA 3/805.

(189) メタンフェタミンはひとつにはアンフェタミンよりはるかに効果が大きく，もうひとつには不適切に使用（多すぎる用量，高すぎる服用頻度）すると，神経に有毒であることが証明されている．それは中枢神経系におけるセロトニンとドーパミンの生成および利用を妨げ，身体の神経化学的状況を変化させてしまう．

(190) フライブルク連邦公文書館 RH 12−23/1884，1940 年 12 月 20 日付のコンティの書簡．

(191) フライブルク連邦公文書館 RH 12−23/1884，1941 年 1 月 20 日および 29 日付のハントローザーからの書簡．

(192) Speer 前掲書，p. 18.

(193) Holzer 前掲書，p. 242，243.

(194) Holzer 前掲書，p. 245.

(195) ベルリン連邦公文書館 NS 20−139−6/ 回覧文書 Vg. 9/41，NSDAP，民族健全性本部，1941 年 2 月 3 日，コンティ；Holzer 前掲書，p. 244 より引用．

(196) RGBl.I, 1941 年 6 月 12 日，p. 328:「阿片法諸規定へのさらなる薬物の追加に関する第六条例」．

(197) 陸軍衛生総監アントン・ヴァルトマンのような経験を積んだ衛生将校は，すでに早い時期から警告していた．「国民は神経質で怒りっぽくなっている．特別に高められた能力に応じてストレスに耐える力も強まっている．しかしそこには危険もあって，今活動を停止して休息や睡眠，回復，成果を得ることがなければ，突然全面的な機能不全に陥ることになる」，Waldmann 前掲書，1940 年 11 月 1 日の日記記入．

(198) 1941 年 5 月 7 日付で帝国「化学」局からテムラー社に宛てられた確認書：「国防閣僚会議議長，州首相，国家元帥を兼ねるゲーリング閣下のご命令もあり，国防軍の生産プログラムの緊急性に関してはご理解頂きたい」．ベルリン州立公文書館「A Rep. 250−02−09 Temmler」．

(199) 現代史研究所アーカイブ MA 617，文書 2，モレルの講演原稿，p. 4，まさに時代の子であった彼はここで二つの引用を結びつけている．いずれも古典的かつ父権主義的な医師と患者の役割分担を前提とするもので，最初の「信頼関係」云々の引用は西プロイセンの医師であり医学物の作家でもあったエルヴィン・リーク（1878−1935）の »Der Arzt und seine Sendung«（『医師とその使命』）（1925）から，もう一つの追加された文章はビスマルクの主治医エミール・シュヴェニンガーのものである．

(200) Fest 前掲書，p. 737.

(201) 同, p. 992.

(202)『シュピーゲル』誌所収, 42/1973, p. 201.

(203) Gisevius, Hans Bernd, »Adolf Hitler. Versuch einer Deutung«(ハンス・ベルント・ギーゼフィウス『アドルフ・ヒトラー:ある解釈の試み』), München 1963, p. 523.

(204) Kershaw, Ian, »Hitler 1889–1945 - Das Standardwerk«(イアン・カーショー『ヒトラー 1889–1945:基本文献』)München 2008, p. 850. 他の箇所(p. 947)でもカーショーは奇妙に煮え切らない態度に終始している.「モレルとその治療術は1944年秋のドイツの惨状を説明するのに重要な要素でもなければ軽微な要素でもなかった」.

(205) 参照:Neumann, Hans-Joachim & Henrik Eberle, »War Hitler krank? - Ein abschließender Befund«(ハンス=ヨアヒム・ノイマン, ヘンリク・エーベルレ『ヒトラーは病気だったのか:最終所見』), Köln 2009, p. 97 および p. 100.

(206) コブレンツ連邦公文書館 N1348, モレルの1944年11月8日の書込み.

(207) »Gutachten über Professor Morell«(「モレル教授についての鑑定」)キャンプ・シーベルト, 1946年1月15日, エントリー ZZ-5, IRR 個人名ファイル, RG NO. 319, 閉架書庫 230, 86列, ボックス 11, National Archives at College Park, M D..

(208) 同.

(209) 特別報告53号は専門家として, フェーリクス・ハフナー教授(チュービンゲン大学薬学研究所所長), コンラート・エルンスト教授(同じくチュービンゲン大学)ならびにクレープスシュタインのテオドーア・ベンツィンガー医師の名を挙げている.「1947年4月23日にこれら3名の科学者たちは, 薬物の作用に関する声明書に署名した. それによると, 現存する情報からはヒトラーがしばしば麻酔剤を投与されていた可能性を示唆するものは何も見つからなかったという」. またベルリン大学薬学研究所のホイプナー教授ならびに帝国保健局阿片課のリンツ教授も見解を求められたが, ともにヒトラーが大量の麻酔薬を投与された可能性を否定した. しかし別の見方もあった. 同様に質問を受けたベルリン警察麻薬取締班の警官ユングニッケルならびにベルリン-ミッテ地区のエンゲル薬局のオーナーのヨースト氏, ベルリン大学法医学・犯罪学研究所のミュラー=ヘス教授らは, ヒトラーが主治医からオピエート〔麻薬性のオピオイドアルカロイド〕を投与されていたことは十分にあり得ると述べ, ただしその量と可能な作用については確言できないとこ

た．IRR 非個人的ファイル，RG NO. 319，閉架書庫 770，エントリー 134A，ボックス 7: »Hitler, Poisoning Rumors«（「ヒトラー：毒物投与の噂」）XE 198119，National Archives at College Park, M D..

（210）「無数のヒトラー神話の仮面を剝がすためのさらなる資料を提供するべく ...」．同.

（211）コブレンツ連邦公文書館 N1118，ゲッベルス遺稿，1943 年クリスマスのヒトラー宛書簡.

（212）Schramm, Percy Ernst, »Adolf Hitler - Anatomie eines Diktators«（パーシー・エルンスト・シュラム「アドルフ・ヒトラー：ある独裁者の解剖」），所収：Der Spiegel 10/1964（連載記事の最終第 5 回）.

（213）引用元：Schenck, Ernst Günther, »Dr. Morell. Hitlers Leibarzt und seine Medikamente«（エルンスト・ギュンター・シェンク『ヒトラーの主治医モレルとその薬物』）Schnellbach 1998，p. 110.

（214）コブレンツ連邦公文書館 N 1348，1941 年 8 月 18 日付のモレルのカレンダーシート.

（215）コブレンツ連邦公文書館 N1348，1943 年 8 月 9 日のモレルの書込み.

（216）フライブルク連邦公文書館 RH 12−23/1884，Holzer 前掲書，p. 247 も参照のこと.

（217）コブレンツ連邦公文書館 N1348，1941 年 8 月 8 日のモレルの書込み.

（218）コブレンツ連邦公文書館 N1348，1941 年 8 月 8 日のモレルの書込み．グリコノルムの組成についてはモレルの遺稿，特に彼の 1944 年 12 月 2 日付の書簡を参照.

（219）コブレンツ連邦公文書館 N1348，1941 年 8 月 8 日のモレルの書込み.

（220）コブレンツ連邦公文書館 N1348，1941 年 8 月 11 日のモレルの書込み.

（221）Keller, Philipp, »Die Behandlung der Haut- und Geschlechtskrankheiten in der Sprechstunde«（フィリップ・ケラー『診療時での皮膚病および性病の治療』），Heidelberg 1952.

（222）コブレンツ連邦公文書館 N1348，1941 年 8 月 27 日のモレルの書込み.

（223）ヒトラーが摂取した個々の薬物の解説つき一覧は次のサイトを参照：www.jkris.dk/jkris/Histomed/hitlermed/hitlermed.htm

（224）引用元：Katz, Ottmar, »Prof. Dr. med. Theo Morell - Hitlers Leibarzt«（オトマール・カッツ『医学博士テオ・モレル教授：ヒトラーの主治医』），Bayreuth 1982，p. 219.

（225）Schramm, Percy E.（Hg.），»Kriegstagebuch des Oberkommandos der Wehrmacht 1940−1941«（パーシー・E. シュラム（編）『国防軍最高司令

部の戦争日誌 1940–1941』），II 巻，1982，p. 673.

（226） 同，1941 年 10 月 21 日の書込み，p. 716.

（227） フライブルク連邦公文書館 RH 12–23/1882，Dr. Guther, Otto, »Erfahrungen mit Pervitin«（オットー・グーター博士「ペルビチンに関する知見」），1942 年 1 月 27 日付.

（228） これは海軍についても当てはまる．重巡洋艦プリンツ・オイゲン号のブレスト湾からの脱出を参照のこと．そこでこの戦艦は繰り返しイギリスの爆弾攻撃に晒された．沈没とそれに伴う威信の失墜を阻むためにヒトラーは，やはり攻撃を受けていた戦艦グナイゼナウおよびシャルンホルストとともに撤退するよう命じた．問題は海路でほぼ二日間の距離である対岸のドイツ湾（ヘルゴラント湾）に至るには，ドーバー海峡を渡らねばならないことだった．480 キロメートル以上の長さのイギリスの海岸線を無傷のまま通過する．それはここ数世紀，どの敵国艦隊も成功していないことだった．それゆえ海軍総司令部は「実行不能」を理由に何度かこの命令に異議を唱えた．しかし 1942 年 2 月 11 日の夜，ブレスト湾が濃い霧に包まれ，ドイツ基地を監視していたイギリス潜水艇のクルーが，よもやこの時間帯に艦隊が動き出すことはあるまいと考えて眠りこけていたとき，おもむろに舫《もや》い綱が解かれた．戦闘態勢を維持したままの 48 時間の航行．その間誰も眠ることは許されなかった．クルー全員が持ち場を片時も離れず，砲塔，エンジン室，操舵室，デッキに立っていた．「クルーの内のたった一人の集中力とパフォーマンスの欠如がこの作戦の成功を損ないかねない（...）という事実に鑑みて，ショカコーラ（一人当たり 1 箱）とペルビチン錠の配布が命じられた」．この 2 月 12 日についてプリンツ・オイゲン号の船医の医療日誌にはこう書かれている．「戦闘部隊ごとに一人当たり 3 錠が配布された」．正午ごろに船団はドーバーを通過した．そうこうするうちにイギリス側も自分たちの目の前で起きていたことに気づいた．湾岸の砲兵隊は一斉に砲撃を開始し，240 機を超える爆撃機が飛び立ったが，280 機のドイツの戦闘機に阻まれた．船上では総員が大砲と対空砲の前に陣取っていた．海上のアンフェタミン戦である．「ペルビチンの強力な興奮作用は次第に募ってくる眠さと疲労感を払拭した」と海軍軍医少佐ヴィッテは報告している．2 月 13 日の晩に船隊はヴィルヘルムスハーフェンに無事到着した．イギリスではこの海峡突破は英国史上最悪の海での不名誉の一つと見なされた．この作戦成功はドイツの人々に特に一つのことをもたらした．軍医の報告書では次のように要約されている．「作戦に従事する船

にペルビチンを常備することは必要と思われる．乗組員1500名の場合では1万錠ペルビチンを装備するべきであろう」（フライブルク連邦公文書館RM 92–5221/Bl. 58–60，巡洋艦「プリンツ・オイゲン」の1942年1月1日から1943年1月31日の戦争日誌，2巻「極秘命令–1942年2月11日から1942年2月13日までの巡洋艦プリンツ・オイゲンのドーバー海峡からドイツ湾への帰還に関する医療日誌」）．

(229) 経験則は言う．メタンフェタミン耐性は，わずか数日間に連続して10ミリグラム（ペルビチン錠3，4錠）の量を三回服用するだけで生ずる．ただし各人がそれぞれの耐性の閾値をもつ．早くも二度目の服用で，初回時の効果を得るためにより多くの量が必要となる者もいれば，効果が低下せず何日も同じ用量でよい者もいる．一般的に言えるのは，メタンフェタミンは脳内神経細胞に人工刺激を与えることを通じて自然の能力限界（身体の警告サイン）を取り払うということである．すでに休息が必要な段階となっても，心身の負担能力の限界は感知されなくなり，むしろますます広げられてしまう．

(230) フライブルク連邦公文書館Rh 12–23/1384，陸軍軍令官報1942，B部424号，p. 276，»Bekämpfung des Missbrauchs von Betäubungsmitteln«（「麻酔剤乱用の撲滅」）; Holzer前掲書，p. 289も参照のこと．

(231) Halder, Franz, »Kriegstagebuch. Tägliche Aufzeichnungen des Chefs des Generalstabes des Heeres 1939–1942«（フランツ・ハルダー『戦争日誌：陸軍参謀総長の日々の手記1939–1942』），3巻，Stuttgart 1964，p. 311.

(232) Gievesius前掲書，p. 471；フェスト前掲書，p. 883.

(233) 引用元：コブレンツ連邦公文書館N1348，モレルの1944年12月2日付の心臓専門医ヴェーバー教授宛書簡：「散歩とは言えないものになりつつあった．というのも，毎日15分外の新鮮な空気のもとに身を置くことが何ヶ月もノルマとなっていたからである」．

(234) Schenck, Ernst Günther, »Patient Hitler«（エルンスト・ギュンター・シェンク『患者ヒトラー』）Augsburg 2000，p. 389より引用．

(235) 現代史研究所アーカイブMA 617，文書3，ムタフォール発明者ニスレの1943年3月1日付のモレル宛書簡より．

(236) Speer前掲書，p. 592.

(237) 現代史研究所アーカイブMA 617，文書1，総統大本営ヴェアヴォルフのための安全措置，1943年2月20日付．

(238) Speer前掲書，p. 256，257.

(239) Fest前掲書，p. 903より引用．

(240) Speer 前掲書, p. 361 および 368.
(241) Schramm 前掲書, 1942 年 12 月 21 日の書込み.
(242) コブレンツ連邦公文書館 N1348, 1942 年 8 月 18 日のモレルの書込み.
(243) Haffner 前掲書, p. 110.
(244) Fest 前掲書, p. 922.
(245) Speer 前掲書, p. 345, 353 ならびに 475.
(246) エンゲル薬局の 1942 年 8 月 29 日付のテオ・モレル宛書簡, National Archives Microfilm Publication T253/45.
(247) コブレンツ連邦公文書館 N1348, 1942 年 12 月 9 日のモレルの書込み.
(248) 同, 1942 年 12 月 17 日のモレルの書込み.
(249) Pieper 前掲書, p. 174 より引用.
(250) 現代史研究所アーカイブ MA 617, 文書 1.
(251) モレルの会話メモ, National Archives Microfilm Publication T253/45, 以下二つの引用も同様.
(252) BArch R42/5281–5182, 1942 年 8 月 20 日付の書簡ならびに BA R38/0156–0157, 1943 年 1 月 25 日付の書簡.
(253) 現代史研究所アーカイブ MA 617, 文書 1, 1943 年 2 月 14 日付リスト. 彼は「水溶性脊髄製剤 (神経成分エキス)」の生産も計画した. 参照 : 同, 1943 年 9 月 22 日のムリ医師との会話.
(254) モレルの 1942 年 10 月 22 日付の夫人宛書簡より. National Archives Microfilm Publication T253/45.
(255) 1942 年 8 月 29 日付のウクライナ総督コッホからの通信, National Archives Microfilm Publication T253/35.
(256) 現代史研究所アーカイブ MA 617, 文書 2, モレルの 1942 年 9 月 22 日付のコッホ宛書簡.
(257) 以下も参照のこと. 1944 年 4 月 1 日付のメッケル医師宛書簡「貴職の豊富な学的業績と薬物に対するご傾倒ぶりに強い関心を覚えました」. さらにこれとの関連でモレルの 1943 年 12 月 14 日および 17 日のコッホ宛書簡, National Archives Microfilm Publication T253/35.
(258) 参照 : Schlögel, Karl (シュレーゲル, カール), 所収 :『ディー・ツァイト』紙, 2014 年 10 月 30 日の 19 面.
(259) シェンク『医師モレル』前掲書, p. 267 より引用.
(260) モレルの 1942 年 10 月 16 日付のコッホ宛書簡, National Archives Microfilm Publication T253/35.
(261) 1943 年 10 月 31 日付のコッホの書簡. これが該当したのは次の各都市

の屠畜場である．ヴィーンヌィツャ，キエフ，フメリヌィーツィクィイ，ベルディーチウ，ジトームィル，ドゥブノ，ダルニツァ，コジャーティン，クロプィウヌィーツィクィイ，ベラヤ・チェルコフ，ニコラエフスク，メリトーポリ，ザポリージャ，ドニエプロペトロフスク，ポルタヴァ，クレメンチューク，ウーマニ，コーロステニ．出典：National Archives Microfilm Publication T253/42.

(262) Schenck 前掲の »Dr. Morell«（『医師モレル』），p. 253 より引用.

(263) Vandenberg, Philipp, »Die heimlichen Herrscher: Die Mächtigen und ihre Ärzte«（フィリップ・ファンデンベルク『密かな支配者たち：権力者とその医師たち』）Bergisch-Gladbach 2000，p. 256.

(264) モレルの 1943 年 12 月 12 日付書簡．レンベルク〔現ウクライナ，リヴィウ〕の上級官吏シューマッハー宛，National Archives Microfilm Publication T253/35.

(265) 国防軍副官の指示から：「戦争にとって重要ではない目的のために燃料を過失により，または故意に使用した者は，戦争遂行に対する妨害行為者として処遇する」．National Archives Microfilm Publication T253/36.

(266) 現代史研究所アーカイブ MA 617，文書 3，1943 年 10 月 9 日 22 時 35 分のムリ医師との会話に関するメモ.

(267) 同，ハンマ社の 1945 年 2 月 5 日付のモレル宛書簡，次の引用も同様.

(268) 例えば以下を参照：モレルの 1944 年 2 月 11 日付の郵政大臣オーネゾルゲ宛書簡：「... 総統閣下が貴職に一度講演をお願いしたいと考えておられることを，ここに謹んでお知らせ致します」，National Archives Microfilm Publication T253/41.

(269) 現代史研究所アーカイブ MA 617，文書 3，ムリの 1943 年 8 月 10 日付のモレル宛書簡.

(270) モレルの 1942 年 10 月 28 日付のコッホ宛書簡，National Archives Microfilm Publication T253/35.

(271) モレルの 1944 年 3 月 30 日付の書簡草稿「新たな製剤の生産について」，National Archives Microfilm Publication T253/38，そこには次の記述もある．「そのようにして（...）私はウクライナの牛の肝臓に特殊な成分を加えて，注射可能なレバーエキスを開発した．これは最初の肝臓製剤として痛みの副作用もなく，著名な，あるいは知己の臨床医ならびに私自身による 1 年以上の治験において抜群の有効性が証明されたものである．（...）私が自ら証明せざるを得なかったのは，同等の専門薬がもはや流通しておらず，自分で使う薬を自分で作って提供しない限り，自

分の患者たち（その健康維持が重要であることは言うまでもない）にきちんとした医療を施すことができなくなったからである．（...）官僚主義の厄介な問題は，国民の健康のため，特に私の患者たちのために，別の形で克服されねばならない」．

（272） ゲッベルスの 1942 年 3 月 20 日の日記の書込み．引用元：Gathmann, Peter & Martina Paul, »Narziss Goebbels - Eine Biografie«（ペーター・ガートマン，マルティーナ・パウル『ナルシスト，ゲッベルス：ある評伝』），Wien 2009，p. 95.

（273） ヴェーバーの 1943 年 6 月 16 日付のモレル宛書簡，National Archives Microfilm Publication T253/34；そこでは，モレルの肝臓製剤を注射されたゲッベルスが三日間激しい頭痛に苦しんだことなどが報告されている．

（274） コブレンツ連邦公文書館 N1348，1944 年 1 月 11 日付の「スリボヴィッツ酒にメチルアルコールその他の有害物質が含まれているか否かを検査せよとの総統命令」．野戦実験室からの当日の文書による返信：「香りと味はスリボヴィッツ本来のものでした．（...）この検査からは飲用による健康上の懸念は認められません」．

（275） 引用元：Schenck, Ernst Günther, »Patient Hitler - eine medizinische Biographie«（エルンスト・ギュンター・シェンク『患者ヒトラー：ある医学的評伝』），Augsburg 2000，p. 389，390.

（276） コブレンツ連邦公文書館 N1348，1943 年 7 月 18 日のモレルの書込み．

（277） コブレンツ連邦公文書館 N1348，1943 年 12 月 6 日のモレルの書込み．

（278） 引用元：Yang, Rong, »Ich kann einfach das Leben nicht mehr ertragen - Studien zu den Tagebüchern von Klaus Mann（1931–1949）«（ロン・ヤン『私はもう人生に耐えられない：クラウス・マンの日記（1931–1949）について』）Marburg 1996，p. 107.

（279） Pieper 前掲書，p. 57 より引用．

（280） コブレンツ連邦公文書館 N1348，1943 年 7 月 18 日のモレルの書込み．以下二つの引用も同様．

（281） 同「1943 年 7 月 18 日付の特記事項」

（282） オイコダールの成分である麻酔薬オキシコドンは米国では「oxygesic」や「oxycontin」の名称で販売され，2010 年では 35 億ドルの売上で人気薬物の第 5 位にランクインしている．ドイツではオキシコドンは特に「Oxygesic」として知られ，最も多く処方される経口摂取用のオピオイドである．現在ドイツ市場には 147 種類のオキシコドン含有の認可製剤

が出回っており，そのほとんどはいわゆる徐放錠（有効成分が徐々に放出され効果が長持ちする錠剤）で，慢性的な痛みの治療などに用いられている．ヒトラーが1943年夏に初めて投与されたオイコダールという名の薬剤は，ドイツでは1990年以降，市場に出回っていない．

(283) Burroughs, William, »Naked Lunch«（ウィリアム・バロウズ『裸のランチ』），1959，『ターゲスツァイトゥング』紙，2014年2月5日15面より引用．

(284) Speer 前掲書，p. 119，285．Katz 前掲書，p. 280 よりの引用．

(286) モレルの1943年8月26日付のジーヴェルト宛書簡．National Archives Microfilm Publication T253/45.

(287) 薬局店主ヨーストの1942年4月30日付のモレル宛書簡：「当職のコカイン販売の証明と麻酔薬管理簿への記入のために処方箋が必要となりました．つきましては麻酔薬取締法の規定に則り，5件の処方箋を作成の上，至急当方までお送りください」．National Archives Microfilm Publication T253/45; 1943年10月10日付の書簡，T253/39も参照のこと．

(288) 葉書にはこの時期，プロパガンダ的な表現が見られた．「総統には闘争と職務と憂慮があるのみです．私たちは肩代わりできる部分をなんとかそう差し上げたいと考えています」．

(289) Canetti, Elias, »Masse und Macht«（エリアス・カネッティ『群衆と権力』），1994，p. 330による．

(290) Goebbels, Joseph, »Die Tagebücher«（ヨーゼフ・ゲッベルス『日記』）第二部「Diktat（絶対命令）1941–1945」9巻，1943年7月から9月まで，München 1987，p. 456，457.

(291) コッホの1943年5月31日付のモレル宛書簡，National Archives Microfilm Publication T253/37.

(292) コブレンツ連邦公文書館 N1348，1943年10月7日のモレルの書込み．

(293) 同，1943年11月21日のモレルの書込み．

(294) 同，1944年1月27日のモレルの書込み．

(295) 内務次官ケーグルマイアーの1943年12月10日付のモレル宛書簡，National Archives Microfilm Publication T253/35.

(296) Speer 前掲書，p. 339.

(297) 以下を参照：例えば総統付の国防軍事務局のフォン・クリース女史からの1943年2月17日付のモレル宛書簡：「... 当方，やや供給不足の状況にあります．多少でも薬品をお送り頂けたらありがたく存じます．ハイ

ル・ヒトラー！」(現代史研究所アーカイブ，MA 617, 文書 2).

(298) 1944 年 12 月 1 日付のモレルの書簡，National Archives Microfilm Publication T253/37.

(299) これとの関連で例証的なのが，ある老人患者からの 1944 年 4 月 14 日付のモレル宛書簡である：「私たちはよくあなたと奥様のことを話しています．その思い出にはいつも本当に元気づけられます」．National Archives Microfilm Publication T253/38.「第二次世界大戦におけるドイツの魚雷乗り，フロッグマン，爆弾搭載の自爆ボート」．オルデンブルクおよびハンブルク，1968，p. 160，161.

(300) フライブルク連邦公文書館 RH12-23/1321，1943 年 12 月 20 日付の「部門長」宛複写文書，PhIV ベルリン．Holzer 前掲書，p. 254 も参照のこと．

(301) フライブルク連邦公文書館 RH 12-23/1321，Bl. 125a，薬科少佐シュミット—ブリュッケンとヴォルトマンの署名あり．

(302)「防諜機関 ZF Vi C にコカイン塩酸塩 1 キログラムを製造会社のオリジナルパッケージにて至急納品しなくてはならない」．参照：フライブルク連邦公文書館 RH 12-23/1322, Bl. 123，ヴォルトマンから中央薬事部門 1 課へ，1944 年 5 月 22 日付「厳秘」．

(303) 患者 C はモレルの遺稿では言及されていない．

(304) コブレンツ連邦公文書館 N1348，ツァハリアエの 1944 年 12 月 3 日のモレル宛書簡．

(305) コブレンツ連邦公文書館 N1348，「患者 D について：第 79 医療報告」1944 年 12 月 2 日，前の 2 つの引用も同様．

(306) コブレンツ連邦公文書館 N1348，「患者 D について：第 76 医療報告」1944 年 11 月 18 日．

(307) コブレンツ連邦公文書館 N1348，「患者 D について：第 75 医療報告」1944 年 11 月 9 日，ならびに「患者 D について：第 91 医療報告」1945 年 2 月 26 日．

(308) コブレンツ連邦公文書館 N1348，「患者 D について：第 74 医療報告」1944 年 11 月 1 日．

(309) コブレンツ連邦公文書館 N1348，「患者 D について：第 92 医療報告」1945 年 3 月 7 日．

(310) コブレンツ連邦公文書館 N1348，「患者 D について：第 75 医療報告」1944 年 11 月 9 日，ならびに「患者 D について：第 78 医療報告」1944 年 11 月 29 日．

(311) コブレンツ連邦公文書館 N1348, ツァハリアエの 1945 年 3 月 23 日のモレル宛書簡.
(312) コブレンツ連邦公文書館 N1348,「患者 D について：第 94 医療報告」1945 年 3 月 23 日.
(313) ヘルタ・シュナイダーからの口頭情報. Toland 前掲書, p. 920 からの引用.
(314) コブレンツ連邦公文書館 N1348, モレルの 1944 年 1 月 9 日の書込み.
(315) 同, 1944 年 1 月 9 日のモレルの書込み.
(316) 同, 1944 年 1 月 29 日のモレルの書込み.
(317) 同, モレルの 1940 年 5 月 16 日付の夫人宛書簡.
(318) 1949 年にエーリヒ・フォン・マンシュタインはイギリスの軍事法廷から有罪判決を受けた. 1953 年に釈放されると彼は, かつての国防軍の唯一の元帥として, 新設のドイツ連邦軍で 1960 年まで非公式に顧問役を務めた. 1955 年には過去を美化した書と言うべき回想録 »Verlorene Siege«（『失われた勝利』）を刊行し, その中で彼は対ロシア戦での自らの行動を正当化し, 可能な限り多くの責任をヒトラーに転嫁しようと試みている.
(319) 参照：»Marshal von Kleist, Who Broke Maginot Line in 1940, Seized«（「フォン・クライスト元帥：1940 年にマジノ線を突破した男, 逮捕さる」）, 所収：The Evening Star Washington, D.C 1945 年 5 月 4 日付の第 1 面.
(320) 1946 年 5 月 29 日付のハッセルバッハの報告書, p. 3, IRR 個人名ファイル, 前掲書, Box8, National Archives at College Park, M D..
(321) コブレンツ連邦公文書館 N1348, 1944 年 3 月 14 日のモレルの書込み.
(322) »Life History of Professor Dr. med. Theo Morell«（「テオ・モレル医学教授の生涯」）, p. 6, IRR 個人名ファイル, 前掲書, ボックス 8, National Archives at College Park, M D. より.
(323) 1943 年 11 月 5 日付のシュテファン・バロン・フォン・ティッセン―ボルネミッサ医師の書簡, National Archives Microfilm Publication T253/45.
(324) 彼がこれらすべての患者たちに出した薬物の記録は一部分しか残っていない（例えばムッソリーニの治療に関してはメモがある）. その他はおそらく戦争末期のどさくさで失われたものと思われる.
(325) 現代史研究所アーカイブ MA617, 文書 2, モレルの 1944 年 5 月 12 日付の経済大臣フンクの夫人ルイーゼ・フンク宛書簡. 助手を呼び寄せたのは, あるいはもう一つの理由だったかもしれない. 事実モレルは,

ヴェーバーがのちに記録したように，彼をヒトラーに推挙するつもりだったのだ．それは適切な機会に自分を不可欠ではない存在と思わせ，ヒトラーの取り巻きから離脱するためだった．その場合はヴェーバーが後釜に座らざるを得ないだろう．しかしこのモレルの辞職戦略は実現には至らなかった．最後に馘になるまで，彼が権力の中枢から実際に離れようとしたことは一度もなかった．

(326) コブレンツ連邦公文書館 N1348，1944 年 4 月 20 日，21 日のモレルの書込み．

(327) 赤軍の進撃でウクライナからレバーが入らなくなると，モレルは「すべての寄生肝と吸虫肝」をボヘミアとモラヴィアから集めた．吸虫肝は例えば肝蛭《かんてつ》（Fasciola hepatica）や槍形吸虫《やりがたきゅうちゅう》（Dicrocoelium lanceolatum）といったさまざまな吸虫類（Trematoda）に寄生されていたが，主治医モレルは意に介さなかった．参照：ハンマ社の 1944 年 10 月 28 日付のモレル宛書簡（T253/34）ならびに次のモレルの帝国内務大臣宛書簡（T253/42）：「... ウクライナが失われた後で新たな原料供給基盤が必要です．周知の理由から，必要な量の健康かつ好適な家畜の肝臓を我が旧帝国領内で供給できないことは明らかです．しかしいわゆる寄生肝である吸虫肝でも，一定の防止措置を施すことで，肝臓エキスに加工することはまったく問題ありません．これにより従来価値のなかった廃棄物から高価な治療薬が作り出されることでしょう」．

(328) コブレンツ連邦公文書館 N1348，モレルの 1944 年 5 月 12 日付の経済大臣フンク宛書簡．

(329) Katz 前掲書，p. 245 より引用．

(330) 同，p. 161.

(331) Goebbels, Joseph, »Die Tagebücher«（ヨーゼフ・ゲッベルス『日記』）第二部「Diktat（絶対命令）1941–1945」12 巻「1944 年 4 月から 6 月まで」München 1987，p. 405.

(332) コブレンツ連邦公文書館 N1348，1944 年 6 月 10 日のモレルの書込み．

(333) 同，1944 年 7 月 14 日のモレルの書込み．

(334) 同，1944 年 7 月 20 日のモレルの書込み．

(335) Giesing, Erwin:, »Bericht über meine Behandlung bei Hitler«（エルヴィン・ギージング『当職のヒトラー治療に関する報告書』），Wiesbaden，1945 年 6 月 12 日付．Headquarters United States Forces European Theater Military Intelligence Service Center（米軍ヨーロッパ戦域司令部軍事情報サービスセンター）：OI - Consolidated Interrogation Report（CIR 総合尋

問報告書）：OI -（CIR）, National Archives at College Park, M D., p. 10.

（336）『シュピーゲル』誌所収, 24/1973, »Adolf Hitler: Aufriß über meine Person«（「アドルフ・ヒトラー：我が性格の概略」）, p. 103.

（337）同.

（338）Schmidt, Paul, »Statist auf diplomatischer Bühne 1923–1945«（パウル・シュミット『外交の舞台に上っただんまり役 1923–1945』）Bonn 1950, p. 582.

（339）Benn, Gottfried, »Sämtliche Werke. Band I: Gedichte 1«（ゴットフリート・ベン『全集第 1 巻：韻文 1』）, Stuttgart 1986, p. 46.

（340）Giesing 前掲書, 以下の引用も同様.

（341）ギージングはヒトラーへの治療を黄色の日誌に記載していた. 暗号名を使い, ラテン語で書き, 自作の記号を組み合わせたものを使った. Toland, John, »Adolf Hitler«（ジョン・トーランド『アドルフ・ヒトラー』）Bergisch Gladbach 1977, p. 1013 を参照.

（342）コブレンツ連邦公文書館 N1348, 1944 年 8 月 5 日のモレルの書込み.

（343）Giesing 前掲書, 以下二つの引用も同様.

（344）例外はメルク社が開発したプシカインだったが, これは薬物に過敏な患者では不整脈を引き起こしかねないと言われた.

（345）カーショー前掲書, p. 943:「腸痙攣の苦しみを軽減するために投与されたアヘン剤で彼は麻痺していた, あるいは結膜炎の治療でギージングに処方された目薬の中にコカインが 1 パーセント含まれており, それで彼はコカイン依存症となっていたという可能性は排除できる」. しかし目薬の中の 1 パーセントではなく, 10 パーセントの成分が鼻腔と喉に塗布されたということは医学史上の事実であり, それは薬剤の効果という点では大きな違いである. ヒトラー評伝作家のフェストはコカインについて完全に無視しており, 一方, フェストがいつも好んで依拠するヒトラー研究家ヴェルナー・マーザーは, コカイン使用について詳細に論じているが, そこから結論を引き出してはいない.

（346）Schenck 前掲 »Patient Hitler«（シェンク『患者ヒトラー』）, p. 507.

（347）Giesing 前掲書を参照. 以下の 5 つの引用もこれと関連している.

（348）Toland 前掲書, p. 1022.

（349）Giesing 前掲書.

（350）Maser 前掲書, p. 397.

（351）コブレンツ連邦公文書館 N1348, 1944 年 10 月 3 日のモレルの書込み.

（352）Below, Nicolaus von, »Als Hitlers Adjutant 1937–45 «（ニコラウス・フォ

ン・ベロウ『ヒトラーの副官として 1937–45』), Mainz 1980, p. 384.

（353） コブレンツ連邦公文書館 N1348, 1944 年 9 月 23, 24 日のモレルの書込み. 1943 年 10 月 17 日のモレルの書込みと比較されたい. 治療用の一日の用量は 0.005 ないし 0.01 グラムである. つまりヒトラーは最高で通常の 4 倍量を要求したことになる. これは明らかに医療で用いるレベルを超えており, 精神への強い影響をもたらすものである.

（354） Speer 前掲書, p. 372.

（355） コブレンツ連邦公文書館 N1348, 1944 年 10 月 30 日のモレルの書込み.

（356） 同, 1944 年 10 月 4 日のモレルの書込み.

（357） 引用元：ギージングの報告書, p. 15, »Hitler, Adolf - A composite Picture«（「アドルフ・ヒトラー：ある合成写真」), エントリー ZZ-6, 所収：IRR-Personal Name Files, RG NO 319, Stack Area 230, Box 8, National Archives at College Park, M D..

（358） コブレンツ連邦公文書館 N1348, 引用文はすべてリッベントロープとの会談についてのモレルの報告書から. 1943 年 6 月 6 日にミュンヘンのレギーナ・パラスト・ホテルで作成.

（359） コブレンツ連邦公文書館 N1348, ここのすべての引用はボルマンの 1944 年 6 月 26 日付の書簡から.

（360） コブレンツ連邦公文書館 N1348, 1944 年 10 月 3 日の手書き献立表.

（361） Liljestrand, G., »Poulsson's Lehrbuch für Pharmakologie«（G. リレストランド『ポールソンの薬学教本』), Leipzig 1944 を参照.

（362） Giesing 前掲書.

（363） Katz 前掲書, p. 295, 296 より引用.

（364） Giesing 前掲書.

（365） モレルが採った方法は明らかに不十分なものだった. 注射器消毒のテーマについては »Alkohol und Instrumentensterilisation«（「アルコールと器具の殺菌」), 所収：Deutsche Medizinische Wochenschrift（『ドイツ医学週報』), Bd. 67, 1941 を参照. そこにはこう書かれている.「注射針の殺菌にはアルコールを使用すべきではない」.

（366） Giesing 前掲書, 1944 年 10 月 2 日のギージングとヒトラーの会話.

（367） Giesing 前掲書, 以下の 2 つのヒムラーについての引用も同様.

（368） コブレンツ連邦公文書館 N1348, 1944 年 10 月 8 日のモレルの書込み. ならびに同, ボルマンの 1944 年 10 月 10 日付の新聞全国指導者（報道局長）宛書簡.

（369） 同, 1944 年 11 月 8 日のモレルの書込み. 以下の二つの引用も同様.

（370）コブレンツ連邦公文書館 N1348，1944 年 11 月 7 日のモレルの書込み.
（371）1944 年 10 月 23 日付のベルンハルト・ヴェンツ宛書簡，National Archives Microfilm Publication T253/36.
（372）現代史研究所アーカイブ MA 617，文書 1.
（373）コブレンツ連邦公文書館 N1348，1944 年 11 月 9 日のモレルの書込み.
（374）現代史研究所アーカイブ MA617，文書 3, ニスレ教授からモレル宛, 1943 年 3 月 1 日付.
（375）現代史研究所アーカイブ MA 617，文書 1，以下の要約も同様.
（376）コブレンツ連邦公文書館 N1348，1944 年 12 月 8 日のモレルの書込み.
（377）同，1944 年 11 月 3 日のモレルの書込み.
（378）同，1945 年 4 月 15 日のモレルの書込み.
（379）同，1944 年 11 月 11 日のモレルの書込み．次の引用も同様.
（380）同，1944 年 11 月 16 日のモレルの書込み．次の引用も同様.
（381）同，1944 年 10 月 20 日のモレルの書込み.
（382）同，1944 年 11 月 1 日のモレルの書込み.
（383）同，1944 年 10 月 30 日のモレルの書込み.
（384）同，1944 年 10 月 31 日のモレルの書込み.
（385）同，1944 年 11 月 8 日のモレルの書込み.
（386）Giesing 前掲書.
（387）コブレンツ連邦公文書館 N1348，1943 年 7 月 18 日および 1944 年 9 月 29 日のモレルの書込み.
（388）Toland 前掲書，p. 1013 を参照.
（389）コブレンツ連邦公文書館 N1348，1944 年 9 月 30 日のモレルの書込み. 次の引用も同様.
（390）同，1944 年 11 月 21 日のモレルの書込み.
（391）同，1944 年 11 月 24 日のモレルの書込み.
（392）同，1944 年 11 月 27 日のモレルの書込み.
（393）Benjamin, Walter, »Gesammelte Schriften«（ヴァルター・ベンヤミン『著作集』），Bd. VI, Frankfurt 1986，p. 561.
（394）Römpp, Hermann, »Chemische Zaubertränke«（ヘルマン・レンプ『化学の霊液』），Stuttgart 1939.
（395）Wagner, Richard, »Tristan und Isolde«（リヒャルト・ヴァーグナー『トリスタンとイゾルデ』）（初演は 1865 年）第三幕第一場（クルヴェナール）.
（396）Luck, Hans von, »Mit Rommel an der Front«（ハンス・フォン・ルック

『ロンメルとともに前線にて』），第 3 版，Hamburg 2006，p. 103.

（397）Härtel-Petri, Roland, »Crystalspeed-Crystal-Meth - Kristallines N-Methamphetamin, eine kurze Einführung«（ローラント・ヘルテル－ペトリ『クリスタルスピード－クリスタル・メス－結晶 N－メタンフェタミン入門』）Bezirksklinik Hochstadt（ホッホシュタット地域診療所），p. 50；以下も参照のこと：Klee, H.（Hg.）, »Amphetamine Misuse international Perspective on Current Trends «（H. クレー（編）『アンフェタミンの乱用：最新トレンドについての国際的展望』）Amsterdam 1997，p. 181–197.

（398）戦後，薬物依存の問題はほとんど論じられなかった．1950 年代社会へのその影響はようやく研究が始められたばかりである．例えば Billy Wilder（ビリー・ワイルダー監督）のベルリンを舞台とする映画 »One, Two, Three«（『ワン・ツー・スリー』）の中では，ジェームズ・ギャグニー扮するコカコーラ支社長の C.R. マクナマラがコーヒーを前にしてこう言う．「ペルビチンを 2 錠だけ（入れよう），今日はハードな一日になるぞ」．

（399）ベルリン州立公文書館 A Rep.250–02–09 Temmler（テムラー）．

（400）ベルリン連邦公文書館 R86/4265: 1944 年 1 月 17 日にテムラー社は同社でのペルビチン錠生産の新たな認可を受けた．これとの関連で，患者ゴリッセンの 11 月 8 日付のモレル宛書簡も参照されたい．これはナチス国家の中高年世代の心的状況にひとつの光を投げかける資料である．「... というのも，私にはしっかり気分転換することが実際に重要だからです．例えば買物のために街まで坂道を降りて行き，（さらに重要ですが，街からまた 12 分かけて家のある高台に上ってくる）ときには毎回，事前にペルビチン錠を半錠または 1 錠飲んでおいたものです．それは疲れた身体を大いに元気づけてくれました．ただし中毒になるからあまり頻繁に服《の》まないように，と郡医からは言われていました．先生にもお分かりいただけるでしょう，心ではまだまだ若いつもりなのに，衰えた身体を引きずって日々をやり過ごすことが，そしてたった 10 年前には体力もまだかなりあったのに，と昔を振り返るというのは，なんともやり切れないことですね」．出典：National Archives Microfilm Publication T253/38.

（401）フライブルク連邦公文書館 RH 12–23/1930，ある一日の講演の演題はかなり盛りだくさんだった．9 時 30 分：「特にコカインやペルビチンといったパフォーマンスを高める薬物の化学組成とその生産」医学教授

シュレンマー（帝国シュトラースブルク大学薬剤研究所），10時：「パフォーマンス向上薬の薬理学」軍医大尉ブロック博士（ベルリン空軍医科大学校），10時20分：「パフォーマンス向上薬の臨床使用」軍医大佐ウーレンブルック教授.

(402) フライブルク連邦公文書館 RH 12–23/1611，軍医大尉ゼーリング「負傷者搬送時のモルヒネ，ペルビチン使用」1944年11月23日，次の引用も同様.

(403) »Interrogation report on one German Naval PW«（「あるドイツ海軍PWに関する尋問調書」），エントリー179，フォルダ1, N 10–16, RG NO. 165，閉架書庫390，ボックス648，National Archives at College Park, MD.

(404) OKW 829/44.（機密），Pieper 前掲書，p. 142 より引用.

(405) Whitman, Walt, »Specimen Days & Collect«（ウォルト・ホイットマン『自選日記』）Philadelphia 1883，p. 80.

(406) ベロウ前掲書，p. 366.

(407) Nöldeke, Hartmut & Volker Hartmann, »Der Sanitätsdienst in der deutschen U-Boot-Waffe«（ハルトムート・ネルデケ，フォルカー・ハルトマン『ドイツの潜航艇における医療業務』）Hamburg 1996，p. 211.

(408) オルツェホフスキーは1942年10月にカルナックでランケと出会った. 二人がこのときどのような意見交換をしたのかは史料が残されていない. ペルビチンに関する限り，オットー・ランケは戦争の最終局面ではほとんど表に出てくることもなく，国防生理学の別テーマに活動の場を移したらしい. 戦後彼はエアランゲン大学の生理学教授となり，そこで1959年に心臓病で亡くなった. 週刊臨床誌（38巻H.8，1960，p. 414/415）に載った彼の死亡記事に「ペルビチン」の語は見当たらない.

(409) フライブルク連邦公文書館 N90，アルミン・ヴァンデルの未公開戦争日誌1944年2月26日–4月12日.

(410) 同.

(411) Bekker, Cajus, »Einzelkämpfer auf See - Die deutschen Torpedoreiter, Froschmänner und Sprengbootpiloten im Zweiten Weltkrieg«（カユス・ベッカー『海上の孤高の戦士：第二次世界大戦におけるドイツの潜航艇乗り，フロッグマン，突撃ボート操縦士』），Oldenburg & Hamburg 1968.

(412) フライブルク連邦公文書館 N 906，»Bericht über Gesundheitslage des Kdo. d. K. und Hygiene des Einzelkämpfers«（「小規模戦闘部隊の健康状況および個々の兵士たちの衛生状態に関する報告書」）より，軍事機密. 糧食

として挙げられているのは「白パンのサンド，レープクーヘン，チョコレート，ブドウ糖，わずかな果物，魔法瓶入りの本物のホットコーヒーで，潜航艇ゼーフントでは肉の缶詰も追加された」．故意に繊維質に乏しい食品とした目的は「... 十分なカロリーで，しかも便意をなるべく抑える」ということだった．

(413) フライブルク連邦公文書館 RM 103–10/6，「小規模戦闘部隊の従軍医療日誌 1944 年 9 月 1 日—1944 年 11 月 30 日」の中の 1944 年 10 月 11 日のリヒェルト博士の書込み，p. 5，以下四つの引用も同様．

(414) いずれにせよハイエ中将は，強制収容所での人体実験の評価に関しては，まったく臆するところがなかった．そこで彼はダッハウの収容者たちに対するあの恐るべき「低温実験」の責任者であったホルツレーナー教授から，潜水兵の冬用衣類を改善するための示唆を得た．それは「水温が低くても実戦投入を可能にするためだった．ホルツレーナー教授は低体温症予防についての専門知識ももっていたので，彼の助言が求められたのだ」．フライブルク連邦公文書館 RM 103–10/6，リヒェルトの戦争日誌，1944 年 10 月 23 日の書込み．

(415) 以下も参照のこと：Sudrow, Anne, »Der Schuh im Nationalsozialismus - Eine Produktgeschichte im deutsch-britisch-amerikanischen Vergleich«（ズードロウ，アンネ『ナチズムにおける靴：ドイツ，イギリス，アメリカの間で比較した製品史』），Göttingen 2010，p. 511.

(416) Gottfried, Claudia: »Konsum und Verbrechen - Die Schuhprüfstrecke im KZ Sachsenhausen«（クラウディア・ゴットフリート「消費と犯罪：強制収容所ザクセンハウゼンの靴耐久度検査走路」），所収：LVR-Industriemuseum Ratingen: Glanz und Grauen: Mode im »Dritten Reich«（「ラーティンゲン LVR 産業博物館：輝きと恐怖：『第三帝国』におけるモード」）Ratingen 2012，p. 48.

(417) フライブルク連邦公文書館 RM 103–10/6，「小規模戦闘部隊の従軍医療日誌 1944 年 9 月 1 日–1944 年 11 月 30 日」の中の 1944 年 11 月 16 日から 20 日までのリヒェルト博士の書込み，ならびにザクセンハウゼン実験に関するリヒェルト報告．

(418) Nansen, Odd, »Von Tag zu Tag. Ein Tagebuch«（オッド・ナンゼン『日に日を重ねて：ある日記』）Hamburg 1949，p. 228.

(419) フライブルク連邦公文書館 RM 103–10/6，「小規模戦闘部隊の従軍医療日誌 1944 年 9 月 1 日—1944 年 11 月 30 日」の中の 1944 年 11 月 16 日から 20 日までのリヒェルト博士の書込み，ならびにザクセンハウゼン

実験に関するリヒェルト報告，すべての引用はここからのものである.

(420)「あるドイツ海軍 PW に関する尋問調書」前掲書，p. 12.

(421) ミッション完了後にヒレに赤線が付け加えられることになった．同，p. 5.

(422) ネルデケ前掲書，p. 214，以下の 2 つの引用も同様.

(423) 同，p. 216，以下の 2 つの引用も同様.

(424) BArch RM 103/11，1945 年月 4 日 3 付のハイエのラジオ演説.

(425) US リポート，A.H. Andrews Jr. 作成，Lt Cdr.（MC）USNR，および：T.W. Broecker 中尉，USNR，所収：RG NO. 319，閉架書庫 270, IRR ファイル，ボックス 612，National Archives at College Park, M D.

(426) バイエルンの州都ミュンヘンの市門からほど近いダッハウに，1933 年，ドイツ初の強制収容所が設置された．最初からそこではナチスの「健康指導」は生物学的な人種差別主義と結び合わされていた．これを何よりも明白に象徴していたのが「薬用植物学・栄養研究所」である．これは親衛隊全国指導者ヒムラーが自身の栄養検査官ギュンター・シェンクの助言を受けて建てさせたものである．ヨーロッパ最大のこの薬草園では強制収容所の収容者たちが，バイオダイナミック農法〔有機農法の一種〕の原則に従って 200 ヘクタールの土地で，ドイツが戦争で必要としていたドラッグの原料となる薬種と薬用植物を栽培しなくてはならなかった．自然の治療成分とスパイス類についての国防軍と親衛隊の需要をすべて賄える量が，ここダッハウで栽培・収穫・乾燥・梱包された．国民健康中央局の局長が言うように，ここでもまた輸入に頼らない体制作りが重要だった：「戦争での植物性治療薬の大きな需要は，外国産薬物の不足を即座に補うことのできる組織を必要とする」．グラジオラスの畑はビタミン C を供給し，胡椒の代替品まで栽培されていた．ヒムラーは得意げにそれを「ダッハウペッパー」と命名した．その目標はルドルフ・ヘースが説明した通りである．1936 年以来ダッハウ強制収容所で連絡指導員を務め，1940 年 5 月にアウシュヴィッツ強制収容所所長に就任した彼はこう述べている．「ドイツ民族をして，健康に有害な外国産スパイスや人工的な医薬品の使用を思いとどまらせ，無害でおいしい国産スパイスや自然の薬草を使うように（...）考え方を転換させることが肝要である」（Pieper 前掲書，p. 282）．ドイツ産はすべてますます健康にいいものにされ，非ドイツ的なものはすべて根絶されるべきとされた．ダッハウ「大農園」勤務は重労働とみなされていた．強制収容所の主要棟と直接つながっていたその区画は厳重に監視されてお

り，残酷な暴行も少なくなかった．特にポーランド人聖職者がこの強制労働のために虐待された．薬草たちはいわば流された血の海の中で芽吹いたのだ．ヒムラーにとってダッハウの「薬草園」は経済帝国のための重要な礎石であり，彼は親衛隊をそこまで拡大したいと考えていたのだ．ほとんど無尽蔵に搾取可能な囚人たちを十全に活用して研究と生産を行う．そうすることで彼は自らのテロ組織を世界に通用するグローバルプレーヤーにしようとしたのだ．そして自分がそこのCEOだ．そこには「有限会社ドイツ栄養・食糧実験所」や「有限会社自然な治療と生活様式のための療養ホーム」，「有限会社ドイツ薬品」など複数の親衛隊健康企業も含まれ，さらに占領ヨーロッパおよびダッハウでのミネラルウォーター市場の統制，スパイス類や自然薬物の生産と並んで人体医学実験も考えられていた．強制収容所でこれを実施したのは特に空軍で，どの飛行高度で生体は意識を失うか，そして氷のように冷たい海水に墜落したときにどのように生き延びられるのかを割り出そうとしたのだ．収容者たちはそのために高度をシミュレートした加圧室に入れられたり，冷水風呂にもぐらされたりした．傷の感染治療のための生化学実験やマラリア実験も行われた．後者はソ連南部，例えばクリミア，コーカサスのドイツ人入植者たちを想定したものである．薬物実験もこうした科学の仮面を被った拷問実践には含まれていた．

(427) 1942年以降空軍のために低温実験を率いたエルンスト・ホルツレーナー教授は，すでに1938年に収容者を使って麻酔薬と化学兵器としての毒物が中枢神経系に与える作用を研究していた．その際にペルビチンも使われた．それは例えばペルビチンが「パラシュート降下時に生体にいかなる影響を与えるか」知るためだった．Mitscherlich, Alexander & Fred Mielke, »Medizin ohne Menschlichkeit. Dokumente des Nürnberger Ärzteprozesses«（アレクサンダー・ミッチャーリヒ，フレート・ミールケ『人間性なき薬物：ニュルンベルク医師裁判の資料』）Frankfurt/M. 1978, p. 28.

(428) Canetti 前掲書，p. 317.

(429) ハーバード大学／フランシス・D. カウントウェイ医学図書館／Henry K. Beecher Papers/H MS c64/ ボックス 11, f75, U.S. Naval Technical Mission in Europa: Technical Report（「欧州における米海軍技術ミッション：テクニカルリポート 331–345 号），次の引用も同様.

(430) 空軍のこのダッハウ実験は基本的な資産と言えるもので，これをフーベルト・シュトルークホルトはアメリカ側との交渉の中で動産担保として

利用した．彼は「ペーパークリップ作戦」の一環として，V2ロケットで巡洋ロケットのプロトタイプを開発したヴェルンヘア・フォン・ブラウンとともに，例えばパーシングII型ロケットの開発でアメリカの宇宙飛行を可能にした先駆者の一人となった．このロケットは1980年代の終わりに冷戦を米国に有利な方向へと向かわせる一助となった．

(431) Picker, Henry (Hg.), »Hitlers Tischgespräche im Führerhauptquartier«（ヘンリー・ピッカー（編）『総統大本営でのヒトラーのテーブルトーク』），München 2003，Pieper 前掲書，p. 270 より引用．

(432) コブレンツ連邦公文書館 N1348，1944年12月9日および10日のモレルの書込み．

(433) 同，1944年12月8日と9日のモレルの書込み．

(434) 同，1944年12月11日のモレルの書込み．

(435) 引用元：Schmölders, Claudia, »Hitlers Gesicht: eine physiognomische Biographie«（クラウディア・シュメルダース『ヒトラーの顔：ある観相学的評伝』），München 2007，p. 210.

(436) Shirer, William L., »Aufstieg und Fall des Dritten Reiches«（ウィリアム・L. シャイラー『第三帝国の興亡』），Köln/Berlin 1971，p. 997.

(437) コブレンツ連邦公文書館 N1348，1944年12月11日のモレルの書込み．

(438) 同，1944年12月19日のモレルの書込み．

(439) 同，1944年12月31日付．

(440) ゲッベルス，ヨーゼフ，所収：Das Reich - Deutsche Wochenzeitung（ダス・ライヒ-ドイツ週間新聞）1944年12月31日付の論説，1，2面．

(441) コブレンツ連邦公文書館 N1348，1945年1月2日のモレルの書込み．

(442) Pieper 前掲書，p. 103.

(443) Young, Neil, »The Needle and the Damage Done«（ニール・ヤング「ダメージ・ダン」），『ハーヴェスト（アルバム）』，1972.

(444) »Conditions in Berlin, March 1945«（「ベルリンの状況，1945年3月」），所収：SIR 1581–1582, RG NO. 165, Stack Area 390, Row 35, Box 664, P. 1., National Archives at College Park, M D.

(445) Fischer, Hubert, »Die militärärztliche Akademie 1934–1945«（フーベルト・フィッシャー『軍医大学校 1934–1945』）Osnabrück 1985（1975），p. 23.

(446) コブレンツ連邦公文書館 N1348，1945年2月17日のモレルの書込み．

(447) モレル自身も認めているように，これらはまったく問題がないわけではなかった．1945年3月22日のモレルの会話メモを参照：「オルミュッツ〔現チェコのオロモウツ〕で新たな肝臓製剤を検査したところ，全ア

ンプルで毒性が検出されたとの報告あり．販売などまったく不可能な結果だ」．モレルが 1945 年 3 月 18 日付でコゾループ〔現チェコのホルニー・コゾルピ〕の染料工場宛に打った電報でも，こう断言されている：「オルミュッツのアンプル検査で全部使えないという結果が出た．殺菌が不十分で有毒とのこと．決して使用してはならない．モレル教授」．National Archives Microfilm Publication T253/39.

(448)「... 製薬『脳下垂体トータルエキス・ハンマ』の販売認可をお願いいたします．本薬は糖衣錠およびアンプルにての販売を考えております」．1945 年 2 月 24 日付のモレルの書簡より．National Archives Microfilm Publication T253/35.

(449)「1945 年初めに，アルカロイドに関しては状況がやや緊迫した．空爆が続き，各メーカーは十分な量を生産できなくなったのだ」．1945 年 4 月 10 日の書込みにはそう書かれている．出典：0660 Germany（Postwar）1945–1949, Bureau of Narcotics and Dangerous Drugs（麻酔薬・危険薬物担当局）: Subject Files, 1916–1970, Record Group 170; National Archives at College Park, M D.

(450) コブレンツ連邦公文書館 N1348，1945 年 2 月 13 日および同 17 日のモレルの書込み．

(451) Bezymenskii, Lev, »Die letzten Notizen von Martin Bormann: ein Dokument und sein Verfasser«（レフ・ベジュメンスキ『マルティン・ボルマン最後の日々：あるドキュメントとその筆者』）München 1974，p. 191.

(452) コブレンツ連邦公文書館 N1348，1945 年 3 月 22/23 日のモレルの書込み．

(453) Haffner 前掲書，p. 51，ただしドイツ映画『没落〔邦題：ヒトラー〜最期の 12 日間〜〕』での俳優ブルーノ・ガンツの苦悩の表情は誇張されていた．というのも，それは実態をわずかに捉え損ねているからである．禁断症状の実際の身体的苦痛を説得力のある形で演じたのは，例えばアメリカのテレビドラマシリーズ「HOMELAND（ホームランド）」の俳優ダミアン・ルイスである．そこで彼はベネズエラでの薬まみれの日々の後，トルコで激しい離脱症状にもがき苦しんだ．

(454) コブレンツ連邦公文書館 N1348，1945 年 3 月 5 日のモレルの書込み．

(455) »Der Prozess gegen die Hauptkriegsverbrecher vor dem internationalen Militärgerichtshof Nürnberg, 14. November 1945 - 1. Oktober 1946«（『ニュルンベルク国際軍事法廷における主要戦犯に対する裁判 1945 年 11 月 14 日–1946 年 10 月 1 日』），Bd. 41, München 1984，p. 430.

（456）コブレンツ連邦公文書館 N1348，1945 年 4 月 20 日のモレルの書込み.

（457）モレルの 1945 年 4 月 20 日付の化学者ムリ宛書簡，Schenck 前掲 »Patient Hitler«（シェンク『患者ヒトラー』），p. 50 より引用.

（458）»Life History of Professor Dr. Med. Theo Morell«（『テオ・モレル医学教授の生涯』），p. 6，XE051008，National Archives at College Park, M D.

（459）Long, Tania, »Doctor Describes Hitler Injections«（タニア・ロング「医師がヒトラーの注射について記述」），『ニューヨーク・タイムズ』1945 年 5 月 22 日付，第五面，引用はすべてモレルの解雇に関するもの.

（460）ハンマ社からのハンブルク法人部門税務課宛の書面の写し，National Archives Microfilm Publication T253/39.

（461）Hartmann, Christian, »Unternehmen Barbarossa: der deutsche Krieg im Osten 1941–1945«（クリスツィアン・ハルトマン『バルバロッサ作戦：東部におけるドイツの戦争 1941–1945』），München 2011，p. 81.

（462）コブレンツ連邦公文書館 N1128，アドルフ・ヒトラーの遺稿，ヒトラーの個人的な遺書.

（463）ベッカー前掲書を参照.

（464）コブレンツ連邦公文書館 N1348，テオドーア・モレルの遺稿，カール・ブラントの 1945 年 9 月 19 日付のモレルに関する報告書，p. 2 を参照.

（465）Thukydides, »Der Peloponnesische Krieg«（トゥキュディデス『ペロポネソス戦史』）Wiesbaden 2010.

（466）Haffner 前掲書，p. 97 および次ページ.

（467）Eckermann, Johann Peter, »Gespräche mit Goethe«（ヨハン・ペーター・エッカーマン『ゲーテとの対話』）Frankfurt/M. 1987，p. 496.

文献リスト

本書の最も重要な典拠は未刊行の文書資料である．筆者はドイツおよび米国の複数の公文書館を訪ねて今回の調査のために特別に閲覧を許された文書，これまで公開されていなかった資料，無数の報告書や文書に当たり，さらに当時を知る証人たちや軍事史研究家たちとも対話や討論を重ねた．それらが本書の成立を可能にしたと言えよう．ただしこれとの関連で指摘したい点がある．それは，ロンドンのいくつかの公文書館では，第三帝国の特定のアスペクトに関する資料が閲読禁止期間ゆえに現在に至るまで閲覧することが叶わず，またモスクワでも研究する側にとって，旧ソ連邦の秘密アーカイブへのアクセスにはあいかわらず高いハードルがあるという点である．

A. 未刊行文書の出典

「小規模戦闘部隊の従軍医療日誌 1944 年 9 月 1 日–1944 年 11 月 30 日」リヒェルト博士，フライブルク連邦公文書館 RM 103–10/6.

「小規模戦闘部隊の従軍医療日誌」アルミン・ヴァンデル，フライブルク連邦公文書館 N 906.

巡洋艦「プリンツ・オイゲン」の 1942 年 1 月 1 日から 1943 年 1 月 31 日の戦争日誌，2 巻「極秘命令—1942 年 2 月 11 日から 1942 年 2 月 13 日までの巡洋艦プリンツ・オイゲンのドーバー海峡からドイツ湾への帰還に関する医療日誌」フライブルク連邦公文書館 RM 92–5221/ Bl. 58–60.

空軍参謀本部長ヴァルダウの戦争日誌（1939 年 3 月から 1942 年 4 月 10 日），フライブルク連邦公文書館 ZA 3/163.

「クライスト装甲集団への司令についての報告書」1940 年 7 月 12 日付，フライブルク連邦公文書館 RH 12–23/1931.

「小規模戦闘部隊の健康状況および個々の兵士たちの衛生状態に関する報告書」軍事機密，フライブルク連邦公文書館 N 906.

「ベルリンの状況，1945 年 3 月」所収：SIR 1581–1582, RG NO. 165，閉架書庫 390，35 列，ボックス 664，P. 1.，アメリカ国立公文書記録管理局（メリーランド州，カレッジパーク）.

ドイツ（戦後）1945–1949，所収：麻酔薬・危険薬物担当局：主題ファイル，1916–1970，レコードグループ 170；アメリカ国立公文書記録管理局（メリーランド州，カレッジパーク）.

ギージング，エルヴィン『当職のヒトラー治療に関する報告書』，ヴィースバ

ーデン，1945年6月12日，米軍ヨーロッパ戦域司令部軍事情報サービスセンター：OI-総合尋問報告書（CIR），アメリカ国立公文書記録管理局（メリーランド州，カレッジパーク）．
「アドルフ・ヒトラー：ある合成写真」エントリーZZ-6，所収：IRR個人名ファイル，RG NO. 319，閉架書庫230，ボックス8，アメリカ国立公文書記録管理局（メリーランド州，カレッジパーク）．
『医師たちが見たヒトラー』No. 2，1945年10月15日（テオドーア・モレル）ならびにNo. 4，1945年11月29日（エルヴィン・ギージング），アメリカ国立公文書記録管理局（メリーランド州，カレッジパーク）．
ヒトラーの遺書，コブレンツ連邦公文書館N1128アドルフ・ヒトラーの遺稿
一般・国防病理学研究所，フライブルク連邦公文書館RH12–23，特にRH12–23/1882およびRH12–23/1623．
「あるドイツ海軍PWに関する尋問調書」エントリー179，フォルダ1, N 10–16, RG NO. 165，閉架書庫390，ボックス648，アメリカ国立公文書記録管理局（メリーランド州，カレッジパーク）．
ベルリン州立公文書館，A Rep. 250–02–09テムラー．
「テオ・モレル教授の生涯」XE051008，アメリカ国立公文書記録管理局（メリーランド州，カレッジパーク）．
ヨーゼフ・ゲッベルスの遺稿，コブレンツ連邦公文書館N1118.
テオドール・モレルの遺稿.
—コブレンツ連邦公文書館N1348.
—ミュンヘン現代史研究所：IfZArch, MA 617.
—アメリカ国立公文書記録管理局（メリーランド州，カレッジパーク），マイクロフィルム刊行物T253，ロール番号34–45.
ズーヘンヴィルト，リヒャルト「エルンスト・ウーデット：ドイツ空軍航空技術部門長」フライブルク連邦公文書館ZA 3/805.
ズーヘンヴィルト，リヒャルト『ヘルマン・ゲーリング』フライブルク連邦公文書館ZA 3/801.
陸軍軍医総監の未公開戦争日誌，連邦軍医科大学校.
ヴァルトマン，アントン，非公開日記，連邦軍救護業務軍の国防史教育集成.

B. 刊行物，資料

Bekämpfung der Alkohol- und Tabakgefahren: Bericht der 2. Reichstagung Volksgesundheit und Genußgifte. Hauptamt für Volksgesundheit der NSDAP und Reichsstelle gegen den Alkohol- und Tabakmissbrauch, Berlin Dahlem,

Reichsstelle gegen den Alkoholmissbrauch, 1939.
Das Deutsche Reich und der Zweite Weltkrieg, herausgegeben vom Militärgeschichtlichen Forschungsamt, Bd. 4: Der Angriff auf die Sowjetunion, Stuttgart 1983, sowie Bd. 8: Die Ostfront 1943/44. Der Krieg im Osten und an den Nebenfronten, Stuttgart 2007.
Der Prozess gegen die Hauptkriegsverbrecher vor dem Internationalen Militärgerichtshof Nürnberg, 14. November 1945 - 1. Oktober 1946, Bd. 41, München 1984.
Heeresverordnungsblatt 1942, Teil B, Nr. 424, S. 276, »Bekämpfung des Missbrauchs von Betäubungsmitteln«, BArch-Freiburg Rh 12–23/1384.
Kriegstagebuch des Oberkommandos der Wehrmacht, herausgegeben von Percy Ernst Schramm, 8 Bde, Frankfurt/M. 1982（1961）.
Reichsgesetzblatt I, 12.6.1941, S. 328: »6. Verordnung über Unterstellung weiterer Stoffe unter die Bestimmungen des Opiumgesetzes«.

C. 引用文献

Aldgate, Anthony, und Jeffrey Richards, »Britain can take it: The British Cinema in the Second World War«, Second Edition, London 2007.
Ballhausen, Hanno（Hg.）, »Chronik des Zweiten Weltkrieges«, München 2004.
Bekker, Cajus, »Einzelkämpfer auf See - Die deutschen Torpedoreiter, Froschmänner und Sprengbootpiloten im Zweiten Weltkrieg«, Oldenburg und Hamburg 1968.
邦訳：カーユス・ベッカー『呪われた海：ドイツ海軍戦闘記録』，松谷健二訳，中央公論新社，2001 年.
Below, Nicolaus von, »Als Hitlers Adjutant 1937–45«, Mainz 1980.
Benjamin, Walter, »Einbahnstraße«, Frankfurt/M. 1955.
邦訳：『ヴァルター・ベンヤミン著作集』（10）「一方通行路」，幅健志，山本雅昭訳，晶文社，1979 年.
Benjamin, Walter, »Gesammelte Schriften«, Frankfurt/M. 1986.
邦訳：（旧版から）『ヴァルター・ベンヤミン著作集』（全 15 巻）が晶文社から，『ベンヤミン・コレクション』（全 7 冊）が筑摩書房（ちくま学芸文庫）から出ている.
Benn, Gottfried, »Provoziertes Leben: ein Essay«, in: Benn, Gottfried, »Sämtliche Werke. Bd. IV: Prosa 2«, Stuttgart 1989.
邦訳：（旧版から）『ゴットフリート・ベン著作集』（全 3 巻），山本尤訳，社会思想社，1972 年.

Benn, Gottfried, »Sämtliche Werke. Bd. I: Gedichte 1«, Stuttgart 1986.
同上
Bezymenskii, Lev, »Die letzten Notizen von Martin Bormann: ein Dokument und sein Verfasser«, München 1974.
Binion, Rudolph, »... daß Ihr mich gefunden habt«, Stuttgart 1978.
Bloch, Marc, »Die seltsame Niederlage: Frankreich 1940«, Frankfurt/M. 1995.
邦訳：マルク・ブロック『奇妙な敗北：1940年の証言』，平野千果子訳，岩波書店，2007年.
Böll, Heinrich, »Briefe aus dem Krieg 1939–45«, Köln 2001.
Bonhoeffer, Karl, »Psychopathologische Erfahrungen und Lehren des Weltkriegs«, in: Münchener medizinische Wochenschrift, Bd. 81, 1934.
Bradley, Dermot, »Walther Wenck, General der Panzertruppe«, Osnabrück 1982.
Burroughs, William, »Naked Lunch«, Reinbek 1959.
邦訳：ウィリアム・バロウズ『裸のランチ』，鮎川信夫訳，河出書房（河出文庫），2003年.
Canetti, Elias, »Masse und Macht«, Frankfurt/M. 1994.
邦訳：エリアス・カネッティ『群衆と権力』（上下），岩田行一訳，法政大学出版局，1971年.
Churchill, Winston, »Zweiter Weltkrieg«, Bde. I u. II., Stuttgart 1948/49.
邦訳：ウィンストン・S. チャーチル『第二次世界大戦』（全4冊），佐藤亮一訳，河出書房新社，2001年.
Conti, Leonardo, »Vortrag des Reichsgesundheitsführers Dr. Conti vor dem NSD-Ärztebund, Gau Berlin, am 19. März 1940, im Berliner Rathaus«, in: Deutsches Ärzteblatt, 1940, Bd. 70, H. 13.
Dansauer, Friedrich, und Adolf Rieth, »Über Morphinismus bei Kriegsbeschädigten«, Berlin 1931年.
Eckermann, Johann Peter, »Gespräche mit Goethe«, Frankfurt/M. 1987.
邦訳：エッカーマン，ヨハン・ペーター『ゲーテとの対話』（上中下），山下肇訳，岩波文庫，1968～1969年.
Falck, Wolfgang, »Falkenjahre. Erinnerungen 1903–2003«, Moosburg 2003.
Fest, Joachim C., »Hitler«, Berlin 1973.
（邦訳：ヨアヒム・フェスト『ヒトラー　最期の12日間』，鈴木直訳，岩波書店，2005年.
Fischer, Hubert, »Die Militärärztliche Akademie 1934–1945«, Osnabrück 1985（1975）.

Fischer, Wolfgang, »Ohne die Gnade der späten Geburt«, München 1990.
Fleischhacker, Wilhelm, »Fluch und Segen des Cocain«, in: Österreichische Apotheker-Zeitung, Nr. 26, 2006.
Flügel, F. E., »Medikamentöse Beeinflussung psychischer Hemmungszustände«, in: Klinische Wochenschrift, Bd. 17 (2), 1938.
Fraeb, Walter Martin, »Untergang der bürgerlich-rechtlichen Persönlichkeit im Rauschgiftmißbrauch«, Berlin 1937.
Fränkel, Fritz, und Dora Benjamin, »Die Bedeutung der Rauschgifte für die Juden und die Bekämpfung der Suchten durch die Fürsorge«, in: Jüdische Wohlfahrtspflege und Sozialpolitik, 1932.
Freienstein, Waldemar, »Die gesetzlichen Grundlagen der Rauschgiftbekämpfung, in: Der Öffentliche Gesundheitsdienst, Bd. A, 1936–37.
Friedlander, Henry, »Der Weg zum NS-Genozid. Von der Euthanasie zur Endlösung«, Berlin 1997.
Frieser, Karl-Heinz, »Die Blitzkrieg-Legende - Der Westfeldzug 1940«, herausgegeben vom Militärgeschichtlichen Forschungsamt, München 2012.
邦訳：カール＝ハインツ・フリーザー『電撃戦という幻』，大木毅訳，中央公論新社，2003 年.
Gabriel, Ernst, »Rauschgiftfrage und Rassenhygiene«, in: Der Öffentliche Gesundheitsdienst, Teilausgabe B, Bd. 4, 1938–39.
Gathmann, Peter, und Martina Paul, »Narziss Goebbels - Eine Biografie«, Wien 2009.
Geiger, Ludwig, »Die Morphin- und Kokainwelle nach dem ersten Weltkrieg in Deutschland und ihre Vergleichbarkeit mit der heutigen Drogenwelle«, München 1975.
Gisevius, Hans Bernd, »Adolf Hitler. Versuch einer Deutung«, München 1963.
Goebbels, Joseph, »Die Tagebücher 1924–1945«, herausgegeben von Elke Fröhlich, München 1987.
Gordon, Mel, »Sündiges Berlin - Die zwanziger Jahre: Sex, Rausch, Untergang«, Wittlich 2011.
Gottfried, Claudia: »Konsum und Verbrechen - Die Schuhprüfstrecke im KZ Sachsenhausen«, in: LVR-Industriemuseum Ratingen: Glanz und Grauen: Mode im »Dritten Reich«, Ratingen 2012.
Graf, Otto, »Über den Einfluss von Pervitin auf einige psychische und psychomotorische Funktionen«, in: Arbeitsphysiologie, Bd. 10, H. 6, 1939.
Grass, Günter, »Die Blechtrommel«, Neuwied am Rhein und Berlin-West, 1959.

邦訳：ギュンター・グラス『ブリキの太鼓』高本研一訳，シリーズ「現代の世界文学」，集英社，1972年，のち文庫化；同，池内紀訳「世界文学全集」，河出書房新社，2010年.

Guderian, Heinz, »Erinnerungen eines Soldaten«, Stuttgart 1960.

邦訳：ハインツ・グデーリアン『電撃戦：グデーリアン回想録』（上下），本郷健訳，中央公論新社，1999年.

Haffner, F., »Zur Pharmakologie und Praxis der Stimulantien«, in: Klinische Wochenschrift, 1938, Bd. 17, H. 38, 1938.

Haffner, Sebastian, »Anmerkungen zu Hitler«, München 1978.

邦訳：セバスチャン・ハフナー『ヒトラーとは何か』，瀬野文教訳，草思社，2013年.

Halder, Franz, »Kriegstagebuch. Tägliche Aufzeichnungen des Chefs des Generalstabes des Heeres 1939–1942«, herausgegeben vom Arbeitskreis für Wehrforschung in Stuttgart, 3 Bde., bearbeitet von Hans-Adolf Jacobsen, 1962–1964.

Hansen, Hans-Josef, »Felsennest, das vergessene Hauptquartier in der Eifel«, Aachen 2008.

Hartmann, Christian, »Unternehmen Barbarossa - Der deutsche Krieg im Osten 1941–1945«, München 2013.

Hassell, Ulrich von, »Die Hassel-Tagebücher 1938–1944, Aufzeichnungen vom Anderen Deutschland«, München 1999.

Hauschild, Fritz, »Tierexperimentelles über eine peroral wirksame zentralanaleptische Substanz mit peripherer Kreislaufwirkung«, in: Klinische Wochenschrift, Bd. 17, H. 36, 1938.

Heinen, W., »Erfahrungen mit Pervitin - Erfahrungsbericht«, in: Medizinische Welt, Nr. 46, 1938.

Hesse, Reinhard, »Geschichtswissenschaft in praktischer Absicht«, Stuttgart 1979.

Hiemer, Ernst, »Der Giftpilz«, Nürnberg 1938.

Holzer, Tilmann, »Die Geburt der Drogenpolitik aus dem Geist der Rassenhygiene - Deutsche Drogenpolitik von 1933 bis 1972«, Inauguraldissertation, Mannheim 2006.

Ironside, Edmund, »Diaries 1937–1940«, NewYork 1962.

Jens, Walter, »Statt einer Literaturgeschichte«, München 2001.

邦訳：ヴァルター・イェンス『現代文学：文学史に代えて』，高本研一訳，紀伊國屋書店，1961年.

Katz, Ottmar, »Prof. Dr. med. Theo Morell - Hitlers Leibarzt«, Bayreuth 1982.
邦訳：オットマール・カッツ『ヒトラーと謎の主治医：くつがえされるナチス伝説』，松井ひろみ訳，東洋堂企画出版社，2000 年.

Kaufmann, Hans P., »Arzneimittel-Synthese«, Heidelberg 1953.

Keller, Philipp, »Die Behandlung der Haut- und Geschlechtskrankheiten in der Sprechstunde«, Heidelberg 1952.

Kershaw, Ian, »Hitler 1889–1945 - Das Standardwerk«, München 2008（1998）.
邦訳：イアン・カーショー『ヒトラー（上）：1889–1936 傲慢』，石田勇治監修，川喜田敦子訳，白水社，2015 年.；『ヒトラー（下）：1936–1945 天罰』同監修，福永美和子訳，同，2016 年.

Kielmansegg, Johann, Adolf Graf von, »Panzer zwischen Warschau und Atlantik«, Berlin 1941.

Klee, Ernst, »Das Personenlexikon zum Dritten Reich -Wer war was vor und nach 1945«, Frankfurt/M. 2003.

Kocka, Jürgen und Thomas Nipperdey（Hg.）, »Theorie der Geschichte«, Bd. 3, Beiträge zur Historik, München 1979.

Kosmehl, Erwin, »Der sicherheitspolizeiliche Einsatz bei der Bekämpfung der Betäubungsmittelsucht, Berlin«, in: Feuerstein, Gerhart: Suchtgiftbekämpfung. Ziele und Wege, Berlin 1944.

Kramer, Eva, »Die Pervitingefahr«, in: Münchener Medizinische Wochenschrift, Bd. 88, H.15, 1941.

Kroener, Bernhard R., »Die personellen Ressourcen des Dritten Reiches im Spannungsfeld zwischen Wehrmacht, Bürokratie und Kriegswirtschaft 1939–1942«, in: Müller, Rolf-Dieter, und Hans Umbreit, »Das Deutsche Reich und der Zweite Weltkrieg, Bd. 5.1: Organisation und Mobilisierung des Deutschen Machtbereichs, Kriegsverwaltung, Wirtschaft und personelle Ressourcen 1939–1941, Stuttgart 1988.

Leeb, Wilhelm Ritter von, »Tagebuchaufzeichnung und Lagebeurteilungen aus zwei Weltkriegen. Aus dem Nachlaß«, herausgegeben und mit einem Lebensabriss versehen von Georg Meyer, in: Beiträge zur Militärund Kriegsgeschichte, Bd. 16, Stuttgart 1976.

Lemmel, Gerhard, und Jürgen, Hartwig, »Untersuchungen über die Wirkung von Pervitin und Benzedrin auf psychischem Gebiet«, in: Deutsches Archiv für Klinische Medizin, Bd. 185, 5. und 6. Heft, 1940.

Lewin, Louis, »Phantastica - Die betäubenden und erregenden Genussmittel«, Linden

2010.
Liebendörfer, »Pervitin in der Hand des praktischen Nervenarztes«, in: Münchener Medizinische Wochenschrift, Bd. 87, H. 43, 1940.
Lifton, Robert Jay, »Ärzte im Dritten Reich«, Stuttgart 1998.
Liljestrand, G., »Poulsson's Lehrbuch für Pharmakologie«, Leipzig 1944.
Linge, Heinz, »Bis zum Untergang«, München 1980.
Long, Tania, »Doctor Describes Hitler Injections«, in: New York Times, 22.5.1945.
Luck, Hans von, »Mit Rommel an der Front«, Hamburg 2007.
Mann, Golo, »Deutsche Geschichte des 19. und 20. Jahrhunderts«, Stuttgart/Mannheim 1958.
邦訳：ゴーロ・マン『近代ドイツ史』（1，2），上原和夫訳，みすず書房，1977年
Mann, Klaus, »Der Wendepunkt«, Reinbek 1984.
邦訳：クラウス・マン『転回点：マン家の人々』，小栗浩訳，晶文社，1986年.
Mann, Klaus, »Treffpunkt im Unendlichen«, Reinbek 1998.
Maser, Werner, »Adolf Hitler - Legende Mythos Wirklichkeit«, München 1997.
邦訳：ヴェルナー・マーザー『ヒトラー伝1　人間としてのヒトラー』，黒川剛訳，『ヒトラー伝2　政治家ヒトラー』同，ともにサイマル出版会，1976年.
Meurer, Christian, »Wunderwaffe Witzkanone - Heldentum von Heß bis Hendrix«, Essay 09, Münster 2005.
Mitscherlich, Alexander, und Fred Mielke, »Medizin ohne Menschlichkeit. Dokumente des Nürnberger Ärzteprozesses«, Frankfurt 1978.
邦訳：アレキサンダー・ミッチャーリヒ，フレート・ミールケ『人間性なき医学：ナチスと人体実験』，金森誠也，安藤勉訳，ビイング・ネット・プレス，2001年.
Mommsen, Hans, »Aufstieg und Untergang der Republik von Weimar 1918–1933«, Berlin 2000.
邦訳：ハンス・モムゼン『ヴァイマール共和国史：民主主義の崩壊とナチスの台頭』，関口宏道訳，水声社，2001年.
Müller-Bonn, Hermann, »Pervitin, ein neues Analepticum«, in: Medizinische Welt, H. 39, 1939.
Nansen, Odd, »Von Tag zu Tag. Ein Tagebuch«, Hamburg 1949.
Neumann, Erich, »Bemerkungen über Pervitin«, in: Münchener Medizinische

Wochenschrift, H. 33, 1939.
Neumann, Hans-Joachim, und Henrik Eberle, »War Hitler krank? - Ein abschließender Befund«, Köln 2009.
Nöldeke, Hartmut, und Volker Hartmann, »Der Sanitätsdienst in der deutschen U-Boot-Waffe«, Hamburg 1996.
Osterkamp, Theo, »Durch Höhen und Tiefen jagt ein Herz«, Heidelberg 1952.
Overy, Richard, J., »German Aircraft Production 1939–1942«, in: Study in the German War Econony, zugl. Diss., Queens College, Cambridge 1977.
Pieper, Werner, »Nazis on Speed. Drogen im 3. Reich«, Birkenau-Löhrbach 2002.
Pohlisch, Kurt, »DieVerbreitung des chronischen Opiatmissbrauchs in Deutschland«, in: Monatsschrift für Psychiatrie und Neurologie, Bd. 79, 1931.
Püllen, C., »Bedeutung des Pervitins （1-Phenyl-2-methylamino-propan） für die Chirurgie«, in: Chirurg, Bd. 11, H. 13, 1939.
Püllen C., »Erfahrungen mit Pervitin«, in: Münchener Medizinische Wochenschrift, Bd. 86, H. 26, 1939.
Ranke, Otto, »Ärztliche Fragen der technischen Entwicklung«, in: Veröff. a. d. Geb. d. Heeres-Sanitätswesens, 109 （1939）.
Ranke, Otto, »Leistungssteigerung durch ärztliche Maßnahmen«, in: Deutscher Militärarzt, H. 3, 1939.
Reko, Viktor, »Magische Gifte: Rausch- und Betäubungsmittel der neuen Welt«, Stuttgart 1938.
Ridder, Michael de, »Heroin. Vom Arzneimittel zur Droge«, Frankfurt 2000.
Römpp, Hermann, »Chemische Zaubertränke«, Stuttgart 1939.
Scheer, Rainer, »Die nach Paragraph 42 RStGB verurteilten Menschen in Hadamar«, in: Roer, Dorothee, und Henkel, Dieter: Psychiatrie im Faschismus. Die Anstalt Hadamar 1933–1945, Bonn 1986.
Schenck, Ernst Günther, »Dr. Morell - Hitlers Leibarzt und seine Medikamente«, Schnellbach 1998.
Schenck, Ernst Günther, »Patient Hitler. Eine medizinische Biographie«, Augsburg 2000.
Schmidt, Paul, »Statist auf diplomatischer Bühne 1923–1945«, Bonn 1950.
Schmölders, Claudia, »Hitlers Gesicht: eine physiognomische Biographie«, München 2000.
Schoen, Rudolf, »Pharmakologie und spezielle Therapie des Kreislaufkollapses«, in: Verhandlungen der Deutschen Gesellschaft für Kreislaufforschung, 1938.

Schramm, Percy Ernst, »Adolf Hitler - Anatomie eines Diktators（5. Und letzte Fortsetzung）, in: Der Spiegel Nr. 10, 1964.

Schultz, I.H., »Pervitin in der Psychotherapie«, in: Deutsche Medizinische Wochenschrift, Nr. 51–52, 1944.

Seifert, W., »Wirkungen des 1-Phenyl-2-methylamino-propan（Pervitin）am Menschen«, in: Deutsche Medizinische Wochenschrift, Bd. 65, H. 23, 1939.

Shirer, William L., »Aufstieg und Fall des Dritten Reiches«, Köln/Berlin 1971.

邦訳：ウィリアム・シャイラー『第三帝国の攻防』（1～5），松浦怜訳（新訳），東京創元社，2008年，2009年.

Sneiders, Stephen, und Toine Pieters, »Speed in the Third Reich: Methamphetamine（Pervitin）Use and a Drug History from Below«, in: Social History of Medicine Advance Access, 2011.

Speer, Albert, »Erinnerungen«, Frankfurt/M. 1969.

邦訳：アルベルト・シュペーア『第三帝国の神殿にて：ナチス軍需相の証言』（上下），品田豊治訳，中央公論新社，2001年（読売新聞社刊，1970年の文庫版）

Speer, Ernst, »Das Pervitinproblem«, in: Deutsches Ärzteblatt, Januar 1941.

Steinhoff, Johannes, »Die Straße von Messina«, Berlin 1995.

Steinkamp, Peter, »Pervitin（Metamphetamine）Tests, Use and Misuse in the German Wehrmacht«, in: Eckart, Wolfgang, »Man, Medicine, and the State: The Human Body as an Object of Government«, Stuttgart 2007.

Störmer, Uta（Hg.）, »Am rätselhaftesten ist das Sein - Tagebücher von Burkhard Grell（1934–1941）«, Berlin 2010.

Sudrow, Anne, »Der Schuh im Nationalsozialismus - Eine Produktgeschichte im deutsch-britisch-amerikanischen Vergleich«, Göttingen 2010.

Thukydides, »Der Peloponnesische Krieg«, Wiesbaden 2010.

邦訳：トゥーキュディデース『戦史』，久保正彰訳，岩波書店（岩波文庫，上中下），1966年，トゥキュディデス『歴史』，小西晴雄訳，筑摩書房（ちくま学芸文庫，上下），2013年，トゥキュディデス『戦史』，久保正彰訳，中央公論新社（中公クラシックス），2013年.

Toland, John, »Adolf Hitler«, Bergisch Gladbach 1977.

邦訳：ジョン・トーランド『アドルフ・ヒトラー』（全2巻），永井淳訳，集英社，1979年（集英社文庫版は全4巻，1990年）.

Udet, Ernst, »Mein Fliegerleben«, Berlin 1942.

Unger, Frank, »Das Institut für Allgemeine und Wehrphysiologie an der

militärärztlichen Akademie（1937–1945）«, med. Diss., Medizinische Hochschule Hannover 1991.

Wahl, Karl, »... es ist das deutsche Herz«, Augsburg 1954.

Wellershoff, Dieter, »Der Ernstfall - Innenansichten des Krieges«, Köln 2006.

Wenzig, K., »Allgemeine Hygiene des Dienstes«, Berlin und Heidelberg 1936.

Yang, Rong, »Ich kann einfach das Leben nicht mehr ertragen - Studien zu den Tagebüchern von Klaus Mann（1931–1949）«, Marburg 1996.

Online-Materialien:

»Historische Begründung eines deutschen Chemie-Museums«.
www.deutsches-chemie-museum.de/uploads/media/Geschichte_der_chemischen_Industrie.pdf
http://www.jkris.dk/jkris/Histomed/hitlermed/hitlermed.htm
（Hitlers Medikamente）
http://hss.ulb.uni-bonn.de/2005/0581/0581.pdf

D. 追加文献

Agamben, Giorgio, »Die Macht des Denkens«, Frankfurt/M. 2005.

邦訳：ジョルジョ・アガンベン『思考の潜勢力　論文と講演』，高桑和巳訳，月曜社，2009 年.

Allmayer-Beck, Johann Christoph, »Herr Oberleitnant, det lohnt doch nicht!«, Kriegserinnerungen an die Jahre 1938 bis 1945, herausgegeben von Schmidl, Erwin A., Wien 2012.

Beck, Herta, »Leistung und Volksgemeinschaft«, Bd. 61, Husum 1991.

Bitzer, Dirk, und Bernd Wilting, »Stürmen für Deutschland: Die Geschichte des deutschen Fußballs von 1933 bis 1954«, Frankfurt/M. 2003.

Bolognese-Leuchtenmüller, B., »Geschichte des Drogengebrauchs. Konsum - Kultur - Konflikte - Krisen«, in: Beiträge zur historischen Sozialkunde, Nr. 1, 1992.

Bonhoff, Gerhard, und Lewrenz, Herbert, »Über Weckamine（Pervitin und Benzedrin）«, Berlin 1954.

Bostroem, A., »Zur Frage der Pervitin-Verordnung«, in: Münchener Medizinische Wochenschrift, Bd. 88, 1941.

Bracke, Gerhard, »Die Einzelkämpfer der Kriegsmarine«, Stuttgart 1981.

Briesen, Detlef, »Drogenkonsum und Drogenpolitik in Deutschland und den USA: ein historischer Vergleich«, Frankfurt/M. 2005.

Buchheim, Lothar Günther, »Das Boot«, München 1973.
邦訳：ロータル＝ギュンター・ブーフハイム『U ボート』（ハヤカワ文庫・上下），松谷健二訳，早川書房，1991 年.
Clausewitz, Carl von, »Vom Kriege«, Neuenkirchen 2010.
邦訳：クラウゼヴィッツ『戦争論』篠田英雄訳，岩波文庫（上中下），1968 年；『レクラム版　戦争論』，日本クラウゼヴィッツ学会訳，芙蓉書房出版，2001 年.
Courtwright David, T., »Forces of Habit: Drugs and the Making of the Modern World«, Cambridge 2002.
邦訳：デイヴィッド・T・コートライト『ドラッグは世界をいかに変えたか：依存性物質の社会史』，小川昭子訳，春秋社，2003 年.
Daube, H., »Pervitinpsychosen«, in: Der Nervenarzt, H. 14, 1941.
Davenport-Hines, Richard, »The Pursuit of Oblivion: A Social History of Drugs«, London 2004.
Delbrouck, Mischa, »Verehrte Körper, verführte Körper«, Hameln 2004.
Dittmar, F., »Pervitinsucht und akute Pervitinintoxikation«, in: Deutsche Medizinische Wochenschrift, Bd. 68, 1942.
Dobroschke Christiane, »Das Suchtproblem der Nachkriegszeit. Eine klinische Statistik«, in: Deutsche Medizinische Wochenschrift, Bd. 80, 1955.
Eberle, Henrik, und Matthias Uhl（Hg.）, »Das Buch Hitler«, Köln 2005.
邦訳：H・エーベルレ，M・ウール編『ヒトラー・コード』，高木玲訳，講談社，2006 年.
Fest, Joachim, »Der Untergang - Hitler und das Ende des Dritten Reiches: Eine historische Skizze«, Berlin 2002.
邦訳：ヨアヒム・フェスト『ヒトラー　最期の 12 日間』，鈴木直訳，岩波書店，2005 年.
Fischer, Hubert, »Der deutsche Sanitätsdienst 1921–1945«, 5 Bde., Bissendorf 1982–1988.
Friedrich, Thomas, »Die missbrauchte Hauptstadt«, Berlin 2007.
Gisevius, Hans Bernd, »Bis zum bitteren Ende. Vom Reichstagsbrand bis zum Juli 1944«, Hamburg 1964.
Goodrick-Clarke, Nicholas, »Die okkulten Wurzeln des Nationalsozialismus«, Graz 1997.
Görtemaker, Heike B., »Eva Braun - Leben mit Hitler«, München 2010.
邦訳：ハイケ・B・ゲルテマーカー『ヒトラーに愛された女：真実のエヴァ・

ブラウン』，酒寄進一訳，東京創元社，2012 年.
Grass, Günter, »Beim Häuten der Zwiebel«, Göttingen 2006.
邦訳：ギュンター・グラス『玉ねぎの皮をむきながら』，依岡隆児訳，集英社，2008 年.
Greving, H., »Psychopathologische und körperliche Vorgänge bei jahrelangem Pervitinmißbrauch«, in: Der Nervenarzt, 14, 1941.
Haffner, Sebastian, »Im Schatten der Geschichte«, München 1987.
Haffner, Sebastian, »Von Bismarck zu Hitler: Ein Rückblick«, München 2009.
邦訳：セバスティアン・ハフナー『ドイツ帝国の興亡：ビスマルクからヒトラーへ』，山田義顕訳，平凡社，1991 年.
Hartmann, Christian, »Wehrmacht im Ostkrieg - Front und militärisches Hinterland 1941/42«, München 2009.
Herer, Jack, und Mathias Bröckers, »Die Wiederentdeckung der Nutzpflanze Hanf«, Leipzig 2008.
邦訳：ジャック・ヘラー『大麻草と文明』，J・エリック・イングリング訳，築地書館，2014 年.
Hitler, Adolf und Gerhard L. Weinberg, »Hitlers zweites Buch«, München 1961.
Iversen, Leslie, »Drogen und Medikamente«, Stuttgart 2004.
邦訳：レスリー・アイヴァーセン『薬』，廣中直行訳，鍋島俊隆解説，岩波書店，2003 年.
Jünger, Ernst, »Annäherungen - Drogen und Rausch«, Stuttgart 1980.
Kaufmann, Wolfgang, »Das Dritte Reich und Tibet«, Hagen 2008.
Keyserlingk, H. von, »Über einen pervitinsüchtigen, stimmungsabnormalen Schwindler«, in: Deutsche Zeitschrift für gerichtliche Medizin, 40, 1951.
Klemperer, Victor, »LTI - Notizbuch eines Philologen«, Stuttgart 1998. Kluge, Alexander, »Der Luftangri auf Halberstadt am 8. April 1945«, Frankfurt/M, 1977.
邦訳：ヴィクトール・クレムペラー『第三帝国の言語「LTI」：ある言語学者のノート』，羽田洋［ほか］訳，法政大学出版局（叢書・ウニベルシタス 55），1974 年.
Koch, E. und M. Wech, »Deckname Artischocke. Die geheimen Menschenversuche der CIA«, München 2002.
Koch, Lutz, »Rommel - Der Wüstenfuchs«, Bielefeld 1978.
Kohl, Paul（Hg.）, »111 Orte in Berlin auf den Spuren der Nazi-Zeit«, Köln 2013.
Kuhlbrodt, Dietrich, »Nazis immer besser«, Hamburg 2006.
Kupfer, Alexander, »Göttliche Gifte«, Stuttgart 1996.

Kutz, Martin, »Deutsche Soldaten - eine Kulturund Mentalitätsgeschichte«, Darmstadt 2006.

Langer, Walter C., »Das Adolf-Hitler-Psychogramm«, München 1982.

邦訳：W・C・ランガー『ヒトラーの心：米国戦時秘密報告』，ガース暢子訳，平凡社，1974 年.

Läuffer, Hermann（Hg.）, »Der Spaß ist ein Meister aus Deutschland: Geschichte der guten Laune 1933–1990«, Köln 1990.

Laughland, John, »The tainted Source«, London 1998.

Ledig, Gert, »Vergeltung«, Frankfurt/M. 1999.

Leonhard, Jörn, »Die Büchse der Pandora«, München 2014.

Ley, Astrid und Günther Morsch（Hg.）, »Medizin und Verbrechen: Das Krankenrevier des KZ Sachsenhausen 1936–1945«, Berlin 2007.

Maiwald, Stefan, »Sexualität unter dem Hakenkreuz«, Hamburg 2002. Manstein, Erich von, »Verlorene Siege«, Bonn 2009.

Misch, Rochus, »Der letzte Zeuge«, München und Zürich 2008.

邦訳：ローフス・ミッシュ『ヒトラーの死を見とどけた男：地下壕最後の生き残りの証言』，小林修訳，草思社，2006 年.

Neitzel, Sönke, und Harald Welzer, »Soldaten - Protokolle vom Kämpfen, Töten und Sterben«, Frankfurt/M. 2011.

邦訳：ゼンケ・ナイツェル，ハラルト・ヴェルツァー『兵士というもの：ドイツ兵捕虜盗聴記録に見る戦争の心理』，小野寺拓也訳，みすず書房，2018 年.

Ostwald, Hans, »Sittengeschichte der Inflation«, Berlin 1951.

Overy, R.J., »Hermann Göring - Machtgier und Eitelkeit«, München 1986.

Paul, Wolfgang, »Wer war Hermann Göring?«, Esslingen 1983.

Pauwels, Louis, und Jacques Bergier, »Aufbruch ins dritte Jahrtausend - Von der Zukunft der phantastischen Vernunft«, Bern und Stuttgart 1962.

Piekalkiewicz, Janusz, »Krieg der Panzer - 1939–1945«, München 1999.

Pynchon, Thomas, »Die Enden der Parabel«, Reinbek 1981.

邦訳：トマス・ピンチョン『重力の虹』，佐藤良明訳，新潮社，2014 年.

Quincey, Thomas de, »Confessions of an English Opium Eater«, London 2003.

邦訳：トマス・ド・クインシー『阿片常用者の告白』，野島秀勝訳（岩波文庫），岩波書店，2007 年.

Raddatz, Fritz J., »Gottfried Benn: Leben - niederer Wahn. Eine Biographie«, Berlin 2003.

Reese, Willy Peter, »Mir selber seltsam fremd - Die Unmenschlichkeit des Krieges Russland 1941–44«, Berlin 2003.

Richey, Stephen W., »The Philosophical Basis of the Air Land Battle. Auftragstaktik, Schwerpunkt, Aufrollen«, in: Military Review, Vol. 64, 1984.

Schlick, Caroline（Hg.）, »Apotheken im totalitären Staat - Apothekenalltag in Deutschland von 1937–1945«, Stuttgart 2008.

Schmieder, Arnold, »Deregulierung der Sucht«, in: Jahrbuch Suchtforschung, Bd. 2, Münster 2001.

Schmitt, Eric-Emmanuel, »Adolf H. - Zwei Leben«, Frankfurt/M. 2008.

Schmitz-Berning, Cornelia, »Vokabular des Nationalsozialismus«, Berlin 2000.

Schneider, Peter, »Die Lieben meiner Mutter«, Köln 2013.

Schulze-Marmeling, Dietrich, »Davidstern und Lederball«, Göttingen 2003.

Schütte, Uwe, »Die Poetik des Extremen«, Göttingen 2006.

Sharp, Alan（Hg.）, »The Versailles Settlement - Peacemaking after the First World War 1919–1923«, 2. Au., New York 2008.

Stehr, J., »Massenmediale Dealerbilder und ihr Gebrauch im Alltag«, in: Paul, B. und H. Schmidt-Semisch（Hg.）: Drogendealer - Ansichten eines verrufenen Gewerbes«, Freiburg 1998.

Stern, Fritz, »Kulturpessimismus als politische Gefahr. Eine Analyse nationaler Ideologie in Deutschland«, München und Bern, 1963.

Störmer, Uta（Hg.）, »Am rätselhaftesten ist das Sein - Tagebücher von Burkhard Grell（1934–1941）«, Berlin 2010.

Theweleit, Klaus, »Männerphantasien«, Reinbek 1982.

邦訳：クラウス・テーヴェライト『男たちの妄想Ⅱ　男たちの身体：白色テロルの精神分析のために』，田村和彦訳，法政大学出版局（叢書・ウニベルシタス），2004 年.

Traue, Georg, »Arische Gottzertrümmerung«, Braunschweig 1934. Twardoch, Szczepan, »Morphin«, Berlin 2014.

Van Creveld, Martin, »Kampfkraft - Militärische Organisation und Leistung der deutschen und amerikanischen Armee 1939–1945«, Graz 2009.

Volkmann, Udo, »Die britische Luftverteidigung und die Abwehr der deutschen Luftangri e während der Luftschlacht um England bis zum Juni 1941«, Osnabrück 1982.

Wegener, Oskar, »Die Wirkung von Dopingmitteln auf den Kreislauf und die körperliche Leistung«, Flensburg/Freiburg 1954.

Weiß, Ernst, »Ich - der Augenzeuge«, München 1966.
邦訳：エルンスト・ヴァイス『目撃者』，瀬野文教訳，草思社，2013 年.
Wette, Wolfram, »Militarismus in Deutschland«, Darmstadt 2008.
Wissinger, Detlev, »Erinnerungen eines Tropenarztes«, Books-on-Demand 2002.
Wisotsky, S., »A Society of Suspects: The War on Drugs and Civil Liberties«, in: Gros, H.（Hg.）: Rausch und Realität. Eine Kulturgeschichte der Drogen, Bd. 3, Stuttgart 1998.
Wulf, Joseph（Hg.）, »Presse und Funk im Dritten Reich«, Berlin 2001.
Zuckmayer, Carl, »Des Teufels General«, Stockholm 1946.

図版の出典

p. 18, 50, 92, 93：Temmler Pharma GmbH & Co KG, Marburg
p. 19（上）, 147：Norman Ohler
p. 19（下）：Joahim Gern, Berlin. Rights arranged through Japan UNI Agency, Inc., Tokyo
p. 35：BArch R 58/473. Rights arranged through Japan UNI Agency, Inc., Tokyo
p. 38：Aus: Hiemer, Ernst, »Der Giftpilz: ein Stürmerbuch für Jung und Alt«, Nürnberg 1938
p. 53, 114, 134：Copyright©Landesarchiv Berlin through Japan UNI Agency, Inc., Tokyo
p. 55：Hildebrand-Pralinen/Public Domain
p. 62, 64：Samay Böll. Rights arranged through Japan UNI Agency, Inc., Tokyo
p. 70, 71：BArch RH 12-23/1882. Rights arranged through Japan UNI Agency, Inc., Tokyo
p. 72, 77, 268：Bundesarchiv, Abteilung Militaerarchiv. Rights arranged through Japan UNI Agency, Inc., Tokyo
p. 90：BArch RH 12-23/783. Rights arranged through Japan UNI Agency, Inc., Tokyo
p. 116：BArch RH 12-23/1053. Rights arranged through Japan UNI Agency, Inc., Tokyo
p. 128：Peter Steinkamp. Rights arranged through Japan UNI Agency, Inc., Tokyo
p. 165：ullstein bild/Walther Frentz. Rights arranged through Japan UNI Agency, Inc., Tokyo
p. 168, 296, 297：National Archives at College Park, MD/ Public Domain
p. 183, 184, 208, 218, 223：BArch N 1348. Rights arranged through Japan UNI Agency, Inc., Tokyo
p. 199：アフロ
p. 221, 234：Copyright©by SZ Photo/laif through Japan UNI Agency, Inc., Tokyo
p. 255：dpa/時事通信フォト
p. 257：Copyright©UB der HU zu Berling, Porträtsammlung: Gerhard Orzechowski through Japan UNI Agency, Inc., Tokyo
p. 259：MHM Dresden/Fred Koch. Rights arranged through Japan UNI Agency, Inc., Tokyo
p. 262：BArch RM 103/10 fol. 5. Rights arranged through Japan UNI Agency, Inc., Tokyo

p. 269 : BArch RM 103/10 fol. 19–22. Rights arranged through Japan UNI Agency, Inc., Tokyo

p. 272 : Historische Sammlung der Marineschule Mürwik